W0059810

E-Book inside.

Mit folgendem persönlichen Code
erhalten Sie die E-Book-Ausgabe
dieses Buches zum kostenlosen
Download.

52018-r65p6-
wg014-100s7

Registrieren Sie sich unter
www.hanser-fachbuch.de/ebookinside
und nutzen Sie das E-Book
auf Ihrem Rechner*, Tablet-PC
und E-Book-Reader.

* Systemvoraussetzungen:
  Internet-Verbindung und Adobe® Reader®

Baumgartner/Klonk/Pichler/Seidl/Tanczos

Agile Testing

Bleiben Sie auf dem Laufenden!

Manfred Baumgartner
Martin Klonk
Helmut Pichler
Richard Seidl
Siegfried Tanczos

Agile Testing

Der agile Weg zur Qualität

HANSER

Bibliografische Information der Deutschen Nationalbibliothek:

Die Deutsche Nationalbibliothek verzeichnet diese Publikation in der Deutschen Nationalbibliografie; detaillierte bibliografische Daten sind im Internet über http://dnb.d-nb.de abrufbar.

© 2013 Carl Hanser Verlag München, www.hanser-fachbuch.de
Lektorat: Brigitte Bauer-Schiewek
Herstellung: Irene Weilhart
Copy editing: Jürgen Dubau, Freiburg/Elbe
Umschlagdesign: Marc Müller-Bremer, www.rebranding.de, München
Umschlagrealisation: Stephan Rönigk
Gesamtherstellung: Kösel, Krugzell
Ausstattung patentrechtlich geschützt. Kösel FD 351, Patent-Nr. 0748702
Printed in Germany

Print-ISBN: 978-3-446-43194-2
E-Book-ISBN: 978-3-446-43264-2

Inhalt

Geleitwort

Im Winter 2001 wurde von einer kleinen, verschworenen Clique bekannter Software-Entwickler zu einer Revolution in der Software-Welt aufgerufen. Sie erschufen das Agile Manifest. Mit diesem Manifest legte die Gruppe fest, was sie ohnehin schon mit Extreme Programmierung praktizierte. Aber mit der schriftlichen Formulierung gelang ihnen ein publizistischer Coup, mit dem sie weltweit Aufmerksamkeit für ihr Anliegen gewannen.

Im Vordergrund der agilen Entwicklung steht nicht das Projekt, sondern das Produkt. Da Software-Entwicklung immer mehr zu einer Expedition ins Ungewisse wurde, sollte das Produkt Stück für Stück in kleinen Inkrementen entstehen. Statt lange Absichtserklärungen bzw. Anforderungsdokumente zu schreiben, über Dinge, über die man zu dem Zeitpunkt gar nicht Bescheid wissen konnte, sollte man lieber gleich etwas programmieren, um eine schnelle Rückkopplung von dem künftigen Benutzer zu bekommen. Es soll nicht mehr Monate oder gar Jahre dauern, bis sich herausstellt, dass das Projekt sich auf einem Irrweg befindet oder das Projektteam überfordert ist. Dies sollte sich schon nach wenigen Wochen erweisen.

Das Grundprinzip der agilen Entwicklung ist also die inkrementelle Lieferung. Ein Software-System soll stückweise fertiggestellt werden. Damit hat der Benutzervertreter im Team die Möglichkeit mitzuwirken. Nach jeder neuen Auslieferung kann er das ausgelieferte Zwischenprodukt mit seinen Vorstellungen vergleichen. Der Test ist dadurch in das Verfahren eingebaut. Die Software wird vom Anfang an dauernd getestet. Ob da ein Tester mit im Spiel ist, wurde zunächst offengelassen. So wie bei ihrem Vorbild Karl Marx in seinem kommunistischen Manifest waren die Verfasser des agilen Manifests gegen eine strenge Arbeitsteilung. Die Aufteilung in Analytiker, Designer, Entwickler, Tester und Manager war ihnen zu künstlich und verursachte zu viele Reibungsverluste. Natürlich soll das Projektteam diese Fähigkeiten besitzen, aber die Rollen innerhalb des Teams sollten austauschbar sein. Das Entwicklungsteam soll als Ganzes für alles verantwortlich sein. Erst durch die Beiträge von Crispin und Gregory hat sich die Rolle des Testers im Team herausgestellt. Die beiden haben sich dafür eingesetzt, dass sich jemand im Team um die Belange der Qualität kümmert.

Software-Entwicklung verlangt sowohl Kreativität als auch Disziplin. Gegen Ende des letzten Jahrhunderts haben die Befürworter von Ordnung und Disziplin die Oberhand gehabt und mit ihren strengen Prozessen und Qualitätssicherungsmaßnahmen die Kreativität der Entwickler vereitelt. Wenn übertrieben wird, kehrt sich alles ins Gegenteil um. Mit dem

Qualitätsmanagement wurde zu viel des Guten getan. Die Gegenreaktion war die agile Bewegung, die darauf ausgerichtet war, mehr Spontaneität und Kreativität in die Software-Entwicklung zurückzubringen. Dies ist durchaus zu begrüßen, aber auch hiermit darf nicht übertrieben werden. Man braucht einen Gegenpol zu der sprudelnden Kreativität der Benutzer und Entwickler. Dieser Gegenpol ist der Tester im Team.

In jedes Entwicklungsteam gehört mindestens ein Tester, um die Sache der Qualität zu vertreten. Der Tester oder die Testerin sorgt dafür, dass das entstehende Produkt sauber bleibt und die vereinbarten Qualitätskriterien erfüllt. In dem Drang, schneller voranzukommen, geraten die nicht-funktionalen Qualitätsanforderungen gegenüber den funktionalen Anforderungen allzu leicht ins Hintertreffen. Es ist der Job des Testers, dafür zu sorgen, dass ein Gleichgewicht zwischen Produktivität und Qualität bewahrt wird. Der Tester ist sozusagen der gute Geist, der das Team davon abhält, Fortschritt auf Kosten der Qualität zu erringen. In jedem Release soll nicht nur mehr Funktionalität, sondern auch mehr Qualität angestrebt werden. Der Code soll regelmäßig bereinigt bzw. refaktoriert, nachdokumentiert und von Mängeln befreit werden. Dass dies tatsächlich geschieht, ist die Aufgabe des Testers.

Natürlich hat die agile Projektorganisation auch Folgen für den Test und die Qualitätssicherung. Die Verantwortlichen für die Qualitätssicherung sitzen nicht mehr in einer entfernten Dienststelle, von wo aus sie die Projekte überwachen, die Projektergebnisse zwischen den Phasen kontrollieren und in der letzten Phase das Produkt durchtesten. Sie sind in den Entwicklungsteams fest integriert, wo sie ständig prüfen und testen. Es obliegt ihnen, auf Mängel in der Architektur sowie im Code hinzuweisen und Fehler im Verhalten des Systems aufzudecken. Ihre Rolle ist jedoch nicht mehr die des lästigen Kontrolleurs, sondern vielmehr die des Freund und Helfers. Sie weisen auf die Probleme hin und helfen den Entwicklern, die Qualität ihrer Software auf den erforderlichen Stand zu bringen. Im Gegensatz zu dem, was manche behaupten – nämlich dass Tester in agilen Projekten nicht mehr nötig sind – ist ihre Rolle wichtiger denn je. Ohne ihren Beitrag wachsen die technischen Schulden und bringen das Projekt früher oder später zum Stillstand.

Das vorliegende Buch beschreibt den agilen Test in zehn Kapiteln. Das erste Kapitel schildert den kulturellen Wandel, den die agile Entwicklung mit sich gebracht hat. Mit dem agilen Manifest wurden die Weichen für eine Neuordnung der IT-Projektlandschaft gesetzt. Es soll nicht mehr starr nach Phasenkonzept, sondern flexibel in kleinen Iterationen entwickelt werden. Nach jeder Iteration soll ein lauffähiges Teilprodukt vorzuweisen sein. Damit werden Lösungswege erforscht und Probleme früh erkannt. Die Rolle der Qualitätssicherung wandelt sich. Statt als externe Instanz auf die Projekte von außen zu wirken, sind die Tester im Projekt eingebettet, um ihre Tests sofort vor Ort als Begleiter der Entwicklung durchzuführen. Natürlich müssen die Anwenderbetriebe ihre Managementstrukturen entsprechend anpassen: Statt abseits auf ein Endergebnis zu warten, sind die Anwender aufgefordert, im Projekt aktiv mitzumachen und die Entwicklung über ihre Anforderungen, sprich „Stories" zu steuern. Auf der Entwicklungsseite arbeiten sie mit den Entwicklern zusammen, die gewünschte Funktionalität zu analysieren und zu spezifizieren. Auf der Testseite arbeiten sie mit den Testern zusammen, um zu sichern, dass das Produkt ihrer Erwartungen entspricht.

Letztendlich müssen sich alle umstellen – Entwickler, Tester und Anwender –, um das gemeinsame Ziel zu erreichen. Manch traditionelle Rolle fällt dabei weg wie die des Projektleiters und des Testmanagers. Dafür gibt es neue Rollen wie die des Scrum Masters und des

Teamtesters. Das Projektmanagement im klassischen Sinne findet nicht mehr statt. Jedes Team managt sich selbst. Die IT-Welt ändert sich und mit ihr die Art und Weise, wie Menschen Software entwickeln. Es gilt also, diesem neuen Zustand gerecht zu werden. Der Weg dazu wird hier im ersten Kapitel geschildert.

Im zweiten Kapitel über agile Vorgehensmodelle gehen die Autoren auf die Rolle der Qualitätssicherung in einem agilen Entwicklungsprojekt ein. Dabei scheuen sie sich nicht, die verschiedenen Zielkonflikte, z. B. zwischen Qualität und Termintreue, zwischen Qualität und Budget und zwischen Qualität und Funktionalität zum Wort objektiv zu betrachten. Die Versöhnung dieser Zielkonflikte ist eine Herausforderung des agilen Tests.

Im Gegensatz zur landläufigen Meinung, dass in den agilen Projekten weniger getestet werden muss, wird hier gefordert, noch mehr zu testen. Test-Driven Development (TDD) soll nicht nur für den Unit Test, sondern auch für den Integrations- und Systemtest gelten, nach der Devise: erst die Testfälle, dann der Code. Hier heißt es: erst die Testspezifikation, dann die Implementierung. Dabei spielt die Testautomation eine entscheidende Rolle. Erst wenn der Test automatisiert ist, kann in der erforderlichen Geschwindigkeit die erforderliche Qualität erreicht werden. Das ganze Team soll sich an dem Automatisierungsprozess beteiligen, denn der Tester allein kann es nicht schaffen. Er braucht die Unterstützung der Entwickler, denn er hat auch andere Aufgaben zu erledigen. Neben dem Test wird auch die Durchführung von Audits zu bestimmten Zeitpunkten in der Entstehung des Software-Produkts gefordert. Die Audits zielen darauf hin, Schwachstellen und Missstände in der Software zu enthüllen. Der Zeitpunkt dafür ergibt sich nach jedem Sprint in einem Scrum-Projekt. Aufgrund der Ergebnisse der Audits können die Prioritäten für den nächsten Sprint gesetzt werden. Diese kurzen Audits bzw. Momentaufnahmen der Produktqualität können durch QS-Experten von außen im Zusammenarbeit mit dem Team durchgeführt werden. Der Zweck ist nicht zu sehr, das Projekt durch Kritik aufzuhalten, sondern dem Team zu helfen, Risiken rechtzeitig zu erkennen.

Zusätzlich zum Scrum-Prozess behandelt das zweite Kapitel auch Kanban und den schlanken Software-Entwicklungsprozess (Lean Software). Der Leser bekommt etliche Hinweise, wie Qualitätssicherung in diesen Verfahren einzubauen ist, und zwar mithilfe von Beispielen aus der Projektpraxis.

Das dritte Kapitel behandelt die agile Testorganisation bzw. den Standort der Tester in einem agilen Umfeld. Zu diesem Thema herrschen sehr unterschiedliche Ansichten. Die Autoren stellen die Frage, welcher Test wofür gut ist. Zur Beantwortung dieser Frage werden die vier Testquadranten von Crispin und Gregory aufgeführt. Zum einen wird gefragt, ob der Test fachlich oder technisch ist, zum anderen, ob er auf das Produkt oder die Umgebung bezogen ist. Daraus ergeben sich die vier Testarten:

1. Unit- und Komponententest = technisch/produktbezogen
2. Funktionaler Test = fachlich/produktbezogen
3. Explorativer Test = fachlich/umgebungsbezogen
4. Nicht-funktionaler Test = technisch/umgebungsbezogen

Für die Erläuterung dieser Testansätze werden wiederum Beispiele aus der Testpraxis herangeführt, die zeigen, welche Testart welchem Zweck dient.

Zum Schluss des Kapitels gehen die Autoren auf das agile Ausbaumodell von Scott Ambler ein und betonen, wie wichtig es ist, den Testprozess beliebig ausbauen zu können. Es gibt

Kernaktivitäten, die auf jeden Fall stattfinden müssen, und Randaktivitäten, die je nach Ausbaustufe hinzukommen. Somit gibt es nicht die eine Organisationsform, sondern viele mögliche Organisationsformen in Abhängigkeit von der Produktart und den Projektbedingungen.

Wesentlich für die Wahl der geeigneten Organisationsform sind die Umgebung, in der das Projekt stattfindet, sowie die Produkteigenschaften wie Größe, Komplexität und Qualität. Jedenfalls darf man das Hauptziel, nämlich die Unterstützung der Entwickler, nicht aus den Augen verlieren. Alle Testansätze haben dem Ziel zu dienen, Probleme so schnell und so gründlich wie möglich aufzudecken und den Entwicklern auf eine nicht aufdringliche Art und Weise mitzuteilen. Sollten mehrere agile Projekte nebeneinander her laufen, empfehlen die Autoren, ein Test Competence Center einzurichten. Die Aufgabe dieser Instanz ist es, die Teams in Fragen des Tests zu betreuen, z. B. welche Methoden, Techniken und Werkzeuge sie nutzen sollten. Am Ende des Kapitels werden zwei Fallstudien in Testorganisation angeführt, eine aus dem Telekommunikationsbereich und eine aus dem Gesundheitsbereich. In beiden Studien richtet sich die Testorganisation nach der Projektstruktur und nach den jeweiligen Qualitätszielen.

In Kapitel 4, „Die Rolle des Testers in agilen Projekten", stellt sich die Frage, ob der agile Tester Generalist oder Spezialist sein sollte. Die Antwort lautet, wie so oft in der Literatur zur agilen Entwicklung: sowohl als auch. Es hängt von der Situation ab. Es gibt Situationen wie zu Beginn eines Releases, wenn der Tester mit dem Benutzer über die Akzeptanzkriterien verhandelt, in denen der Tester neben allgemeinen auch fachliche Kenntnisse braucht. Es gibt andere Situationen wie am Ende eines Releases, wenn Tester mit automatisierten Testwerkzeugen umgehen müssen, in denen der Tester spezielle technische Kenntnisse braucht. Ein agiler Tester muss eben viele Rollen spielen können. Was Rollen betrifft, ist es am wichtigsten, dass der Tester sich in das Team als Teamplayer einfügt, egal, welche Rolle er im Moment zu übernehmen hat. Soft Skills sind gefragt. Auf jeden Fall ist der Tester der Anwalt der Qualität und hat dafür zu sorgen, dass die Qualität bewahrt wird, auch wenn die Zeit knapp wird. Dazu muss er sich an allen Diskussionen rund um die Produktqualität beteiligen, während er gleichzeitig die Software prüft und testet. Er soll entscheiden, Probleme rechtzeitig aufdecken und dafür sorgen, dass sie frühestmöglich beseitigt werden. Natürlich kann er dies nicht alleine schaffen, er braucht die anderen Teammitglieder dazu. Darum muss er als eine Art Qualitätsberater agieren und seinen Teamkollegen dazu verhelfen, ihre eigenen Probleme zu erkennen und zu lösen. Die Qualität der Software ist schließlich eine Angelegenheit des Teams in seiner Gesamtheit, das Team haftet für die Qualität des Produkts.

Im Zusammenhang mit der Rolle des Testers in einem agilen Team geht das Kapitel auf das Altersprofil ein und stellt die Frage, ob agil nur etwas für junge Mitarbeiter ist. Wie sehen die Karrierebilder in der agilen Welt aus? Tatsache ist, dass es in der agilen Entwicklung keine festen Rollen mehr gibt. Die Rollen wechseln je nach Situation, auch die des Testers. Ältere Mitarbeiter können sich also nicht mehr in traditionelle Rollenbilder zurückziehen. Es bleibt ihnen nur übrig, sich der Jugend anzupassen. Das dürfte nicht jedem älteren Mitarbeiter leicht fallen. Der Autor Manfred Baumgartner schlägt eine Umschulung für ältere Mitarbeiter vor, die sie auf die Tätigkeit als agiler Tester vorbereitet. Sein Schulungsprogramm heißt „Agilizing 40+". Er verweist auf positive Erfahrungen damit und schließt mit einer zuversichtlichen Note ab, dass flexible Mitarbeiter, ob alt oder jung, in die Rolle eines agilen Testers hineinwachsen können. Ob sie sich diesem Stress wirklich aussetzen wollen, ist eine andere Frage.

In Kapitel 5 wenden sich die Autoren den Methoden und Techniken des agilen Testens zu. Hierbei stellen sie die Unterschiede zum konventionellen, phasenorientierten Testen in den Vordergrund. Das beginnt schon mit der Testplanung, wobei der Plan viel unverbindlicher ist. Er soll flexibel bleiben und sich leicht fortschreiben lassen. Der agile Test ist viel mehr mit der Entwicklung verflochten und darf nicht mehr getrennt als Projekt im Projekt betrachtet werden. Es soll zwar mindestens ein Tester in jedem Entwicklungsteam geben, aber er ist dort voll integriert. Er ist nur dem Team Rechenschaft schuldig. Möglicherweise gibt es irgendwo einen projektübergeordneten Testmanager, der als Bezugsperson für die Tester in mehreren Teams dient, aber er darf keinen Einfluss auf die Arbeit innerhalb des Teams haben. Er übt allenfalls eine Beraterfunktion aus. Die bisherige Planung, Organisation und Steuerung eines separaten Testteams unter der Leitung eines Teammanagers fällt weg. Sie passt nicht zur agilen Philosophie der Teamarbeit.

Was die Testmethoden anbetrifft, werden jene Methoden betont, die zur agilen Vorgehensweise am besten passen – risikobasiertes Testen, wertgetriebenes Testen, exploratives Testen, session-basiertes Testen und abnahmetestgetriebene Entwicklung. Konventionelle Testtechniken wie Äquivalenzklassenbildung, Grenzwertanalyse, Zustandsanalyse und Entscheidungstabellen bzw. -bäume gelten nach wie vor, nur in einem anderen Zusammenhang. Sie sollten ohnehin in die Testwerkzeuge eingebaut werden. Hervorgehoben wird die Bedeutung der Testwiederverwendung und der Testwiederholung. Sämtliche Techniken müssen diese Kriterien erfüllen. Der Integrationstest ist eine nie endende Geschichte, und der Abnahmetest wird ständig wiederholt. Die zyklische Natur eines agilen Projekts erzeugt eine Umdefinition der Testausgangskriterien. Eigentlich ist der Test nie zu Ende – solange das Produkt noch weiterwächst. Irgendwann wird die Entwicklung als beendet deklariert, und das Produkt geht in die Wartung.

In Kapitel 6, „Agile Testdokumentation", beschreiben die Autoren, welche Dokumente von den Testern in einem agilen Projekt noch zu erstellen sind. Dazu gehört ein Testplan, eine testbare Anforderungsspezifikation aus den User Stories, ein Test-Design, eine Benutzerdokumentation und Testberichte. Die Testfälle gelten nicht als Dokumentation, sondern als Testware. Ein besonderes Anliegen der agilen Entwicklung ist, die Dokumentation auf ein Mindestmaß zu reduzieren. Früher übertrieb man es in der Tat mit der Dokumentation. In einem agilen Entwicklungsprojekt wird nur das dokumentiert, was unbedingt notwendig ist. Ob ein Testplan oder ein Testdesign absolut notwendig ist, bleibt dahingestellt. Testfälle sind unentbehrlich, aber sie gehören zum Software-Produkt ebenso wie der Code. Deshalb gelten sie nicht als Dokumentation.

Das wichtigste Dokument ist die Anforderungsspezifikation, die aus den User Stories hervorgeht. Sie dient als Basis für den Test, das sogenannte Testorakel. Aus ihr werden die Testfälle abgeleitet und gegen sie wird getestet. Sie enthält auch die Abnahmekriterien. Die einzigen wirklich erforderlichen Testberichte sind der Testüberdeckungsbericht und der Fehlerbericht. Der Testüberdeckungsbericht belegt, was getestet wurde und was nicht. Die Tester brauchen dieses Dokument als Nachweis dafür, dass sie ausreichend getestet haben. Der Benutzer braucht ihn, um Vertrauen in das Produkt zu gewinnen. Der Fehlerbericht hält fest, welche Abweichungen eingetreten sind und was mit ihnen geschieht. Diese beiden Berichte sind die besten Indikatoren für den Stand des Tests.

Schließlich sind die Tester prädestiniert, das Benutzerhandbuch zu schreiben, weil sie das System in seiner Gesamtheit am besten kennen und wissen, wie man damit umgeht. Es muss jemand die Bedienungsanleitung verfassen, und der Tester ist der geeignete Kandidat dafür. Er sorgt dafür, dass dieses Dokument nach jedem Release fortgeschrieben wird. Ansonsten folgt das Buch dem agilen Prinzip, die Dokumentation auf das Wesentliche zu beschränken. Das, was noch an Testdokumentation bisher geliefert wurde, ist in einer Umgebung verzichtbar, in der die verbale Kommunikation dominiert. Hauptsache, es gibt immer eine solide Anforderungsspezifikation und eine verständliche Benutzerdokumentation. Eine strukturierte, semiformale Anforderungsspezifikation bildet die Basis für den Test, und auf eine Benutzeranleitung möchte kein Benutzer verzichten.

Die Kapitel 7 und 8 befassen sich mit dem wichtigen Thema „Testautomation". Testautomation ist bei der agilen Entwicklung besonders wichtig, weil sie das Hauptinstrument der Projektbeschleunigung ist. Nur durch Automation kann der Testaufwand auf ein vertretbares Maß bei gleichzeitiger Erhaltung der Produktqualität reduziert werden. Die Autoren unterscheiden hier zwischen Unit Test, Komponentenintegrationstest und Systemtest. Der Unit Test wird am Beispiel von JUnit ausführlich dargestellt. Darin wird gezeigt, wie der Entwickler testgetrieben zu arbeiten hat, wie er seine Testfälle aufbaut und wie er die Testüberdeckung misst. Der Komponentenintegrationstest wird anhand des Apache-Maven-Integrationsservers erläutert. Hier kommt es darauf an, die Schnittstellen der integrierten Komponenten zu den noch nicht vorhandenen Komponenten durch Platzhalter zu simulieren. Der Systemtest wird durch einen fachlichen Test mit FitNesse beschrieben. Das Wichtigste hier ist die Verfassung der Testfälle in Testskripten, die beliebig ausgebaut und wiederholt ausgeführt werden können. Die Autoren betonen außerdem, wie wichtig es ist, die Testware – Testfälle, Testskripte, Testdaten usw. – bequem und sicher verwalten zu können, damit der Test möglichst reibungslos abläuft. Dafür werden auch Werkzeuge gebraucht.

Kapitel 8 ergänzt die Behandlung der Testautomation mit konkreten Beispielen aus der Testautomationspraxis. Als Erstes wird das Tool Rally beschrieben, das den agilen Lebenszyklus von der Verwaltung der Stories bis hin zur Fehlerverwaltung unterstützt. Der agile Tester kann dieses Tool in seinem Test planen und steuern. Eine Alternative zu Rally ist das Tool Polarion, die für die Erfassung und Priorisierung der Testfälle sowie auch für die Verfolgung der Fehler besonders geeignet ist. Weitere Testplanungs- und Verfolgungswerkzeuge sind die Tools Bug Genie, das die Testaufwandsschätzung besonders unterstützt, und das Tool Atlassian JIRA, das eine umfangreiche Fehleranalyse anbietet, sowie Microsofts TSF Testmanager.

Für den Tester in einem agilen Projekt kommt es vor allem auf den fortwährenden Integrationstest an. Er muss die letzten Komponenten möglichst schnell mit den Komponenten des letzten Releases integrieren und bestätigen, dass sie reibungslos zusammenwirken. Dazu muss er nicht nur über die Benutzerschnittstelle, sondern auch über die internen Systemschnittstellen testen. Mit Tosca lassen sich sowohl externe als auch interne Schnittstellen generieren, aktualisieren und validieren. Die Testnachrichten werden auf bequeme Weise über die Drag-und-Drop-Technik zusammengestellt. Die Autoren schildern aus ihrer eigenen Projekterfahrung, wie diese Werkzeuge eingesetzt werden und wo ihre Grenzen liegen. Der Tester bekommt viele nützliche Hinweise, die er beim Einsatz der Werkzeuge zu beachten hat.

Das neunte Kapitel des Buches ist dem Thema „Ausbildung und deren Bedeutung" gewidmet. Die Autoren betonen die Rolle der Mitarbeiterschulung beim Einstieg in die agile Entwicklung. Eine qualifizierte Ausbildung ist für den Erfolg im Umgang mit der neuen Methode unerlässlich, und dies gilt besonders für die Tester. Tester in einem agilen Team müssen genau wissen, worauf es ankommt, und das können sie nur über eine geeignete Schulung lernen. Dabei müssen sie sich vor falschen Propheten in Acht nehmen. Vieles, was unter der Bezeichnung „agil" verkauft wird, ist im Grunde genommen nicht agil. Es gibt zwar viele Interpretationen der agilen Vorgehensweise, aber die Qualität des Produkts muss gesichert werden, und dazu braucht man professionelle Tester, die geschult sind, in einem agilen Team mitzuarbeiten. Nützlich ist dabei die vom International Software Quality Institute (iSQI) entwickelte Ausbildung zum Certified Agile Tester. Dieses Ausbildungsprogramm ist speziell auf die Belange des agilen Tests ausgerichtet. Mit dem Erlangen des Certified Agile Tester-Zertifikats ist ein Tester gut darauf vorbereitet, in ein agiles Projekt einzusteigen und seinen Mann bzw. Frau als nützliches Teammitglied zu stehen.

Zusammenfassend ist zu sagen, dass dieses Buch die wesentlichen Aspekte des agilen Tests abdeckt und eine wertvolle Leitlinie für das Testen in einem agilen Test bietet. Der Leser bekommt viele Anregungen, wie er vorzugehen hat – von der Testplanung bis zum Abnahmetest. Er erfährt, wie der agile Test vorzubereiten, durchzuführen und abzunehmen ist. Als Buch von Testpraktikern geschrieben, hilft es Testern, sich in einer oft verwirrenden agilen Welt zurechtzufinden. Es gibt ihnen eine klare, fundierte Anleitung für die Umsetzung der agilen Grundsätze in der Testpraxis. Es gehört damit in die Bibliothek jeder Organisation, die agile Projekte betreibt.

Harry M. Sneed

Vorwort

Als im Jahre 2001 von einer Gruppe von Software-Ingenieuren in Utah/USA das „Manifesto for Agile Software Development" unterzeichnet wurde, leitete dies den wohl wesentlichsten Wandel in der Software-Entwicklung seit der Einführung der Objektorientierung Mitte der 80er Jahre des vorigen Jahrhunderts ein. Das Agile Manifest, quasi die Zehn Gebote der agilen Welt, kann auch als Ausdruck einer Gegenbewegung zu den stark regulierenden Vorgehens- und Planungsmodellen gesehen werden, die ab den späten 80er Jahren starke Verbreitung fanden, wie z. B. PRINCE, das V-Modell oder auch ISO9001. Diese Modelle versuchten, den bis dahin eher chaotischen und willkürlichen Entwicklungsprozessen durch Planung, Strukturierung der Prozesse und Dokumentation entgegenzuwirken. Das Agile Manifest positioniert sich in den zentralen vier Werthaltungen bewusst zu diesen Aspekten und räumt den agilen Werten – Interaktion, Zusammenarbeit mit dem Kunden, Reagieren auf Veränderungen und letztlich funktionierende Software – eine höhere Relevanz für eine erfolgreiche Software-Entwicklung ein.

Nicht zuletzt durch die Art der Formulierung in Werten und Prinzipien ist der Siegeszug der agilen Software-Entwicklung in den nun mehr als zwölf Jahren seit der Veröffentlichung des Agilen Manifest geprägt von vielen Glaubenssätzen, wenn nicht sogar Glaubenskriegen. Wir, die Autoren dieses Buches, erleben dies nicht das erste Mal. In den Jahrzehnten unserer beruflichen Erfahrung waren wir schon oft mit immer wieder neuen Lösungen für das „Software-Problem" konfrontiert: strukturierte Programmierung, objektorientierte Programmierung, CASE (Computer-Aided Software Engineering), RUP (Rational Unified Process), V-Modell, ISO9001, SOA (Service-Oriented Architecture), ... – eine lange Liste an Heilsversprechen, immer begleitet von selbsternannten Gurus, manche nennen sich sogar Evangelisten. Und viele dieser Innovationen liefen nach sehr ähnlichen Mustern ab. Während sie sich selbst als *die* Lösung präsentierten oder von deren Verfechtern als rettende Idee verkauft wurden, wurden bisherige Ansätze als falsch oder veraltet abgetan. Es fanden sich auch immer rasch viele Anhänger, die radikalen Ideen oft unreflektiert und fast willenlos folgten, denn die Zahl der Unzufriedenen war groß und ist es noch immer. Hier haben Prediger und Berater, die jeden Hype zur Profilierung nutzen, leichtes Spiel – eine große Gefahr für gute Ideen.

Der letzte Gedanke war auch die zentrale Motivation für das vorliegende Buch. Wir, die Autoren, waren in der Vergangenheit stets unglücklich mit der Art und Weise, wie versucht wurde, neue Ansätze in der Software-Entwicklung dogmatisch umzusetzen. Oft wurde das Kind mit dem Bade ausgeschüttet. Im Gegensatz dazu sehen wir die Veränderungen als

Chance für einen Prozess stetiger Verbesserung und Optimierung. Aber gerade als Tester waren wir Autoren in den letzten Jahren in agilen Projekten immer wieder damit konfrontiert, dass nun all das, was wir uns an Methoden, Techniken, Selbstverständnis als Tester oder Standards (wie etwa die Testprozesse nach ISTQB) angeeignet und erarbeitet haben, nicht mehr gelten sollte. Das mag auch daran liegen, dass es in der Vergangenheit insbesondere Software-Entwickler waren, die die agile Community vorangetrieben haben. Diese Tatsache ist mit ein Grund dafür, dass die Aufgaben und die Rolle des Software-Testers in den agilen Methoden und Projekten oftmals nicht oder nur unklar definiert sind. Dazu tragen auch unterschiedlich interpretierbare Terminologien bei: Spricht Scrum zum Beispiel von einem interdisziplinären Entwicklungsteam, meinen manche, das Team besteht nur mehr aus Entwicklern (im Sinne von Programmierern), die alles machen. Andere wiederum glauben, dass im Test-Driven Development mit der Entwicklung eines automatisierten Unit Test Sets die Testaufgaben in der Entwicklung hinlänglich erfüllt sind und der Rest in der Verantwortung des Anwenders im User Acceptance Test liegt. Wo finden sich also die uns so gewohnten Testphasen und Teststufen? Wo und wie finden wir uns in agilen Projekten als Tester wieder? Der agile Ansatz stellt uns Tester offenkundig vor mehr Fragen, als er Antworten auf bisherige Problemstellungen liefert.

Genau hier wollen wir mit unserem Buch, das von Testern für Tester geschrieben wurde, ansetzen. In den einzelnen Kapiteln bieten wir Antworten für zentrale Fragestellungen, die wir in unseren Projekten erlebt haben. Dabei geht es um allgemeine bzw. als geradezu kulturell zu bezeichnende Veränderungsprozesse, um Fragen des Vorgehens und der Organisation im Software-Test, um den Einsatz von Methoden, Techniken und Werkzeugen, im Speziellen um die Testautomatisierung, sowie um die neu zu definierende Rolle des Testers in agilen Projekten und deren Ausbildung. Ein breites Spektrum also, das im Rahmen dieses Buches sicherlich nicht final und umfassend, aber dennoch, so hoffen wir, für den Leser ideen- und antwortgebend behandelt wird.

Um die beschriebenen Aspekte noch greifbarer zu gestalten, werden die Themen dieses Buches von den Erfahrungen eines Software-Entwicklungsprojekts eines mittelständischen Unternehmens begleitet.

Dieses Projekt ist ein sehr gutes Beispiel dafür, dass Agil nicht „keine Dokumentation" bedeutet. Und ebenso bedeutet es nicht, dass bisherige Kompetenzen im Software-Test obsolet geworden sind. Das Projekt zeigt, dass „agil" – richtig verstanden und umgesetzt – auch für sehr kritische und Regulatorien unterworfenen Projekte ein sehr erfolgreicher Ansatz sein kann.

In diesem Sinne wünschen wir dem Leser auch viel Erfolg in der Umsetzung hier dargestellter Inhalte in den eigenen Projekten und laden ihn gleichzeitig ein, uns, die Autoren, auf unserer Internet-Plattform *www.agile-testing.eu* zu besuchen.

Manfred Baumgartner, Wien 2013

Martin Klonk, Wien 2013

Helmut Pichler, Wien 2013

Richard Seidl, Potsdam 2013

Siegfried Tanczos, Wien 2013

■ Praxisbeispiel EMIL

Das Praxisbeispiel in diesem Buch stammt aus einem Unternehmen der Gesundheits-branche, das auf 25 Jahre erfolgreiche Produkt- und Software-Entwicklung zurückblickt. Doch mit dem Wachstum der Organisation, den neuen Wünschen der Kunden und den strengeren regulatorischen Anforderungen wurde auch der Bedarf größer, die Entwick-lungs- und Testprozesse zu optimieren und effizienter zu gestalten. Die Idee des Wechsels vom traditionellen zum agilen Entwicklungsprozess tauchte hier und da im Unternehmen bereits auf. Mit dem Software-Entwicklungsprojekt EMIL wurde er in Angriff genommen. Ziel des Projektes ist die Neuimplementierung einer Analyse-Software, die zwar weltweit erfolgreich im Einsatz war, aber ebenfalls bereits auf zehn Jahre Historie und wechselnde Entwickler zurückblickte. Insbesondere technologisch und architektonisch ließen sich ak-tuelle Anforderungen nicht mehr ohne Probleme umsetzen, viele Funktionen wurden im Laufe der Zeit auch nur als „provisorische Balkone" angebaut – aber nie mehr abgebaut oder integriert. Als grober Zeitrahmen für die Re-Implementierung aller Funktionen der bestehenden Software wurden ca. zweieinhalb Jahre geschätzt. Als die größten Heraus-forderungen auf dem Weg zur agilen Entwicklung wurden die fehlende Erfahrung in der Zieltechnologie sowie die regulatorischen Anforderungen, die die Gesundheitsbranche mit sich bringt, identifiziert. Die positiven und negativen Erfahrungen, aufgetretene Probleme und die versuchten Lösungsansätze aus den ersten eineinhalb Jahren des Projekts finden sich in diesem Buch und sind in den jeweiligen Kapiteln entsprechend markiert.

Die Autoren

Manfred Baumgartner

Manfred Baumgartner leitet seit 2003 das strategische Geschäftsfeld Software-Test bei ANECON Software Design und Beratung GmbH. Nach Abschluss des Studiums der Informatik an der Technischen Universität Wien war er als Software-Engineer in einem großen Software-Haus im Bankenumfeld und später als Quality Director eines CRM-Lösungsanbieters tätig. Seit 2001 hat er das Beratungs- und Trainingsangebot von ANECON, heute eines der führenden Dienstleistungsunternehmen im Bereich Software-Test in Österreich, auf- und ausgebaut. Seine umfassenden Erfahrungen sowohl in der klassischen als auch agilen Software-Entwicklung bringt er als beliebter Sprecher auf renommierten Konferenzen sowie als Autor und Mitautor einschlägiger Fachbücher ein: „Der Systemtest – Von den Anforderungen zum Qualitätsnachweis" (2008), „Software in Zahlen" (2010), „Basiswissen Testautomatisierung" (2012).

Martin Klonk

Martin Klonk ist Kompetenzfeldleiter für Testprozesse und Teststrategie bei der ANECON Software Design und Beratung GmbH. Als ausgebildeter Wirtschaftsingenieur an der Technischen Universität Berlin (und der Université Libre de Bruxelles) startete er 1996 seine Karriere als Softwaretest-Spezialist bei der SQS Software Quality Systems in Köln und München. Martin Klonk arbeitete in verschiedensten Branchen und hat schon in fast allen Bereichen des Software-Tests aktiv mitgearbeitet. Als Mitglied im Austrian Testing Board des ISTQB arbeitete er an Lehrplänen und ihren deutschen Übersetzungen mit und hält auch selbst Trainings. Seit er 2007 in einem agilen Projekt erfolgreiche Teststrategien umsetzen konnte, ist Martin Klonk überzeugter Verfechter agiler Praktiken auch im Test und hat schon mehrfach verschiedene agile Projekte als Testspezialist betreut. Er ist zertifizierter Scrum Master und Trainer für den Certified Agile Tester des iSQI.

Helmut Pichler

Helmut Pichler leitet in der ANECON das Kompetenzfeld Trainings, Quality Management und Partner Management. Er beobachtete bereits seit Anbeginn auf Konferenzen und in der Community das „Heranwachsen" der Agilität und ist einer der ersten Trainer zu dem von iSQI entwickelten Ausbildungsprogramm Certified Agile Tester. In der internationalen Community ist oder war er als Country Ambassador nationaler und internationaler Konferenzen wie Agile Testing Days und EuroSTAR tätig. Neben seinen Aufgaben in der ANECON ist Helmut Pichler seit über acht Jahren Präsident des Austrian Testing Boards, dem regionalen Vertreter des ISTQB in Österreich und aktives Mitglied der internationalen Tester Community, wo er gemeinsam mit Experten aus Österreich und in enger Zusammenarbeit mit dem Swiss- sowie dem German Testing Board maßgeblich an der Aktualisierung und Weiterentwicklung Internationaler (Testing) Standards mitwirkt.

Richard Seidl

Richard Seidl leitet den Bereich Verifizierung, Validierung & Test bei GETEMED Medizin- und Informationstechnik AG. Er organisiert die Firm-, Hard- und Software-Tests und ist zudem für die Konzeption und Einführung der agilen Entwicklungs- und Testprozesse im Unternehmen verantwortlich. Als Autor und Mitautor hat er verschiedene Fachbücher und Artikel veröffentlicht, unter anderem „Der Systemtest – Von den Anforderungen zum Qualitätsnachweis" (2008), „Der Integrationstest – Von Entwurf und Architektur zur Komponenten- und Systemintegration" (2012) und „Basiswissen Testautomatisierung" (2012).

Siegfried Tanczos

Siegfried Tanczos ist seit 2004 bei ANECON Software Design und Beratung GmbH beschäftigt und seit vielen Jahren auch Leiter des Kompetenzfeldes Functional Testservices. Neben seiner Leitungsfunktion ist Siegfried Tanczos von Anbeginn seiner Tätigkeiten bei ANECON in etlichen Software-Testprojekten im Einsatz gewesen. Seine Erfahrungen im Bereich Software-Test baute er bereits während seiner beruflichen Laufbahn im Bankenumfeld auf und ist seit 1998 als Software-Tester tätig. Durch seine Arbeit in diversen Kundenprojekten bei ANECON konnte Siegfried Tanczos weitreichende Erfahrungen im Umgang mit klassischen und agilen Vorgehensmodellen sammeln.

■ Danksagungen

Wir danken den Unternehmen ANECON Software Design und Beratung GmbH und GETEMED Medizin- und Informationstechnik AG für die Unterstützung bei diesem Buch.

Ebenso danken wir unseren Kollegen für deren eifrige Unterstützung und unseren Reviewern, die uns mit kritischen Hinweisen geerdet haben und so einen wertvollen Beitrag zu diesem Buch geleistet haben: Sonja Baumgartner (Grafik), Stefan Gwihs, Anett Prochnow, Petra Scherzer, Silvia Seidl und Harry Sneed. Unser Dank geht auch an Jürgen Dubau, der im Copy-Editing noch viele Fehler ausbügelte, die uns entgangen waren.

1 Agil – Ein kultureller Wandel

Um den kulturellen Wandel hin zur agilen Software-Entwicklung und besser zu verstehen und „Agile Testing" nicht nur als neues Schlagwort zu begreifen, macht es Sinn, etwas in die Vergangenheit zu blicken. Vieles von dem, was wir heute als neuartig wahrnehmen hat seine Begründung in den methodischen und technischen Weiterentwicklungen der Software-Technologie der letzten 30 Jahre. Erfahrung ist ein wesentliches Element für Innovation und Entwicklung. So lag zum Beispiel der Altersdurchschnitt der Unterzeichner des Agilen Manifests im Jahre 2001 bei ca. 47 Jahren. Und damals ging es auch nicht darum, einfach alles nur anders zu machen, sondern besser. Dies wird heute gerne übersehen, wenn „Agil" dafür herhalten muss, einfach unangenehmes loszuwerden oder eigene Schwächen nachträglich als immer schon agile Methode schönzureden. Der ehrliche Ansatz, die Entwicklung von Software in einer partnerschaftlichen, nutzenorientierten und auch effizienten, sprich wirtschaftlichen Art und Weise zu betreiben, steht im Kern der agilen Idee.

■ 1.1 Der Weg zur agilen Entwicklung

Der Übergang zur agilen Entwicklung in der IT-Projektpraxis ist schon länger im Gange, und zwar seit der Verbreitung der objektorientierten Programmierung in den späten 1980er bzw. frühen 1990er Jahren. Der objektorientierte Ansatz veränderte die Art und Weise, wie Software entwickelt wird. Die vordergründigen Ziele der Objekttechnologie waren

- Steigerung der Produktivität durch Wiederverwendung
- Reduktion der Codemenge durch Vererbung und Assoziation
- Erleichterung der Codeänderung durch kleinere, austauschbare Codebausteine
- Einschränkung der Fehlerauswirkung durch die Kapselung der Codebausteine [Meye97].

Diese Ziele waren durchaus berechtigt, denn die alten prozeduralen Systeme wurden immer größer und platzten aus den Nähten. Die Codemenge drohte ins Unermessliche zu steigen. Also musste ein Weg gefunden werden, die Codemenge bei gleicher Funktionalität zu reduzieren. Die Antwort war die Objektorientierung. Es entstanden neue Programmiersprachen wie C++, C# und Java. Die Anwender begannen, auf die neue Programmiertechnologie umzustellen [Grah95].

Allerdings hatte diese technologische Verbesserung auch einen Preis, nämlich die Steigerung der Komplexität. Durch die Zerlegung des Codes in kleine, mehrfach verwendbare Bausteine stieg die Anzahl der Beziehungen, sprich Abhängigkeiten zwischen den Codebausteinen. Bei der prozeduralen Software lag die Komplexität in den einzelnen Bausteinen, deren Ablauflogik immer tiefer verschachtelt wurde. Bei objektorientierter Software ist die Komplexität in die Architektur ausgelagert. Somit wurde es schwieriger, einen Überblick über das Ganze zu behalten und eine geeignete Architektur im Voraus zu planen. Der Code musste mehrfach überarbeitet werden, bis eine akzeptable Lösung zustande kam. Bis dahin befand sich der Code oft in einem chaotischen Zustand.

Es gab zwei Antworten auf diese Herausforderung. Die eine war Modellierung. Im Laufe der 1990er Jahre sind unterschiedliche Modellierungssprachen vorgeschlagen worden: OMT, SOMA, OOD usw. Am Ende setzte sich eine durch: UML. Durch die Darstellung der Software-Architektur in einem Modell sollte es möglich sein, die optimale Struktur zu finden sowie einen Überblick zu gewinnen und zu behalten. Die Entwickler würden – so die Erwartung – das „passende" Modell erstellen und danach in den konkreten Code umsetzen [Rumb91].

Software Engineering stellte sich von der prozeduralen zur objektorientierten Modellierung mit Anwendungsfällen um. Damit wurde die Modellierung viel feiner und mit neuen Werkzeugen wie Rational Rose unterstützt [Jaco92]. Das Modellieren hat sich jedoch auch mit der besten Werkzeugunterstützung als sehr langwierig erwiesen. Der Entwickler brauchte lange, bis das Modell in allen Einzelheiten ausgearbeitet war. Inzwischen hatten sich die Anforderungen geändert, und die Prämissen, auf den das Modell aufgebaut war, galten nicht mehr. Der Modellierer musste wieder von vorne anfangen, und der Kunde wurde immer ungeduldiger.

Eine andere Antwort auf die Herausforderung der steigenden Komplexität war „Extreme Programming" [Beck00], Bild 1.1. Da man das geeignete Modell für die Software nicht voraussehen konnte, haben die Entwickler begonnen, die Anforderungen in enger Kommunikation mit dem Anwender und in kurzen Iterationen direkt in den Code zu übersetzen.

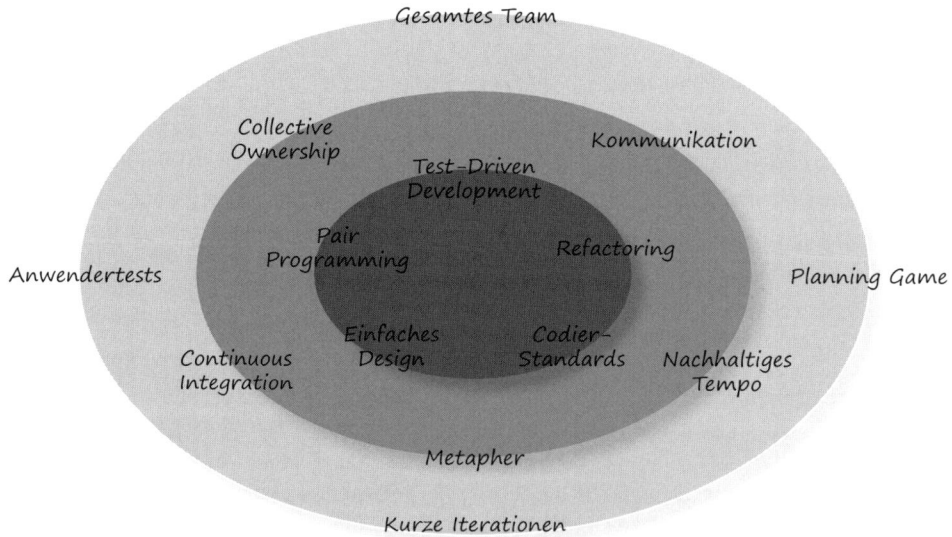

Bild 1.1 XP-Praktiken

Dieser Ansatz birgt die Gefahr, dass man sich in eine Sackgasse verläuft, hat aber den Vorteil, dass der Kunde bald etwas zu sehen bekommt. Wenn die Codebausteine flexibel gestaltet sind, kann man sie auch dann wiederverwenden, wenn man sich in einer Sackgasse befindet und einen anderen Weg einschlagen muss. Ein weiterer Vorteil von Extreme Programming war, dass man den Anwender auf die Reise mitnehmen konnte. Er konnte die Ereignisse der Programmierung – die realen Benutzeroberflächen, Listen, Nachrichten und Datenbankinhalte – verfolgen, was er bei der abstrakten Modellierung nicht konnte. Also setzte sich in der Praxis Extreme Programming durch, und die Modellierung blieb mehr oder weniger in der akademischen Ecke.

Als nützliche Folgeerscheinung des Extreme Programming stellte sich das „Test-Driven Development" heraus [Beck03]. Wenn man sich in ein unbekanntes Gelände vortastet, muss man sich absichern. Die Absicherung in der Code-Entwicklung ist der Testrahmen. Der Entwickler baut zuerst einen Testrahmen auf und füllt ihn dann mit kleinen Codebausteinen aus [Janz05]. Jeder Baustein wird sofort getestet, ob er auch passt. Der Entwickler sucht seinen Weg durch das Codegelände und sichert immer durch Test seinen letzten Stand. Auf diese Weise erreicht er letztlich einen befriedigenden, getesteten Zwischenzustand, den er dem Anwender vorführen kann.

In der Software-Entwicklung gibt es nur Zwischenzustände, da Software per Definition nie endgültig fertig ist. Test-Driven Development hat sich auch außerhalb von Extreme Programming als eine sehr solide Vorgehensweise bewährt. Dies wurde auch von mehreren wissenschaftlichen Untersuchungen bestätigt, und Unit Tests sowie Continuous Integration wurden zum Standard in der Software-Entwicklung.

Es versteht sich, dass Extreme Programming und Test-Driven Development in Widerspruch zu den herrschenden Managementmethoden standen. Das Management von Software-Projekten setzte eine planbare, prädisponierte Entwicklung voraus, bei der es möglich ist festzulegen, was geliefert wird, wann es geliefert wird und was es kosten wird. Systematisches Software Engineering sollte dafür sorgen (siehe Bild 1.2).

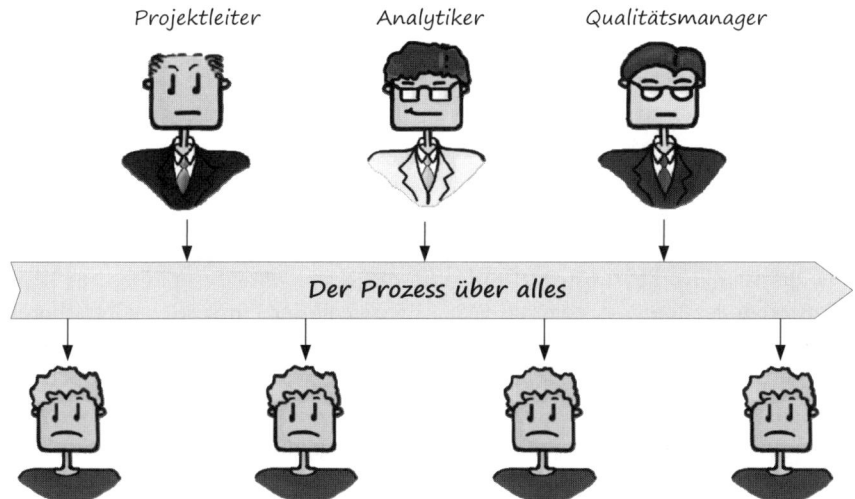

Bild 1.2 Software Engineering schafft Ordnung in einer chaotischen Software-Welt

Die 1990er Jahre waren auch das Jahrzehnt der Prozessmodelle, des Qualitätsmanagements und des unabhängigen Testens, kurzum das Jahrzehnt des Software Engineerings. Mit Software Engineering sollte durch wohldefinierte Prozesse mit einer strengen Arbeitsteilung Ordnung in der Software-Entwicklung und -Wartung hergestellt werden. Es wurde mit der freien, uneingeschränkten Entwicklung Schluss gemacht. Viele Maßnahmen wurden seitens des Managements ergriffen, um die Software-Entwicklung endlich unter Kontrolle zu bringen. Das V-Modell ist stellvertretend für jene Versuche, die Software-Entwicklung zu strukturieren [Höhn08]. Leider standen die meisten dieser Maßnahmen in krassen Widerspruch zu der neuen „extremen" Entwicklungstechnik.

■ 1.2 Gründe für eine agile Entwicklung

Einer der wichtigsten Gründe für die agile Entwicklung ist die Nähe zum Anwender. In der klassischen, nicht-agilen Entwicklung ist die Kluft zwischen Entwicklern und Anwendern immer größer geworden. In der 70er Jahren des letzten Jahrhunderts war diese Kluft noch nicht so groß. Als Harry Sneed, der dankenswerterweise auch ein Geleitwort zu diesem Buch verfasst hat, seine Karriere als Programmierer begann, pendelte der Entwickler jeden Tag zwischen seinen Auftraggebern in der Fachabteilung, seinem Schreibtisch und dem Rechenzentrum. Mit dem Anwender besprach er fast jeden Tag die Aufgabe, an seinem Schreibtisch schrieb er das Programm, und im Rechenzentrum probierte er es aus, meistens abends. Die Nähe zum Kunden war das Allerwichtigste.

Im Laufe der 1980er und 1990er Jahre hat sich die Arbeitsweise geändert. In der traditionellen Testwelt, die von Gelperin und Hetzel Mitte der 1980er Jahre ins Leben gerufen wurde, herrscht ein grundsätzliches Misstrauen gegenüber dem Entwickler. Es wurde angenommen, dass die Entwickler – auf sich alleine gestellt – fehlerhafte und qualitativ minderwertige Software produzieren werden [Hetz88]. Hinzu kommt, dass sie die eigenen Fehler nicht erkennen, und wenn doch, werden sie zu unvermeidlichen Eigenschaften der Software deklariert: „It's a feature, not a bug". Über die Qualität ihrer Architektur und ihres Codes lassen sie nicht mit sich reden. Es ist aus ihrer Sicht alles immer bestens. Es besteht kein Bedarf, sie zu verbessern.

Mit diesem Bild des Entwicklers im Hinterkopf erfolgte der Ruf nach einer separaten Testorganisation. Es sollte in größeren Projekten eine separate Testgruppe geben, die mehrere Projekte betreut. Jedenfalls musste die Testgruppe unabhängig von den Entwicklern sein. Dies war die Grundvoraussetzung dafür, dass die Tester effektiv arbeiten. Es sollte ein System zustande kommen, in dem die Tester die Arbeit der Entwickler kontrollieren. Die Entwickler produzieren die Fehler, und die Tester finden sie. Ein Fehlermeldungs- und -verfolgungssystem sollte die Kommunikation zwischen den beiden Gruppen unterstützen.

Diese Arbeitsteilung zwischen Entwicklern und Testern wurde weltweit propagiert und praktiziert. Daraus gingen neue Begriffe wie „quality engineering" und Qualitätsmanagement hervor. Es ging so weit, dass jeder größere Betrieb einen Qualitätsmanager haben sollte. Das forderten die ISO-9000 Standards. Und wo es Management gibt, gibt es auch Bürokratie. Es entstand eine Software-Qualitätsbürokratie, basierend auf Normen und Vorschriften, die die Entwickler anleiten sollten, korrekt zu arbeiten [ISO 05a].

Typisch dafür war der Entwicklungsprozess bei der Bertelsmann AG – das Software Engineering Modell Bertelsmann. Danach sollte die Fachabteilung zunächst eine vollständige Fachinhaltsbeschreibung erstellen. Diese wurde von der Qualitätssicherung der Entwicklungsabteilung angenommen und eine Aufwandsschätzung gemacht [Bend83] (siehe Bild 1.3).

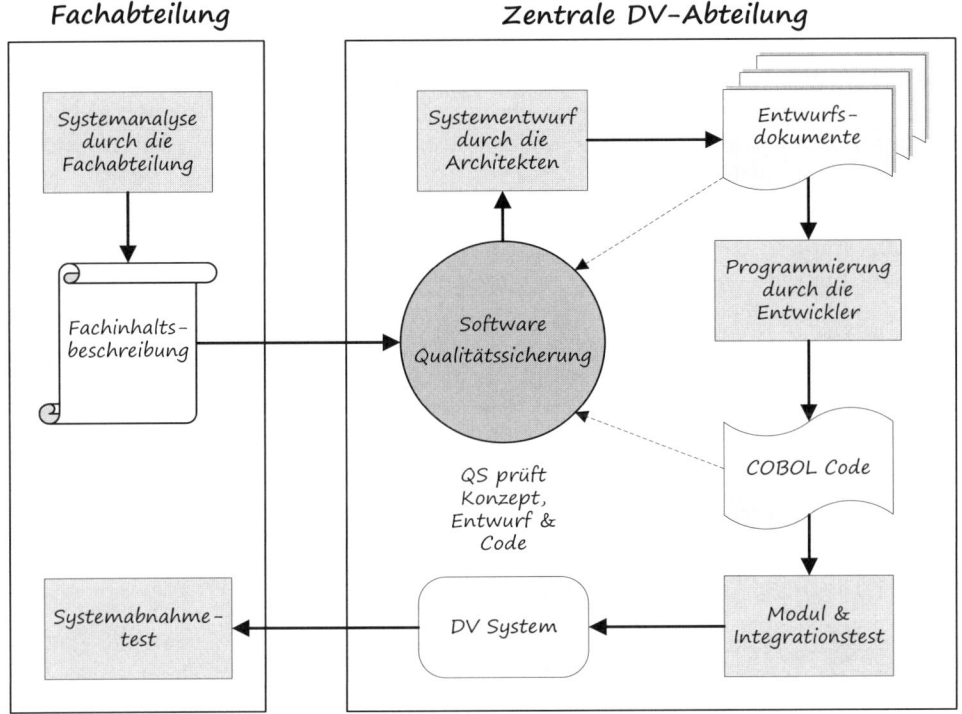

Bild 1.3 Das Software Engineering Modell Bertelsmann

Auf der Basis dieser Aufwandsschätzung wurde eine Vereinbarung mit der Fachabteilung getroffen: mit einem festen Preis, mit einem festen Termin und einem festen Ergebnis. Danach wurden die Anforderungen eingefroren und zunächst in einem Systementwurf umgesetzt. Dieser wurde dem Kunden präsentiert, der diesen selten verstanden hat oder besser gesagt verstehen konnte. Meistens nickten die Anwender nur mit dem Kopf und meinten, es würde schon gut sein. Auf den Systementwurf folgten die Implementierung und der Test, wobei der Test meistens länger dauerte als geplant. Viele Monate, manchmal sogar Jahre später wurde dem Anwender das fertige System präsentiert. Seine Reaktion war oft, dass er sich das so nicht vorgestellt hätte. Bei Bertelsmann führte dieser wohlgemeinte, aber schwerfällige Prozess letztendlich zur Umorganisation der IT und zur Verteilung der Entwickler auf die Fachabteilungen. Andere deutsche Anwenderbetriebe hatten das Bertelsmann-Modell ebenfalls übernommen, aber das Ergebnis war meistens dasselbe wie bei Bertelsmann: enttäuschte Anwender. Der Schluss daraus ist, dass die Trennung der Entwickler von den Anwendern nie gut funktioniert hat.

Ein klassisches Beispiel für einen bürokratischen Entwicklungsprozess ist das V-Modell bzw. das V-Modell-XT [Raus06]. Dieses Modell wurde im ersten Range für die Software-

Entwicklung in den deutschen Behörden konzipiert. Es schreibt jeden Schritt im Prozess vor. Die Anforderungen werden gesammelt und in einem Lastenheft definiert. Auf der Basis des Lastenheftes wird ein Projekt ausgeschrieben und werden Angebote gesammelt. Das günstigste bzw. beste Angebot wird ausgewählt, und der Gewinner der Ausschreibung erstellt dann ein Pflichtenheft und stellt dieses dem Auftraggeber vor. Sofern dieser etwas davon versteht, hat er die Möglichkeit, Korrekturen vorzunehmen. Danach wird das System implementiert und getestet. Viele Monate später wird das mehr oder weniger getestete End-produkt an den Auftraggeber zur Abnahme übergeben. Nicht selten stellt es sich heraus, dass das Produkt in der abgegebenen Form nicht oder nicht im erwarteten Umfang brauch-bar ist, also beginnt der Wartungs- bzw. Evolutionsprozess. An der Software wird so lange herum geändert, bis sie endlich den Vorstellungen der Anwender entspricht. Dies kann Jahre dauern.

Im Jahre 2009 schrieb Tom DeMarco das Todesurteil über solche starre, bürokratische Ent-wicklungsprozesse. Software Engineering sei ein Ansatz „whose time has come and gone" [DeMa09]. Software Engineering war von Anfang an auf große Projekte wie die des ame-rikanischen Verteidigungsministeriums ausgerichtet, in denen eine strikte Rollenteilung erforderlich war. Im Nachhinein muss man sich fragen, ob der Ansatz für kleinere Projekte je funktioniert hat. Eigentlich war von Anfang an ein Wurm drin, und zwar der lange Ab-stand zwischen der Erteilung des Entwicklungsauftrags und der Abgabe des Endproduktes. In dieser Zeit hatten sich die Anforderungen und die Kundenerwartungen zu sehr geändert. Dies war schon in den 1980er Jahren der Fall und ist es heute in unserer schnelllebigen Welt noch um so mehr. Ergo müssen die Nähe zum Kunden, dem Auftraggeber, bewahrt und die Entwicklungszyklen verkürzt werden.

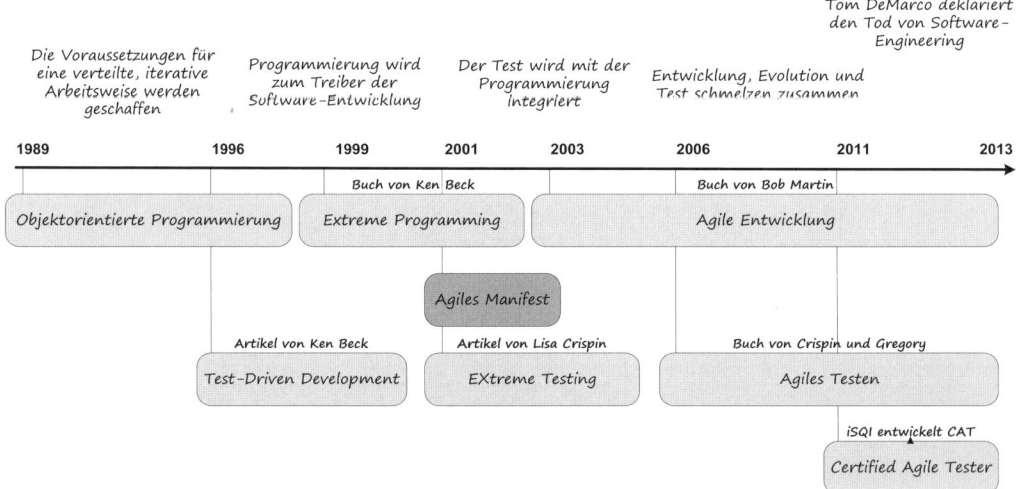

Bild 1.4 Die Geschichte der agilen Entwicklung

Das, was für die Zusammenarbeit zwischen Entwicklern und Anwendern zutrifft, gilt eben-falls für die Zusammenarbeit zwischen Entwicklern und Testern. Auch hier ist die Kluft über die Zeit immer größer geworden. Als die Testdisziplin Ende der 1970er Jahre entstand, haben die Entwickler ihre Software meistens selber getestet. Das „Outsourcing" des Tests war damals ein revolutionäres Ereignis. In den letzten Jahren ist es zur Selbstverständlichkeit geworden. Dennoch ist die Kritik hier die gleiche wie bei der Software-Entwicklung. Der zeitliche Abstand zwischen der Übergabe an die Tester und den ersten Fehlermeldungen ist schlichtweg zu groß. Bis die ersten Fehlermeldungen eintreffen, hat der Entwickler schon vergessen, wie sie entstanden sind. Dies ist der Grund, warum Tester und Entwickler gemeinsam an einem Stück Software arbeiten sollten, und warum Tester die fertiggestellte Komponente sofort testen müssen, unmittelbar nachdem diese entstanden ist. Dann kann der Entwickler gleich die Probleme mit dem Tester besprechen und bis zur nächsten Komponentenabgabe beheben. Diese schnelle Rückkopplung ist das A und O des agilen Testens. Es muss schnell gehen, sonst hat der agile Test seinen Sinn verfehlt.

■ 1.3 Die Bedeutung des Agilen Manifests für den Software-Test

Das Agile Manifest wurde im Winter 2001 in einer Skihütte im Bundesstaat Utah verfasst [Beck01]. Schon die Bezeichnung „Manifest" deutet auf etwas Revolutionäres hin und war von den Autoren wohl sehr bewusst gewählt. Diese wollten eine Revolution in der Software-Welt auslösen, um sich von der Tyrannei der Prozesse zu befreien, und das haben sie auch erreicht. Es ist ihnen mit ihrer Revolution gelungen, diese Welt tiefgreifend zu verändern.

Die Beweggründe der Autoren, alle hervorragende Persönlichkeiten in der amerikanischen Programmierszene, waren edel: Sie wollten die Software-Welt für Anwender und Entwickler zugleich verbessern. Dies wollten sie erreichen durch

- kontinuierliche Lieferung hochwertiger Software
- laufende Annahme neuer und geänderter Anforderungen
- kurze Intervalle zwischen Lieferungen
- ständige enge Zusammenarbeit mit den Benutzern
- Vertrauen zu hoch motivierten Entwicklern
- verbale Kommunikation von Angesicht zur Angesicht
- permanente Verfügbarkeit lauffähiger Software
- gleichmäßige ununterbrochene Weiterentwicklung
- hochwertige technische Leistungen
- möglichst einfache Lösungen
- flexible, ausgereifte Architekturen
- periodische Reflexion über den Stand der Arbeit.

In dem Manifest betonen die Autoren folgende „revolutionäre" Grundsätze, in denen sie

- Individuen und persönliche Interaktion mehr schätzen als Prozesse und Werkzeuge,
- funktionierende Software mehr schätzen als umfangreiche Dokumentation,
- die Zusammenarbeit mit dem Kunden mehr schätzen als Vertragsverhandlungen,
- die flexible Reaktion auf Veränderungen mehr schätzen als die starre Verfolgung eines Plans.

Die Autoren stellen im Manifest auch explizit fest, dass die Aspekte auf der rechten Seite ebenso ihren Wert haben, aber die Aspekte auf der linken Seite von ihnen höher bewertet werden [Beck01].

Die 17 Autoren des Manifests wollten ausbrechen aus der Bevormundung von Software-Bürokraten – administrativen Projektleitern, Qualitätsmanagern, Auditoren, Prozessfetischisten und allen aus ihrer Sicht überflüssigen Personen, die Software-Projekte überwachen und verhindern. Die Programmierer sollten von den Fesseln der aus ihrer Sicht unsinnigen Vorschriften, Richtlinien und Standards befreit werden. Sie sollten frei sein, ihre Arbeit zusammen mit dem Endbenutzer selber zu gestalten, ohne Fremdbestimmung.

Das mag aus der Sicht eines Entwicklers sehr vielversprechend klingen. Programmierer haben sich schon seit jeher über die Gängelung durch Management und Qualitätssicherung beklagt. Entwickler möchten ihrem kreativen Drang ungehindert nachgehen und hassen nichts mehr als Versuche, sie daran zu hindern. Dieser Konflikt zwischen Kreativität auf der einen und Disziplin auf der anderen Seite war schon immer ein Problem der Software-Entwicklung. Harry Sneed verwies darauf in einem Beitrag zum Handbuch der Datenverarbeitung im Jahre 1976 mit dem Titel „Organisation der Software Herstellung und Wartung" [Snee76]. Bei der Konzeption und Entstehung eines Software-Produkts wird mehr Kreativität verlangt. Bei der Wartung und Weiterentwicklung wird mehr Disziplin betont. Bei den Vätern der agilen Entwicklung stand die Kreativität im Vordergrund. Der Zeitpunkt, zu dem das Manifest veröffentlicht wurde, ist kennzeichnend – das Jahr 2001. Es folgte auf ein Jahrzehnt des Versuches, durch Phasenkonzepte, Vorgehensmodelle, Qualitätsrichtlinien, Prozessideologien, unabhängigen Tests und etliche andere regulative und standardisierende Maßnahmen Ordnung in den Entwicklungsprojekten zu schaffen. Diese Maßnahmen waren von Anfang an bei den Entwicklern selbst unbeliebt, und diese leisteten oft genug auch passiven Widerstand gegen das aus ihrer Sicht einschränkende System. Mit dem agilen Manifest haben sie ihre Revolution angekündigt.

Es versteht sich, dass diese neue Bewegung prinzipiell gegen die bisherigen Managementmethoden gerichtet war. Dazu gehören die Qualitätssicherung durch fremde Technokraten und die Trennung von Entwicklung und Test. Nach der Ur-Ideologie der agilen Entwicklung werden die QS-Bürokraten nicht mehr benötigt und die Tester den Entwicklern untergeordnet. Die Entwickler sollten selber für die Qualität ihrer Software sorgen, und die Tester sollten ihnen dabei nur helfen. Diese Einstellung herrscht leider immer noch in vielen agilen Projekten vor. Ein Machtwechsel hat stattgefunden. Es darf nicht wundern, dass das Wort „Manager" zum Unwort geworden ist. Es gibt den Anwendervertreter, den Produktbesitzer und den Scrum Master, bloß keine Manager – weder Projekt- noch Produktmanager. In einem agilen Projekt managt das Team sich selbst [Schw07].

Für Tester und Qualitätssicherer bedeutete diese Revolution vordergründig ebenfalls einen Rollen- und Machtverlust. Die Aufgaben und die Rolle des Software-Testers in den agilen Methoden und Projekten sind oftmals nicht oder nur unklar definiert. Aber bereits Martin Fowler hatte in seinem Essay „The New Methodology" darauf hingewiesen, dass es über den Software-Entwickler hinaus noch viele weitere Beteiligte im Software-Entwicklungsprozess gibt, unter anderem die Tester [Fowl00]. Diese sind ebenso Bestandteil des interdisziplinären Teams wie Programmierer, Architekten, Analytiker etc. Aber alle Beteiligten müssen interdisziplinär denken und übernehmen verstärkt auch Aufgaben abseits ihrer zentralen Aufgabenstellung. Dieser Wandel im Denken ist auch für den Tester eine Herausforderung.

In agilen Teams kann der Entwickler zum Teil Testaufgaben übernehmen, und auch der Tester wird Entwicklungsaufgaben übernehmen – je nach Maßgabe und auch Skill-Entwicklung. Es wäre jedoch ein Fehler anzunehmen, dass dies so einfach möglich ist: Weder ist ein gelernter Entwickler auf Knopfdruck ein guter Tester noch sind Tester automatisch mit entsprechenden Programmiererfahrungen ausgestattet. Auch wäre es fatal, nicht alle Software-Engineering-Disziplinen in Exzellenz im Team vertreten zu haben. Gerade agile Methoden verlangen darin höchste Expertise und Erfahrung:

- Analytiker, die die Anforderungen des Anwenders klar verstehen und gesamthaft erfassen können,
- erfahrene Architekten, die eine Architektur entwerfen, die durch laufende Änderungen nicht in ein Chaos führt,
- Programmierer, die den Code so schreiben, dass für ihn dasselbe gilt wie für die Architektur, und die konsequent Unit Tests definieren, die mehr prüfen als nur die Existenz von Klassen und deren Methoden
- professionelle Tester, die ihre Testansätze und Testmethoden jeweils an die konkreten und sich immer wieder ändernden Aufgabenstellungen anpassen und den Automatisierungsgrad im Systemtest schon während der Entwicklung vorantreiben.

■ 1.4 Agil setzt Kulturwandel bei den Anwendern voraus

Die Revolution, die durch das Agile Manifest ausgelöst wurde, beschränkt sich nicht auf Software-Entwicklungsprojekte. Sie hat darüber hinaus auch eine Auswirkung auf die Anwenderorganisationen, in denen die Projekte stattfinden. Diese Auswirkung war zu erwarten. Wenn sich die Art und Weise, wie Projekte abgewickelt werden, fundamental ändert, müssen sich auch die Bedingungen ändern, unter denen die Projekte ablaufen. In diesem Fall können die Projektabläufe nicht mehr im Voraus bestimmt werden. Jedes Projekt muss – wie Wasser – seinen eigenen Weg zum Ziel finden. Es kann sein, dass sich selbst das Ziel im Laufe des Projekts ändert. Ein agiles Projekt ist mit einer Expedition in einer fremden Welt ohne Landkarten zu vergleichen. Die Expeditionsmannschaft muss ihren Weg erforschen.

Die traditionellen Projektplanungs- und -steuerungsmethoden sind in einer agilen Welt hinfällig [Main12]. Niemand kann zu Beginn eines agilen Projekts voraussagen, wie viel es kosten wird oder bis wann das Ziel erreicht ist. Man kann zwar eine Zeitgrenze und eine Aufwandsgrenze vorgeben, aber nicht, was bis dahin umgesetzt sein soll. Der Auftraggeber bekommt eben das, was in der Zeit zu dem Geld mit der Produktivität des Teams erreichbar ist. Die verfügbare Zeit und Kosten bestimmen die Funktionalität und Qualität, die das Projekt mit seiner Produktivität liefern kann.

Nach der konventionellen Vorgehensweise wird die Funktionalität und die Qualität vorgegeben, und es obliegt dem Projektleiter auszurechnen, wie viel Zeit und Aufwand er braucht, um das vorgegebene Ziel zu erreichen. Aufgrund seiner Kalkulation wird eine Vereinbarung mit dem Anwender getroffen, und diese Vereinbarung bleibt verbindlich. Auf Basis dieser Berechnungen werden auch Verträge zwischen Auftraggeber und Auftragnehmer abgeschlossen, die manchmal auch Konventionalstrafen für den Auftragnehmer vorsehen, wenn er die Vereinbarung nicht einhält. Falls die geforderte Funktionalität in der vereinbarten Zeit mit den vereinbarten Mitteln nicht erreicht ist, werden zunächst Abstriche an der Qualität vorgenommen, und wenn das nicht ausreicht, wird die unerfüllte Funktionalität in die sogenannte Wartungsphase verschoben. Laut der regelmäßigen Chaos Reports der Standish Group erreichen die wenigsten IT-Projekte ihre vorgegebene Funktionalität in der geplanten Zeit mit dem geplanten Aufwand [Stan13]. Dennoch hängen die IT-Anwender an der Illusion, sie könnten ihre IT-Projekte planen. Das Agile Manifest räumt damit auf. Die Kooperation zwischen Auftraggeber und Auftragnehmer hat Vorrang vor Verträgen und festen Vereinbarungen. Sie sollten dem Agilen Manifest nach gemeinsam ihre Ziele erforschen und darauf hinarbeiten, wobei sie in Anbetracht neuer Erkenntnisse frei sind, diese Ziele jederzeit zu verändern. Sie passen damit ihre Ziele dem Erreichbaren an.

Insofern hat die agile Bewegung sehr wohl eine Auswirkung auf die Organisation. Das Management darf nicht mehr feste Ziele mit festen Kosten und einem festen Termin bestimmen. Das Management muss selbst flexibel werden. Die Ziele werden nicht mehr im Sinne eines definierten Pflichtenheftes formuliert, sondern als Wert/Nutzen, der für das Unternehmen geschaffen wird. Was tatsächlich an Funktionalität und Qualität zu erreichen ist, wird dem agilen Entwicklungsteam – und diesem gehören ebenso die Anwender an – überlassen. Das Management kann allenfalls eine Zeitgrenze und eine Kostengrenze vorgeben, aber auch diese können versetzt werden, wenn es sich als wirtschaftlich sinnvoll erweist. So hat das Management nur eine richtungsweisende Funktion. Es gibt nicht mehr vor, wie Projekte abzuwickeln sind. Sein Einfluss darauf ist durch die agile Vorgehensweise eingeschränkt [Glog13].

Was für das Management zutrifft, trifft auch für die betriebliche Qualitätssicherung zu. Die Qualitätssicherung unter Leitung des Qualitätsmanagers hatte die Aufgabe, für die Qualität der Software zu sorgen, die von den Projekten geliefert wird. Dies hat dazu geführt, dass der Test von der Entwicklung getrennt wurde. Seit 20 Jahren wird der Dualansatz mit einer Entwicklungsschiene und daneben eine parallele Testschiene propagiert.

Mit der Einführung der agilen Entwicklung sind zentrale Qualitätssicherungs- und Qualitätsmanagementabteilungen in Frage gestellt worden bzw. werden schlicht nicht mehr benötigt. Die Verantwortung für die Qualität wandert zum großen Teil in die agilen Teams und zu den involvierten Mitarbeitern der Fachbereiche. Dies trifft sowohl auf die Festlegung der Qualitätsanforderungen und deren Überprüfung zu als auch auf den Ansatz, wie diese zu erreichen sind.

Die Tester aus zentralen Testteams arbeiten direkt in den agilen Projektteams. Die Rolle eines Testmanagers gibt es in diesen jedoch nicht mehr. Aus der bisherigen Test- oder Quality Assurance Abteilung wird ein Ressourcenpool und eine Supportorganisation für die diversen agilen Projekte in einem Unternehmen [Golz08].

Wenn man es so sehen will, sind die Qualitäts- und Testmanager die großen Verlierer dieser Wende. Es sei denn, sie verstehen es, ihre Rolle neu zu definieren.

In jeder Revolution gibt es Gewinner und Verlierer. Die anderen Verlierer sind die Systemanalytiker, die bisher die Anforderungsspezifikationen geschrieben haben. Sie werden nicht mehr gebraucht, zumindest nicht in dieser Rolle als Verbindungsglied zwischen

Benutzer und Entwickler. Sie können in der agilen Welt allenfalls als Benutzervertreter auftreten und Storys formulieren. Dazu benötigen sie aber viel tiefere Fachkenntnisse, als die meisten Analytiker bisher hatten. Um als echte Vertreter der Endbenutzer aufzutreten, müssen sie sich deren Sicht zu eigen machen, und dazu brauchen sie den gleichen Kenntnisstand über das Fachgebiet.

Die eindeutigen Gewinner der agilen Revolution sind die Entwickler und eventuell die Endanwender, wenn sie die Chance nutzen und sich aktiv in die Gestaltung zukünftiger Anwendungssysteme einbringen.

Bild 1.5 Der Anwender als zentrale Rolle im agilen Projekt

■ 1.5 Konsequenzen der agilen Entwicklung für die Software-Qualitätssicherung

Natürlich hat der Aufstieg der agilen Software-Entwicklung auch Konsequenzen für den Software-Test, und zwar in zweierlei Hinsicht – räumlich und zeitlich.

1.5.1 Räumliche Konsequenzen

Räumlich waren die Tester meistens von den Entwicklern getrennt. Die Tester arbeiteten früher in einer separaten Etage eines Hochhauses oder in einem anderen Gebäude und haben die Entwickler ab und zu besucht. Dies war eine Folge der Philosophie, dass die Qualitätssicherung unabhängig sein muss, um effektiv zu sein. Die Qualitätssicherung hatte sogar das Recht, ein Release zu verzögern oder zu stoppen. So etwas artete nicht selten in Grabenkämpfe aus, bei denen der Leiter der QS-Gruppe sich mit dem Leiter der Entwicklung anlegte. Die Entwickler wollten ihre Software möglichst früh freigeben, die Qualitäts-sicherer meinten, die Software sei nicht reif genug. Oft wurde eine Entscheidung bis zum oberen Management eskaliert. Der Konflikt war eingebaut und auch gewollt nach dem Prinzip der „Checks and Balances" [Evan84].

Für die Analyse der Anforderungs- und Entwurfsdokumente sowie für die Inspektion des Codes bekam die Qualitätssicherung die entsprechenden Dokumente über den Dienstweg und hatte eine bestimmte Zeit, sie zu prüfen. Die Prüfer haben ihre Berichte verfasst und an die Entwicklung abgegeben. Anschließend haben sie sich getroffen, um die Ergebnisse der Prüfung zu besprechen. Für den Test der Software musste die Entwicklung ihre kompilierte und unit-getestete Komponente in eine Testbibliothek ausliefern, von wo aus sie von der Qualitätssicherung zum Integrations- und Systemtest übernommen wurden. Die Tester haben ihre vorbereiteten Testläufe ausgeführt und die dabei gefundenen Fehler an die Entwickler zurückgemeldet. Die Entwickler behoben die Fehler und gaben die Komponente wieder ab. Dieses Hin und Her wiederholte sich, bis die Qualitätssicherung entschied, die Software sei ausreichend getestet, oder bis das obere Management beschloss, die Software trotz eventueller Qualitätsmängel freizugeben [Snee83].

Da die Entwickler und Tester räumlich getrennt saßen, entstand eine „Wir und sie"-Mentalität. Die Entwickler hielten die Tester für übergenaue Querulanten, und die Tester betrachteten die Entwickler als unfähig, ihre Arbeit richtig zu machen und als Mitarbeiter, die sie zu erziehen hatten. Dieses Rollenverständnis, gekoppelt mit der räumlichen Trennung, ging oft zu Lasten des Projekts. Statt sich auf den Inhalt zu konzentrieren, verzettelten sich die „Kontrahenten" in unnötigen Auseinandersetzungen über die Form. Das Gegeneinander wurde durch die räumliche Trennung nur gestärkt.

In dem Moment, in dem die Entwickler und Tester räumlich zusammensitzen, weichen die Fronten auf. Die Väter der agilen Entwicklung sind davon ausgegangen, dass alles besser wird, wenn die organisatorischen Mauern abgebaut werden. Die räumliche Nähe und das gemeinsame Ziel entschärfen die unvermeidlichen Konflikte [Glog11]. Dieser Aspekt muss heutzutage beachtet werden, wenn überlegt wird, die Entwicklungs- und Testaktivitäten in diversen Outsourcing-Strategien über die ganze Welt zu zerstreuen.

1.5.2 Zeitliche Konsequenzen

Hinsichtlich der Zeit hat die agile Entwicklung weitere Konsequenzen für die Qualitäts-sicherung. Die Zeit, die sie bisher hatte, die Dokumente zu prüfen und das System zu testen, gibt es nicht mehr. Bisher hatten Qualitätsprüfer mehrere Tage damit verbracht, ein Anforderungsdokument oder einen Systementwurf zu prüfen und zu bewerten. Wenn sie jetzt User Stories überhaupt prüfen, dann nur an dem Tag, an dem sie erzählt werden (wie z. B. bei Scrum im Sprint Planning). Ansonsten ist es zu spät: Die Story wird sofort umgesetzt. Zum Testen hat die konventionelle Qualitätssicherung bisher einige Wochen, wenn nicht gar Monate gehabt. So lange blieb das System unter Test, bis der Großteil der Fehler entfernt war – und das konnte eben Wochen oder Monate dauern, je nachdem, wie groß das System war. Der Entwickler wartete darauf, Fehler zu beheben, und der Anwender wartete darauf, das System endlich zu sehen.

In der agilen Entwicklung gibt es keine Wochen und Monate, um ein System zu testen. Das System wird stückweise gebaut und jedes Stück innerhalb von Tagen getestet. Wenn ein Release-Zyklus höchstens vier Wochen dauern soll, bleiben für den abschließenden Test eines Releases maximal wenige Tage. Durch die Technik der „Continuous Integration" ergibt sich die Möglichkeit und Notwendigkeit des „Continuous Testing" [Duva07]. Jede Komponente wird sobald getestet, wie sie auch geliefert wird. Der Test läuft ab dem Tag an, an dem die erste Komponente übergeben wird.

Das ist eine gewaltige Änderung gegenüber der konventionellen Arbeitsweise. Bisher haben Tester monatelang Zeit gehabt, einen Testplan auszuarbeiten, Testfälle zu spezifizieren und Testskripte zu schreiben. Jetzt ist in der agilen Entwicklung die Vorbereitungszeit auf einige Tage zusammengeschrumpft, nämlich auf die kurze Zeit, bis die erste Komponente geliefert wird. Demzufolge müssen Tester lernen, parallel zu planen und ausführen. Während sie die eine Komponente testen, planen sie den Test der nächsten Komponente. Sie müssen mehrere Aufgaben gleichzeitig bewältigen.

Dass das Leben der Tester durch die agile Entwicklung leichter wird, kann keiner behaupten. Sie haben nur wenig Zeit, um ihre Aufgaben zu erledigen, und müssen ständig überlegen, welche Aufgabe sie als Nächstes vorziehen. Es gibt keinen Testmanager, der die Testarbeit für sie plant und zuteilt. Die Tester müssen sich selbst managen und ihre eigene Zeit einteilen. Das dürfte für manche Tester eine große Herausforderung sein, aber um mit dem Team Schritt zu halten, müssen sie die Herausforderung annehmen. Der agile Test ist auf schnelles Reagieren ausgerichtet. Die Entwickler gehen in eine bestimmte Richtung, und die Tester müssen folgen. Insofern ist der agile Test nicht etwas für schwerfällige, unflexible Menschen. Die Betonung liegt auf dem Hier und Jetzt.

Die Zeit ist in der agilen Entwicklung der bestimmende Faktor. Tester müssen daher dafür sorgen, dass die Qualität so gut wie möglich unter den zeitlichen Einschränkungen sichergestellt wird. Die verkürzte Zeit verändert die Arbeitsbedingungen und geht oft zu Lasten der Qualität. Die Folge sind technische Schulden, auf die wir noch zu sprechen kommen. Es wird wohl so sein, dass es wichtiger ist, das richtige Produkt lückenhaft zu bauen, als das falsche Produkt richtig. Aber letztlich wird dies durch den Anwender beurteilt werden. Dafür gibt es Folge-Releases, bei denen die Qualität nachgebessert werden kann. Die Wartung findet in der Entwicklung statt. Hauptsache, der Anwender bekommt möglichst bald ein halbwegs funktionierendes Produkt [Mart02].

 Projekt EMIL: Kulturwandel – was agil bedeutet

Einen Entwicklungs- und Testprozess umzustellen, der 20 Jahre „historisch gewachsen" ist, funktioniert nicht von heute auf morgen. Viele Informationsflüsse, Prozesse und Methoden sind eingefahren und nicht leicht zu ändern. In einem Projekt ist der Übergang zum agilen Vorgehen noch steuerbar. Dabei ist das Wichtigste die Akzeptanz oder zumindest der Freiraum durch das Management. Schwieriger ist der Änderungsprozess ab den Schnittstellen vom Projekt ins restliche Unternehmen. Mit dem Projekt EMIL wurde nicht der Anspruch erhoben, alle Prozesse des Unternehmens zu ändern, sondern ein Pilotprojekt zu starten. Damit sich das Projektteam voll und ganz auf die Arbeit konzentrieren kann, wurden die Schnittstellen zu den anderen Abteilungen vom Scrum Master und dem Product Owner wahrgenommen. So wurde z. B. vom Product

Owner der Fortschritt des Projekts auf einen Meilensteinplan übertragen, um eine externe Gruppe von Stakeholdern mit Informationen zu versorgen, die sie für ihre Arbeit benötigen. Das Projektteam war damit nicht belastet. Ebenso werden klassische Projektstatusberichte verfasst und dem Management zur Verfügung gestellt. Auch hier war das Projektteam nicht involviert.

Parallel dazu stellen der Scrum Master und der Product Owner die Erkenntnisse und Erfahrungen im Unternehmen dar, um mit Vorurteilen und Mythen des agilen Vorgehens aufzuräumen. Einer dieser Mythen ist die Entwicklungsgeschwindigkeit. So erwarten manche Manager vom agilen Vorgehen schnellere Entwicklungen. Das erfüllt sich aber nicht. Umso mehr wird von den Teammitgliedern dann darauf hingewiesen, was sich das Projekt als Definition von „agil" gegeben hat und was bei der Entwicklungen in der Gesundheitsbranche essentiell ist: *Agil bedeutet nicht „schneller", agil bedeutet „höhere Qualität".*

2 Agile Vorgehensmodelle und ihre Sicht auf Qualitätssicherung

Sind in der agilen Welt zentralistische Qualitätssicherungsgruppen oder -abteilungen praktisch nicht vorgesehen, so nimmt die Qualitätssicherung als solche in agilen Vorgehensmodellen einen genauso hohen Stellenwert ein, wie es auch bei herkömmlichen und schon lange praktizierten Software-Entwicklungsmodellen erforderlich ist. Der Zugang zum Thema Qualitätssicherung selbst ist jedoch ein etwas anderer: Die Kundenzufriedenheit und somit auch der Kundennutzen werden in den Vordergrund gestellt, was letztendlich voraussetzt, dass die Struktur der Projektteams, die Rollen der einzelnen Projektmitarbeiter und die Arbeitsmethoden bzw. -techniken im gesamten Software-Entwicklungsprozesses entsprechend zu gestalten sind.

Durch die frühzeitige Einbindung des Kunden in den Entwicklungsprozess soll sichergestellt werden, dass die Anforderungen des Kunden wunschgemäß umgesetzt werden. Wesentlich hierbei ist auch, dass die Bewertung bzw. Abnahme der gelieferten Software durch den Kunden nicht am Ende eines Software-Entwicklungsprojekts erfolgt, sondern laufend im Zuge der Abnahme einzelner und kurzer Umsetzungszyklen. Diese Grundregel im Einklang mit einer engen Abstimmung zwischen Kunde und Projektteam ist maßgebend dafür verantwortlich, dass etwaige Änderungswünsche seitens des Kunden, aber auch Klarstellungen durch den Kunden zeitnah behandelt und auch umgesetzt werden können.

Um eine hohe Qualität der auszuliefernden Software zu erlangen, nimmt die Testautomatisierung einen hohen Stellenwert im agilen Umfeld ein – speziell im Bereich der Regressionstestfälle. Die laufende, in kurzen Zyklen weiterentwickelte Software soll durch automatisierte Regressionstestfälle soweit geprüft werden, dass bereits erfolgreich überprüfte und abgenommene Funktionen auch nach mehreren Iterationen den Kundenanforderungen entsprechen und letztendlich auch fehlerfrei sind.

Qualitätssicherung in agilen Projekten heißt auch: Das gesamte Team, welches für die Umsetzung der Kundenanforderungen verantwortlich ist, stellt durch die enge Abstimmung, Zusammenarbeit und Kommunikation die Weichen für ein erfolgreiches Projekt. Wenn alle Beteiligten eine gemeinsame Sprache sprechen und das gleiche Verständnis für die Anforderungen und die auftretenden Problemstellungen und Lösungsansätze haben, wird das Projekt einen positiven Abschluss erfahren.

In agilen Vorgehensmodellen werden auch Audits eingesetzt, um den Projektfortschritt und die Erfahrungen – sowohl positiver als auch negativer Natur – zu betrachten und in weiterer Folge gemeinsam Verbesserungsmaßnahmen für die nachfolgenden Umsetzungszyklen zu definieren. Diese Lernzyklen sind ausschlaggebend für die laufende Verbesserung der operativen Umsetzung, Zusammenarbeit und Kommunikation, aber vor allem auch für die Qualität der auszuliefernden Software-Pakete.

■ 2.1 Herausforderungen in der Qualitätssicherung

- Umfangreiche Erfahrungen in Projekten im Bereich Software-Test zeigen, dass die Herausforderungen im Bereich der Qualitätssicherung bei klassischen Vorgehensmodellen immer wiederkehrend und oftmals die gleichen sind – abhängig vom Reifegrad der Projekt- und/oder Unternehmensorganisation.

- Der Test als wesentlicher Bestandteil eines erfolgreichen Projekts ist sehr oft mit viel Kraft, Aufwand und Überzeugungsarbeit verbunden. Einen funktionierenden Software-Test in einer Organisation und in Projekten auf die Beine zu stellen, geht nicht von heute auf morgen. Dafür müssen viele Rahmenbedingungen und Einflussfaktoren betrachtet werden, und Maßnahmen sind zu setzen, die ohne ausreichende Unterstützung der Organisation und des Managements kaum Chancen auf Erfolg haben. Dieser Grundsatz gilt vor allem auch dann, wenn es um die Einführung von agilen Vorgehensmodellen geht – im Speziellen bei einem Wechsel von bereits lange praktizierten klassischen Modellen hin zu agilen Methoden. Hier gilt es, viel Überzeugungsarbeit zu leisten, um den Transformationsprozess rasch und in guter Qualität vollziehen zu können.

2.1.1 Qualität und Termin

Welcher Software-Tester kennt diese Herausforderung nicht? Qualität sicherstellen, auch wenn die Zeit bis zum geplanten Rollout schon sehr knapp ist. Neben allgemeinen Schwierigkeiten, die bereits in der Vor-Projektphase auftreten können, wie z. B. Budgetfragen, Ressourcenbereitstellung, technische Belange u. v. m. wird die Einbindung des Software-Tests oftmals vergessen oder erst gar nicht angedacht. Eine gesamthafte Einbindung des Tests ist bei traditionellen Vorgehensmodellen ein wesentlicher Erfolgsfaktor im gesamten Software-Entwicklungsprozess, und dies gilt ebenso, wenn nicht sogar noch viel mehr, für agile Projekte.

Qualität und Termin stehen sehr im Zusammenhang mit dem Begriff „time to market". Die Zeit zwischen Produktentwicklung und Produkteinführung am Markt wird in der schnelllebigen Zeit ein immer wichtigerer Faktor. Rasch neue und für Endkunden interessante Produkte am Markt zu etablieren, ist das Credo. Damit verbunden ist auch der Gedanke, die Zeit zwischen der Produktidee über die Produktentwicklung bis hin zur Produktbereitstellung kurz zu halten. Über all dem steht der „Wettbewerbsvorteil", der nur für jenen erreicht werden kann, der als Erster durchs Ziel geht. Gute Preise am Markt zu erzielen, ist nur für jenen möglich, der seine Idee, sein Produkt als Erster auf den Markt bringt. Viele Branchen in der heutigen Zeit sind von dieser „time to market"-Sicht geprägt.

Vor allem deswegen ist es wichtig, bei der Einführung eines Produkts nicht nur die benötigten Funktionen und Vorteile des Kunden zu betrachten, sondern generell eine hohe Qualität des Produkts sicherzustellen. Sehr schnell werden Fehler in Produkten und Software im Zeitalter der neuen Medien einer breiten Öffentlichkeit zugänglich.

War und ist es bei traditionellen Vorgehensmodellen in der Software-Entwicklung oft so, dass im Falle des drohenden Nichterreichens eines Termins an der Sicherung der Produktqualität „gespart" worden ist, indem der geplante Zeitraum für die Testdurchführung gekürzt worden ist, verfolgen agile Methoden den Ansatz, laufend auf Qualität zu achten und diese durch geeignete Maßnahmen sowie Methoden zu prüfen und nachhaltig zu sichern. Continuous Integration, Testautomatisierung, Teamstruktur und Know-how der Teammitglieder sind nur ein kleiner Auszug hierfür. Der Qualitätssicherungsansatz ist implizit mit agilen Methoden verknüpft. Software-Qualität in agilen Projekten stützt sich vor allem aber auf die definierten Prozesselemente, welche die Basis für erfolgreiche Projekte und Produkte sind.

2.1.2 Qualität und Budget

Software-Entwicklungsprojekte stehen – wie Produktentwicklungen in anderen Branchen auch – immer wieder vor der Herausforderung, mit dem bereitgestellten Budget den Anforderungen an das Produkt gerecht zu werden. Die Bereitstellung von Budget kann vor allem in großen Organisationseinheiten und Unternehmen ein administrativer Hürdenlauf werden. Wenn dann letztendlich die Entscheidung gefallen ist, wie viel Budget für welche Produktmaßnahme verfügbar ist, haben sich diverse Rahmenbedingungen möglicherweise schon derart verändert, dass die ursprüngliche Annahme des benötigten Budgets nicht mehr valide ist und der Budgetentscheidungsprozess erneut aufgerollt werden muss. Wochen und Monate können vergehen, bis eine finale Budgetentscheidung gefällt wird.

Bei Budgetfragen für die Umsetzung eines Projekts werden zwangsläufig auch Prioritäten gesetzt. Typischerweise stellt man sich folgende Fragen: Welche strategischen Maßnahmen werden im Zuge welches Projekts umgesetzt? Welches Produkt, welches Projekt sichert uns einen guten Stellenwert am Markt und bringt auch den erforderlichen Umsatz, den ein Unternehmen für den wirtschaftlichen Erfolg benötigt? Das sind nur ein paar Entscheidungsfragen dazu, aber erfahrungsgemäß werden für „wichtige Projekte" auch die entsprechenden Budgetmittel zur Verfügung gestellt, um für die Umsetzung und vor allem auch für die Qualitätssicherung gerüstet zu sein.

Eines ist auf jeden Fall klar: Das Testen von Software verursacht Kosten, das Nichttesten von Software ebenfalls. Kosten sind immer mit einem gewissen Schmerz verbunden. Und der (Kosten-) Schmerz ist auf jeden Fall schlimmer, wenn die Kunden den fehlenden Qualitätsaspekt vermissen und viel Geld in die Hand genommen werden muss, bereits ausgelieferte Software zu verbessern und dadurch die Kundenzufriedenheit wieder herzustellen. Aber neben den Kosten für diese Nachbesserung ist ein drohender oder bereits eingetretener Imageschaden der weitaus größere Schmerz.

Was aber tun, wenn die Qualität einer Software zu wünschen übrig lässt bzw. für Qualitätssicherungsmaßnahmen im Allgemeinen kein oder kein ausreichendes Budget vorhanden ist?

Man wird nicht umhin kommen, die fehlende Qualität und die damit verbundenen Ursachen transparent zu machen, um einerseits konkrete Gegenmaßnahmen daraus abzuleiten und andererseits Budget für die Umsetzung von Verbesserungsmaßnahmen zu erhalten. Wird ein Produkt durch fehlende Qualität geprägt, gibt es letztendlich nur zwei Wege:

a) Investition in die Qualitätsverbesserung und somit Qualitätssicherung für eine entsprechende Nachhaltigkeit

b) Mit den Missständen in der Qualität leben und punktuelle Maßnahmen setzen, um größeren Schaden abzuwenden

In den agilen Ansätzen steht aber einem manchmal nur grob vorgegebenen Budgetrahmen noch kein final spezifiziertes Produkt gegenüber. Dieses entsteht erst im Laufe des Projekts. Das Budget wird dafür verwendet, die Software-Applikation entlang aktueller Geschäftsanforderungen auszugestalten. Daher gibt es auch kein fixes Budget für die Umsetzung eines vordefinierten Qualitätssicherungsplans oder eines detaillierten Testkonzepts. Das Budget für Qualitätssicherung und Test ist Teil des Projektbudgets, aber ähnlich den konventionellen Ansätzen müssen die Qualitätssicherer, meist Tester, auch im agilen Umfeld für „ihren" Anteil am Budget eintreten und manchmal auch dafür kämpfen.

2.1.3 Der Stellenwert des Software-Tests

Dass Software getestet werden muss – in welcher Ausprägung, mit welchen Mitteln und welchen Werkzeugen auch immer –, ist Faktum. Das Jahr 2000 und die damit verbundenen notwendigen Software-Anpassungen bzw. Neuentwicklungen haben dem Software-Test einen bedeutenden Stellenwert gegeben, da das Risiko einfach zu groß war, von einem Tag auf den anderen nicht funktionierende Software zu haben und dadurch alltägliche Belange der Menschen, wie z. B. Bargeldbehebung an einem Geldautomaten, nicht erfüllen zu können. Deshalb wurde über alle Branchen und Bereiche hinweg sehr viel in das Thema Testen investiert. Und in der Nachbetrachtung muss man festhalten, dass sich diese Investition auch gelohnt hat.

Viele unserer persönlichen Erfahrungen beruhen auch auf dieser Zeit, und das Thema Software-Test an sich ist mittlerweile „salonfähig" geworden – und das auf professionelle Art und Weise. Waren zu Beginn vorwiegend unternehmensinterne Mitarbeiter und Tester für die Sicherung der Qualität verantwortlich, gibt es mittlerweile eine Vielzahl an Unternehmen, deren Fokus auf dem Test von Software liegt. Unterschiedliche Ansätze, Vorgehensweisen und Methoden, unterstützt durch den Einsatz von kommerziellen oder Open-Source-Tools, zeigen, dass das Thema Testen generell an Bedeutung zugenommen hat.

Der Bedarf an Tests allgemein ist auch insofern spürbar, dass entsprechend ausgebildete und zertifizierte Tester in den letzten Jahren anzahlmäßig deutlich zugenommen haben und bei Ausschreibungen für Projekte der „qualifizierte Tester" immer mehr vorausgesetzt wird. Neben methodischem Know-how sind auch spezielle technische Skills – vorwiegend im Bereich des nicht-funktionalen Tests – gefragt und auch immer mehr die Erfahrung als „agiler Tester".

Auch wenn der Trend zu „mehr Software-Test" spürbar ist, gibt es noch viel Potenzial, um den Software-Test weiter zu „professionalisieren" und den damit einhergehenden Gedanken zu mehr Software-Qualität zu verbreiten. Unsere Erfahrungen aus vielen Projekten zeigen, dass der Stellenwert des Tests bzw. der Tester anfänglich nicht jener ist, den man sich als Tester erwarten würde. Tester werden leider oft – und das zu Unrecht – als Störenfriede gesehen. Als Tester stößt man zwangsläufig auf Software-Fehler, und diese aufzuzeigen, für Korrekturen zu sorgen und letztendlich Fehlerquoten aufzuzeigen, gehört zum Geschäft. Dies ist anfangs nicht bei allen beliebt, da sich viele Entwickler dadurch beobachtet und überwacht fühlen. Der Grundgedanke des Software-Tests ist aber nicht, die Software-Entwicklung schlecht zu machen, sondern gemeinsam an der Verbesserung der Qualität zu arbeiten. Und dazu gehört nun auch mal, Fehler zu finden und dafür zu sorgen, dass diese korrigiert werden und das Produkt für eine hohe Kundenzufriedenheit steht. Es zeigt sich, dass die vielen Projekte, in welchen wir den Software-Test eingeführt oder begleitet haben, dafür Sorge getragen haben, dass der Software-Test nachhaltiger Bestandteil des Software-Lebenszyklus geworden ist.

Eine im Jahr 2011 von ANECON Software Design und Beratung GmbH initiierte und in Kooperation mit den Hochschulen Bremen und Bremerhaven, der Fachhochschule Köln, dem German Testing Board (GTB) und dem Swiss Testing Board (STB) durchgeführte Studie gibt Aufschluss über das Thema Qualitätssicherung im Software-Bereich.

Die Ergebnisse zu der im Mai 2011 durchgeführten Studie „Softwaretest in der Praxis" zeigen, dass über ein Drittel der Befragten bereits in der Vorstudie Qualitätssicherungsmaßnahmen einsetzen [Habe11].

Auch im Bereich der agilen Vorgehensweisen hat sich gegenüber den Umfragen aus den Jahren zuvor gezeigt, dass einiges passiert ist und agil mehr in den Vordergrund gerückt ist. So wird auch angegeben, dass Scrum die am meisten verwendete Herangehensweise im agilen Umfeld ist.

„Das Bewusstsein für die frühzeitige Integration von Qualitätssicherung, der Einfluss agiler Vorgehensmodelle im Testen sowie die Möglichkeit der Auslagerung der Testdurchführung war für uns ebenfalls von großem Interesse. Mit den Ergebnissen dieser Studie können wir einen wichtigen Beitrag für die gesamte IT-Branche liefern und dank der hohen Beteiligung sind die aus den Beantwortungen abgeleiteten Aussagen gut abgesichert". So lautete das Statement von Peter Haberl, Geschäftsführer ANECON Deutschland.

Tilo Linz, Präsident des German Testing Boards, ist außerdem erfreut über das hohe Ausbildungsniveau: „Für professionelle Tester ist es selbstverständlich, in allen Teststufen methodisch zu arbeiten. Das Ausbildungsniveau der Tester ist zusätzlich dank weltweit etablierter Certified-Tester-Zertifizierung heute sehr hoch. Die Test-Qualifizierungsmöglichkeiten für Entwickler bergen jedoch noch hohes Potenzial. Denn auch auf Ebene der Unit Tests und ganz besonders bei Test-Driven Development ist das Wissen und Beherrschen grundlegender Testmethoden entscheidend für die Wirksamkeit der Tests."

Die Umfrageergebnisse haben auch gezeigt, dass die Qualitätssicherungsmaßnahmen in den frühen Phasen zugenommen haben. Eine Konzentration auf die späten Phasen in der Software-Entwicklung ist aber dennoch zu verzeichnen. Ein Trend zum frühzeitigen Einsatz von Qualitätssicherungsmaßnahmen ist vor allem dort erkennbar, wo hohe Qualitätsanforderungen bestehen (Automotive, Bank, Luft- und Raumfahrt).

In Summe hat sich der Software-Test und haben sich die Software-Tester also nachweislich einen höheren Stellenwert in der Software-Entwicklung erarbeitet. Man muss aber festhalten, dass dies im gegebenen Rahmen traditioneller Vorgehensweisen erfolgt ist. Nun gilt es, diesen Stellenwert auch im agilen Umfeld zu behaupten. Dies wird aber nicht immer einfach sein, sind doch die meisten agilen Techniken, Methoden und Vorgehensmodelle eher Entwickler-dominiert entstanden. Und es gab und gibt immer noch agile Projekte, die meinen, dass durch Test-Driven Development (durch den Entwickler) und die Einbeziehung von Anwendervertretern die Testaufgaben ausreichend abgedeckt sind. Dies ist aber ein gefährlicher Irrtum. Es wäre fatal, auf professionelle Testtechniken und gut ausgebildetes Testpersonal zu verzichten und damit auf ein großes Potenzial an Effizienz und Effektivität. Spezielle Ausbildungen wie etwa die von iSQI ins Leben gerufene Ausbildung zum Certified Agile Tester CAT® sind bereits eine Reaktion einerseits auf die „Bedrohung" und andererseits auf die Chance des professionellen Tests, die sich durch den Trend zu agilen Projekten ergeben. In diesen Ausbildungen geht es im Kern um die Transformation nutzenstiftender Testtechniken in die neuen Rahmenbedingungen und die Integration der Tester in agile Teams und somit der Sicherung des Stellenwerts des Software-Tests.

2.1.4 Fehler aus Vorprojekten (Technical Debt)

Sehr oft resultiert aus Zeit- und Budgetmangel die Situation, dass bereits gefundene Fehler oder solche, die aufgrund nicht ausreichender Testzeit erst gar nicht gefunden werden konnten, keiner zeitnahen Fehlerkorrektur zugeführt werden. Bekannte Fehler werden zwar ordentlich und sauber dokumentiert, vielleicht auch einer Fehleranalyse zugeführt, die eigentliche Behebung wird aber nicht mehr durchgeführt, da andere Umsetzungen höher priorisiert werden oder die Änderungen so weitreichend sind (z. B. Designänderungen), dass sie im gegenständlichen Vorhaben bzw. nächstem Release nicht mehr betrachtet werden können. Workarounds werden definiert, um die Fehler zu umgehen und – sofern möglich – den Kunden auf diese Art und Weise zufriedenzustellen. Ist ein Workaround einmal erst gefunden und manifestiert sich als „die Lösung" (wenn auch die falsche), wird der Workaround schnell zum Standard. Software-Wartung wird dadurch nicht einfacher. Und auch nicht der Test.

In vielen Projektsituationen finden wir derartige Lösungen (Workarounds) vor, die nur bedingt bis gar nicht dokumentiert sind. Als „alter Hase" – wie man so schön sagt – ist man der Held, weil man weiß, was wie funktioniert. Und das Ganze aus dem Gedächtnis und jahrelanger Erfahrung heraus. So weit, so gut. Nur wie setzt man auf diesem Stand einen effektiven Software-Test auf? Fehler, die spät gefunden werden, werden zur Kostenfalle. Wird die Fehlerkorrektur aufgrund der Implementierung neuer und wichtiger Funktionen aber immer wieder zurückgestuft, entsteht über die Zeit eine sogenannte „Technische Schuld" („technical debt"). In diesem Umfeld wird es mühsam, Software in guter Qualität zu entwickeln, zu testen und eine hohe Kundenzufriedenheit zu gewährleisten.

Solange sich das Umfeld nicht ändert, d. h. das Projektteam in seiner Zusammensetzung weitgehend konstant bleibt, ist dieser Systemzustand noch irgendwie zu bewältigen; er wird mit der Zeit aber dennoch immer komplexer und undurchsichtiger. Ändert sich das Umfeld und wesentliche Keyplayer fallen aus welchen Gründen auch immer aus, stößt man recht rasch an die Grenzen des Machbaren. In mühevoller Kleinarbeit, Analysen und Workshops mit Know-how-Trägern wird das System oder besser gesagt der Zustand des Systems auf einen neuen Stand gebracht, von welchem aus weiter gearbeitet werden kann. Hierzu ist es hilfreich, wenn von Beginn an ein Fehlermanagement aufgesetzt und geführt wird, um Erkenntnisse zum Qualitätsstand des Systems ableiten und Maßnahmen entwickeln zu können.

„Technische Schuld" bzw. „technical debt" ist der Begriff für mangelhafte Software, die aufgrund der eben beschriebenen Ursachen entstehen kann. Die Entstehung und der Umgang mit dieser „technischen Schuld" sowie die Auswirkung auf das Team werden in Kapitel 4 dieses Buches noch näher behandelt.

2.1.5 Testautomatisierung

In agilen Vorhaben ist der Ansatz im Bereich der Testautomatisierung im Unterschied zu den klassischen Vorgehensmodellen ein anderer. Wird im traditionellen Vorgehen die Automatisierung als unterstützend im Testansatz gesehen, so sind im agilen Umfeld automatisierte Regressionstests ein „must have", um die Testaufgaben in den kurzen Intervallen der Entwicklungszyklen zeitgerecht und in guter Qualität abwickeln zu können. Testautomatisierung in einem klassischen Projektumfeld einzusetzen ist häufig mit sehr viel Überzeugungsarbeit verbunden, welche bereits bei der Toolauswahl beginnt, und für das Projektbudget belastend, sofern ein Automatisierungswerkzeug in der Unternehmens- bzw. Projektorganisation noch nicht vorhanden ist. Daher fällt diese oft dem Rotstift zum Opfer. Testautomatisierung muss sich rechnen, so die berechtigte Vorgabe vieler Entscheidungsträger. Der Einsatz eines Testautomatisierungs-Tools wird aber häufig nur damit in Verbindung gebracht, dass dadurch die Testkosten gesenkt werden können. Eine Amortisierung ist aber mit der Anschaffung eines Automatisierungswerkzeugs alleine jedoch noch nicht gegeben. Ein Konzept zum Einsatz des Tools und die Bereitstellung der erforderlichen Ressourcen und Personal mit entsprechenden Kenntnissen und Erfahrung sind genau so wichtige Bestandteile wie z. B. die Auswahl des geeigneten Tools.

Das Thema Testautomatisierung wird in Kapitel 7 im Detail adressiert. Zu erwähnen ist an dieser Stelle jedoch, dass lt. der Studie „Softwaretest in der Praxis" die Ausprägung und der Einsatz der Testautomatisierung unterschiedlich ist. So werden im Unit Test die Tests zu 70 % und mehr automatisiert. Etwa ein Viertel der Befragten gab sogar an, den Unit Test zu 100 % automatisiert zu haben. Beim Integrationstest nimmt die Abdeckung durch Testautomatisierung bereits ab, und der Abnahmetest ist am wenigsten automatisiert. Fast 40 % der Befragten führt den Abnahmetest vollständig manuell durch.

Überraschend war das Ergebnis, dass in den agilen Projekten die Testdurchführung im Unit Test nur zu 43 % vollständig automatisiert ist. Hier wäre zu erwarten gewesen, dass annähernd alle Unit Tests vollständig automatisiert sind. Wie erwartet nimmt die Testautomatisierung mit steigender Teststufe ab. Prof. Dr. Mario Winter von der FH Köln betont, dass „agiles Testen immer auch Testautomatisierung bedeutet, da die erheblich verkürzten Release-Zyklen nur unter der Voraussetzung funktionieren, dass möglichst viele Tests automatisiert sind".

2.1.6 Hierarchische Denkweise

„Du bist ja nur Tester." Diese oder ähnliche Aussagen sind im Laufe eines Testerlebens dem einen oder anderen Tester sicher schon mal untergekommen. Es gibt Organisationen und Unternehmen, in denen der Test und der Tester an sich noch immer nur als notwendiges Übel gesehen werden. Wie sich in der bereits zitierten Studie „Softwaretest in der Praxis" jedoch zeigt, hat sich dieses Bild in den letzten Jahren sehr zum Positiven verändert. Der Beruf des Testers ist nicht nur professioneller und angesehener geworden, auch das Wissen darüber, welche Eigenschaften und Fähigkeiten Tester an den Tag legen müssen, um die täglich Testarbeit zu vollbringen, hat Positives bewirkt. Noch ist nicht alles erreicht, aber der richtige Weg wurde bereits eingeschlagen.

Agile Vorgehensmodelle sind ein Garant dafür, dass die Sicht auf den Test eine andere wird und auch schon ist. Der Teamgedanke und das Verschmelzen der Rollen und Funktionen bewirken eine positive Veränderung. Es wird nicht mehr so stark in Rollen gedacht, das Team und der Teamgeist sind neben ausgeprägten technischen, aber auch persönlichen Fähigkeiten die Erfolgsfaktoren.

■ 2.2 Der Stellenwert des Teams

Erst kürzlich kam in einem Projekt die Aussage eines Managers, wie toll und zuverlässig das Scrum-Team in einem bestimmten Entwicklungsumfeld arbeitet. Dies war vor einiger Zeit noch nicht so. Zu Beginn der Einführung der agilen Vorgehensweise in besagtem Scrum-Team waren viele Punkte noch sehr unklar, und die Produktivität litt sehr darunter. Neben der fehlenden Produktivität (zu wenig Funktionalität in den Sprint-Zyklen) war auch die mangelnde Qualität der Software-Lieferungen an der Tagesordnung. Als Tester war ein Autor dieses Buches mit diesen Herausforderungen tagtäglich konfrontiert. Im Zuge der gemeinsamen Arbeit war aber recht bald zu spüren, dass sich das Team immer mehr formierte, die Zusammenarbeit sich deutlich verbesserte und vor allem Vertrauen herrschte. Viele kleine, vom Team gesetzte Maßnahmen waren ausschlaggebend dafür, dass sich letztendlich ein homogenes Team etabliert hat. Und das Beste war, dass es Spaß machte, gemeinsam an den gestellten Herausforderungen zu arbeiten.

Dieses Beispiel veranschaulicht, wozu Teams fähig sind. Die Selbstorganisation des Teams und die laufenden Verbesserungsmaßnahmen haben gezeigt, was mit Teamgeist, den entsprechenden Rollen und Persönlichkeiten in einem Team möglich ist. Die ersten Sprints standen unter keinem guten Licht. Der eingeleitete Veränderungsprozess und der ausbleibende Erfolg nagten sehr an den Teammitgliedern.

Ein gut funktionierendes Team bringt mit sich, dass die Arbeitsergebnisse passen und somit auch die Qualität der gelieferten Software entsprechend hoch ist. Deswegen ist bei der Einführung agiler Vorgehensweisen darauf zu achten, dass die Teams einen schnellen Erfolg einfahren, um motiviert zu bleiben. Zu schnell verursachen ausbleibende Erfolge schlechte Stimmung und erzeugen in weiterer Folge Frustration.

Selbstverständlich ist ein wesentlicher Erfolgsfaktor für ein gut funktionierendes Team, dass die einzelnen Teammitglieder integriert sind und Schwierigkeiten auch offen angesprochen werden können. Um Probleme im Team bzw. mit einzelnen Mitgliedern aus dem Team zu lösen, ist der beste Weg, das Team selbst die Konflikte und Hindernisse aus dem Weg schaffen zu lassen. Das Management fühlt sich oft bemüßigt einzugreifen und Entscheidungen zu treffen, ohne Details zu kennen. Das entspricht nicht dem Ansatz der agilen Methoden. Überlassen Sie dem Team die Entscheidung, und der Erfolg stellt sich bald ein. Und mit dem Erfolg auch eine qualitativ hochwertige Software.

 Projekt EMIL: Mindset – Das Team entsteht

Das Team des Projekts besteht aus fünf Entwicklern und zwei Testern. Zwei der Entwickler haben bereits bei der Entstehung der existierenden Analyse-Software mitgewirkt, einer dieser beiden Entwickler als Projektleiter und Chefentwickler. Die drei anderen Entwickler waren z. T. neu im Unternehmen oder bisher in anderen Projekten im Einsatz. Ein Tester hatte bereits Erfahrung mit der bestehenden Analyse-Software.

Allen Teammitgliedern war gemeinsam, dass keiner Expertenwissen über die neue Technologie hatte und das geplante agile Vorgehen nur aus der Literatur bekannt war. Bis zu diesem Projekt hatte jeder Entwickler einen Themenbereich (z. B. ein Druckmodul oder eine Analyse) als Aufgabengebiet und diesen auf Anforderung oder nach eigenen Ideen erweitert bzw. verändert. Das hatte zur Folge, dass sich auch nur der- bzw. diejenige in diesen Bereichen zurechtfand.

So bestand für das neu zusammengestellte Team nicht nur die Herausforderung, sich mit der neuen Technologie vertraut zu machen, sondern auch kooperativer und übergreifender zu entwickeln und gemeinsame Artefakte zu entwickeln, die jeder bei Bedarf weiterführen kann – eine gemeinsame Verantwortung für das komplette Produkt. Das betrifft nicht nur den Source-Code, sondern auch die Art und Weise, wie Unit Tests und Acceptance Tests formuliert und beschrieben werden, wie Code-Reviews durchgeführt werden und in welcher Granularität Design- und Source-Dokumentation geschrieben wird. Dies führte gerade zu Beginn zu vielen Diskussionen, die aber immer mit dem Fokus geführt wurden, konstruktiv zu sein, und nötig waren, um ein gemeinsames Vorgehen zu etablieren. Erst dadurch war Teamwork möglich.

Eine Gefahr für Tester und Entwickler ist das Zurückfallen in alte Muster. Dies passierte auch häufig in etwas versteckter Form und bedeutete für den Scrum Master und die anderen Teammitglieder, aufmerksam zu sein. Dies sind ein paar dieser Indikatoren, die im Projekt aufgefallen sind und korrigiert wurden:

- Tester warten bis kurz vor Sprint-Ende auf „die Version" zum Testen und finden dann noch viele Fehler: Der Test muss schon mit dem ersten Build beginnen. Wenn die Zeit für den Test nicht reicht und/oder mehr Regressionstests notwendig sind, muss mehr automatisiert werden. Aufgaben aus der Testautomatisierung können/müssen auch von den Entwicklern wahrgenommen werden: Die Verantwortung für die Qualität liegt beim Team.

- Entwickler können während des Sprints keine lauffähige Version liefern: Die Änderungen und Erweiterungen an der Software sollten im Sprint so geplant werden, dass sie in kleinen Etappen erfolgen und jede Version (z. B. Nightly Builds, Continuous Integration) lauffähig bleibt.

- Tester beschweren sich über die ständigen Änderungen an schon implementierten Funktionen: Gerade zu Beginn ist die Lernkurve steil, und viele Auswirkungen auf die bestehende Architektur sind noch nicht bekannt. Somit sind Rückwirkungen auf Bestehendes vorprogrammiert und auch willkommen, denn die Software muss im Gesamten konsistent sein und darf nicht mit Balkonen übersät sein, nur damit man nichts an Bestehendem ändern muss.

- Entwickler wollen im Sprint zuerst das Design freigeben, dann implementieren und dann dem Testteam eine Version zum Testen geben: Hierin steckt ein Mini-Wasserfall, der mit dem agilen Gedanken wenig zu tun hat. Dieselbe Gefahr besteht auf der Sprint-Ebene (ein Sprint Konzeption, ein Sprint Implementierung, ein Sprint Test).

Das Team braucht Zeit, um das agile Mindset zu verinnerlichen. Somit wurden diese „Rückfälle" nicht verteufelt, sondern im Team im Zuge der Retrospektiven geklärt. Auf der anderen Seite war zu sehen, wie gewisse Situationen die Teammitglieder selbst auf die richtige Spur brachten, z. B. der Moment, in dem ein Entwickler zum ersten Mal den Nutzen seiner Unit Tests erfährt und diese dann gerne erstellt. Oder wenn der Tester mit seiner Teilnahme am Code-Review dazu beiträgt, dass später weniger Fehler in der Software sind. Nicht umsonst sind die agilen Praktiken „Best Practices", sie müssen aber manchmal zuvor selbst erfahren werden.

■ 2.3 Audits zur Qualitätssicherung in agilen Projekten

Qualitätssicherungsansätze gibt es viele. In der agilen Welt wird neben den laufenden, in den Entwicklungsprozess integrierten Testaktivitäten auch vermehrt auf Audits gesetzt. Also Meetings und Strukturen die dazu dienen, den Arbeitsprozess, das Miteinander, die Qualität der täglichen Arbeit nachhaltig zu verbessern.

2.3.1 Scrum

Ein Großteil der Projekte, welche dem agilen Ansatz folgen, wird in Scrum abgewickelt. Diese Erkenntnis ist auch der Studie „Softwaretest in der Praxis" zu entnehmen. Die Projekterfahrungen bei vielen Kundenprojekten haben jedoch auch gezeigt, dass die Art und

Weise der Umsetzung, wie Scrum zur Anwendung gelangt, unterschiedlich ausgeprägt ist und auch sehr verschieden gelebt wird. Häufig wird Scrum eingesetzt, um im Strom der modernen Entwicklung mitzuschwimmen. Aber schnell folgt die Erkenntnis, dass allein der Gedanke, Scrum einzuführen, nicht ausreicht, um die Produktentwicklung zeitgerecht, transparent und in guter Qualität durchzuführen. Das Team, das den wesentlichen Erfolgs- faktor in Scrum darstellt, muss gut funktionieren und gut aufgestellt sein. Gute Aufstellung heißt in diesem Zusammenhang, dass nicht nur die technischen Skills, sondern vor allem auch die sozialen Skills und der Umgang miteinander entsprechend gut ausgeprägt sind. Bei der Einführung von Scrum in großen Organisationen geht es nicht allein nur darum, Scrum als solches einzuführen, sondern auch darum, ein selbstbestimmtes und vor allem kreatives Arbeiten zu ermöglichen. Auch die reibungslose Kommunikation von Teams untereinander und innerhalb der einzelnen Scrum-Teams ist der Fokus bei der generellen Einführung von Scrum.

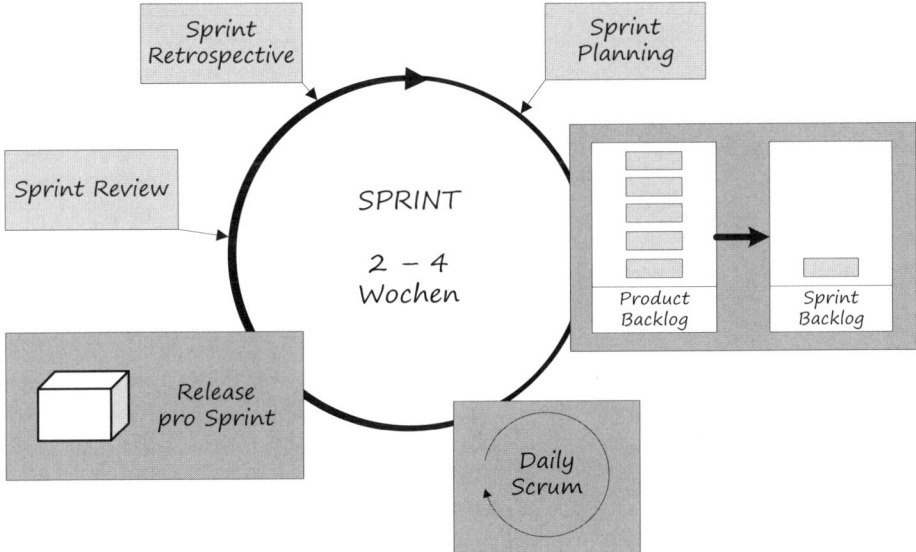

Bild 2.1 Der Qualitätssicherungsprozess in Scrum

Der Qualitätssicherungsprozess in Scrum (Bild 2.1) beginnt bereits in der Planungsphase. Hier geht es vorwiegend darum, die laut Scrum definierten Planungsschritte einzuhalten, um die Vision zu erreichen. Hierfür wird ein strategischer Planungsprozess vorgegeben, der lt. Boris Gloger aus 10 Planungsschritten besteht [Glog13]:

1. Erstellen einer Vision
2. Verfassen der ersten Stories
3. Erstellen eines Product Backlogs und Aufstellen der Sprint Goals
4. Schreiben der Backlog Items, die die Vision umsetzen
5. Priorisieren der Backlog Items basierend auf dem Geschäftswert und den Sprint-Zyklen
6. Schätzen der Backlog Items in der Reihenfolge der Priorisierung
7. Re-Priorisierung

8. Schätzen der Kapazität des Scrum-Teams – Velocity

9. Erarbeiten des Release-Plans und Einarbeiten von Planungspuffer

10. Einbringen des Release-Plans in das Sprint Planning 1

Um die laufende Arbeit des Teams im Fluss zu halten, wird das tägliche Meeting („Daily Scrum") abgehalten, welches für die Produktivität eines Teams und die Qualität der Produktentwicklung ein sehr wesentlicher Faktor ist. Hierbei geht es vor allem darum,

- die erledigten Aufgaben,
- die anstehenden Aufgaben sowie
- die Hindernisse der täglichen Arbeit

im Team gemeinschaftlich zu besprechen und zu dokumentieren („Daily Scrum mit Taskboard"). Daily Scrum unterliegt auch einem Regelwerk, das besagt, dass diese jeden Tag um die gleiche Zeit und am gleichen Ort abgehalten werden und alle Teammitglieder anwesend sind. Dieses Meeting ist nicht – wie bei klassischen Vorgehensweisen oft gehandhabt – ein langes, teilweise über mehrere Stunden dauerndes Projektmeeting. Bei Scrum geht es darum, in sehr kurzer Zeit (ca. 15 Minuten) die drei oben genannten Fragen sehr effektiv zu behandeln.

Durch dieses tägliche Meeting während der einzelnen Sprint-Zyklen wird gewährleistet, dass die Arbeit und der Fortschritt, aber auch die Probleme, die sich in der operativen Arbeit ergeben, transparent gemacht werden und zeitnahe Maßnahmen getroffen werden, um den Projektfortschritt nicht zu gefährden. Es erfordert jedoch von jedem Teammitglied, sich aktiv in dieses Meeting einzubringen. Jene, die in der traditionellen Vorgehenswelt zu Hause waren, werden hier neue Erfahrungen und Kenntnisse sammeln.

2.3.1.1 Sprint Review Meeting

Das Sprint Review Meeting ist ein Audit, in welchem das Team seine Ergebnisse präsentiert und die Qualität der gelieferten Software bewertet wird. Jeder Sprint hat ein Ziel vor Augen, und ob dieses Ziel erreicht worden ist, wird im Sprint Review Meeting transparent gemacht. Man kann auch davon sprechen, dass hier eine Qualitätsmessung erfolgt: Ist das Projekt gut unterwegs? Wurde das geliefert, was für den aktuellen Sprint zugesagt worden war? Ist der vorliegende Stand jener, von dem aus weiter gearbeitet werden kann?

Scrum beinhaltet auch, dass „brauchbare Software" am Ende eines Sprints geliefert wird. Also eine Software, die ohne Nachbearbeitung verwendet werden kann. Die Software verfügt über die definierte Funktionalität, wurde getestet und kann letztendlich in dieser Form ausgeliefert werden.

Die Zusammensetzung eines Sprint Review Meetings kann wie folgt aussehen:

- Scrum Master
- Product Owner
- Teammitglieder
- Management
- Kunde
- Vertreter und/oder Anwender der Fachabteilungen
- interne und externe Lieferanten

Der Product Owner stellt den Teilnehmern des Sprint Review Meetings vor, was die Aufgabenstellung des abgeschlossenen Sprint-Zyklus war. Das Team präsentiert die Ergebnisse, in dem sie den lauffähigen Code der Software den anwesenden Personen präsentieren. Es ist nicht das Ziel, die Ergebnisse des Sprints in Form von Präsentationen, Reports o. Ä. den Meetingteilnehmern näher zu bringen. Die Lauffähigkeit der Software ist das oberste Ziel des Sprint Review Meetings.

Neben dem Nachweis, dass der gelieferte Code in einem auslieferbaren Zustand ist, wird das Review Meeting auch dazu verwendet, Maßnahmen zu setzen, die sich im Zuge dieses Audits ergeben. Es können sich neben neuen Funktionalitäten auch Anpassungen für den Product Backlog ergeben. Dies vor allem dann, wenn das Team nicht alle geplanten Backlog Items liefern konnte und aufgrund dessen eine neue Priorisierung der Items stattfinden muss. Auch eine Änderung im Bereich der Priorisierung der Items kann Ergebnis eines Review Meetings sein, da erkannt wird, dass gewisse Funktionen eine andere Wichtigkeit erlangen als bislang angenommen.

Werden neue Funktionalitäten benötigt oder ergeben sich Änderungen in der Priorisierung der Items, kann es auch dazu kommen, das Team anders oder neu zusammen zu stellen. Mögliche Gründe hierfür können sein, dass es durch diese Adaptierungen notwendig wird, andere Entwickler mit speziellen Kenntnissen einzusetzen oder dass das Team generell feststellt, dass Kenntnisse benötigt werden, die vom Team noch nicht abgedeckt sind.

Wesentliche Regeln für das Sprint Review Meeting im Überblick:

- Präsentation der „brauchbaren Software" durch das Team
- Dauer des Meetings: maximal 1,5 Stunden
- Product Owner und Team sind zwingend beim Review Meeting dabei. Es können jedoch auch Vertreter des Managements, der Fachabteilungen, des Kunden sowie interne und externe Lieferanten anwesend sein.
- Demonstration der lauffähigen Software
- Präsentation der Ergebnisse in Form von Powerpoint-Präsentationen o. Ä. ist *nicht* zulässig.

2.3.1.2 Sprint Retrospektive

Anders als beim Sprint Review Meeting steht bei der Sprint Retrospektive (Bild 2.2) nicht die Präsentation der Ergebnisse (aus funktionaler Sicht) im Vordergrund, sondern der „kontinuierliche Verbesserungsprozess". Die in der tagtäglichen Arbeit gewonnenen Erkenntnisse werden analysiert und Maßnahmen daraus abgeleitet, sodass eine nachhaltige Verbesserung in der Projektarbeit erzielt wird.

Wie garantiert man eine gelungene Retrospektive? Dazu sind – laut Definition von Boris Gloger in seinem Buch „Scrum: Produkte zuverlässig und schnell entwickeln" [Glog13] – sechs Schritte erforderlich (auf denen ebenfalls die Erfahrungen der Autoren beruhen):

1. *Schaffe Sicherheit*
   Um die in der Retrospektive angesprochenen Themen auch ohne Angst einbringen zu können, ist es notwendig, insofern eine Sicherheit zu schaffen, die besagt, dass im Zuge der Retrospektive – aber auch davor und danach – die teilnehmenden Personen keine Angst vor Offenheit zu haben brauchen. Ein wertschätzendes Miteinander ist der Garant

für eine erfolgreiche Retrospektive. Es soll eine angenehme Atmosphäre vorherrschen und die Räumlichkeit für dieses Meeting insofern gewählt werden, als dass ein ungestörtes Arbeiten möglich ist.

2. *Sammle Fakten*
Mithilfe der Moderationstechnik werden Informationen und Ereignisse gesammelt. Die Teilnehmer erhalten Moderationskarten und schreiben jene Ereignisse der letzten Iteration auf diese Karten, welche für sie als signifikant gelten. Diese Notizen werden an eine Pinnwand geheftet. Außerdem wird im Zuge des Anbringens der Kärtchen in ein paar Sätzen erzählt, weshalb dieses Ereignis wichtig und signifikant ist. Dadurch wird eine kurze Geschichte erzählt und das Thema den anderen Teilnehmern näher und verständlich gemacht. So schafft das Team nach und nach ein Bild der letzten Iteration.

3. *Finde funktionierende Prozesse*
An dieser Stelle wird nach positiven Erkenntnissen gefragt, um das Gute zu identifizieren. Auch hier sind die Teilnehmer erneut gefragt, die Ergebnisse auf Kärtchen zu schreiben und an die Pinwand zu heften.

4. *Finde nicht funktionierende Prozesse*
Die Fragestellung hier lautet: Was kann und soll verbessert werden? Der Verbesserungsprozess steht im Vordergrund, und es wird nicht nach Fehlern gesucht. Welche Dinge verbessert werden können, ist die vordergründige Frage an diesem Punkt.

5. *Leite Veränderungen ein*
Zwei wesentliche Fragen stehen an dieser Stelle: Wer hat die Kontrolle über die Situation? Wer kann etwas unternehmen? Durch diese Fragestellungen ergeben sich zwei Arten von Maßnahmen:

   - Themen, welche vom Team selbst verändert und verbessert werden können
   - Themen, die außerhalb des Teams behandelt werden müssen (Kunde, Management usw.)

6. *Entscheide über die Wichtigkeit*
Erfahrungsgemäß werden viele Themen gelistet, und es ist im Normalfall nicht möglich, sämtliche Punkte zu behandeln. Eine Entscheidung, woran konkret gearbeitet werden soll, ist zu finden. Die Teammitglieder priorisieren an dieser Stelle die Wichtigkeit und den Nutzen der umzusetzenden Themen. Es wird also priorisiert, welche Punkte vom Team und welche Punkte von der Organisation umgesetzt werden sollen, um eine nachhaltige Verbesserung zu erzielen.

Sind die genannten Fragestellungen beantwortet und die Punkte priorisiert, die als Nächstes behandelt werden sollen, werden diese beim nächsten Sprint Planning diskutiert, und es wird festgelegt, welche Maßnahmen im nächsten Sprint vom Team umgesetzt werden sollen. Für die Umsetzung dieser Punkte wird im Zuge des Sprint Planning ein Aufwand geschätzt und gemeinsam mit dem Product Owner die weitere Vorgehensweise besprochen. Der damit verbundene Aufwand kann auch bedeuten, dass bestimmte Funktionalitäten im nächsten Sprint nicht umgesetzt werden können. Somit ist der Kreis geschlossen, und der Zyklus beginnt wieder von vorne.

Bild 2.2 Die Sprint Retrospektive

Roman Pichler, Autor des Buches „Scrum – Agiles Projektmanagement erfolgreich einsetzen" [Pich07], beschreibt darin auch die typischen Fehler einer Retrospektive, die wir an
dieser Stelle anführen möchten, da es aus unserer Sicht ebenfalls gilt, diese unbedingt zu
vermeiden:

- Selbstzerfleischung: persönliche Angriffe, Vorwürfe machen oder sogar den Respekt voneinander zu verlieren. Dies gilt es im Rahmen einer Retrospektive unbedingt zu vermeiden. Der Scrum Master hat bei Auftreten dieser Situationen sofort darauf zu reagieren
  und eine Deeskalation einzuleiten. Persönliche Angriffe können letztendlich dazu führen,
  dass darunter die enge und vertrauensvolle Zusammenarbeit in der täglichen Arbeit
  schwer leidet.

- Aussitzen: Verbesserungspotenziale zu finden und diese zu diskutieren, kann bei dem
  einen oder anderen Team durchaus schwierig werden. Verschiedene Aktivitäten, aber
  auch Moderationstechniken können hierbei Abhilfe schaffen. Als Scrum Master selbst
  Verbesserungsmöglichkeiten aufzuzeigen und so als Vorbild zu agieren, kann eine Verbesserung der Situation herbeiführen. Das Schaffen einer vertrauensvollen Atmosphäre
  ist ebenfalls sehr dienlich.

- Schwafeln: Viel reden bedeutet nicht, dass auch viel gesagt oder erzielt wird. In der Retrospektive ist es wichtig, dass konkrete und realistische Verbesserungsmaßnahmen aufgezeigt werden. Daher gilt es, sich auf das Wesentliche zu konzentrieren und Maßnahmen
  für die Umsetzung in einem der nächsten Sprints zu generieren.

Projekt EMIL: Eine Retrospektive

Was ist geschehen?

Vor anderthalb Jahren hat das Projektteam den Wechsel vom traditionellen zum agilen Vorgehen gewagt und Stück für Stück alte Muster abgelegt. Aus den Einzelkämpfern ist ein richtiges Team entstanden, das das Produkt mit sehr hoher Qualität entwickelt. Es ist ein agiler Prozess entstanden, der für das Projekt und das Team in diesem Unternehmen ideal passt. Er ist zwar nicht frei von Mängeln und teilweise nicht nach der „Lehre" gestaltet, erfüllt aber seinen Zweck: Ein effizientes Team entwickelt eine Applikation mit großem Nutzwert und hoher Qualität für den Kunden – und hat dabei noch richtig Spaß.

Was ist gut gelaufen?

- Es konnte ein Ziel definiert werden, auf das das Team – Entwickler und Tester – gemeinsam hinarbeitet.
- Es wurde bei allen ein Verständnis für die Aufgaben der anderen und die geplanten Inhalte der Applikation geschaffen.
- Das Team hat sich hochgradig vernetzt und integriert. Tester unterstützen Entwickler bei Unit Tests und Code-Reviews. Entwickler unterstützen Tester bei der Testautomatisierung und beim technischen Verständnis der Architektur.
- Es wurde ein Klima geschaffen, in dem Fehler als Chance angesehen werden, Dinge besser zu machen und in dem jeder Änderungen und Feedback zur Applikation und zum Prozess äußern darf und dieses auch aufgenommen wird.

Was ist schlecht gelaufen?

- Es wurde zu spät mit der Umsetzung der Testautomatisierung begonnen. Diese Schuld wurde zwar Stück für Stück abgebaut, ist aber immer noch zu spüren. Durch die dadurch unzureichenden Regressionstests sind einige Fehler erst später entdeckt worden, als es hätte sein müssen.
- Muster wurden unterschätzt. Es ist oft leichter, Dinge so zu tun, wie man sie immer gemacht hat, anstatt sie anders zu tun und sein Vorgehen zu ändern. So haben sich immer wieder durch Unachtsamkeit alte Muster eingeschlichen, die zu Konflikten geführt haben.
- Einwände und Feedback wurde manchmal nicht genug berücksichtigt. So wurde gerechtfertigte Kritik abgetan und nicht ausdiskutiert, was zu Frust im Team geführt hat. Besonders ärgerlich war es, wenn Hinweise auf Gefahrenstellen nicht beachtet wurden, die später zu wirklichen Problemen geführt haben.

Was soll konkret geändert werden?

- Die Teammitglieder sollen noch mehr die Möglichkeit erhalten, Änderungswünsche – vor allem am Prozess und dem Vorgehen – einbringen zu können, sodass sich das Team nicht im Status Quo ausruhen kann und weiter bemüht bleibt, immer besser zu werden.

- Die Testmethoden sollen auf allen Teststufen geschärft werden. Sowohl Entwickler als auch Tester sollen beim Konzipieren ihrer Tests implizit strukturierte Testmethoden verwenden, um bessere Testfälle zu schreiben.

- Die Werkzeuge sollen vereinfacht werden, um dem Team die Möglichkeit zu geben, sich mehr auf die eigentliche Arbeit zu konzentrieren. So sollen z. B. Automatismen und weitere Plug-ins in den Werkzeugen die Dokumentationsarbeit einfacher und effizienter gestalten.

- Erfahrung weitertragen: Auch anderen Projekte im Unternehmen sollen von den Erfahrungen des Teams erfahren. Erste Produktentwicklungen im Unternehmen haben ebenfalls bereits den Weg zum agilen Vorgehen eingeschlagen. Hier kann und muss das bestehende Team Unterstützung leisten.

2.3.2 Kanban

David J. Anderson beschreibt in seinem Buch [Ande10] dieses Vorgehensmodell, und er gilt auch als der Begründer von Kanban in der Software-Entwicklung. Kanban stammt ursprünglich aus dem Toyota-Produktionsprozess mit dem Ziel, die Lagerbestände zu reduzieren sowie einen gleichmäßigen Fluss in der Fertigung zu erlangen. Dieser Ansatz wurde auf den Software-Entwicklungsprozess umgelegt, und so entstanden nachfolgende Kernpraktiken:

- Mache Arbeit sichtbar (via Kanban-Board).

- Limitiere den WIP (Work in Progress – wird pro Produktionsschritt festgelegt; je nach dem was sinnvoll für die zügige Abarbeitung des Gewerks ist).

- Manage den Flow (vermeide also, dass sich Arbeit an bestimmten Stellen staut und andere daher unangenehm lange warten müssen, bis sie ihren Beitrag leisten können).

- Mach Prozessregeln explizit (die meisten Teams machen kleine Regelsätze und kleben sie neben das Board an die Wand).

- Implementiere Feedback-Mechanismen (im eigenen Workflow selbst, zwischen Workflows und aus der Organisation heraus → hier hat der Test eine wichtige Rolle).

- Führe gemeinschaftliche Verbesserungen durch (basierend auf Modellen – und das nicht erst in der Retrospektive, sondern permanent, wenn etwas klemmt).

Kanban oder Scrum? Diese Frage wird bei der Einführung agiler Vorgehensweisen durchaus gestellt. Welche Variante zum Tragen kommt, ist abhängig davon, unter welchen Umständen das Team seine gestellten Anforderungen und Aufgaben zu erledigen hat. Letztendlich entscheidet das Team, welches Modell das passende ist.

Ein zentraler Unterschied zwischen Scrum und Kanban ist, dass Scrum ein Vorgehensmodell im klassischen Sinn ist – mit Aufgaben, Ergebnistypen und Rollen. Also sehr standardisiert. In Kanban jedoch geht es vorwiegend darum, Arbeitsabläufe zu steuern und zu visualisieren. Beide Vorgehensmodelle sind Prozesswerkzeuge, die eingesetzt werden, um Aufgaben gut bewerkstelligen und effektiver arbeiten zu können. Um das geeignete Werkzeug auszuwählen, ist es ratsam, die Werkzeuge nicht zu bewerten, sondern diese zu verstehen.

Nachfolgend eine kleine Auswahl der Unterschiede beider Modelle:

	Scrum	Kanban
Team	• Drei fix vordefinierte Rollen • Cross-funktionales Team • Commitment	• Keine Vorgaben • Spezialisten erlaubt • Commitment optional
Aufgaben	• Priorisiert • Müssen klein sein	• Priorisierung optional • Größe egal
Schätzungen	• Notwendig in der Planung	• Optional
Release-Zyklen	• Timeboxed Iterationen	• Optional – wahlweise mit festen Zeitraum oder event-basiert
Änderungen	• Fixe Auswahl in einem Sprint	• Auswahl erfolgt dynamisch anhand der Kapazität
Limitierung	• Velocity pro Sprint limitiert die WIP indirekt	• WIP wird pro Status fixiert
Meetings	• Strikte Vorgabe	• Undefiniert

Eine pauschale Aussage, welche der beiden Prozesswerkzeuge generell die bessere ist, gibt es nicht. Man wird nicht umhin kommen, die Anforderungen des Teams, die konkreten Aufgabenstellungen und die organisatorischen Gegebenheiten im Detail zu betrachten, um die geeignete Vorgehensweise zu wählen. Außerdem können sich beide Methoden einander ergänzen (sog. SCRUMBAN).

2.3.2.1 Kaizen – Continuous Improvement

Ein wesentlicher Punkt in der Herangehensweise von Kanban ist Kaizen. Dieses Wort entstammt dem Japanischen und bedeutet sinngemäß „Veränderung zum Besseren" (Continuous Improvement oder der kontinuierliche Verbesserungsprozess). Ähnlich den – wie auch bei Scrum üblichen – Audits verfolgt Kanban den Ansatz, die gewonnenen Erfahrungen laufend zu betrachten, Verbesserungsmaßnahmen laufend zu identifizieren und diese zeitnah umzusetzen. Retrospektive-Meetings, so wie sie in Scrum definiert und gelebt werden, finden in Kanban in dieser Form jedoch nicht statt bzw. werden diese Nachbetrachtungen anders gelebt. In Kanban finden diese Meetings unregelmäßig statt, und es erlaubt auch die Teilnahme anderer Personen außerhalb des Teams. Also auch von Vertretern aus anderen Organisationseinheiten sowie aus dem Management.

Kurzum: Probleme werden angegangen, sobald sie offensichtlich werden. Und genau für das Offensichtlichmachen sorgt die Kanban-Methodik. Die Probleme und Herausforderungen im Arbeitsablauf und in der Arbeitsteilung springen einem am Kanban-Board förmlich ins Auge. Das Audit in Kanban ist also ein permanentes – fokussiert auf den Arbeitsprozess und das zügige Abarbeiten von Gewerken.

■ 2.4 Continuous Integration

Der Begriff *Continuous Integration* ist ein Begriff aus der Software-Entwicklung und in der agilen Welt ein sehr bedeutender. Continuous Integration ist eine Praxis aus XP (Extreme Programming) und bietet die Basis, um hoch qualitative Software zu liefern.

Wird in Projekten, die den klassischen Entwicklungsmodellen folgen, der Code-Stand dem Test oft in größeren zeitlichen Abständen bereitgestellt, verfolgen agile Methoden den Ansatz, die Software laufend zu testen, um auf diese Weise sehr rasch Fehler festzustellen und diese gleich zu beheben.

Erfahrungen aus diversen Software-Projekten zeigen, dass die späte Übergabe der Software an die Testteams viele Problemstellungen mit sich bringt. Es zeigt sich sehr häufig, dass die Software im Vorfeld nicht ausreichend durch die Entwicklung getestet worden ist. Die so an das Testteam übergebene Software steckt sehr oft voller Kinderkrankheiten. Deswegen vergeht viel unnötige Zeit, bis die Software einen Stand aufweist, um einen reibungslosen Test durchführen zu können. Daraus folgen höhere Kosten in der Testphase, erhöhter Personalaufwand, Verzögerungen bei Auslieferung der Software an den Kunden sowie Qualitätsmängel im Betrieb der Software.

Continuous Integration ist ein Weg, um hier Abhilfe zu schaffen. Durch das laufende (kontinuierliche) Integrieren der Software-Stände durch die Entwicklung und den einhergehenden permanenten Unit Test der eingecheckten Software ist es möglich, Fehler frühzeitig zu erkennen und zu lösen und eine nachhaltige Qualität der Software zu sichern. Indem immer nur ein kleiner Teil des Software-Codes pro Iteration entwickelt und getestet wird, ist es einfacher, Fehler und Fehlverhalten der Software zu identifizieren. Der automatisierte Build-Prozess und das automatisierte Testen sind die Eckpfeiler dieses Vorgehens. Eine hohe Abdeckung an automatisierten Tests wird empfohlen und ermöglicht somit eine hohe Abdeckung an Regressionstests.

Die Verwendung einer Versionsverwaltung ist unabkömmlich, um die Software-Änderungen aller Entwickler kontinuierlich zu integrieren. Hierbei ist zu beachten, dass jeder Entwickler seine Änderungen so oft wie möglich in die gemeinsame Codebasis integriert. Jede Integration muss definierte Tests durchlaufen, bevor die Änderungen integriert werden. Der jeweilige Testzyklus vor der Integration ist kurz zu halten, um häufige Integrationen zu ermöglichen. Zu beachten ist, dass die Tests in einer produktionsnahen Umgebung – also nahe an der Realität – durchgeführt werden. Eine automatisierte Verteilung hilft dabei, die Software-Pakete- und -Versionen leicht sowohl in die Test- als auch nach Freigabe in die Produktionsumgebung zu übertragen.

■ 2.5 Lean Software Development

Scrum, Extreme Programming (XP) und Kanban sind die am weitesten verbreiteten und angewandten Methoden in der agilen Software-Entwicklung. In Bezug auf den Qualitätssicherungsaspekt möchten wir auch auf „Lean Software Development" etwas näher eingehen, da diese Vorgehensweise sehr interessant und durchaus erfolgreich ist.

Lean Software Development ist noch relativ jung und wurde 2003 von Mary und Tom Poppendieck entwickelt. Seinen Ursprung hat das „Lean Thinking" jedoch in Japan nach dem Zweiten Weltkrieg. Um in der Wirtschaft – vor allem im Bereich der Massenproduktion – mit anderen Staaten mithalten zu können, war es erforderlich, mit dem verfügbaren Material gut umzugehen. Schlanke Produktionsprozesse und ressourcenschonender Materialeinsatz war die Herangehensweise, um in der finanziell angespannten Situation das Beste herauszuholen. In der Automobilproduktion bei Toyota wurde diese Herangehensweise entwickelt und eingesetzt.

Die Massenproduktion in den USA – so die Wahrnehmung von Toyota – war eine typische Fließbandarbeit. In eintöniger Arbeit wurden Teile produziert, die, wenn sie nicht benötigt wurden, in den Lagerbestand aufgenommen wurden. „Waste" (Verschwendung) war die Empfindung und letztendlich der Auslöser für Veränderungen.

Im Lean Software Development gelten sieben Prinzipien, die den Rahmen für den generellen Zugang zu dieser Idee bilden:

1. *Verschwendung vermeiden*
   Die Produktivität und die Effizienz zu steigern, ist der zentrale Punkt des Lean Software Development. All das, was dem Kunden keinen Mehrwert liefert, gilt als Verschwendung. Zunächst muss die Verschwendung jedoch erkannt werden. Dazu gehören Features, die nicht verwendet werden, oder Dokumentationen, die nicht gelesen werden, aufgetretene Fehler, unvollständige Arbeit u. v. m.

2. *Lernen unterstützen*
   Je länger Projekte dauern, desto mehr wird dazugelernt. Im Lean Software Development steht dieses Lernen im Vordergrund und wird – wie bei agilen Vorgehensweisen auch – durch Feedback-Schleifen erreicht: Anforderungen werden nicht vollständig analysiert, sondern es werden z. B. Bildschirmmasken entworfen und mit dem Kunden diskutiert und abgestimmt. Lernen bedeutet also nicht, dass ausschließlich das Projektteam bzw. die Entwickler dazulernen, auch der Kunde lernt dazu. Dadurch wird nicht nur die Kundenzufriedenheit sichergestellt, sondern auch eine hohe Softwarequalität.

3. *So spät wie möglich entscheiden*
   Entscheidungen werden erst getroffen, wenn alle notwendigen Informationen für die Entscheidung vorliegen. Das bedeutet jedoch nicht, dass einfach abgewartet wird. Die fachliche Analyse, die Entwicklung, das Design usw. werden weiter vorangetrieben. Denken in Optionen ist ein Hilfsmittel, um Entscheidungen zu treffen. Solange nicht alle nötigen Informationen für eine Entscheidung vorliegen, lässt man sich verschiedene Optionen offen. Den richtigen Zeitpunkt für eine Entscheidung zu erkennen, ist jedoch ganz wesentlich. Der richtige Zeitpunkt für eine Entscheidung ist dann, wenn man sich sonst eine wichtige Alternative verbauen würde.

4. *So früh wie möglich ausliefern*
   Software soll so früh wie möglich ausgeliefert werden. Dieser Ansatz bedarf jedoch entsprechender Maßnahmen und Hilfsmittel wie z. B. die Priorisierung der Aufgaben, welche den Entwicklern vorgeben, was als Nächstes zu tun ist. Diese Aufgaben werden, wie bei agilen Vorgehensmodellen auch, transparent dargestellt und in regelmäßigen Meetings behandelt.

5. *Verantwortung ans Team geben*

Das Team bekommt die Verantwortung übertragen und legt seine Ziele selbst fest. Ziele allein reichen jedoch nicht aus, um ein gutes Team zu formen. Ein sichtbarer Fortschritt und die Teamzusammengehörigkeit sind nur ein kleiner Auszug von Faktoren für gut funktionierende Teams. Es benötigt auch eine Führungspersönlichkeit, die Störungen von außen abwendet, aber auch die richtige Richtung vorgibt bzw. gemeinsam mit dem Team findet.

6. *Integrität einbauen*

Im Lean Software Development gibt es zwei Arten von Integrität:

- Interne (konzeptionelle) Integrität: Bezieht sich auf Architektur, Design, Features usw.

- Externe (empfundene) Integrität: Gestaltung der Oberfläche, Bedienbarkeit usw.

Integrität wird jedoch nur erreicht, wenn laufend – also immer wiederkehrend – kritisch hinterfragt wird, ob das Design noch passt, ob die Benutzeroberfläche den Anforderungen entspricht usw. Ein weiteres Mittel zur Erreichung und Sicherstellung der Integrität ist die Testautomatisierung, die bei agilen Methoden zum Standard gehört.

7. *Das Ganze sehen*

In einem Projekt gibt es viele Einflussfaktoren, die vom Budget über die Interessen der Auftraggeber und des Kunden bis hin zur zeitlichen Komponente reichen. „Das Ganze sehen" heißt, auf all diese Faktoren einzugehen und zu betrachten. Um dieses Ziel zu erreichen, dient die „Messung" als Unterstützung. Mit Messung ist hiermit gemeint, das Projekt und den Projektverlauf mit einfachen Mitteln zu messen und zu steuern. Ein paar wenige Metriken reichen oft aus, um zu sehen, wie es um das Projekt steht. Die Darstellung der Fehlerrate und des Fehlerkorrekturfortschritts ist eine dieser einfachen Methoden.

LEAN VS. AGILE

Lean und Agile haben viele gemeinsame Ziele:

- Qualität von Software verbessern
- Produktivität des Softwareentwicklungsprozesses verbessern
- Änderungen der Anforderungen möglichst schnell umsetzen
- Kundenzufriedenheit

Während agile Methoden vorwiegend auf Kommunikation bauen, versucht Lean, die Kundenzufriedenheit durch die Beseitigung von Verschwendung zu erreichen. Welche Methode nun die richtige ist, hängt natürlich stark von diversen Faktoren ab und kann nicht 1 : 1 für alle Vorhaben und Projekte übernommen werden.

3 Die Organisation des Software-Tests in agilen Projekten

Auf der Konferenz „Agile Testing Days" im November 2012 stellte Scott W. Ambler sein umfassendes Prozessmodell „Disciplined Agile Development" vor, das agilen Teams ein leicht adaptierbares Projektvorgehen ähnlich dem Rational Unified Process an die Hand geben soll [Ambl12]. Er verstieg sich in der Behauptung, dass sich agile Teams doch der Realität in großen komplexen Umfeldern stellen und die Aufgaben- und Rollendefinition lieber Prozessprofis überlassen sollten. Scott kommt eben aus einem Umfeld, wo man die Arbeit von mehreren Tausend Mitarbeitern als ein großes Ganzes in den Griff bekommen muss.

Die Reaktion der anderen Vordenker agilen Testens, allen voran Markus Gärtner und Gojko Adzic, ließ nicht lange auf sich warten: Sie stellten fest, sie müssten folglich wohl Scotts Ansicht nach in einer Fantasiewelt leben, einer Welt von Zwergen, Zauberern und Einhörnern. Fortan zierten kitschige bis anzügliche Bilder von Einhörnern die Präsentationen von einer ganzen Reihe von Vortragenden, die sich trotzig gegen Scotts Vorwurf wehrten, realitätsfremd zu sein. Ihr tägliches Erleben war eben nicht von den Bedürfnissen geprägt, die Scott so eindringlich geschildert hat. Und sie waren damit dennoch sehr erfolgreich.

Ist nun Scott ein Spinner oder sind die anderen die Spinner? Die Realität lehrt, dass beide – so sehr uns das stören mag – Recht haben. Es gibt nicht *das* richtige Vorgehen. Es kommt vielmehr darauf an, in *welcher* Realität man unterwegs ist. Dementsprechend muss sich jeder von uns orientieren.

Keine tröstliche Erkenntnis für ein Buch, das seinen Lesern agiles Testen klar und eindeutig nahe bringen will. Aber hier sind wir im Kernpunkt agiler Paradigmen angelangt: Das Umfeld und die Mission von Software-Projekten ist i. d. R. so komplex, dass man schlecht alles im Voraus nach bekanntem Schema planen kann und dass ein Projektteam eher einem Forscherteam als einem Fertigungsteam in einer Werkhalle entspricht. Wer also Tests in einem agilen Projekt erfolgreich gestalten will, muss sich seine Situation genau ansehen und dann jenes Denkmodell wählen, das dieser Situation am ehesten gerecht wird.

In diesem Kapitel sollen daher ein paar Ansätze nacheinander beleuchten werden, die alle erwiesenermaßen brauchbare Denkmodelle für agile Projektteams bieten und in ihrer Realität durchaus erfolgreich sind. Es wird gleichermaßen aufgezeigt, wo die Grenzen dieser Ansätze sind, sodass der Leser sich mit seiner eigenen Realität wiederfinden und somit für den passenden Ansatz entscheiden kann. Wie so etwas üblicherweise aussehen kann, sollen ein paar Fallbeispiele aus der Projektpraxis beleuchten, die anschließend kurz vorgestellt werden.

■ 3.1 Die Platzierung von Tests in agilen Projekten

3.1.1 Der fundamentale Testprozess des ISTQB

Viele selbst ernannte agile Projekte sind eingebettet in ein weniger agil denkendes Umfeld oder gar nicht so konsequent agil, wie sie von sich glauben mögen. Daher erlauben wir uns, einen Ansatz gleich zu Anfang zu nennen, der überhaupt nicht agilem Denken entspricht: der fundamentale Testprozess des International Software Testing Qualifications Board (ISTQB).

Warum er in diesem Buch gleich zu Anfang zitiert wird, hat zwei ganz simple Gründe: Erstens ist Testen grundsätzlich einmal immer dasselbe, egal ob agil oder nicht agil, und zweitens ermöglicht er den Übergang von einem klassisch denkenden Testansatz zu einem konsequent agil denkenden Testansatz.

Der fundamentale Testprozess des ISTQB [ISTQ11] beschreibt generisch die grundlegenden Hauptaktivitäten, die in jedem Test gebraucht werden:

- Testplanung und -steuerung (Managementprozess, der die übrigen vier Vorgänge eher begleitet)
- Testanalyse und Testentwurf (Testbasis analysieren und darauf basierend logische Testfälle ableiten)
- Testrealisierung und Testdurchführung (aus den logischen Testfällen mittels geeigneter Testdaten konkrete Testfälle machen und diese dann ausführen und protokollieren)
- Bewertung von Endekriterien und Bericht (Testergebnisse bewerten, zusammenfassen und für bestimmte Zielgruppen aufbereiten)
- Abschluss der Testaktivitäten (Übergaben, Archivierungen, Lessons Learned)
  In dieser strukturierten Form sind sie für agile Projekte allerdings hinderlich, da man dort die implizit zugrunde liegende Rollenaufteilung nicht so wiederfindet und die Schritte absolut parallel ablaufen. Die Grenzen, wann nun eine Hauptaktivität beginnt und wann sie aufhört, verschwimmen in agilen Projekten. Dennoch wird zu jeder Hauptaktivität des fundamentalen Testprozesses dargelegt, wo sich diese Tätigkeit in agilen Projekten üblicherweise wiederfindet und worauf man dabei achten muss.

3.1.1.1 Testplanung und -steuerung

Hierzu gehören in klassischen Projekten die Tätigkeiten

- Definition der Testziele
- Festlegung der Testaktivitäten, die fürs Erreichen von Aufgabenumfang und Testzielen notwendig sind
- Überprüfen des aktuellen Testfortschritts gegen den Plan (einschließlich eventueller Abweichungen vom Plan)
- Status aufzuzeigen
- ggf. das Einleiten von Korrekturmaßnahmen.

Diese Aufgaben sind grundsätzlich auch für agile Teams relevant, nur werden sie je nach agiler Vorgehensweise vom gesamten Team gemeinsam wahrgenommen. Nun sind Managementaufgaben im Team nicht von Anfang an leicht umzusetzen, und wir haben schon – durchaus leistungsfähige – Teams erlebt, die nie in der Lage gewesen wären, diese Aufgaben gemeinschaftlich zu stemmen. Es ist also durchaus üblich, dass sich im Team eine Art Testkoordinator herausbildet, der zumindest dafür Sorge trägt, dass Testplanung und -steuerung in angemessener Weise im Team gelebt werden.

Für dieses Tätigkeitsfeld spielt natürlich das gewählte agile Vorgehensmodell eine entscheidende Rolle. In Kanban-Teams wird die Festlegung der Testaktivitäten über ein geeignetes Board mit den dort abgebildeten Prozessen ermöglicht. Auch sind Planung und Steuerung gut durch die methodischen Prinzipien wie z.B. Pull-Prinzip, WIP-Limit, expedite/intangible Tasks abgedeckt [Eppi11]. Meist gibt es hier auch explizit Testkoordinatoren, die die anderen TesterkollegInnen mit steuern. In Scrum-Teams wird viel über das Backlog und das Planungsmeeting abgedeckt. Hier kommt es vor allem auf eine gute Aufwandsschätzung durch das Team und eine straffe und gut koordinierende Kommunikation in den Daily Stand Up Meetings an [Glog13]. Meist ist der Scrum Master damit überfordert, da er die Testbelange wie beispielsweise komplexe koordinative Aufgabenstellungen häufig unterschätzt. Hier bewährt sich ein Primus inter Pares im Team für die Testexpertise, also jemand aus dem Team, der sich durch besondere Testkompetenz hervorhebt und damit den Test maßgeblich steuert. XP-Projekte können hingegen auf ein reichhaltiges Set an sehr hilfreichen Arbeitsprinzipien zurückgreifen, womit sich die Teststeuerung eher auf das Coaching zur Einhaltung dieser Prinzipien im Alltag konzentriert. Dafür müssen sich XP-Projekte eigene Orientierungshilfen schaffen, um den Test zu organisieren und schließlich damit zu planen. Die vier Testquadranten von Crispin und Gregory [Cris09], siehe dazu Abschnitt 3.1.2 unten, können gerade hier eine Orientierung geben.

Ganz besonders entscheidend ist, dass in agilen Projekten die Messung und die damit verbundene Steuerung auf das Wesentliche reduziert und im Projektverlauf ständig den Bedürfnissen angepasst wird. Jede Metrik muss sich Iteration für Iteration durch resultierende erfolgreiche Steuerungsmaßnahmen beweisen, sonst verschwindet sie wieder. In Kanban passiert das sogar fast täglich. Vieles, was in klassischen Projekten mittels Metriken überwacht wird, nimmt in agilen Projekten die alltägliche Kommunikation ein. Der Regelkreis Messen, Abweichung bewerten, Gegenmaßnahme ergreifen, Wirksamkeit bewerten, der auch gerne als Deming-Zyklus bezeichnet wird [Demi82], läuft in agilen Projekten informell ab und ist dadurch abzudecken, dass die Kommunikation im Team geeignet gefördert und geübt wird (Bild 3.1).

Das Umfeld des Projekts und seine Größe sind natürlich ein stark limitierender Faktor, um sich von den klassischen Planungs- und Steuerungsansätzen zu lösen. Manche Teams sind formal auf ein V-Modell festgelegt wie z.B. im öffentlichen Bereich, im Gesundheitsbereich oder in manchen sicherheitskritischen Branchen. Nach außen müssen also klare Planungen abgegeben werden und Steuerungsmaßnahmen sichtbar sein, die für das agile Team selbst komplett ohne Mehrwert wären. Auch sind manche Aufgabenstellungen derart komplex, dass es mehrere Iterationen braucht, um überhaupt so etwas wie ein Vorprojekt zu erreichen. Hier bietet sich vor allem der Ansatz „Disciplined Agile Development" an, der einen dazu passenden Vorgehensmodellrahmen bietet [Ambl12]. Es gibt inzwischen eine ganze Reihe sehr erfolgreicher Teams, die nach außen hin klassisch und nach innen konsequent agil arbeiten. Ihr Erfolg ist vermutlich die Konsequenz, mit der sie beides – klar getrennt voneinander – tun.

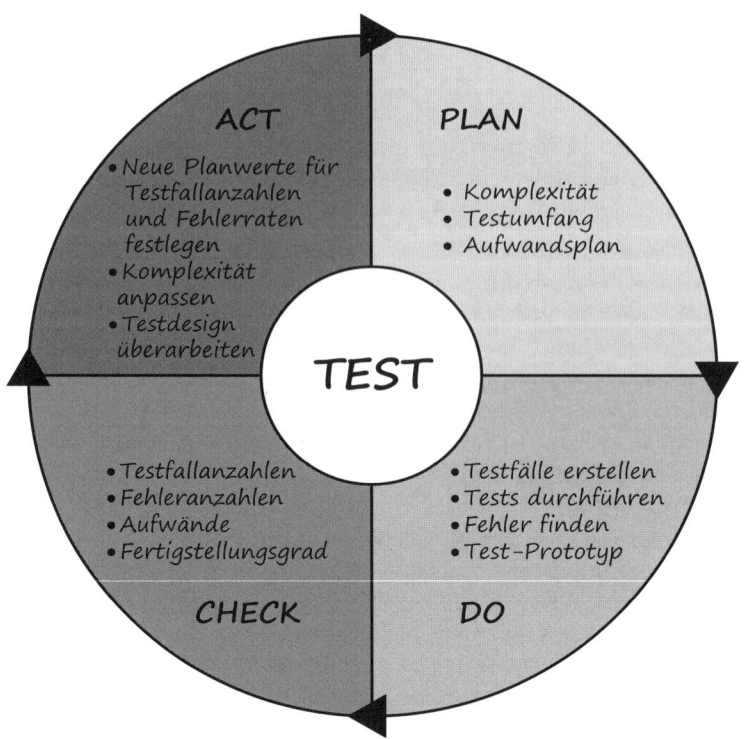

Bild 3.1 Deming-Zyklus am Beispiel des Tests verdeutlicht

Es bleibt aber in jedem agilen Projekt die grundsätzliche Sinnfrage zu klären: Was will ich mit dem Test erreichen und welches Qualitätsniveau strebe ich an? Zwar nehmen agile Vorgehensweisen – so sie konsequent gelebt werden – das frühe Testen dem Testkoordinator schon von alleine ab, aber dennoch bleiben viele andere strategische Fragen des Tests noch offen, die vor Projektbeginn neu ausgehandelt bzw. beantwortet werden müssen. Scrum-Teams müssen sich vor allem entscheiden, wie das Verhältnis von Testexperten zum Rest des Teams ist. Möglicherweise ein Verhältnis, das sich im Projektverlauf stark verändert und damit zu unerwünschter Teamveränderung führt. Die Definition of Done ist meist auch nicht von Vornherein klar abgesprochen und erfordert immer wieder vor Projektbeginn aufs Neue strategische Überlegungen eines Testexperten.

Ein häufig gemachter Fehler in agilen Projekten – so sie Testexperten im Team haben – ist jener, die Tester nicht in alle wichtigen Kommunikationen rechtzeitig einzubinden. Damit sind Fehlplanungen auf beiden Seiten, also sowohl bei der Analyse/Entwicklung als auch beim Test vorprogrammiert. Der Teamgedanke ist in agilen Projekten kein angenehmer Luxus, sondern ein Überlebensprinzip. Gute Kommunikation muss eben ausgefeilte Testplanung und -steuerung kompensieren, und das geht nur mit einer enormen Teamdisziplin. Alltägliche Entscheidungen müssen mit allen Beteiligten abgesprochen werden, und zwar gleich von Anfang an.

3.1.1.2 Testanalyse und Testentwurf

Hierzu gehören in klassischen Projekten die Tätigkeiten

- Review der Testbasis wie beispielsweise Anforderungen, Software Integrity Level (Risikoausmaß), Risikoanalysebericht, Architektur, Design, Schnittstellenspezifikation
- Bewertung der Testbarkeit von Testbasis und Testobjekten
- Identifizierung benötigter Testdaten, um die Definition von Testbedingungen und Testfällen zu unterstützen
- Identifizierung und Priorisierung der Testbedingungen auf Grundlage der Testobjektanalyse, der Spezifikation, des Verhaltens und der Struktur der Software
- Entwurf (Design) und Priorisierung von abstrakten Testfällen
- Entwurf des Testumgebungsaufbaus und Identifikation der benötigten Infrastruktur und Werkzeuge
- Erzeugen (bzw. Sicherstellung) der Rückverfolgbarkeit zwischen Testbasis und Testfällen in beiden Richtungen

Jeder Testfall erfordert eine Auseinandersetzung damit, was und wie ein Sachverhalt getestet werden soll. Dies gilt auch für die – in agilen Projekten gerne verwendeten – explorativen Testansätze, bei der diese Tätigkeit faktisch bei der Testausführung selbst erst stattfindet: Der Tester reagiert auf die Testergebnisse und entwirft darauf basierend weitere Tests.

Das Besondere in agilen Projekten ist das Fehlen einer umfassenden Testbasis, die man vor dem Test analysieren und auswerten kann. In agilen Projekten sind die Testentwürfe häufig selbst schon ein wesentlicher Teil der Anforderungen und Ergebnis von gut strukturierten Kommunikationsprozessen zum Fachbereich. Traceability ist in agilen Projekten kein Kernanliegen mehr, wenn auch immer sehr darauf geachtet wird, dass Testentwürfe möglichst eng bei den Anforderungen definiert werden (so z. B. ausführlichere Akzeptanzkriterien in User Stories).

Tester in agilen Projekten müssen verstehen, dass sie Teil der Analyse sind. Explorative Tests werden gerne eingesetzt, um Anforderungen für die nächsten Releases zu ermitteln bzw. zu schärfen. Abweichungen aus solchen Tests sind Anlass, um über Änderungen und/oder Ergänzungen bei den Anforderungen für kommende Iterationen nachzudenken. Viele Tester in klassischen Projekten nehmen – einfach aus ihrer Aufgabe heraus – die ideale Vermittlerrolle zum Endbenutzer oder Fachbereich ein. In agilen Projekten wird das hingegen ganz systematisch genutzt.

Ein anderer Teil der Testfälle wird schnell Teil der Entwicklung, da er – wie bei ATDD-Ansätzen (Acceptance Test-Driven Development) – gleich zu Beginn als automatisiertes Testskript abgefasst wird, das von der Entwicklung mit jeder Änderung gleich mitgepflegt wird [Gärt12]. Hier kommt dem Testexperten im Team eher die Aufgabe zu, diese Tests sorgsam auszuwählen und die übrigen Teammitglieder bei der Testanalyse und dem Testentwurf geeignet (und nicht vereinnahmend) zu coachen. Ein belastbares, schlankes, aber dennoch sehr aussagekräftiges Regressionstestportfolio, das automatisiert am besten bei jedem Build mitläuft, ist für viele agile Projekte ein wesentlicher Erfolgsfaktor.

Wir haben übrigens in komplexeren Projektumfeldern, bei denen viele Teams an einem komplexen Gesamtsystem oder Multisystem arbeiten, festgestellt, dass gerade Tester auch zu technischen Koordinatoren werden, weil sie sich ihre Testumgebung quer durch die gesamte Organisation hart erarbeiten müssen. Die agilen Teams machen sich dann diese Rolle gerne zunutze, da das informelle Netzwerk nicht von jedem Teammitglied gleichermaßen genutzt werden kann; also die Frage, bei wem bekomme ich was unter welchen Bedingungen eingerichtet.

3.1.1.3 Testrealisierung und Testdurchführung

Hierzu gehören in klassischen Projekten die Tätigkeiten

- endgültige Festlegung, Realisierung und Priorisierung von Testfällen (einschließlich Festlegung der Testdaten)

- Erstellung und Priorisierung des Testablaufs, Erstellung der Testdaten, der Testszenarien und optional Vorbereitung der Testrahmen und Entwicklung von Skripten zur Testautomatisierung

- Erstellung von Testsuiten basierend auf dem Testablauf, um die Testdurchführung möglichst effizient zu gestalten

- Kontrolle, ob die Testumgebung korrekt aufgesetzt wurde, und Sicherstellung der richtigen Konfigurationen

- Überprüfung und Aktualisierung der Rückverfolgbarkeit zwischen Testbasis und Testfällen in beide Richtungen

- Ausführung von Testabläufen (manuell oder automatisiert) unter Einhaltung des Testplans (Reihenfolge, Testsuiten etc.)

- Protokollierung der Testergebnisse und Dokumentation der genauen Version des jeweiligen Testobjekts und der eingesetzten Testwerkzeugen und Testmittel

- Vergleich der Ist-Ergebnisse mit den vorausgesagten Ergebnissen

- Analyse und Dokumentation gefundener Fehlerwirkungen oder Abweichungen

- Fehlernachtest und Regressionstest

Diese Hauptaktivität zählt für klassische Projekte wie für agile Projekte gleichermaßen. Die zentralen Fragen für agile Projekte aber heißen hier Automatisierung und Spezialisierung.

Gerade wegen der häufigen Änderungen und des frühen Testens ist die Testautomatisierung kein optionales Beiwerk mehr. Andererseits findet Testautomatisierung hier unter erschwerten Bedingungen statt, also kurze Vorlaufzeiten bis zum Test und häufige Änderungen. Die meisten Teams reagieren darauf, indem sie bei der Testautomatisierung auf leicht automatisierbare Bereiche setzen und ansonsten bei der Testfallauswahl mehr auf Qualität statt Masse bzw. Flächendeckung achten. Überdies bietet sich in vielen Teams an, dass bereits bei der Entwicklung die Testskripts zur Automatisierung angepasst werden. Je nach Kontext (verteilte Teams, Kunden-/Lieferanten-Beziehung) lässt sich aber gerade Letzteres nicht immer umsetzen. Die kurzen Vorlaufzeiten von der Testidee zur Testausführung werden sehr effektiv dadurch abgefangen, dass umfangreichere Testskripts beispielsweise erst einen Sprint später realisiert werden und ab dann für den Regressionstest zur Verfügung stehen.

Die Spezialisierung wird für agile Teams wegen ihrer Größe und universellen Ausrichtung zur Herausforderung. Es wird schwer möglich sein, einen Tester für Sicherheitsaspekte oder einen Last- und Performance-Testexperten die ganze Zeit im Team zu halten. Diese

Tests erfordern ein hohes Maß an Spezialisierung: Beispielsweise verliert ein Sicherheits-tester, der ein halbes Jahr nicht in der Community mitgemischt hat, den Anschluss an die relevanten Themen. Ein Team kann diese Spezialisten nicht durchgängig „ernähren". Daher gehen viele Organisationen dazu über, bestimmte Tests durch ein Testkompetenz-Center machen zu lassen, das entweder Spezialisten an Projekte „ausleiht" oder Testaufträge für Projektteams übernimmt. Nicht-funktionale Tests (Last- und Performance, technische Sicherheit, Wartbarkeit, Benutzbarkeit, Übertragbarkeit) sind üblicherweise diese Bereiche im Test, die an Testcenter-Experten ausgelagert werden. Die vier Testquadranten von Crispin und Gregory [Cris09] bieten einen guten Ansatz, die relevanten Bereiche für Spe-zialisten auszuweisen – nämlich den 4. Quadranten.

Das Fehlermanagement innerhalb eines agilen Teams wird auf das Allernotwendigste redu-ziert. Nach außen hin wird sehr sorgsam Buch geführt und die offenen Meldungen in das nächste Planungsmeeting integriert. Dementsprechend sind ausgefeilte Issue- oder Fehler-managementsysteme nur auf Organisationsebene, nicht aber auf Teamebene interessant. Das Team selbst behilft sich bei großen Fehlern damit, diese z. B. bei Scrum in das Product Backlog als eigene Aufgabe mit aufzunehmen und so sicher nachzuverfolgen.

3.1.1.4 Bewertung von Endekriterien und Bericht

Hierzu gehören in klassischen Projekten die Tätigkeiten

- Auswertung der Testprotokolle in Hinblick auf die im Testkonzept festgelegten Endekri-terien
- Entscheidung, ob mehr Tests durchgeführt oder die festgelegten Endekriterien angepasst werden müssen
- Erstellung des Testabschlussberichts für die Stakeholder

Wer aus klassischen Projektumfeldern kommt, muss sich gerade bezüglich dieser Haupt-aktivität mental sehr umstellen: Berichte werden nur noch dort konsequent eingesetzt, wo dies absolut erforderlich ist. Jeder Bericht muss sich als nützlich erweisen, sonst wird er gestrichen oder eventuell auch später wieder eingeführt. Nützlich heißt in diesem Zusam-menhang, dass das Team seine Arbeit aufgrund der Berichte optimieren kann. Die Steue-rung der Arbeit und die Messung des Arbeitsfortschritts erfolgt vereinfacht an Taskboards oder mittels Backlog mit nur wenigen Ausnahmen.

Beispielsweise werden in klassischen Projektumfeldern aufwendige Fehlerstatistiken ge-führt, die Auskunft geben, wann welche Fehler gefunden worden sind, wie schnell die Be-hebungsrate ist und ob sie mit der Fehlerfindungsrate Schritt hält. In agilen Projekten sind die Aussagen dieser Berichte eher Gesprächsthema in den diversen Teammeetings. Solange Vertrauen zwischen den Teampartnern besteht, werden diese Statistiken nicht zu führen sein. (Ist das Vertrauen verschwunden, dann werden solche Berichte wieder notwendig, bis das Vertrauen wieder hergestellt ist.) Sehr wohl müssen aber Fehler, die nicht unmittelbar behoben werden können, dokumentiert und verwaltet werden. Sonst übersähe man sie schnell. Agile Teams müssen daher genau aufpassen, wo die Grenze liegt. Ein sehr beliebter Irrtum bei entwicklergesteuerten Teams ist es, Fehler immer so wie im Unit Test zu behan-deln, also gleich zu beheben, und nur in absoluten Ausnahmefällen die Fehlerbehebung an das Taskboard zu pinnen oder ins Backlog aufzunehmen. Es gibt inzwischen derart leicht zu bedienende Issue-Tracking-Tools, dass ein werkzeuggestütztes Fehlermanagement nicht mehr gegen den Einfachheitsgrundsatz verstößt.

Für die üblichen Testfortschrittstatistiken ließe sich übrigens Ähnliches sagen wie für die Fehlerstatistiken. Solange der Test gut in Alltagsgesprächen oder in den Teammeetings behandelt und damit gemanagt werden kann, kann auch von umfangreichen Teststatusberichten abgesehen werden. Aber auch hier sei Vorsicht geboten: Was am Anfang eines Projektes sinnvoll ist, muss nicht das ganze Projekt lang so sein. So kann es zu „heißen" Release-Phasen (z. B. in Hardening Iterations bei Scrum) sehr wohl wichtig sein, den Testfortschritt gemessen am Testfallstatus über die Zeit zu messen und darzustellen.

Nun, und hier ist wieder das *Einhorn:* In welchem Paralleluniversum leben Sie? Es gibt Projektumfelder, wo ein ausführliches Berichtswesen vorgeschrieben oder zumindest angebracht ist. Dies muss der Test von Anfang an berücksichtigen. Lediglich im Team haben Sie dann noch eine gewisse Wahlfreiheit. Für andere Stakeholder oder das Projektbüro eines Multiprojekts sind eventuell ausführliche Teststatusberichte abzuliefern oder Abnahmeprotokolle zu erstellen. Dies hat ggf. deutliche Konsequenzen ins Team hinein: Es muss zumindest einen Testkoordinator geben, der sich um die Berichte nach außen hin kümmert, und das Team wird zu bestimmten Aufzeichnungen (meist werkzeuggestützt) gezwungen sein. Empfehlenswert ist es, in solchen Fällen klar zwischen den Bedürfnissen der Stakeholder außerhalb der Teams und den Bedürfnissen des Teams selbst zu unterscheiden. Auch hier machen manche Teams den Fehler, äußere Anforderungen zu ihren eigenen zu machen, ohne diese zu hinterfragen. Das führt dann in Retrospektiven zur vollen Verwirrung und schafft unnötig Spannungen im Team. Berichtsanforderungen von außen müssen verhandelt werden und gehören dann genauso zum „Lieferumfang" wie der Code oder wie die Benutzerdokumentation.

Abschließend sei noch darauf hingewiesen, dass die unmittelbare Testbewertung, also die Frage, ob der Test ausreicht oder noch weiter getestet werden muss, wiederum genauso in agilen Projekten bewältigt werden muss wie in klassischen. Hier können erfahrene Tester ihre Expertise gut einbringen und Teamkollegen coachen. Manche Techniken wie das session-basierte explorative Testen [Bach00] haben die Testbewertung ganz bewusst in ihre Methode mit einbezogen: Am Ende der explorativen Testsession muss der Tester seine Beobachtungen und Testergebnisse einem Experten oder dem Testteam kurz und aussagekräftig präsentieren, bevor daraus ein Testauftrag für eine weitere Testsession erarbeitet wird.

3.1.1.5 Abschluss der Testaktivitäten

Hierzu gehören in klassischen Projekten die Tätigkeiten

- Kontrolle, welche der geplanten Arbeitsergebnisse geliefert wurden
- Schließung der Fehler-/Abweichungsberichte oder Erstellung von Änderungsanforderungen für weiter bestehende Fehler/Abweichungen
- Dokumentation der Abnahme des Systems
- Dokumentation und Archivierung der Testmittel, Testumgebung und der Infrastruktur für spätere Wiederverwendung
- Übergabe der Testmittel an die Wartungsorganisation
- Analyse und Dokumentation von „lessons learned", um nötige Änderungen für spätere Projekte abzuleiten
- Nutzung der gesammelten Informationen, um die Testreife zu verbessern

Nach dem Test ist vor dem Test. Dies gilt zwar auch in klassischen Projekten, aber in agilen Projekten sind die Testzyklen viel enger und häufiger, sodass ein wirklicher Abschluss eines Tests in agilen Projekten kaum nachvollziehbar ist. Aber dennoch gehen die meisten agilen Projekte nicht unmittelbar nach einem Sprint oder Build produktiv. Auch in Kanban-gesteuerten Projekten geht nicht jedes Einzelfeature gleich produktiv. Es gibt also neben den üblichen Einschulungs- und Inbetriebnahmemaßnahmen noch weitere Aufgaben oder Iterationen, nach denen ein geordnetes Deployment in Produktion ansteht. Die Scrum-Community hat für diese Momente den Begriff Hardening-Sprint (oder -Session) geprägt. Die meisten Scrum-gesteuerten Projekte, die wir erlebt haben, gehen tatsächlich nur alle drei bis sechs Monate produktiv.

Es lohnt sich also auch in agilen Projekten, von Zeit zu Zeit einen Testabschluss einzuplanen, bei denen offene Aktivitäten im Test grundsätzlich einmal abgeschlossen werden. Übergaben an die Wartungsorganisation können in großen Organisationen durchaus erforderlich sein, genauso wie Schulungsmaßnahmen. Testexperten im Team sollten diese Momente von vornherein in die Gesamtstrategie des Projektes mit einbringen und möglichst konkret die Maßnahmen aufzählen, die z. B. bei einem Hardening-Sprint zu erledigen sind.

Viele der Abschlusstätigkeiten in klassischen Projekten werden bei agilen Projekten allerdings in anderer Form und viel früher und häufiger praktiziert: so beispielsweise die Abnahme der Features, die am Sprint-Ende durch den Product Owner ansteht, und die Retrospektive, die in Kanban-gesteuerten Projekten sogar im täglichen Stand Up Meeting stattfindet.

Abnahmen werden in agilen Teams meist durch die sogenannte *Definition of Done* gestaltet. Dies ist zwar ein Begriff aus dem Scrum-Umfeld, wird aber inzwischen allgemein in agilen Teams verwendet. Die Definition of Done ist eigentlich nichts anderes als die Testendekriterien eines Abnahmetests. Sie könnte beispielsweise lauten: Alle Abnahmebedingungen einer User Story laufen fehlerfrei. Anhand dieser Kriterien wird in Scrum die Erfüllung eines Backlog-Eintrags am Ende eines Sprints bemessen. Unsere Erfahrung in der Praxis hat aber gezeigt, dass viele agile Teams sich hier schwer tun, wenn unter ihnen kein erfahrener Tester ist. Die Kriterien sind meist zu abstrakt oder zum Teil überzogen, sodass sie nicht gelebt werden können und damit wertlos sind. Tester sollten sich daher die Definition of Done regelmäßig vornehmen und auf Sinnhaftigkeit und Anwendbarkeit hin überprüfen.

In Scrum gibt es die Institution der Retrospektive. In Kanban werden Optimierungsmöglichkeiten fast täglich besprochen, eben sobald sie auffallen. Auch XP hat Werte, die dazu anhalten, permanent über Verbesserungen nachzudenken. Sogenannte „lessons learned"-Überlegungen sollten daher auch von Testern aktiv genutzt werden, da agile Projekte dafür häufig Raum und Möglichkeiten vorgeben. Im Gegensatz zu klassischen Projekten versteht man Optimierungen nicht nur in eine Richtung: Maßnahmen können eine Zeit lang als Optimierung empfunden werden, und irgendwann erweisen sich diese wieder als hinderlich. Ein Hin und Her muss daher nicht unbedingt ein Ausdruck von Chaos sein. Aber Vorsicht – immer genau hinsehen: Es kann durchaus auch ein Zeichen für Desorientierung im Team sein!

3.1.2 Welcher Test wofür – Die vier Testquadranten agilen Testens

Janet Gregory und Lisa Crispin haben sich einmal grundlegend Gedanken gemacht, welche Tests es in agilen Projekten braucht und wer sie idealerweise macht. Grundsätzlich greifen Testexperten gerne auf das V-Modell zurück, um festzulegen, welche Reviews bzw. Tests wer wann machen muss – und das auch, wenn ihr Projekt gar nicht nach dem V-Modell arbeitet. Das mag noch für manche Kanban-Teams einigermaßen funktionieren, da Kanban hier grundsätzlich offen ist. Aber in den meisten agilen Teams sind die Integrationsstufen sehr eng beieinander und personell kaum voneinander getrennt. Da Gregory/Crispin beide aus einem XP-Umfeld kommen, haben sie nach einem konsequent anderen Ansatz gesucht und so das bislang wirkungsvollste Modell gefunden, das sich in der Praxis schon vielfach bewährt hat [Cris09]. Sie haben es die „vier Testquadranten" genannt, da sie den Test basierend auf Überlegungen von Brian Marick [Mari03] anhand von zwei Dimensionen in vier signifikante Gruppen eingeteilt haben (Bild 3.2).

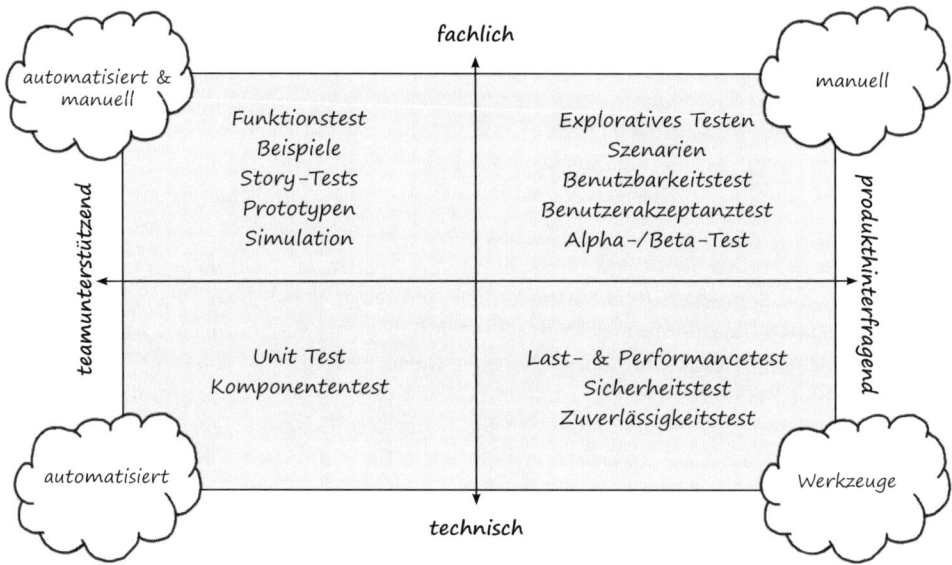

Bild 3.2 Die vier Testquadranten agilen Testens (nach Crispin/Gregory)

Die erste Dimension stellt die Frage, ob man beim Erstellen von Testfällen eher *technisch orientiert* (engl. technology facing) oder *fachlich orientiert* (engl. business facing) denken wird. So kann es z. B. interessant sein, ob eine Plausibilitätsprüfung in allen Varianten stabil läuft und immer ein verarbeitbares Ergebnis oder eine bewusst provozierte Exception zurückliefert (eher technisch orientiert) oder ob die gleiche Plausibilitätsprüfung geeignet ist, einen Reiseantrag auf Vollständigkeit zu prüfen, und dann an den richtigen Sachbearbeiter weiterzuleiten (eher fachlich orientiert). Diese Dimension ist nicht mit der Unterscheidung zwischen Unit Test und Systemtest oder funktionalem und nicht-funktionalem Test zu verwechseln. Technisch versus fachlich orientiert vereinfacht ganz bewusst diese Unterscheidungen, um sie in agilen Teams leichter handhabbar zu machen. Ansonsten gibt es immer eine unfruchtbare Diskussion, wer im Team z. B. die Benutzbarkeit oder das Berechtigungskonzept testet und wer nicht. Auch vermeidet man, dass Systemtester brav warten, bis alles zu einem Gesamtsystem integriert ist, um dann erst ihre Systemtests ausführen zu können.

Die zweite Dimension widmet sich der Frage, ob man schlicht nachweisen will, was sich das Entwicklungsteam vorgenommen hat – Marick nennt das *teamunterstützend* (engl. supporting the team) – oder ob man ausloten will, inwieweit man an alles Notwendige gedacht hat: Das nennt Marick *produkthinterfragend* (engl. critique the product). So kann es beispielsweise sein, dass das Team den Erwerb einer Fahrkarte am Automaten exzellent umgesetzt hat (teamunterstützende Tests), dass aber beim unentschiedenen Hin-und-Her-Klicken deutliche Antwortzeiten wahrnehmbar werden und einige getroffene Entscheidungen des Käufers wieder verloren gehen (produkthinterfragende Tests). An Letzteres, durchaus nahe liegendes Benutzerverhalten haben das Team und der Fachbereich eben erst dann gedacht, als die Funktion ausprobiert werden konnte. Mit produkthinterfragenden Tests will man meist auch die Analyse weiter beflügeln und sich das Prinzip der häufigen Iterationen bestmöglich zunutze machen. Die teamunterstützenden Tests hingegen sollen gerade bei den vielen Code-Überarbeitungen die Grundfunktionen sicherstellen, damit man sich nicht verliert.

Aus diesen zwei Dimensionen lassen sich nun vier Quadranten ableiten. Damit kann man vier Testarten unterscheiden und für diese auch unterschiedliche Teststrategien ableiten:

1. Quadrant: Unit- und Komponententests

2. Quadrant: Funktionale Tests, Beispiele, Story Tests, Prototypen, Simulationen

3. Quadrant: Exploratives Testen, Szenarien, Benutzbarkeitstests, Akzeptanztests, Alpha-/ Beta-Tests

4. Quadrant: Last- & Performance-Tests, Sicherheitstests, „Illity"-Tests

Wie man unschwer erkennt, handelt es sich bei den vier Testquadranten eher um eine Gruppe von Tests mit ähnlicher Zielrichtung. Ob man nun einen „Alpha-Test" macht oder lieber vom „Durchspielen von Szenarien" spricht, hängt eher mit der individuellen Arbeitsweise im Team zusammen. Das Testziel beider Formen von Tests ist dasselbe. Diese Vierteilung hat sich in der Praxis agiler Teams als außerordentlich nützlich erwiesen, um alle erforderlichen Testaktivitäten in agilen Teams zu entwerfen und zu steuern.

3.1.2.1 Erster Quadrant: technisch orientiert und teamunterstützend

Tests, die einerseits eher technisch orientiert sind und andererseits teamunterstützend arbeiten, sind meist die ersten Tests, nachdem die Software entwickelt worden ist. In agilen Teams werden diese Testfälle häufig auch vor dem Erstellen des eigentlichen Codes geschrieben. Das nennt sich dann Testgetriebene Entwicklung – engl. **T**est-**D**riven **D**evelopment, auch als TDD abgekürzt [Beck03].

Damit wird auch deutlich, warum diese Tests teamunterstützend angelegt werden: Sie testen lediglich das, was sich der Entwickler oder gleich das ganze Team vorgenommen hat. Wer in klassischen Projekten schon ausgiebig relativ späte Tests wie Abnahme- oder Akzeptanztests gemacht hat, weiß, dass bereits diese Herausforderung von vielen Entwicklerteams nicht gemeistert wird. Nicht selten treten noch elementare Rechenfehler in vollintegrierten Systemen auf, was dann für alle Beteiligten eine sehr ärgerliche Sache ist. In agilen Projekten potenziert sich die Gefahr solcher Situationen dann auch noch, weil teilweise täglich überarbeitet bzw. integriert und nach wenigen Wochen schon einmal ausgeliefert wird. Gepaart mit einer intuitiven, iterativen Herangehensweise an umzusetzende Funktionalitäten (man denkt also bewusst erst einmal nur bis zum nächsten Schritt[1]), kann daraus ein Giftcocktail für Code-Qualität und -Stabilität werden.

Agile Vorgehensmodelle wie vor allem XP [Beck00] oder aber auch Lean Software Development [Popp06] haben daher Wert auf höchste Qualität von Anfang an gelegt: Nur wenn Software gleich während der Entwicklung immer wieder gegen einen Set an Testfällen anlaufen muss (gerne auch als Test-Harness bezeichnet), kann sie häufige Änderungen und Überarbeitungen überstehen und reduziert aufwendige Abstimmungsprozesse in späteren Testphasen. Kent Beck hat dazu gerne folgendes Beispiel aus einer Produktionskette gebracht:

> Wenn eine Maschine Dosen produziert und die nächste Maschine diese Dosen füllt und verschließt, so funktioniert diese Produktion eine Weile lang. Irgendwann gibt es einen Defekt bei der zweiten Maschine. Damit man keine Zeit verliert, lassen die Arbeiter die erste Maschine weiter laufen und stapeln die Dosen in der Halle. Leider schleicht sich bei der ersten Maschine nach einer Weile eine kleine Ungenauigkeit ein, auf dass der Dosenradius zu groß wird. Die Arbeiter merken das erst, als die zweite Maschine wieder angelaufen ist und nach der beispielsweise dritten Lagerpalette aufgrund des zu großen Radius die Dosen nicht mehr füllen kann. Sie justieren jetzt zwar die erste Maschine mit ein paar Handgriffen, können aber etliche Paletten an vorgefertigten Dosen wegwerfen.

Zurück zu unserem Test: Die Entwicklung des Codes ist die erste Maschine, die Integration zu einem Gesamtsystem die Zweite. Wenn man nicht gleich die Ergebnisse prüft, kann es schnell zur Produktion von Müll kommen. Daher ist ausgiebiges und frühes Testen eine Kerndisziplin in agilen Projekten. Inzwischen ist in vielen agilen Teams die Testgetriebene Entwicklung (TDD) eine Selbstverständlichkeit: Noch in der Entwicklungsumgebung schreibt der Entwickler zunächst einen Test in derselben Programmiersprache wie den Code, programmiert dann den eigentlichen Code und testet unmittelbar das Erstellte mit den zuvor erstellten Testfällen. Diese Tests kann er später immer wieder verwenden, um sicherzustellen, dass durch Erweiterungen alte Funktionalitäten immer noch korrekt arbeiten. Es gibt heutzutage kaum noch eine Programmiersprache, die nicht über ein Unit-Test-Framework (z. B. JUnit) verfügt, das in wenigen Zeilen programmierte Tests komfortabel mit dem eigentlichen Code ausführen kann und die Ergebnisse an den Entwickler zurückmeldet.

In der Praxis erleben wir erstaunlicherweise häufig folgende Konstellation: Ein agiles Team kennt das Prinzip der Testgetriebenen Entwicklung sehr gut und ist überzeugt, selbstverständlich TDD anzuwenden. Später lassen aber Tests am Gesamtsystem aufgrund der Fehler Zweifel an der Code-Qualität aufkommen. Es stellt sich heraus, dass jedem Entwickler mehr oder weniger frei gestellt ist, was und wie viel er testet. Zuweilen muss er auch gar keine Testfälle schreiben – zumindest prüft das keiner aus dem Team. Diese Diskrepanz von Anspruch und Wirklichkeit hat einen simplen Grund: TDD ist eine recht aufwendige Vorgehensweise, die zum einen manche Entwickler aus ihrem kreativen Gedankenstrom reißt, zum anderen deutlich mehr Arbeit ist, als es auf den ersten Blick erscheint. Viele Teams starten daher mit wehenden Fahnen in die Testgetriebene Entwicklung hinein, geben sie

---

[1] Auch im Agilen werden Architekturüberlegungen und Gesamtvisionen entwickelt, aber in einem Sprint versucht man, sich ganz bewusst auf das Sprint-Ziel zu konzentrieren.

dann aber nach den ersten Schwierigkeiten wie beispielsweise Terminenge, Komplikationen bei der Umsetzung bestimmter Lösungen/Architekturen, Stück für Stück wieder auf. Ist erst einmal eine Menge Code ohne umfassende Testfälle geschrieben, wird es schwer, das alles wieder nachzuholen.

Wir haben aber auch genauso beobachtet, dass in Organisationen, in denen mehrere agile Teams nebeneinander arbeiten, jene erfolgreicher sind, die noch nach Jahren konsequent testgetrieben entwickeln. Das zeigt sich daran, dass Punktlandungen bei Release, hohe Kundenzufriedenheit oder geringer Turnaround im Team zur Regel werden. Nun kann der Grund auch umgekehrt liegen: Das bessere Team schafft es eben auch noch, TDD beizubehalten. Doch die Anerkennung, die TDD inzwischen in der IT unter Experten genießt, legt nahe, dass TDD ein wichtiger Erfolgsfaktor ist, als umgekehrt.

Hier noch einmal der genaue Ablauf einer Testgetriebenen Entwicklung an einem einfachen Beispiel:

1. Testerstellung:
2. Schreibe einen Testfall, der prüft, ob eine Addition richtig berechnet wird – meist als eine Testklasse mit einer Methode pro Testfall. In dem Testfall können ruhig mehrere signifikante Beispiele einer Addition ausprobiert werden.
3. Führe den Test ggf. auch mit anderen „älteren" Tests zusammen aus. Wenn er korrekt geschrieben ist, läuft er durch, liefert aber einen Fehler (rote Markierung in der Testfallliste).
4. Programmierung:
5. Schreibe nun das eigentliche Programm, dass die Addition berechnet.
6. Führe den Test wieder durch. Wenn das Programm korrekt entwickelt worden ist, liefert der Test keinen Fehler mehr (grüne Markierung in der Testfallliste). Wenn nicht, wiederhole Schritte 3 und 4, bis der Test erfolgreich verläuft.
7. Refactoring:
8. Optimiere den Code und den Testfall (Refactoring). Vielleicht sind „alte" Funktionen nun überflüssig geworden oder man ist beim Codieren Umwege gegangen, die man jetzt, wo man die Lösung gefunden hat, wieder zurückbauen kann. Genauso kann auch der Test angepasst werden: Vielleicht sind Tests überflüssig geworden, weil sie inzwischen in anderen mitgetestet werden oder die Funktion sich verändert hat.
9. Führe nach jeder Veränderung immer wieder einen Retest durch, um sicherzustellen, dass die Funktionalität trotz Refactoring immer noch die gleiche ist. Das Refactoring soll Code und Tests vereinfachen, ohne Funktionalität oder Testabdeckung zu verändern.

Wer so vorgeht, sorgt dafür, dass der Code möglichst einfach gehalten ist und auch nach der x-ten Überarbeitung keine Funktion verloren hat und immer noch korrekte Ergebnisse liefert. Interessanterweise merkt man schnell, wenn man bestimmten Code durch Tests schlecht bis gar nicht erreichen kann. Meist ist das ein Hinweis auf überflüssige Teile, die man im Vorgriff auf vermeintliche zukünftige Anforderungen schon einmal umgesetzt hat.

Einen Schritt weiter hat sich in agilen Teams das Prinzip der Continuous Integration etabliert: Code wird in das Teil- oder manchmal sogar Gesamtsystem integriert, sobald er fertiggestellt und die oben beschriebenen Unit Tests erfolgreich gelaufen sind. Dazu gibt es inzwischen schon ausgereifte Build-Werkzeuge, die bei jedem Checkin durch einen Entwickler automatisch zunächst ein Set an Unit Tests laufen lassen und nur bei erfolgreichem Test (kein Fehler!) den Build akzeptieren. In abgeschwächter Form finden solche Integrationstests einmal am Tag oder wenigstens nach 2 – 3 Tagen statt. Damit schließt man in die Tests gleich die nächsten Integrationsstufen mit ein. Auch das sorgt für höchste Qualität von Anfang an.

Es gibt zwar Teams, die es schaffen, ganze Geschäftsprozesse im Gesamtsystem in solche Integrationstests mit abzubilden, aber allein die Dauer für solch umfangreiche Tests sprengen schnell die Geduld des Entwicklers: Wer nach einem Checkin länger als 15 bis 30 Minuten warten muss, ob sein Code akzeptiert wird, wendet sich bald vom Prinzip der Continuous Integration ab.

Tests in diesem Quadranten sollten daher geeignet sein, möglichst im Rahmen eines Unit- bzw. Komponententests, der meist in der lokalen Entwicklungsumgebung vollzogen wird, oder in einem Integrationstest, der meist beim Einchecken durchläuft, automatisiert und wiederholbar getestet zu werden. Sie sollen sicherstellen,

- dass die Unit- oder Komponentenfunktionalität vollständig ist und korrekt arbeitet,
- dass die Units bzw. Komponenten zu einem Gesamtsystem integriert werden können und dann immer noch korrekt funktionieren,
- dass die Klassen korrekt gebaut sind, den Architekturvorgaben genügen und ausreichend robust (failsafe) programmiert sind,
- dass sie möglichst schlicht programmiert worden sind und mit Ressourcen wie beispielsweise CPU, Speicher und Bandbreite optimiert umgehen,
- dass nur das Nötigste programmiert worden ist, für das es auch in vertretbarem Maße Tests geben kann.

Es empfiehlt sich, bei diesen Tests auf eine Anweisungs- und möglichst auch Zweigabdeckung zu achten, siehe dazu [ISTQ11]. Die meisten Entwicklungsumgebungen bieten inzwischen komfortable Monitore, um die Codeabdeckung durch Tests sichtbar zu machen.

Die Automatisierung dieser Tests sollte ein absolutes Muss in agilen Projekten sein – vielleicht mit Ausnahme weniger schwer automatisierbarer Randbereiche. Der Mehraufwand dafür, z. B. durch TDD oder Continuous Integration, ist i. d. R. gut vertretbar und amortisiert sich später durch deutlich geringere Fehlerraten und eine verbesserte Wartbarkeit.

3.1.2.2 Zweiter Quadrant: fachlich orientiert und teamunterstützend

Wenn man es sich aussuchen könnte, würden alle nötigen Tests gleich nach einem Entwicklungsschritt laufen und dem Entwickler rückmelden, ob alles noch passt. Natürlich geht das nur mit einem kleinen Teil der Testaufgabe, denn selbst wenn alles automatisiert abliefe, wäre der Test erst nach Stunden oder Tagen fertig.

Aber noch ein weiterer Aspekt zwingt uns, die Tests voneinander zu trennen: Entwickler sehen die Aufgabenlösung aus Sicht der Software bzw. Architektur und können schnell den Blick auf das für den Endanwender Wesentliche verlieren. Für die Unit- und Komponententests wäre dieser Blick auch sehr hinderlich, weil gewisse fachlich orientierte Tests häufig erst im integrierten System machbar sind und dabei Zwischenschritte und Aspekte der Robustheit, Wartbarkeit und konformen Architektur außer Acht gelassen werden würden. Der Wechsel der Perspektive ist also auch sehr wichtig, um die Testaufgabe im Team vollständig zu lösen.

Dies führt uns zum zweiten Quadranten des Testens: Immer noch ist es Testziel, das zu testen, was das Team sich unmittelbar ausgedacht und vorgenommen hat – diesmal aber aus einer fachlichen Perspektive. Meist werden dazu mehrere Komponenten zusammenspielen müssen, um fachlich verwertbare Ergebnisse zu erhalten. So wird man beispielsweise nicht nur die Eingabe von Rechnungsdaten in ein Erfassungssystem prüfen, sondern die Tagesendverarbeitung anwerfen, um sich die ausgedruckte Rechnung ansehen zu können.

In klassischen Projekten war das meist die Motivation, erst bis zum Systemtest zu integrieren und dann in eine Blackbox-Sicht zu wechseln [ISTQ11]. Agile Teams müssen nicht so lange warten, weil sie immer wieder rasch integrieren und eng zwischen Entwickler und Tester kommunizieren können. Der Tester kann dabei mal in einer Person mit dem Entwickler, mal ein Kollege, mal ein Testexperte im Team sein. So kann der fachlich orientierte Test in unserem obigen Beispiel (Rechnungslegung) bereits für bestimmte einfachere Rechnungsarten durchgeführt werden, weil im nächtlichen Build (engl. nightly build) sowohl das Erfassungssystem wie auch die Tagesendverarbeitung bereits mit einem Teil der Funktionalitäten eingecheckt wurden und mittels Unit-/Komponententest integriert lauffähig sind. Diese funktionsorientierte Integrationsstrategie erfordert eine gute und enge Kommunikation im Team und eine Architektur, die schon mit Teilfunktionalität lauffähig ist. Agile Teams reden hier gerne von Funktionstests oder auch Story Tests. Andere sprechen schlicht von Beispielen, wobei sie sich auf die Beispiele beziehen, die bereits in der Analyse verwendet wurden (ein typisches Element der Vorgehensweise von Specification by Example).

Ein anderer Ansatz in diesem Quadranten sind bewusst gebaute „Potemkinsche Dörfer" in der Software, also Prototypen oder bereits integrierte, aber noch halbfertige Routinen, die es erlauben, neue Abläufe einmal durchzuspielen. Typisch für Embedded-System-Komponenten ist es, diese in ein prototypisches System einzubauen und exemplarische Simulationen ablaufen zu lassen.

In beiden Fällen muss es aber im Team eine Instanz geben, die auf eine passende Entwicklungsreihenfolge achtet, damit solche frühen, fachlich orientierten Tests möglich werden. Daher hat es sich in agilen Teams inzwischen etabliert, dass es zumindest einen Testexperten im Team gibt, der diese Bedürfnisse in den Teammeetings einbringt und sich aktiv die Informationen darüber, welche sinnvoll testbaren Teile bereits fertig sind, von seinen Kollegen abholt. Auch hat sich gezeigt, dass es sinnvoll ist, dass jemand ganz bewusst eine fachliche Sicht während der gesamten Zeit bewahrt und damit die Kommunikation mit Fachexperten und Endbenutzern am Laufen hält (wird in Scrum meist durch den Product Owner repräsentiert). Manchmal ist dies fast eine Aufgabe als Dolmetscher zwischen Entwicklung und Anwender.

Gerade hier gibt es aber die Gefahr, sich sehr bald zu verzetteln und irgendwann nicht mehr klar zu unterscheiden zwischen dem, was man sich konkret vorgenommen hat, und dem, wie es irgendwann einmal sein sollte. Auch trifft man hier eventuell schon auf Irrtümer in der Umsetzung, da sich Lösungen in der Anwendung nicht als sinnvoll erweisen. Zwar sind diese Gedanken alle wichtig, erfordern aber eine ganz andere Teststrategie. Man ist im zweiten Testquadranten ganz bewusst bei den Tests, die die Funktionen so testen, wie es sich das Team konkret vorgenommen hat (teamunterstützend).

Um zu verdeutlichen, was damit gemeint ist, nehmen wir einmal an, dass ein Abnehmer mit einer (noch) sehr umständlichen Funktionalität unzufrieden ist, weil Daten vom Benutzer manuell von einer Applikation in die andere kopiert werden müssen. Viele Teams unter-liegen nun der Versuchung, schnell noch eine Schnittstelle zu der Funktionalität dazu zu liefern, womit sie sich unbewusst schnell übernehmen. Die Schnittstellenfunktion ist eine äußerst komplexe Angelegenheit, die gut durchdacht und getestet werden muss. Bei Anwen-dern und leider auch manchen Entwicklern entsteht häufig der Eindruck, man müsse die Gelegenheit gleich nutzen, wo man doch gerade an der Funktion arbeitet. Besser ist es, das absolut Notwendige erst einmal – wenn auch etwas spartanisch – abzuschließen und durch Tests in hoher Qualität sicherzustellen. Wenn man sich dann im folgenden Sprint endlich der Schnittstelle annimmt, kann man sich auf gute Regressionstests verlassen und dem-entsprechend mutiger den Code wieder aufschnüren. Genau das ist ja die Aufgabe von „teamunterstützenden" Tests.

Tests, die teamunterstützend sind, sollten grundsätzlich repetitiv und regelmäßig durch-geführt werden, egal ob sie technisch oder fachlich orientiert sind. Sie sollen schlicht sicher-stellen, dass die Funktionalität und auch die nicht-funktionalen Aspekte wie Robustheit, Wartbarkeit etc. nach Überarbeitungen erhalten bleiben.

Fachlich orientierte Tests sind aber für die Automation meist etwas ... sagen wir: unhand-licher, weil sie eher eine End-to-end-Sicht verfolgen und nicht so einfach in einem Unit-Test-Framework (wie JUnit) abbildbar sind. Auch sind sie bezüglich Testdaten und Testrüstzeiten (Zurücksetzen einer Testumgebung, Basisdaten laden etc.) deutlich anspruchsvoller als Unit- und Integrationstest. Dies ist zunächst einmal ein Grund, warum sie nur ungern in die Tests beim Daily Build bzw. der Continuous Integration einbezogen werden.

Im Laufe der letzten Jahre sind aber sehr interessante Lösungen entstanden, die das Prinzip der Unit Tests auch auf die fachlichen Tests ausweiten lassen: wiki-basierte Testfalleditoren (wie z. B. FitNesse), in denen man Testfälle aus fachlicher Sicht beschreiben kann und dahinter auf Testroutinen (sogenannte Fixtures) der Entwicklung zurückgreift. Das Prinzip dabei: Entwickler passen mit dem Code zusammen auch die betroffenen Testroutinen gleich mit an, so wie im TDD auch die Unit Tests mit dem Code „wachsen". Somit können Regres-sionstests auch nach einem neuen Build relativ schnell wieder anlaufen und neue fachliche Tests wiki-basiert ergänzt werden. Dieses Vorgehen hat sich unter dem Begriff des **A**ccep-tance **T**est-**D**riven **D**evelopment (ATDD) etabliert. Hierbei ist daran gedacht, dass die Ak-zeptanztests schon geschrieben werden, bevor der Code realisiert oder entsprechend er-weitert wird. Dies kann Teams helfen, ihre Entwicklung besser an die Bedürfnisse des fachlichen Tests anzupassen, indem etwa einzelne fachliche Funktionen quer über Kom-ponenten hinweg zuerst umgesetzt und dann erst die Komponenten sukzessive vervoll-ständigt werden.

Nun ist es in letzter Konsequenz interessant, die Tests gleich durch Fachleute (Repräsen-tanten der Endanwender) schreiben zu lassen oder direkt den Akzeptanzkriterien von User Stories zu entnehmen. Mit diesem Ziel hat sich als Ausbaustufe zum ATDD das sogenannte **B**usiness-**D**riven **D**evelopment (BDD) etabliert, was sich am besten mit fachlich getriebener Entwicklung übersetzen ließe [Koeh08]. Die fachlichen Testfälle werden automatisch aus fachlich beschriebenen Akzeptanzszenarien für die Testautomatisierung generiert. Im Grunde genommen werden die Testfälle nicht mehr in Form von Datentabellen oder Skript-tabellen dargestellt, sondern sind in normaler textueller Form verfasst – eventuell ergänzt um einzelne Tabellen für Datenvarianten. Der Vorteil besteht darin, dass man die Testfälle des BDD als Teil der verbal formulierten User Story oder Anforderung verstehen kann.

Gerade das Prinzip der Specification by Example (Spezifikation in Beispielen) greift auf diese unmittelbare Möglichkeit zurück, um aus verbaler Spezifikation automatisierte fachliche Tests zu generieren [Adzi11].

Damit wird das Prinzip der Tests in diesem Testquadranten noch einmal deutlich: Es sind teamunterstützende Tests, die genau das umsetzen, was sich das Team einschließlich seiner Analytiker bzw. Fachleute vorgenommen hat. Getestet wird, was bereits in Form von User Stories oder anders formulierten Anforderungen festgelegt worden ist. Natürlich sind in agilen Teams damit nicht seitenweise ausformulierte Spezifikationen gemeint, sondern eher knappe Spezifikationen oder konkrete Anwendungsbeispiele, die die Teamdiskussion strukturieren und fördern. Diese Tests sollten möglichst automatisiert laufen, zumindest aber regelmäßig in Regression getestet werden. Denn so manches fachliche Szenario ist nur mühsam automatisiert zu testen, vor allem, wenn es Richtung Geschäftsprozesse geht. Daher empfehlen Crispin/Gregory, hier manuell und automatisiert zu testen. Wichtig ist aber, dass diese Tests wiederholbar gestaltet werden. Sie sollten daher in irgendeiner Form spezifiziert sein, damit man sie in einer zukünftigen Regression nicht vergisst und möglichst in gleicher Qualität durchführt.

3.1.2.3 Dritter Quadrant: fachlich orientiert aber produkthinterfragend

Seien wir mal ehrlich – wer glaubt, dass ein gut ausgearbeitetes und reviewtes Set an wohldokumentierten Testfällen alles abdeckt, was in einem Release fachlich getestet werden muss? Selbst in klassischen Projektumfeldern, wo dies als die hohe Kunst des Testens angesehen wird, werden ganz bewusst noch „freie" Tests meist durch erfahrene Endanwender ganz zum Schluss als Akzeptanztest durchgeführt. Aber warum, wenn man sich doch die optimale Abdeckung durch Tests schon im Vorfeld zurechtgelegt hat?

Es gibt bei guter Software eine unendliche Zahl an Anwendungsmöglichkeiten, die man unmöglich alle abdecken kann. Die erfahrenen Endanwender im Akzeptanztest bringen meist diese für unmöglich gehaltenen Fälle ein. Es gibt sogar Testmethodiker wie Whittaker [Whit03], die überzeugt sind, dass Software gerade bei ungewöhnlicher Verwendung seine Qualitätsschwächen zeigt – und damit meint er keineswegs nur mangelnde Robustheit. Wobei auch in dieser Methode keinesfalls völlig sinnfreie Verwendungsformen gemeint sind.

In der agilen Welt hat dieser Test, der das „Unmögliche" angeht, freilich noch eine weitere wichtige Funktion: Er ist Teil der Analyse, nämlich über das bisher Angedachte einmal hinauszudenken und dabei wichtige Anforderungen für zukünftige Releases zu generieren. Man nennt diese Tests daher produkthinterfragend (engl. critique the product). Sind die bereits realisierten Funktionen auch wirklich geeignet, den zukünftigen Einsatz in Produktion nachzubilden? Eine Sichtweise, die beim klassischen V-Modell eigentlich mit „Validierung" gemeint war, aber in der Praxis nur allzu gerne untergeht.

Solche Tests sind gleichwohl noch einmal anspruchsvoller als die Tests des ersten und zweiten Testquadranten. Hier wird ein qualitativ möglichst gutes Abbild der Produktion in Bezug auf Datenkonstellationen und Systemkommunikation benötigt (ggf. simuliert über Mocking bzw. Treiber/Stubs). Es geht nicht um das Denken in „ausgetretenen" Pfaden, sondern um das intuitive Reagieren auf die Erfahrung beim Testen. Testautomatisierung ist hier folglich eine ganz schräge Idee. Diese Tests im Vorhinein schon zu skripten, geht gar nicht. Es mag aber sehr wohl sein, dass die „Best of" an Tests aus diesem Testquadranten in das Testportfolio der ersten beiden Testquadranten für Regressionstests in den nächsten Iterationen aufgenommen werden. Außerdem können vor- oder nachbereitende Routinen für den Test wie das Vorbereiten von Testdaten oder der Soll-Ist-Vergleich von Testergebnissen automatisiert werden, um sich auf die eigentliche Testaufgabe konzentrieren zu können und für den intuitiven bzw. spontanen Testzugang die nötige Flexibilität zu erlangen.

In diese Kategorie fallen sämtliche Tests, die nahe beim Endbenutzer sind. Das sind zum einen Alpha- und Beta-Tests bzw. allgemein die typischen Akzeptanztests für Endbenutzer. Zum anderen finden sich hier üblicherweise Benutzbarkeitstests, die je nach Einsatzgebiet sogar vor Ort mit Endbenutzer durchgeführt werden müssen und groß angelegte, oft bereichsübergreifende Testszenarien, bei denen viele Personen mitwirken müssen.

Eine typische Testmethode in diesem Testquadranten sind explorative Tests, bei denen untermauert durch das Vorgehen intuitiv getestet wird [Whit09]. Nun ist jede Testspezifikation mit Intuition verbunden, aber im explorativen Test wird die Intuition des Testers *während* des Tests genutzt. Der Tester reagiert auf gemachte Beobachtungen im Test mit weiteren Tests. Er kann so gezielt Fehlerschwerpunkten oder überraschendem Systemverhalten nachgehen und dadurch gezielter Schwachstellen aufdecken. Weil man sich dabei allerdings leicht verzetteln kann bzw. die Übersicht verliert, sind Ansätze wie das sessionbasierte explorative Testen [Bach00] entstanden. Hierbei wird nach jeder Testsession das Ergebnis durch das Team bzw. einen Experten geprüft und dann ein konkreter Testauftrag für die nächste Testsession erteilt.

Nicht nur, dass solche Methoden mit relativ überschaubarem Aufwand schon recht ansehnliche Testabdeckungen erreichen. Sie erweitern den Erfahrungshorizont des Testers und bieten ideale Ansätze für zukünftige Anforderungen. Vor allem, wenn Repräsentanten der Endbenutzer mit hinzugezogen werden, die entweder als Tester selbst oder als Experte für das Test-Review auftreten, findet eine sehr konstruktive Diskussion über Anforderungen zwischen Team und Fachbereich statt. Man kann diese Tests sogar dahingehend erweitern, dass man in einem Gesamtsystemkontext bestimmte Szenarien einfach aus Neugier schon einmal ausprobiert, um zu sehen, was schon geht und wo noch Ergänzungs- bzw. Korrekturbedarf ist.

3.1.2.4 Vierter Quadrant: technisch orientiert aber produkthinterfragend

Es gibt – im klassischen wie im agilen Projektumfeld – ein paar Sonderlinge im Test, die deutlich anders ablaufen als die üblichen Entwickler- oder Fachbereichstests. Diese Tests brauchen auch meist eigene Testspezialisten, die sich auf diese Art der zu findenden Fehler spezialisiert haben: Man redet hier von Last- und Performance-Tests, von Sicherheitstests und von Zuverlässigkeitstests (Restart-/Recovery etc.). Ohne spezifische Werkzeugunterstützung zum Testen und zur Testauswertung sind diese Tests kaum zu bewältigen.

Eine gute Systemarchitektur und gute Entwicklungsvorgaben sollten immer auch Qualitätsmerkmale wie Zuverlässigkeit, Effizienz (Last- und Performanceverhalten), Wartbarkeit, Übertragbarkeit und Sicherheit bereits bei der Entwicklung mit beachten, also die sogenannten nicht-funktionalen Qualitätsmerkmale [ISO 05b]. Dementsprechend darf man erwarten, dass es schon beim Entwickeln des Codes Tests geben wird, bei denen Routinen und technische Vorkehrungen überprüft werden müssen, die vorrangig diesen nicht-funktionalen Qualitätsmerkmalen dienen. Dies sind aber Routinen, die sich das Team bewusst eingebaut hat wie z.B. performante Zugriffe auf Daten oder Codestrukturen, die verlässlichen Zugriffsschutz gewähren.

Es gibt aber gerade im integrierten System Wirkungen, die aus Entwicklungssicht schlecht absehbar sind und daher noch einmal gezielt überprüft werden müssen. Auch können die Entwickler nicht mit Sicherheit abschätzen, ob die von ihnen vorgesehenen Routinen z. B. zur Performance oder zur Sicherheit auch wirklich greifen. So können lange Laufzeiten entstehen, weil der Serviceaufruf zwischen zwei Systemen schlecht abgestimmt bzw. konfiguriert ist. Auch können Sicherheitsprobleme auftreten, weil die Sicherheitsvorkehrungen im Code von der Hardware-Eigenschaft konterkariert werden.

Daher nennt man diese Tests, die – zumeist auf gesamtintegrierten Systemen durchgeführt – auf bestimmte technische Qualitätsmerkmale abzielen, *technisch orientiert* und *produkthinterfragend*. Ähnlich wie im dritten Testquadranten können aus den Tests wichtige Erkenntnisse gewonnen werden, die zu Anforderungen in zukünftigen Iterationen werden.

Zuverlässigkeit wird vor allem gemeinsam mit Experten aus dem Betrieb der Software oder des Rechenzentrums bzw. der Anlage überprüft. Hier gilt es in der Regel, typische Fail-Over-Szenarien durchzuspielen und auf Sinnhaftigkeit und Machbarkeit zu achten. Kann das System nach einem Ausfall geordnet wieder hochgefahren werden, greifen dann auch die Recovery-Routinen für Daten? Kann bei einer Überlastung der Hardware geeignete Kapazität zugeschaltet werden? Diese Tests haben meist auch den Vorzug, dass – wie bei einer Feuerwehrübung – die Einsatzkräfte ihre Handgriffe schon einmal einüben können, die im „Ernstfall" sicher und schnell über die Bühne gehen müssen.

Last und Performance ist auf den ersten Blick relativ leicht zu testen, solange man einen geeigneten Lasttreiber und ein paar passende Lastmonitore hat. Leider ist das meist dann doch eine kompliziertere Sache, weil man schnell unrealistische Situationen testet oder die passenden Datenzustände und -massen nicht zusammenbekommt (beispielsweise indem man die Hintergrundlast auf den Maschinen vergisst oder falsch simuliert). Auch sind die passenden Monitore ebenfalls schwer einzurichten. Selbst mit komfortablen Werkzeugen braucht man dazu dann noch umfassenden Zugriff auf diverse Testmaschinen, den der Rechenzentrumsbetrieb ungern gewährt.

Sicherheitstests sind für fachlich kompetente Mitarbeiter relativ einfach umzusetzen, wenn es um die Prüfung des Berechtigungskonzepts für den Zugriff und verschiedene Benutzerrollen geht. Doch diese Tests sind meist exakt vom Team vorbestimmbar und passen daher eher in den ersten oder zweiten Testquadranten. Deutlich schwieriger ist der Aspekt des unerlaubten Zugriffs auf die Software bzw. auf das System. Hier bedarf es Experten, die ständig mit den neuesten Entwicklungen Schritt halten und die mit den Penetrationstechniken bestens vertraut sind. Gerade solche Experten konfrontieren das Entwicklungsteam oder die Architektur mit interessanten Schwächen ihrer Software, auf die sie ohne fremde Hilfe und ohne das konkrete Testbeispiel nicht gekommen wären.

Insgesamt sind die Tests im vierten Testquadranten nur selten durch das agile Team selbst zu stemmen. Hier bedarf es in der Regel teamübergreifende Experten, die fallweise hinzugezogen werden. Große Organisationen richten dafür eigene Testcenter oder Testlabore ein, die als interne Dienstleister für die agilen Teams fungieren. Andere wiederum haben spezielle Testexperten, die Testaufträge aus verschiedenen Teams punktuell wahrnehmen und ansonsten wie „normale" Tester in agilen Teams mitarbeiten.

Auch wenn solche Tests auf Zuverlässigkeit, Effizienz und Sicherheit bevorzugt auf integrierten Systemen durchgeführt werden, sollte man damit nicht bis kurz vor dem Produktivgang warten. Ein Teil der Tests kann schon in ganz frühen Phasen stattfinden, wenn man

z. B. für das Architekturkonzept eine Art Proof of Concept mit prototypischen Komponenten durchführt. Der übrige Teil an Tests muss möglicherweise bis kurz vor Release-Ende (z. B. zu einer Hardening-Iteration[2]) warten, sollte dann aber eigentlich nur noch die Wirksamkeit der implementierten Maßnahmen bestätigen. Für eine Korrektur der Software fehlt bei typischen produktionsverhindernden Fehlern bzgl. Zuverlässigkeit, Effizienz und Sicherheit meist die Zeit. Solche Fehler erfordern nicht selten einen Wechsel von eingesetzten Fremdkomponenten (Treibersoftware, Frameworks) oder einen architektonischen Umbau.

3.1.2.5 Der Kontext

Das Modell, das Lisa Crispin und Janet Gregory für den Test in agilen Teams entworfen haben, adressiert ganz klar das typische XP- oder Scrum-Team, das ein paar konkrete Stakeholder für die fachlichen Anforderungen hat, ansonsten aber relativ autark die Dinge regeln kann. Auch für Kanban-organisierte Teams ist das Modell durchaus attraktiv, doch kommt es darauf an, wie der arbeitsteilige Prozess im jeweiligen Kanban-Team organisiert ist.

Schwierig wird dieses Modell immer dann, wenn die Integrationsprozesse von der Einzelkomponente in das Gesamtsystem sehr vielstufig und komplex sind. Gerade in Branchen wie Telekommunikation oder Versicherungen/Banken haben wir erlebt, dass agile Teams nur bedingt autark agieren können. Versuchen Sie einmal, eine SIM-Karte für ein Mobiltelefon auf dem Kundenportal freizuschalten, wenn das Aufgabengebiet Ihres Teams nur das Billing-System (die Rechnungslegung) ist. Bis so ein Gesamttest funktioniert, hat der Tester in der Organisation schon Wochen mit Koordinationsaufgaben verbracht. Zwar ließe sich das Billing auch separat testen, aber dann käme man kaum über den ersten oder vielleicht auch noch zweiten Testquadranten hinaus, weil es sich immer nur um kleinste Vorgänge handelt, die dann wieder das Zutun eines Nachbarsystems erforderten.

Grenzen werden auch dann deutlich, wenn die Zuständigkeiten in einer Organisation für die vielen Aspekte in der Software-Entwicklung organisatorisch sehr stark verteilt sind. Überhaupt stellt die örtliche Verteilung eines Teams ein Risiko dar, da die enge Kommunikation in diesem Modell von großer Bedeutung ist. Wo diese nicht funktioniert, müssen Tests wieder sequentiell geplant und zugewiesen werden.

Diese Grenzen sind aber die klassischen Grenzen, die für agile Projekte allgemein gelten. Je komplexer die organisatorische oder architektonische Struktur ist, desto schwieriger sind die Kommunikationsanforderungen an agile Teams zu realisieren. Es braucht dann wie bei Scott Ambler (siehe dazu Abschnitt 3.1.4) einen etwas straffer organisierten Prozessrahmen, der wiederum an klassische Vorgehensmodelle erinnert [Ambl12].

3.1.3 Tipps für den Software-Test aus agiler Perspektive

Agile Vorgehensmodelle, allen voran Extreme Programming, kurz auch XP genannt [Beck00], oder aber auch Lean Software Development [Popp06] lehnen Prozess- und Organisationsvorgaben eher ab, da die Teams sich am besten selbst organisieren sollen. Unter

---

[2] Unter Hardening-Iteration versteht man in Scrum eine (manchmal sogar auch eine zweite) Iteration kurz vor einem Release, bei der keine neuen Stories mehr umgesetzt, sondern nur noch Fehler behoben werden – oder wie man in agilen Kreisen gerne sagt: Die technischen Schulden werden beglichen (engl. technical debt).

diesen Voraussetzungen scheint es sinnvoller, gemachte Erfahrungen in Form von Tipps und Empfehlungen an die Teams weiterzugeben.

Cem Kaner, James Bach und Bret Pettichord haben daher ihre gesammelten Erfahrungen im Software-Test als sogenannte „lessons learned" beschrieben [Kane02]. Diese gelernten Lektionen spiegeln allgemeine Testweisheiten wider, die grundsätzlich auch für klassische Projektumfelder gelten. Sie können daher auch von beliebigen Teams angenommen und in die tägliche Praxis übernommen werden, ohne dass eine bestimmte Vorgehensweise erforderlich wäre.

Es seien exemplarisch die Lektionen erwähnt, die für die Testorganisation besonders interessant sind:

Lektion 157: *Schaffe eine Servicekultur*
Tester sollten sich abgewöhnen, als Kontrollinstanz im Projekt aufzutreten. Das verhindert die Teamkommunikation. Sie sollten sich als Dienstleister für die anderen Stakeholder im Projekt (Entwickler, Analytiker, Projektleiter) verstehen.

Lektion 167: *Sei bereit, Ressourcen schon früh im Projekt bereitzustellen*
Der Test muss gut vorbereitet werden, und es gibt, auch wenn man es sich manchmal nicht so recht vorstellen kann, eine ganze Reihe von Maßnahmen, die Tester schon zur Vorbereitung sinnvoll tun können, ohne dass eine Zeile Code geschrieben ist (Test- und Messmethoden vereinbaren, Anforderungen reviewen, Review-Verfahren verfeinern, Testbarkeitsanforderungen mit Entwicklern vereinbaren etc.).

Lektion 168: *Vertragsgetriebene Entwicklung unterscheidet sich von marktsuchender Entwicklung*
Tester müssen das Umfeld, in dem sie tätig sind, gut einschätzen können. Muss die Entwicklung eine fest vereinbarte Leistung erbringen, dann werden Tester vermutlich hauptsächlich gegen die vereinbarten Spezifikationen testen müssen. Geht es darum, die Software am Markt zeitgerecht und attraktiv zu platzieren, dann müssen Tester wahrscheinlich auf Anforderungen von verschiedensten Kunden gleichzeitig Rücksicht nehmen.

Lektion 171: *Habe eine Ahnung von dem, was Entwickler vor einer Lieferung tun (und nicht tun)*
Versuche nicht das Entwicklungsteam unnötig zu erziehen. Entweder sie testen ausführlich vor der Lieferung selbst oder nicht. Du solltest das nur vorab als Tester wissen und den Test entsprechend anpassen.

Lektion 172: *Bereite dich auf den Build vor*
Vor der Testausführung ist vieles sicher zu stellen (Testdaten, Testumgebung etc.). Warte damit nicht bis zur Lieferung.

Lektion 174: *Setze Smoke-Tests zur Qualifikation von Lieferungen für den Test ein*
Bevor eine Lieferung in den Test geht, sollte sie sich durch einen Smoke-Test als testwürdig qualifizieren. Smoke-Tests sollten einfache, möglichst automatisierte Tests sein, die die Basisfunktionalität sicherstellen. Idealerweise führen diese Tests schon die Entwickler selbst zum Nachweis der Testfähigkeit durch. Das entlastet die Tester, weil sie dann nicht Zeit mit „unglücklich" zusammengestellten Builds verlieren.

Lektion 176: *Passe dich an das Entwicklungsvorgehen an, das gerade praktiziert wird*
Ändere lieber deine Testvorgehensweise als das Vorgehen der Entwickler. Du vergeudest ansonsten nur sinnlos Zeit, mit deinem Testverfahren auf einen endlich entsprechend optimierten Entwicklungsprozess zu warten.

Lektion 179: *Profitiere auch von anderen Informationsquellen*

Auch wenn es keine belastbaren Spezifikationen gibt, auf denen die Tests aufbauen können, so gibt es in Projekten immer reichhaltige Alternativen, sich die erforderlichen Informationen auf andere Art und Weise zu beschaffen (Benutzerhandbücher, Protokolle aus Change-Controllboards, Marketingpräsentationen zum Produkt, generische Fehlerlisten im Internet bzw. in der Literatur etc.).

Lektion 182: *Eine großartige Testkonzeption macht späte Änderungen leicht*

Diese Bezeichnung mag täuschen: Es ist nicht eine aufwendig bzw. ausgefeilte Testkonzeption gemeint, sondern genau das Gegenteil, ein pragmatischer und wirkungsvoller Ansatz:

- Anstatt im Vorfeld ein großes Testportfolio aufzubauen, spezifiziere deine Tests lieber, wenn du sie unmittelbar brauchst. Selbst wenn später Änderungen an der Software auch diese Tests unbrauchbar werden lassen, haben sie dir wenigstens eine Weile lang genutzt.

- Schaffe dir nicht ein Konvolut an Testdokumenten wie beispielsweise detaillierte Testfallbeschreibungen, die später eh nur Überarbeitungsaufwand erfordern. Halte den „Papierkram" daher so schlank wie möglich.

- Orientiere dich in deinen Tests nicht an dem spezifischen Aufbau von Benutzerschnittstellen, es sei denn, der Test soll ganz spezifisch diese Benutzerschnittstelle prüfen. Selbst in End-to-end-Tests, die notgedrungen nur über Benutzerschnittstellen angesteuert werden können, halte dich nicht zu sehr mit deren Details auf. Sie werden sich im Testverlauf nämlich ganz sicher noch ändern.

- Definiere automatisierte Tests immer derart, dass sie leicht gewartet und auf andere Plattformen übertragen werden können.

- Habe immer ein paar generische Tests parat, die sich um stabile Aufgaben kümmern, die fast in jedem Programm auftreten. Dies schafft dir Zeit für weitere Planung und lässt sich gut delegieren, wenn neue oder geänderte Funktionen deinen Test in einer späten Projektphase herausfordern.

- Stelle wirksame Smoke-Tests auf, die Mängel in Basisfunktionalitäten rasch nachweisen (siehe auch Lektion 174).

- Überlege ernsthaft, ob du nicht XP-Methoden zur Erstellung automatisierter Tests [Beck03] verwendest. Im Speziellen wird empfohlen, eine projektübergreifende Architektur und ein übergreifendes Design für automatisierte Tests zu verwenden, Code iterativ zu erstellen und auszuliefern, Automatisierungslösungen in der Reihenfolge zu entwerfen, bei der die höchsten Risiken als Erstes gebannt werden, Pair Programming anzuwenden und eng mit den Stakeholdern des Tests wie den Testern, Entwicklern oder dem Projektleiter zusammenzuarbeiten, um die nächsten Schritte zu entscheiden.

- Mache dir ein Bild von den Anwendern des Produkts und den Nutzen, den sie daraus ziehen wollen. Leite daraus komplexe Tests ab. Die meisten dieser Tests werden sich nicht so schnell im Projektverlauf verändern, weil sie eher auf den Nutzen anstatt auf die Produktdetails fokussiert sind.

- Unterstütze die Entwickler dabei, ein großes Portfolio an Unit Tests und anderen relativ einfachen Funktionstests zu erstellen. Diese können jederzeit wiederholt werden, wenn der Code zu einem Build integriert wird, und somit auch, bevor er in den eigentlichen Test kommt.

Lektion 186: *Plane das Testbudget niemals nur für zwei Iterationen*
Wer glaubt, er könne mit jeweils einem Erst- und einem Regressionstest bis zum Release auskommen, der täuscht sich. Meist braucht es mehrere Iterationen, bis der Test zufriedenstellend läuft und die Software-Qualität in den Zielkorridor einläuft.

Lektion 190: *Es gibt nicht das richtige Verhältnis von Testern zu Entwicklern*
Diese Frage muss man immer fallweise entscheiden. Die Umstände von Projekten und die Teamfähigkeiten sind einfach zu unterschiedlich.

Lektion 195: *Teste in Sessions*
Tester müssen sich beim Testen konzentrieren können und sollten nicht dauernd unterbrochen werden. Daher sollte es 60 – 90 Min. lange Test-Sessions geben, in denen ein Tester oder Testteam konzentriert arbeiten kann und sich nur auf die geplanten Tests fokussiert.

Lektion 196: *Verwende Arbeitsprotokolle, um Störungen aufzudecken, die die Arbeit der Tester erschweren*
Wenn der Test nicht die richtige Effektivität oder Effizienz aufweist, lasse die Tester ein Test-Log anfertigen, das meist belegt, wie häufig sie mit anderen Tätigkeiten oder Unterbrechungen abgelenkt worden sind.

Nun, diese Liste an Lektionen beginnt bei 1 und endet knapp bei 200. Sie ist zwar grob gegliedert, aber es ist eben kein zusammenhängendes Denkmodell, sondern typische Alltagsregeln, an die man sich gerne – oder manchmal ungern – erinnern sollte.

Der Vorteil dieser Regeln ist, dass sie schon gut in klassischen Tests anwendbar sind und klar zwischen der Rolle als Tester und jener als Entwickler trennen. Dennoch kommt immer wieder deutlich hervor, dass session-basiertes exploratives Testen und testgetriebene Entwicklung die beiden Kernpraktiken sind, auf die die Autoren setzen. Nicht zu Unrecht.

3.1.4 Skalierbare Organisation agiler Teams

Scott Ambler, einer der großen Vordenker für Agiles Vorgehen bei IBM Rational, stellt fest, dass viele agile Vorgehensmodelle in zweierlei Hinsicht Grenzen haben:

- Es fehlt ein Gesamtbild des Software-Lebenszyklus von der ersten Idee bis zur Wartung.
- Die Modelle sind nur schlecht skalierbar bzw. anpassbar an verschiedene Projektumfelder.

Mit seinem *Agile Scaling Modell* (Bild 3.3) will er genau diese Schwächen ergänzen [Ambl09].

Zu den Kernpraktiken agiler Entwicklung (Core Agile Development) gehören die bekannten Vorgehensmodelle wie XP, Scrum, Feature-Driven Development etc. Sie sind gekennzeichnet durch die drei Prinzipien:

- mehrwertorientierter Lebenszyklus
- selbstorganisierende Teams
- Fokus auf Entwicklung/Fertigung.

Diese werden nun ergänzt um Lebenszyklusmodelle, bei denen es um eine disziplinierte agile Lieferung (Disciplined Agile Delivery) geht. Hier geht es nun darum, den Software-Lebenszyklus an Risiko und Wert zu orientieren und eine Governance-Strategie für die Organisation zu entwickeln, die Selbstorganisation zulässt und nutzt. Der Lebenszyklus für

Entwicklung und Fertigung aus den agilen Kernpraktiken wird zu einem umfassenden Software-Lebenszyklus mit Konzeption, Ausarbeitung, Übergabe und Wartung vervollständigt [Ambl12].

Schließlich lassen sich nun agile Methoden skalieren (Agility by Scale), wobei auf acht Skalierungsfaktoren geeignet zu reagieren ist:

- Teamgröße
- geographische Verteilung
- regulatorische Bestimmungen
- Komplexität der Fachlichkeit
- organisatorische Verteilung
- technische Komplexität
- organisatorische Flexibilität (Komplexität)
- Unternehmensdisziplin.

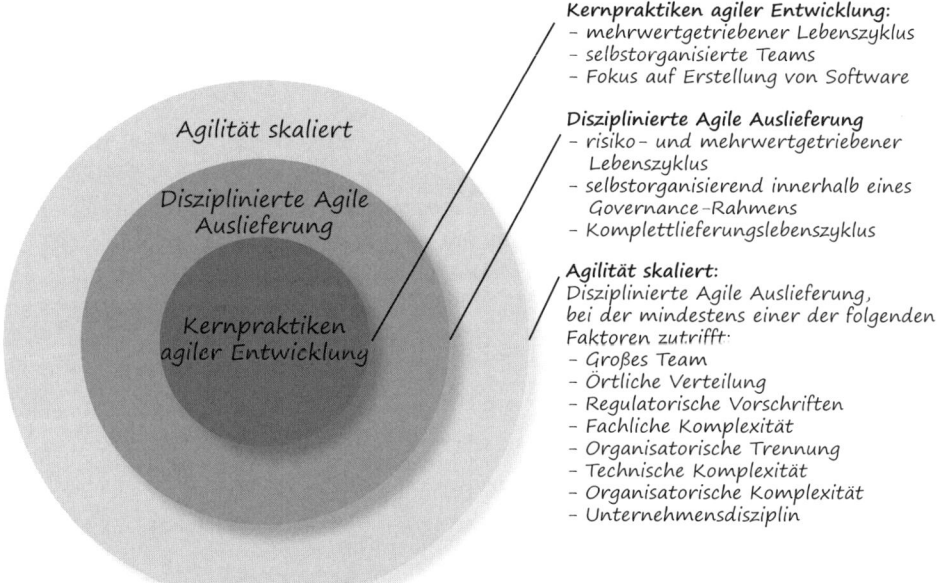

Bild 3.3 Die drei Schichten des Agile Scaling Modells

3.1.4.1 Kernpraktiken: Wann ist ein Team agil?

Zunächst sollte man klären, ab wann man ein Entwicklungsteam als agil in seiner Vorgehensweise bezeichnen kann. Dies ist an folgenden fünf Merkmalen deutlich zu erkennen:

1. *Einsatzbereite Software* – Agile Teams stellen in bestimmten Abständen einsatzbereite Software zur Verfügung, meist in regelmäßigen Iterationen mit fester Dauer.

2. *Aktive Teilhabe durch Stakeholder* – Agile Teams arbeiten sehr eng mit ihren Stakeholdern zusammen, sofern möglich mit täglichen Abstimmungsmöglichkeiten.

3. *Regressionstests* – Agile Teams haben immer ein Minimum an permanent durchgeführten Regressionstests für den Unit- und Komponententest verfügbar. Diszipliniert arbeitende agile Teams tun das sogar in Form von TDD.

4. *Organisiert sein* – Agile Teams sind selbstorganisierend. Besonders diszipliniert arbeitende Teams arbeiten dabei im Rahmen einer Gesamtstrategie ihrer Organisation und auf einem nachhaltigen Pfad. Agile Teams sind immer übergreifend zusammengestellt und haben für die Teamziele immer geeignete Experten mit an Bord.

5. *Verbesserung* – Agile Teams hinterfragen immer wieder ihre Praxis und streben Optimierungen an. Besonders diszipliniert arbeitende Teams messen sogar den Erfolg ihrer Zusammenarbeit und optimieren sich zeitnah.

Ein Team muss nicht diese Kriterien mit der expliziten Absicht erfüllen, „agil" zu arbeiten. Aber es hilft ihm zur Orientierung weiter. Wichtig ist natürlich dabei zu bedenken, dass die Gesamtorganisation, in dem das Team agiert, den Erfolg agiler Teams mit beeinflusst. Es muss also die Kultur der Organisation auch „Agiles" zulassen. Kriterien wie einsatzbereite Software sind auch nicht immer wortwörtlich zu nehmen. Scrum spricht daher auch von potenziell einsetzbarer Software. Andererseits reicht es auch nicht, sich die Kriterien nur auf die Fahnen zu schreiben: Man muss sie auch nachhaltig leben! Bei manch selbsternannten „agilen" Teams ist das oft gar nicht der Fall.

3.1.4.2 Diszipliniertes agiles Liefern von Software: Den wilden Hund einfangen

Es ist gut, ein agiles Team zu haben. Aber reicht das, um beispielsweise ein ganzes Programm (z. B. Umstellung eines Kernbankensystems, Zusammenlegung zweier Unternehmen auf eine einheitliche Infrastruktur) zu meistern? Zwar gibt es hierzu reichlich erprobte Modelle wie Scrum of Scrums [Ecks11], aber sie lösen das Problem der Governance der Organisation nicht immer zufriedenstellend.

Die Frage ist also: Wie erreichen wir, dass alle agilen Teams an einem Strang ziehen und sich nicht gegenseitig durch Teamegoismen blockieren oder gar in völlig divergierende Richtungen entwickeln? Zunächst einmal muss der Lebenszyklus der Software um die Phase der Konzeption oder des Starts (Inception) am Anfang und um die Phasen der Übergabe in Produktion (Transition) und der Wartung (Production) ergänzt werden. Die Begriffe sind 1:1 aus dem Rational Unified Process (RUP) übernommen. Die beiden Phasen Erarbeitung und Fertigung (Elaboration, Construction) aus dem RUP sind durch die eigentlichen Iterationen z. B. eines Scrum-Vorgehens abgebildet.

Ein solches umfassendes Prozessmodell muss, damit es auch dennoch dem agilen Anspruch gerecht wird, folgende vier Eigenschaften besitzen:

- **Agile Lieferprozesse sind im Großen sequentiell und im Kleinen iterativ.**
  Im Großen verfallen die Projekte dadurch nicht in Wasserfall- oder V-Modelle, sondern haben – wie Scott Ambler es ausdrückt – gewisse „Jahreszeiten", bei denen das eine oder andere jeweils mehr oder weniger im Vordergrund steht. In der Inception-Phase werden agile Teams eher die Projektidee entwickeln und eher prototypisch arbeiten, in der Elaboration-and-Construction-Phase steht der klassische Entwicklungsprozess von Funktionalitäten und deren Integration im Vordergrund, in der Transition-Phase sind vermutlich eher Hardening-Iterations angesagt, in denen auch Akzeptanztests umfangreicher sein können. In der Wartung geht es um Hot-Fixing für die Produktion und überschaubare Changes, bei denen der Regressionstest im Vordergrund steht.

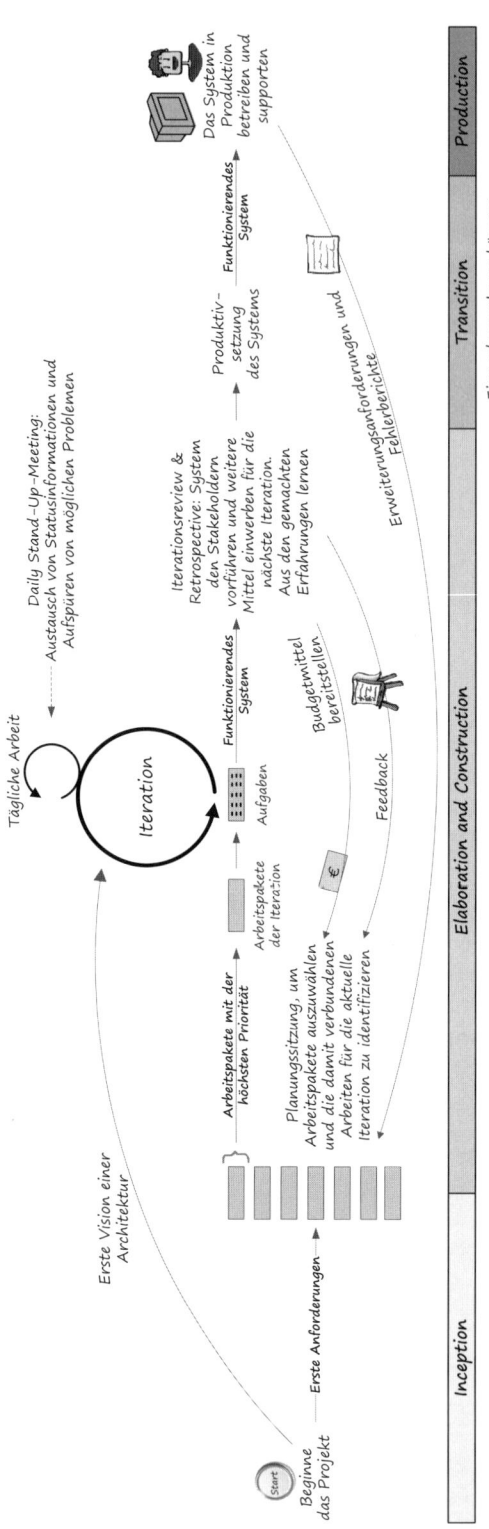

Bild 3.4
Agiler Lieferungslebenszyklus –
als ganzheitliche Sicht auf die
Software-Erstellung

- **Teams arbeiten an einer Lösung, nicht einfach an einer Software.**
  Es ist wichtig, dass nicht alles nur Software ist, sondern immer auch ein bisschen – oder manchmal auch viel – Hardware. Manches liegt im eigenen Branchen- bzw. Fachgebiet und anderes auch deutlich außerhalb. Der Begriff Lösung ist über den gesamten Software-Lebenszyklus hinweg deutlich robuster als nur Software.

- **Der gesamte Software-Lebenszyklus orientiert sich immer am Risiko und am Geschäftswert.**
  Das Prinzip, dass agile Teams grundsätzlich verfolgen, z. B. beim Abarbeiten eines Back-logs, muss auch im Großen gelten. Versuche bereits in den frühen Phasen, die schlimmsten Risiken zu bannen, und erstelle als Erstes die Lösungen, die den größten Nutzen für den zukünftigen Einsatz bringen. Gerade in einer Inception-Phase sollten so gezielt jene Dinge angegangen werden wie z. B. Technologieentscheidungen, Umstrukturierungen der Arbeitsprozesse unter den Nutzern, die die größten Unsicherheiten verursachen, und auch in der Erarbeitung bzw. Fertigung sollten die jeweils nächsten Schritte immer nach Kosten-Nutzen-Gesichtspunkten budgetiert werden.

- **Selbstorganisation muss im Rahmen der Governance-Strategie der Gesamtorganisation bleiben.**
  Es ist wichtig, dass die agilen Teams genügend Freiraum haben, um sich selbst zu optimieren. Dennoch muss man klare Grenzen ziehen, wenn eine übergreifende Infrastruktur (z. B. Werkzeuge, Methoden) sinnvoll ist bzw. nur gemeinschaftlich genutzt Sinn macht oder wenn organisationsweite Überzeugungssätze verletzt werden und nicht auf die Gesamtziele eine Organisation (z. B. die Umsetzung einer gesetzlichen Regelung oder das Erreichung eines bestimmten Marktanteils) hingearbeitet wird. Gerade auch für den Test sind solche organisationsweiten Rahmenbedingungen von großer Relevanz. Aber Vorsicht: Der Grat zwischen gemeinsamer Ausrichtung und Gängelung ist gerade auch im Testumfeld sehr schmal – siehe dazu [DeMa99].

3.1.4.3 Agilität skalierbar: Wie geeignet auf Umgebungsfaktoren reagieren?

Agil ist eben nicht immer gleich agil. Je nach Gegebenheiten muss man seine Praxis anders ausrichten. Anhand von acht Umgebungsfaktoren (Bild 3.5) kann man sich orientieren und adäquate Maßnahmen im Gesamtprojekt ergreifen:

Einfach			Komplex
max. 10 Entwickler	←	Teamgröße	→	tausende Entwickler
an einem Ort	←	Örtliche Verteilung	→	global verteilt
kaum/gar nicht	←	Regulatorische Vorschriften	→	kritisch/überprüft
überschaubar	←	Fachliche Komplexität	→	verwickelt/dynamisch
gemeinschaftlich	←	Organisatorische Trennung	→	auf Vertragsbasis
homogen	←	Technische Komplexität	→	heterogen/Altanwendung
flexibel	←	Organisatorische Komplexität	→	starr
projektorientiert	←	Unternehmensdisziplin	→	unternehmensorientiert

Bild 3.5 Die acht Skalierungsfaktoren für agile Praktiken

1. *Teamgröße:*
   Wenn das agile Team mehr als 10 – 15 Mitarbeiter übersteigt, werden viele Praktiken für die Kommunikation und Koordination in agilen Teams nicht mehr reichen. Zwar könnte man die Teams dann auf verschiedene Teams aufteilen, aber nur, wenn deren (Teil-) Produkte relativ unabhängig voneinander sind. Ansonsten mag es zwar zehn Teams geben, aber in Wirklichkeit sind 100 Personen in die Lösung engmaschig involviert. In solchen Fällen sollte man von der Kultur der Post-It- und Face-to-face-Kommunikation behutsam Abstand nehmen. Beispielsweise werden dann Testmanagement-Werkzeuge wieder interessanter.

2. *Örtlich verteilte Teams:*
   Dies ist sicher eine der meistdiskutierten Herausforderungen für agile Teamarbeit: Mitarbeiter sitzen in verschiedenen Gebäuden, an verschiedenen Orten, arbeiten von zu Hause aus oder sitzen gar in ganz anderen Kontinenten, wo dann noch der Zeitunterschied erschwerend hinzukommt. Auch hier müssen zumindest technische Hilfsmittel wie Telefon- oder Online-Konferenzen hinzugezogen werden, müssen ganz bewusst Reisen – und sei's nur zum Kennenlernen – in Kauf genommen oder auf schriftliche Kommunikation (E-Mail, Groupware, Wiki etc.) ausgewichen werden. Wichtig ist hier auszuprobieren, was einer effektiven Zusammenarbeit zuträglich ist und was nicht. Gerade die ersten Iterationen in der Inception-Phase sollte man zu Retrospektiven oder Optimierungsgesprächen nutzen.

3. *Regulatorische Erfordernisse:*
   Einige Projekte oder manchmal auch die ganze Organisation müssen bestimmten regulatorischen Anforderungen genügen. Gerade sicherheitskritische Systeme (Luftfahrt, Eisenbahn, Automobil) oder Branchen im Bereich Lebensmittel und Gesundheit haben hohe Qualitätsanforderungen. Zwar bestimmen Normen/Vorschriften (wie FDA CFR2, DO-178C, aber auch Basel III) genau, was als Endziel erreicht werden soll, weniger aber, wie man das schafft. Teams müssen sich dann auch sehr gezielt mit Normen auseinandersetzen bzw. punktuell Spezialisten bis hin zu Anwälten hinzuziehen. In manchen Normen ist z. B. auch das V-Modell vorgeschrieben, das man nicht einfach mit dem Verweis auf die Überlegenheit agiler Teams beiseite wischen kann. Auch hier müssen sich agile Teams zumindest arrangieren.

4. *Komplexe Fachgebiete:*
   Viele Aufgaben, die Software zu erledigen hat, sind klar abgegrenzt und können mit bewährten Lösungsmustern erledigt werden. Dies ist aber nicht immer so. Manche Aufgaben sind sehr komplex oder erfordern geradezu forscherische Fähigkeiten, um sie zu lösen. Wiederum unterliegen andere Fachgebiete einer Kurzlebigkeit von Lösungen, was dann häufige und kurzfristige, durchaus tiefgreifende Änderungen mit sich bringt. Wer in solchen Umfeldern als agiles Team tätig ist, sollte seinen Schwerpunkt auf Forschen und Experimentieren legen und ggf. auch mehr mit Prototypen, Modellen oder Simulationen arbeiten. Gerade der Test ist hier natürlich stark gefordert und muss mehr Flexibilität, aber auch Aussagekraft nach außen hin entwickeln.

5. *Organisatorisch stark verteilte Teams:*
   In nicht wenigen Projekten werden Teams aus unterschiedlichen Organisationsstrukturen zusammengewürfelt: verschiedene Abteilungen, Kunden, Lieferanten, externe Spezialisten, Schwester- oder Partnerorganisationen. Zwar kann man unter bestimmten Umständen daraus sehr bald ein eingeschworenes agiles Team machen, das seine Zuge-

hörigkeit im Alltag fast vergessen macht, doch sind nicht selten auch Interessensgegensätze zwischen den Mitarbeitern vorhanden, die eine enge Zusammenarbeit verhindern. Misstrauen und Ausgrenzung können schnell die Folge sein. Wichtig ist hier, die Besetzung von Projekten aus vertraglichen Gesichtspunkten adäquat zu gestalten, sodass Mitarbeiter wieder vertrauensvoller und voll integriert arbeiten können. Gerade bei Testern muss man auf deren Beauftragung achten: Wer als Kontrolleur zu Qualität vergattert wird, sieht sich schnell ausgegrenzt und im Team uninformiert.

6. *Technisch komplexe Software:*
Nicht immer kann man auf der grünen Wiese mit dem Bauen beginnen und einfach alles nach den simpelsten Notwendigkeiten gestalten. Manches Software-Projekt erinnert eher an die Altbausanierung denkmalgeschützter Gebäude. In so einem Umfeld muss man teilweise mit verschiedenen Technologien, mehreren Neu- und Altsystemen arbeiten, die letztendlich zusammen erst die Lösung darstellen. Manche Teams haben auch eine in sich komplexe Aufgabe zu lösen, die auch nur durch ein nicht minder komplexes System umzusetzen ist. In all diesen Fällen wächst auch die Anforderung an die Teamstruktur oder -zusammensetzung, etwa durch die Hinzuziehung bestimmter Experten oder agil-ferner Entwickler des Altsystems. Gerade im Test kann man hier nicht nur auf eine Strategie wie z. B. TDD setzen, wenn in einem Großteil der Applikation TDD nicht möglich ist oder Unit- und Komponententests nur ein verschwindend kleiner Teil der Testaufgaben sind.

7. *Komplexe Organisationsstruktur:*
In nicht wenigen Unternehmen oder Organisationen gibt es komplexe Zuständigkeiten oder mehrere Stellen, die konkurrierend in die Entwicklungsprozesse hineinreden. Wenn agile und entschieden nicht agile Teams zu einer Gesamtlösung in einem Programm beitragen sollen und diese untereinander dann auch noch zerstritten sind, wird es schwierig, überhaupt noch Governance zu zeigen. Hier ist es dann wichtig, im Vorfeld weit vorausschauend die Prozesse und Berichtswege abzustimmen, die selbstorganisierenden Teams trotzdem noch genug Raum zum Optimieren lassen.

8. *Unternehmensdisziplin:*
In größeren Organisationen kann man durch gemeinsam genutzte Werkzeuge oder Ressourcen erhebliche Kostenvorteile oder Zeitgewinne realisieren und nebenher mehr Konsistenz und Nachhaltigkeit erreichen. Selbstorganisierende Teams haben das aber nicht unbedingt auf ihrem Optimierungsradar und neigen diesbezüglich zu uneinheitlichen bis hin zu egoistischen Vorgehensweisen. In solchen Fällen ist es immer sinnvoll, die teamübergreifenden Notwendigkeiten nachvollziehbar zu bestimmen und dann durch übergreifende Rollen wie Qualitätsmanager, Systemarchitekten und Programmmanager in die Teams zu tragen. Gerade hier treten aber schnell Spannungen auf. Mitarbeiter, die übergreifende Rollen wahrnehmen, müssen mit genügend Taktgefühl und Überzeugungskraft in den Teams mitarbeiten.

3.1.4.4 Fazit für die Testorganisation

Die Stärke dieses Ansatzes ist zum einen, die unterschiedlichen Umfelder für agile Teams systematisch zu erforschen, zum anderen aber auch gesamtorganisatorisch zu denken. Wir erleben immer wieder Teams, die erklärtermaßen agil sein wollen und dies umso konsequenter zu leben gedenken, als es ihrem Umfeld gut täte. So wie Kaner et al. davor warnen, die Entwickler ändern zu wollen (siehe Abschnitt 3.1.3), warnen wir davor, eine Organisation ändern zu wollen. So ist z. B. vielen agilen Teams leider nicht bewusst, dass sie schlicht an dem Unternehmenszweck rütteln, wenn sie eine einfache Architektur streng getrennt auf verschiedene Teams einfordern.

Dennoch ist es nicht verkehrt, langfristig an Strukturen und Rahmenbedingungen zu arbeiten, die konsequent agil arbeitende Teams (wie in Abschnitt 3.1.4.1 beschrieben) ermöglichen. Derweil sollte man sich aber geschickt und konstruktiv in Kompromissen üben. Ob nun ein adaptiertes V-Modell oder ein adaptierter RUP als Rahmenvorgehen für das Gesamtprogramm herhalten muss, sei dabei einmal offen gelassen. Die vier Phasen von Scott Ambler (Inception, Elaboration and Construction, Transition und Production) können aber agilen Teams im Zeitverlauf eine gute Orientierung darüber geben, auf was jeweils gesondert zu achten ist und wie sich z. B. das Testen im Produktlebenszyklus verändern muss.

Es ist natürlich klar, dass man damit an den Grundfesten der Selbstorganisation rüttelt (soweit zum Land der Einhörner). Aber solange man es nur vorsichtig macht, also einen groben Governance-Rahmen vorgibt, kann das umfangreichen und komplexen Situationen eher gerecht werden, als stures Festhalten an simplen überschaubaren Prozessen.

■ 3.2 Praxisbeispiele

Im Folgenden werden ein paar Beispiele aufgezeigt, wie sich Tester in agilen Projektumfeldern organisiert haben. Im ersten Beispiel ist der Erarbeitungsgegenstand eines agilen Teams sogar der Test selbst, also funktionierende Tests anstatt funktionierende Software. Wie man sieht, ist die Vielfalt der Lösungen eine gesunde Reaktion auf die jeweiligen Randbedingungen.

3.2.1 Abnahmetest als eigenes Scrum-Projekt/-Team

Bei einem Versicherungsunternehmen kam ein eher als katastrophal empfundenes Projekt in seine Endphase. Zwar hatte sich der Lieferant einen Scrum-Entwicklungsprozess auferlegt, die Abnahme des Systems durch den Kunden, in diesem Falle durch ein Testteam der Versicherung, war aber klassisch und demnach außerhalb des Scrum-Teams organisiert. Die Qualität der regelmäßigen Lieferungen war schlecht, und der Lieferumfang war für die Abnahmetester schlicht nicht nachvollziehbar.

Leider hielt die Unternehmensführung an dem Lieferanten fest in der Annahme, die bisherigen Lieferungen seien nur unvollständige Inkremente, und man dürfe immer noch auf ein gelungenes Gesamtsystem hoffen. Außerdem verstand es der Lieferant sehr gut, dem Abnahmetestteam jede seiner Schwächen wie mangelnde Fachkompetenz oder stockende Testautomatisierung exakt aufzuzeigen und vorzuhalten. Leider glaubte auch der Lieferant, am Ende ein stimmiges Gesamtsystem liefern zu können, und setzte auf Zeit.

Inzwischen war das Abnahmetestteam durch innere Kündigung oder auch Teamwechsel fast aufgerieben und sein Ruf beim Fachbereich, dem eigentlichen Nutzer der Software, fast komplett ruiniert. In dieser Situation stand die letzte Lieferung vor Produktivnahme an und damit faktisch eine Gesamtabnahme im Sinne klassischer Vorgehensmodelle. Für diese standen nur mehr vier Wochen zur Verfügung und dies mit nur vier verbliebenen Testern des Kunden. Erste Hochrechnungen ergaben, dass dieses Team in dieser Zeit nur maximal ein Drittel der Funktionalitäten würde testen können.

Jetzt geschah eine unglaublich mutige Entscheidung des Fachbereichs. Er stellte dem Testteam für zehn Wochen neun Mitarbeiter für den Abnahmetest zur Verfügung. Sechs Wochen lang sollte sich das neue Team vorbereiten und dann in den weiteren vier Wochen eine Gesamtabnahme durchführen. Noch eine mutige Entscheidung wurde getroffen: Das neue Testteam sollte nach Scrum arbeiten!

Die ersten Sprints verliefen extrem spannungsgeladen, und es war nicht sicher, ob das Team von 14 größtenteils frischgebackenen Testern überleben würde. Zunächst waren viele nicht mit agilen Techniken vertraut und konnten mit dem Anspruch, sich selbst zu organisieren, nichts anfangen. Sicher, im Alltag von Versicherungskaufleuten muss die Arbeit klar geregelt und optimiert sein, und es ist eigentlich auch klar, was das jeweilige Ziel der Arbeit ist. Die Planungsmeetings und vor allem die Retrospektiven müssen die Fachbereichsmitarbeiter eher an die Gruppenspiele aus ihrer Vorschulzeit erinnert haben. Es war schwer zu vermitteln, dass das Team sehr wohl auf dem richtigen Weg ans Ziel unterwegs war.

Noch ein anderer Umstand wirkte sich in dieser Situation sehr ungünstig aus: der verschlungene Verlauf des Testfortschritts. Die Annahme in den Planungsmeetings war, dass sich die Produktivität des bisherigen Testteams langsam und progressiv steigern würde, sodass nach sechs Wochen die erforderliche Schlagzahl erreicht wäre. Gerade Burndown-Charts, die die erfolgreichen Tests, gemessen in Testfällen pro Tag, gnadenlos darstellten, demotivierten das Team bald vollends: Erst im dritten Sprint wurde die Produktivität der ursprünglich vier Tester erreicht – und das mit insgesamt 13 Testern! Die bisherigen Tester waren mit der Fortbildung ihrer Kollegen fast komplett überfordert. Die neuen Kollegen sahen die neue Anwendung zum ersten Mal, entsetzten sich – wie meist üblich – erst einmal über die neuen Abläufe und Eingaben und mussten sich überhaupt zum ersten Mal in ihrem Leben als Tester von Software bewähren. Obendrein waren sich nicht alle Abteilungen und somit auch die Teammitarbeiter untereinander wohlgesonnen und hatten ihre lang gepflegten Vorurteile und Egoismen zu überwinden.

In dieser Situation stellte sich eine für Scrum-Projekte zwingende Maßnahme als erfolgskritischer Faktor heraus: Die Rolle des Product Owners wurde vom Hauptanalytiker des Fachbereichs wahrgenommen. Er gab also das Backlog, bestehend aus Testbereichen und Testfällen, vor und priorisierte diese. Gleichzeitig konnte er aber seine gute Vernetzung und Akzeptanz im Fachbereich geschickt einsetzen, um jeden einzelnen Mitarbeiter bei der Stange zu halten. Sie wären ohne seine gute Fürsprache sicher nicht mehr dabeigeblieben.

Zu Beginn der Abnahme geschah dann fast ein Wunder: Die Schlagkraft des Teams übertraf alle Erwartung. In den vier Wochen Abnahme wurden nicht nur alle Testfälle für eine Komplettregression getestet, sondern in vielen Fällen zusätzliche, vertiefende Tests angesetzt und einige Testfälle aus dem Repertoire des ursprünglichen Testteams mit viel Fachkompetenz korrigiert. Leider muss das den Lieferanten auch sehr überrascht haben, da nach den vier Wochen keine Abnahmeempfehlung ausgesprochen werden konnte. Die Fakten waren zu erdrückend.

Dieses Beispiel zeigt, mit welcher Geduld und Zuversicht man an manchen Vorhaben festhalten muss. Scrum hat sich – auch als Arbeitstechnik für ein reines Testteam – als sehr leistungsfähig erwiesen. Den Wissenstransfer zwischen Fachbereich und Testern hat das selbstorganisierte Team viel besser geschafft, als es Schulungen und Workshops jemals vermocht hätten. Diese Erfahrung zeigt allerdings auch, dass man den Einarbeitungsaufwand für neue Teams nicht unterschätzen darf. Vor allem wenn die Produktivität zunächst sogar sinkt, sollte man ein Team nicht demotivieren, sondern das als „normalen" Verlauf darstellen. Auch hat sich gezeigt, dass erprobte Teamtechniken nicht ohne Weiteres auf andere Teams zu übertragen sind. Ob man mit Post-Its auf Taskboards arbeiten mag oder Kreativtechniken in Retrospektiven annimmt, hängt von der Vergangenheit und den Gewohnheiten eines jeden Teammitglieds ab.

3.2.2 Test Competence Center für agile Projekte

In einem großen Telekommunikationsunternehmen ist vor einigen Jahren Scrum als *das* Projektvorgehen eingeführt worden. Der Gesamtkontext war aber ein komplexes System von der Netzverwaltung bis hin zur Rechnungslegung, in dem noch viele Altsysteme mit neueren Systemen gemeinsam parallel eingesetzt wurden. Manche Systeme waren selbstentwickelt, andere wiederum fremdentwickelt oder als Standardsoftware zugekauft und adaptiert. Dementsprechend wurden Projekte immer nur sehr gezielt angesetzt, meist im Zusammenhang mit speziellen Produkten, die man am Markt positionieren wollte – und dadurch auch sehr übergreifend zu allen eingesetzten IT-Systemen.

Eine erste Konsequenz war nun, dass man für die Integration der geänderten Komponenten bzw. Teilsysteme wieder auf das V-Modell und damit auf klassisch sequenzielle Ansätze auswich. Eine weitere Konsequenz war leider auch, dass die Bereitstellung der Ressourcen (wie Testumgebungen, lauffähige Randsysteme, Testdaten aus Produktion etc.) immer noch einzelsystembezogen verwaltet wurde. Der Betrieb und die Systemadministration folgten nicht dem Querschnittsgedanken der Projektorganisation.

In den agilen Teams zeigte sich, dass die Rolle eines professionellen Testers immens wichtig wurde. Allein die komplexen Systemintegrationstests erforderten eine Konzentration und Spezialisierung auf die Testaufgaben, die die Entwickler so nicht aufbringen konnten und auch nicht wollten. Der Tester im Team hatte bald auch noch eine andere schwergewichtige Aufgabe: die Ressourcenbereitstellung durch Betrieb und Systemadministration. War es zwar relativ leicht, eine Entwicklungsumgebung für jedes der Projekte einzurichten, so waren Integrationstestumgebungen eine besondere Herausforderung an Koordinationsgabe und hausinternem informellen Netzwerk zu wichtigen Administratoren. Der Tester als eigenständige Rolle und „Kümmerer" war schnell als Rollenverständnis etabliert.

Der Kostendruck zwang nun die Projekte, auch aktiv über Testautomatisierung nachzudenken und andererseits viele unerfahrene und dadurch günstige Hilfskräfte für einfache Tätigkeiten im Test einzusetzen. Ein einzelnes Projektteam wäre schnell überfordert gewesen, da im begrenzten Projektumfeld die Testautomatisierung nicht finanzierbar war und für Hilfskräfte kaum tagesfüllend und vor allem nicht kontinuierlich Arbeit angefallen wäre. Bitte nicht vergessen, dass die Rolle des Testers in diesem Team grundsätzlich eine besonders komplexe Aufgabenstellung war.

Nun ließe sich sicher auch ein konsequent agiler Weg gehen, in dem Testautomatisierung und weniger qualifizierte Mitarbeiter genauso Platz im Team hätten. Doch dann hätten Projekte ihre Architektur und den Zugriff auf die Ressourcen mindestens genauso selbst organisieren dürfen wie ihre innere Vorgehensweise und Rollenaufteilung. In letzter Konsequenz hätte man einen Großteil der gewachsenen Infrastruktur in Frage stellen müssen – und dazu fehlten die Mittel, und letztendlich wäre es auch für laufende Produktionsprozesse sehr riskant gewesen.

Man entschied sich, ein eigenes Test Competence Center einzurichten, das zum einen Testautomatisierung zentral betrieb und zum anderen Testservices durch Hilfskräfte flexibel für Projekte anbieten konnte. Warum dieses Modell weitgehend funktionieren konnte, lag aber auch an dem Umstand, dass bestimmte System- und Systemintegrationstests in mehreren Projekten immer gleich waren. Hatte man eine bestimmte Testsuite für ein Projekt automatisiert oder als Tester manuell getestet, konnte man sie in weiteren Projekten wieder anwenden.

Letztendlich bedeutet diese Organisation eine gewisse Abkehr von agilen Prinzipien, aber es gibt immer wieder gute Gründe, das gezielt und wohl überlegt zu tun.

3.2.3 Team im Healthcare-Bereich nutzt V-Modell

Ein Entwicklungsteam, das Software für bestimmte Bauteile von medizinischen Laborgeräten herstellt, hat sich entschieden, agil vorzugehen. Dies erschien grundsätzlich eine gute Idee, da die Bauteile architektonisch klar abgegrenzte Schnittstellen hatten und die Software regelmäßig für neue Gerätetypen angepasst und erweitert werden musste und somit iterativ als lauffähige Software bereitzustellen war.

Der Haken an der Sache: Aufgrund der behördlichen Bestimmungen ist ein Vorgehen nach V-Modell vorgeschrieben, und geeignete Verifikations- und Validierungsmaßnahmen sind auf jeder Stufe nachzuweisen.

Das Team entschied sich dennoch, an Scrum als Vorgehen festzuhalten, und trennte daher die Aufgaben: Nach innen wurde konsequent agil gearbeitet, wobei das Team auch Integrationstests mit der entsprechenden Hardware und Nachbarsystemen meisterte. Nach außen hin wurden die Tests aber sauber nach den jeweiligen Integrationsstufen, für die sie standen, gegliedert. Die Dokumentation wurde ganz gezielt entsprechend der äußeren Anforderung erstellt und war daher ein Teil des zu liefernden Produkts. Reviews für Anforderungen wurden ebenso als Backlog-Item geführt und entsprechend dokumentiert.

Insofern wurden alle Anforderungen nach einer sequentiellen Integration und dem stufenweisen Test erfüllt, nur dass ein selbstorganisiertes Team alle Tätigkeiten erfüllt hat: an der Oberfläche V-Modell, innen drin Scrum.

Projekt EMIL: Definition of Done

Die „Definition of Done" im Projekt EMIL wird sehr stark von den regulatorischen Erfordernissen geprägt. Der initiale Vorschlag kam von Seiten des Qualitätsmanagements und wurde vom Team adaptiert. Seit dem dritten Sprint ist sie relativ stabil:

- Alle für den Sprint geplanten User Stories, Defects und Tasks sind implementiert und verifiziert.
- Die Designdokumentation ist ergänzt, angepasst und formal geprüft.
- Der Source Code ist nach den definierten Regeln dokumentiert.
- Alle Code-Änderungen sind formal geprüft.
- Unit-Testsuite ist ergänzt, angepasst und geprüft.
- Acceptance Test ist dokumentiert.
- Version ist gebaut, Unit- und Acceptance-Tests sind erfolgreich durchgeführt.

Was auf den ersten Blick nach sehr viel Bürokratie aussieht, relativiert sich im Sprint sehr schnell, da zum einen die Entwicklungs- und Testwerkzeuge sehr gut aufeinander abgestimmt sind und somit den Teammitgliedern viel Arbeit beim Dokumentieren und Reviewen abnehmen. Zum anderen haben sich die dahinter steckenden Aufgaben so in den Köpfen manifestiert, dass sie einfach laufend mitbetrachtet werden. Somit gibt es im Sprint kein „böses Erwachen" in der Form von „Oje, wir haben noch kein Review durchgeführt". Diese Einstellung zu verinnerlichen, hat jedoch viel Zeit beansprucht.

Auf klassische Metriken (z. B. Unit-Test-Abdeckung) wird in der Definition of Done verzichtet. Sie werden jedoch innerhalb eines Sprints verwendet)

4 Die Rolle des Testers in agilen Projekten

■ 4.1 Generalist vs. Spezialist

Vielfach bekommt man auf Konferenzen oder von Unternehmen, die Mitarbeiter für ein Projekt rekrutieren, die Frage gestellt: Welche Rollen bzw. Qualifikation brauchen wir für Projekte, die nach dem agilen Vorgehensmodell abgewickelt werden, damit ein Team zum „agilen Dream-Team" werden kann: Generalisten oder Spezialisten? Die Kurzantwort, basierend auf unserer Erfahrung aus vielen Projekten dazu ist immer dieselbe: sowohl als auch.

Unsere Erkenntnisse gründen sich auf vielen Projekteinsätzen und zeigen, dass das in der Folge Beschriebene umso besser funktioniert, je reifer die Teams sind und den Mehrwert bereits verstanden haben, dass Tester ihren fixen Platz im Team haben und ihre Rolle unbestritten ist und auch geschätzt wird.

Die Anforderungen an funktionale und nicht-funktionale Qualitätsmerkmale haben sich durch die agile Bewegung nicht verändert. Daher besteht nach wie vor Bedarf an beiden Rollen. Je nachdem, wie agile Projekte im Unternehmen aufgesetzt und gelebt werden, ist lediglich das Setting unterschiedlich. Der Generalist ist eher in den Sprint-Teams zu finden, der Spezialist eher in einer das Team unterstützenden Rolle außerhalb des Teams.

Abhängig davon, wie das Team-Setting definiert ist, decken Tester diese Aufgaben entweder als Teammitglied oder auch als Unterstützer außerhalb des Teams ab. Die Rolle des Testers richtet sich also nach der Größe des Projekts. Unsere Erfahrung bestätigt hier die naheliegende Annahme, die Rollenauswahl nach der Teamgröße auszurichten:

- In kleinen Projekten mit nur ein oder zwei Testern bringen Generalisten den größten Nutzen für das Team.
- In größeren Projekten sind neben Generalisten auch Spezialisten wie z.B. für Testautomatisierung ein Gewinn.

Unter Generalisten verstehen wir Tester, die ein breites Spektrum von Testaktivitäten zwar mehr oder weniger intensiv abdecken können, jedoch selten wirklich tiefes Fachwissen zu Einzelthemen besitzen. Diese werden dann idealerweise durch Spezialisten abgedeckt, die spezielles Know-how haben, z.B. im Aufsetzen und Customizing von Test-Frameworks für manuelles oder auch automatisiertes Testen oder nicht-funktionale Tests wie Performance-, Security-, Recovery- oder Usability-Tests durchführen.

In Projekten begegnet man sehr häufig dem bewährten Setting:

- Generalisten als fixe Teammitglieder
- Spezialisten als Unterstützer, welche dem Team zuarbeiten.

Die Beauftragung und Steuerung erfolgt meist explizit durch das Team.

Spezialisten findet man auch vielfach in meist parallel laufenden GUI Automatisierungs-teams, die die wichtigsten Geschäftsprozesse nach deren Fertigstellung in Form von End-to-end-Tests automatisieren. Darauf wird in Kapitel 7, „Agile Testautomatisierung", noch aus-führlicher eingegangen. In der Testliteratur finden sich auch unterschiedliche Rollen für Testspezialisten. Die beiden Vordenkerinnen des Agilen Tests, Gregory und Crispin [Cris09] empfehlen aufgrund ihrer Erfahrung den Einsatz der Tester im Team mit folgenden Schwer-punkten:

- Erfahrene Tester in einem agilen Team sorgen dafür, dass die Wünsche der Fachbereiche verstanden werden; das kommt daher, dass Tester bei ihrem Testansatz einen starken Fokus auf Erfüllung der Anforderungen aus Endanwendersicht legen.
- Erfahrene Tester im Team treiben die Testautomatisierung voran; sie kennen den enor-men Nutzen, den Automatisierung vor allem in nachfolgenden Phasen in Bezug auf Ressourcenbindung bringen. Dabei ist es nicht zwingend, dass die Tester selbst die Test-skripts erstellen. Denn viele Teams im agilen Umfeld legen hier großen Wert auf maximale Flexibilität und bevorzugen dafür sehr entwicklungsnahe Automatisierungstools. Daher kann es Sinn machen, wenn die Automatisierungsagenden ebenfalls bei den Entwicklern angesiedelt sind. Mehr zur Automatisierung finden Sie in Kapitel 7.
- Für Tests, die ganz spezieller Skills bedürfen, wie z. B. für Security-, Last- und Perfor-mance- sowie Recovery-Tests, also meist Testarten aus dem Bereich der nicht-funktiona-len Tests, werden meist Testspezialisten punktuell ins Projekt hinzugezogen.

In einem unserer Projekteinsätze erlebten wir folgende Situation: Das Warum tut hier nichts zur Sache, aber die Tatsache bestand, dass im Unternehmen zwei Teams unabhängig voneinander an der Umsetzung von Projekten arbeiteten:

- Team 1 installierte ein eigenes Testautomatisierungsteam, das parallel zum Projektteam, also frei von der raschen Taktung der Sprints die fertigen Stories automatisieren sollten. Diesem Supportteam wurden drei erfahrene Testautomatisierer zugeteilt, die Sprint-ver-setzt eine Regressionssuite erweitern sollten.
- Team 2 machte Tests grundsätzlich im Team selbst, wobei sich immer zwei Entwickler mit den in der agilen Community beliebten Open-Source-Automatisierungs-Tools (in die-sem Fall Selenium) auskannten.
- Die Testspezialisten aus Team 1 haben sich über die Jahre mehr und mehr abgekapselt und kommunizieren nicht mehr so intensiv mit dem Entwicklungsteam. Sie bekommen die Fachlichkeit und Neuerungen nur aus zweiter Hand mit, was dazu führt, dass das Team 1 deutlich weniger effizient ist als das Team 2.
- Team 2 hat dafür mehr Hemmungen, intensiver in die GUI-Automatisierung einzusteigen. Der Einsatz von entwicklungsnahen Automatisierungs-Tools hat den Nachteil, dass diese GUI-Automatisierung nicht so komfortabel unterstützen wie es kommerzielle Testauto-matisierungs-Tools *out of the box* anbieten.

Auch wenn GUI-Tests vergleichsweise weniger [Cohn09] automatisiert werden, sind gerade diese GUI-Tests, die meist die End-to-end-Tests abdecken, ganz essentiell. Beinhalten Projekte jedoch kaum GUI-Elemente, kann nach Abwägen der Einflussfaktoren auf die Automatisierung dieser Tests weniger Wert gelegt werden.

Tester, die in agilen Projektumfeldern eingesetzt sind, berichten übereinstimmend über folgende Charakteristika:

- Der Tester wird in den Teams immer mehr zum Kümmerer für alles. Vielfach hat sich hier folgende Aufgabenteilung ergeben: Die Entwickler im Team sorgen dafür, dass die Stories umgesetzt, idealerweise unit-getestet und sauber eingecheckt werden, die Tester im Team hingegen kümmern sich darum, dass diese auch lauffähig werden.

  Das heißt, sie reden mit den Systemadministratoren, damit ein passendes Testsystem aufgebaut, bereitgestellt und funktionsfähig ist und alle benötigten Komponenten und Randsysteme darin verfügbar sind. Sie koordinieren mit dem Deployment-/Build-Verantwortlichen, wann und wie und vor allem welche Version letztlich auf das Testsystem deployed wird, kümmern sich darum, dass geeignete Testdaten erzeugt und eingespielt werden, und stimmen sich oft auch mit dem Fachbereich zwecks Konkretisierung der Stories ab, damit die von ihnen erstellten Anwendungsfälle auch realitätsnah sind.

  Resümee: All das sind Aufgaben, die ein Tester bisher auch in traditionellen Projekten wahrgenommen hat, und die die Tester beherrschen. Darum ist es kaum verwunderlich, dass Teams die auf professionelle Tester verzichten, hier weniger effizient arbeiten bzw. wesentlich länger brauchen, um „Fahrt aufzunehmen", da sie all das erst mühsam selbst erlernen müssen. Das ist aus unserer Sicht ein klares Argument für „Jedem Team seine professionellen Tester".

- Eines der größten Risiken für ein agiles Team ist es daher auch, wenn Tester nicht von Anfang an konsequent und selbstverständlich in alle Entscheidungen des Teams mit einbezogen werden. Bekommen Tester Informationen erst aus zweiter Hand, untergräbt das nicht nur die agile Teamidee, sondern ist schlecht für die Produktivität – und zwar des gesamten Teams. Wenn man das Team-Setting mit bekannten Filmen vergleichen möchte, könnte das heißen: weg von „Highlander – Es kann nur einen geben" hin zu „Musketiere – Einer für alle, alle für einen".

◼ 4.2 Der Weg vom zentralen Testcenter in das agile Team

Wollen Unternehmen mit ihren Produkten am Markt erfolgreich sein, ist es mittlerweile kein Geheimnis mehr, dass eines der wichtigsten Punkte deren Qualität ist.

Kein Anwender bzw. Kunde ist mehr bereit, Geld in „Bananen-Software" zu investieren. Qualität ist mittlerweile einer der wichtigsten Faktoren, ob Produkte am Markt angenommen werden oder durchfallen.

Die Professionalisierung des Software-Tests wurde auch von Initiativen wie dem ISTQB (International Software Testing and Qualifications Board, *www.istqb.org*) massiv unterstützt, wo ein De-facto-Standard bzw. strukturiertes Ausbildungsschema in mehreren Stufen entwickelt, angeboten und auch laufend aktualisiert wird. Erst kürzlich, zum zehnjährigen

Bestehen des ISTQB, wurden hier die erfreulichen Erfolgszahlen veröffentlicht. Mit Stand Januar 2013 gibt es weltweit über 280 000 Certified-Tester-Zertifikate. Deutschland, Schweiz und Österreich befinden sich, wenn man die Zertifikatsdichte betrachtet, im Länderranking unter den Top Ten. Das zeigt deutlich, dass es für viele seriöse Unternehmen heutzutage „State of the art" ist, professionelle Tester im Software-Entwicklungsprozess zu integrieren.

Diesem erfreulichen Trend folgend, haben im Laufe der Jahre einige Unternehmen diesen Qualitätsanspruch sogar soweit institutionalisiert, dass sie eigene Testcenter aufgebaut haben, um die Qualität aller im Unternehmen erstellten Produkte durch ein Profi-Center überprüfen zu lassen. Bevor wir im Detail die Thematik Testcenter und agile Teams betrachten, ist es hilfreich, sich die unterschiedlichen Einsatzszenarien für Tester in den Teams anzusehen.

4.2.1 Varianten der Testereinbindung in traditionellen Teams

Je nach Projekttyp findet man innerhalb der Projektorganisationen in Unternehmen verschiedenste Ansätze zur Durchführung der Tests:

Test erfolgt direkt im Projekt

- **Tester sind fixer Teil der Projektorganisation:** Jedes Projekt erhält eigens für dieses Projekt zugeteilte Tester bzw. Testteams, die auch organisatorisch dem Projekt zugeteilt sind. Das ist sicher der häufigste Fall.

  Eine Organisation wickelt Projekte eigenverantwortlich ab. Das Projektteam wird also rein mit Mitarbeitern der Organisation besetzt. In der traditionellen Welt finden sich neben den klassischen Rollen wie Projektleiter, Architekt, Business Analyst und Risk-Manager auch Testmanager, Tester oder Qualitätsbeauftragte. Die Teams wickeln ihre Projekte quasi autark ab. Tester sind fix für ein Projekt engagiert und ausschließlich für dieses Projekt verantwortlich. Dabei wickeln sie auch alle Arten von Tests (funktionale sowie nicht-funktionale) selbständig ab. Kurz zusammengefasst: Hier sind in der Organisation alle Rollen bzw. Skills vertreten, um ein Projekt komplett abzuwickeln.

  Beschließt man hier, auf agiles Vorgehen umzusteigen, ergeben sich zwar auch eine Reihe von Herausforderungen, die im Weiteren beschrieben werden, aber der Umstieg fällt meist dennoch leichter, da sich das Team bereits kennt.

- **Tester sind flexibler Teil der Projektorganisation:** Auch hier erhält das Projekt explizite Tester zugeordnet, diese sind jedoch organisatorisch getrennt, also in einer eigenen Organisationseinheit (z. B. Test- oder Qualitätsmanagement) eingebettet. Diese haben das Ziel, qualifizierte Mitarbeiter auszubilden und bereitzustellen. Diese Mitarbeiter dienen quasi als Ressourcenpool für Projekte des Unternehmens und werden in diese „entsandt". Am Ende eines Projekts kehren sie wieder in „ihre Heimat" zurück und stehen dem Unternehmen für weitere Projekte, auch anderer Abteilungen, zur Verfügung.

  Diese Variante ist gerade in größeren Unternehmen weit verbreitet, da sowohl eine gezielte Förderung und Ausbildung der Tester besser organisiert und als Add-on auch projektübergreifende Synergien der Tester genutzt werden können.

Test erfolgt außerhalb des Projekts

- **Zentrale Testcenter:** In diesem Fall sieht der Unternehmensprozess neben der organisatorischen auch eine operative Trennung vor, also eine klare Trennung der Produktentwicklung und der Qualitätssicherung samt Durchführung der Tests. In solchen Fällen gibt es klare Konzepte und Definitionen, wie der Produktentwicklungszyklus zu leben ist, und speziell, wie die Übergabe von der „Entwicklungseinheit" bzw. vom Entwicklungsteam ans Test(QA)-Team erfolgen muss. Alles ist klar geregelt und wird bereits bei Projektstart im Rahmen des Gesamtprojektmanagements fixiert. Wesentlicher Unterschied zu den bisher genannten Varianten ist, dass hier auch die Verantwortung für die Gesamtintegration und Sicherstellung aller zu erfüllenden Qualitätsmerkmale, speziell im nicht-funktionalen Bereich, an dieses Team abgegeben wird. Dazu kommt, dass erst diesem Team ausreichend leistungsfähige Hardware zur Verfügung steht, um z.B. produktionsnahe Testsysteme aufzubauen. Ebenso verhält es sich mit Lizenzen; denken Sie z.B. an die meist kostspieligen Last- und Performancetest-Tools.

Diese Variante findet man grob zusammengefasst in zwei Ausprägungen:

- Das Unternehmen betreibt ein eigenes professionelles Testcenter, dem die zu testende Software, wie oben beschrieben, nach einem genauen Prozedere zum Test übergeben wird.

- Das Unternehmen beliefert damit ein Outsourcing-Testcenter, das oft auch offshore angesiedelt ist, um die Tests durchzuführen.

In beiden Fällen muss das Unternehmen eine bestimmte Prozessreife haben, damit der gewünschte Nutzen erzielt werden kann – in der zweiten Variante ist das naturgemäß noch wichtiger. Das Pro und Contra von Outsourcing-Tests möchten wir hier nicht vertiefen, dazu gibt es bereits eine vielfältige Literatur [Nick08].

Vorteil: eingespielte, erfahrene (Test-)Experten arbeiten in hocheffizienten Teams zusammen.

Nachteil: Der Nachweis der Funktionstauglichkeit, also der Test, findet erst am Ende statt, die Projektdurchführung ist stark strukturiert und dadurch sehr starr und kaum flexibel. Außerdem sind kaum Synergien mit der Entwicklung möglich.

Unternehmen, die nun auf agile Vorgehensweise umstellen, tun sich erfahrungsgemäß wesentlich leichter, wenn sie die Tester bereits fix in den Projektteams integriert haben.

4.2.2 Varianten der Testereinbindung in agile Teams

Anknüpfend an die vorher beschriebene Variante Testcenter könnte man diese Vorgehensweise durchaus auch für bestimmte Aufgaben bei agil arbeitenden Unternehmen beibehalten. Vor allem dann, wenn es sich um große, komplexe Systeme mit vielen angebundenen Drittsystemen handelt. Die einzelnen Teams liefern ihre (jede für sich im Einzelnen fertigen und lauffähigen) Teilsysteme zu, und im Testcenter erfolgt der finale Gesamtintegrationstest. Weiterhin können solche Testcenter, wie bereits beschrieben, aufgrund ihrer Ausstattung auch exzellent als Dienstleister der einzelnen agilen Teams fungieren, z.B. zur Durchführung der nicht-funktionalen Tests wie Last- und Performance-, Security- oder Recovery-Tests. Darauf wird in weiterer Folge noch näher eingegangen.

4.2.2.1 Die Umstellung von der traditionellen auf die agile Welt

Beschließt ein Unternehmen, auf agiles Vorgehen umzusteigen, ergeben sich eine Reihe von Herausforderungen, die es zu bewältigen gilt. Vorweg eine der größten Herausforderungen: die Änderung des Mindsets im Management. Die Übergabe von Verantwortung, Steuerung und somit auch Kontrolle von der Hierarchie ans Team stellt für viele Organisationen eine nahezu unüberwindliche Hürde dar.

Neben den enormen organisatorischen Herausforderungen stehen hier vor allem auch Änderungen für jeden Einzelnen an, die fast ausschließlich im sogenannten Soft-Skill-Bereich angesiedelt sind. Kommunikation im Team, Stress- und Konfliktmanagement oder hohe Transparenz [Hell13] sind nur einige, die hier exemplarisch genannt sind.

Am schwierigsten wird von vielen Teams neben der deutlichen Aufgabenerweiterung der Tester vor allem der Wechsel der Einzelverantwortung durch den Projektleiter auf die kollektive Teamverantwortung empfunden. Hier bedarf es professioneller Begleitung im Aufsetzen der Teams durch erfahrene Experten, z. B. als Scrum Master.

 TIPP: Setzen Sie bei der Umstellung auf agile Vorgehensweise auf erfahrene Profis. Dabei ist wichtig, dass diese nicht nur in der Methode (z. B. Scrum), sondern auch im IT-Umfeld ausreichend Erfahrungen mitbringen. Die Auswahl von Experten, Beratern etc. ist mittlerweile sehr umfangreich geworden. Scrum Master darf man sich nach einem 2(!)-Tages-Kurs nennen, wo gerade mal die Grundtechniken angerissen werden.

Um ein Team professionell und effizient auf seinem Weg in die Agilität begleiten zu können, braucht es neben guten Kenntnissen der Technik auch einiges an gesundem Menschenverstand und Fingerspitzengefühl, wann welche Praktiken am ehesten zum Ziel führen und wie diese mit den gegebenen Rahmenbedingungen zusammenpassen. Weiterhin brauchen Scrum Master als „Motor" des Teams viel Geschick und Begabung zur Motivation und Mediation.

Achtung also vor reinen „Methodenpäpsten", die die Methoden zwar vor- und rückwärts aufsagen können und primär „mantren-artige" Aussagen ihrer Lehrer von sich geben, aber kaum nach dem „inspect and adapt"-Prinzip flexibel agieren können.

Kurz: Legen Sie bei der Wahl verstärktes Augenmerk auf konkrete Projekterfahrung und fragen Sie durchaus auch bei Referenzen nach. Ob der Umstieg ein Erfolg wird, hängt nicht unwesentlich von der Wahl des „Motors" ab.

4.2.2.2 Steigerung von Effizienz und Effektivität

Erfahrene, engagierte Tester werden sich vorkommen wie im „Paradies". Warum? In traditionell geführten Entwicklungsprojekten haben sie bisher meist vergeblich versucht, möglichst früh im Projektzyklus eingebunden zu werden, um z. B. die Anforderungsdokumente zu reviewen, damit möglichst in der Anfangsphase Defizite erkannt und potenzielle Fehler beseitigt werden können. In der agilen Welt ist das von Haus aus sichergestellt, da hier das gesamte Team, also inklusive Tester, alle Schritte gemeinsam gehen müssen, um ein gemeinsames Commitment abgeben zu können.

Das Paradies gibt es nicht umsonst

Jedoch gibt es gerade deshalb auch in agilen Teams Lernfelder, welche umso ausgeprägter sind, je stärker die Entwickler im Team noch in alten Mustern verankert sind.

So klagen Tester immer wieder, dass es Widerstände speziell in entwicklerlastigen Teams gibt, Tester als gleichberechtigte Partner im Team zu akzeptieren, ja diese sogar mitreden zu lassen, wenn es um Umsetzungsstrategien geht. Das ist für Entwickler, aber auch für Tester eine ungewohnte und neue Situation, an die sich beide erst gewöhnen müssen. Ein wichtiger Katalysator ist die gegenseitige Akzeptanz sowie das Erkennen, dass man das Ziel umso besser und schneller erreicht, je besser man zusammenarbeitet. Je rascher die „Lager" erkennen, dass es ohne den anderen nicht geht, desto eher werden sie auf die Erfolgsstraße kommen.

Eine Maßnahme, die hier helfen kann, ist eine aus XP stammende Praktik: das „Pairing". Dabei können Tester für jeden im Team sichtbar Nutzen generieren und somit ihre Akzeptanz im Team erhöhen.

Welchen Nutzen können Tester nun durch direkte Zusammenarbeit („Pairing") für das gesamte Team liefern?

4.2.2.2.1 Pair Testing

Pairing Tester – Product Owner

Tester blicken in der Regel meist mit derselben „Brille" auf die Anforderungen wie der Endanwender oder wie in unserem Fall der Product Owner. Der „Testerblick" stellt jedoch noch zusätzlich sicher, dass die Akzeptanzkriterien eindeutig formuliert sind und auch wirklich klar nachgewiesen werden können. Durch kritisches Hinterfragen können Stories rascher in einen umsetzbaren Stand gebracht werden.

Tester – Entwickler

Eine essentielle Praktik in Agile ist TDD, das Test-Driven Development [Beck03]. Hier tun sich am Anfang erfahrungsgemäß viele Entwickler schwer. Techniker unter den Testern können hier die Entwickler aktiv unterstützen. Sie können diese bei der Zusammenstellung ihrer Testsets beraten oder ihnen diese Aufgabe auch direkt abnehmen.

Einer der wichtigsten Vorteile ergibt sich bei der Umsetzung der Funktionalität: Die Entwickler fokussieren sich primär darauf, die geforderte Funktionalität rasch zu implementieren. Wenn nun Tester und Entwickler gemeinsam an ein und derselben Funktion arbeiten, kann der Tester z. B. parallel zur Entwicklung schon die passenden Testfälle und Testdaten erstellen und somit unmittelbar nach Fertigstellung seitens der Entwickler den Test aus funktionaler Sicht durchführen. Treten hier Abweichungen auf, kommt der Entwickler hinzu und kann aufgrund der direkt vorliegenden Fehlersituation anhand aller auswertbaren Analysedaten den Fehler rasch beheben.

Durch dieses Hand in Hand arbeiten, das natürlich in wertschätzender Art erfolgen muss, entsteht Funktionalität mit schon hoher Qualität.

Tester – Tester

Hat man mehrere Tester in einem Team, verhält es sich wie mit Kindern: Alleine sind sie die bravsten Geschöpfe, doch wenn sie mehrere sind, kommen sie auf die kreativsten Ideen. Diese Ideen reichern den Test an, und durch die Weitergabe von Know-how, sei es fachlicher oder methodischer Art, wird das Testvorgehen laufend verbessert.

4.2.2.3 Teamzusammenstellung

Wie wichtig es ist, die richtige Teamzusammenstellung zu finden, beschreibt folgendes Praxisbeispiel:

 PRAXISBEISPIEL: Im Rahmen eines großen Projekts im Bankenumfeld entschied man nach einem missglücktem Anlauf nach traditionellem Vorgehensmodell und Analyse der vorhandenen Projektunterlagen, das Projekt nach Scrum abzuwickeln.

Anhand dieses konkreten Projektbeispiels konnten wir gleich vier unterschiedliche Phasen der Teamzusammensetzung live beobachten:

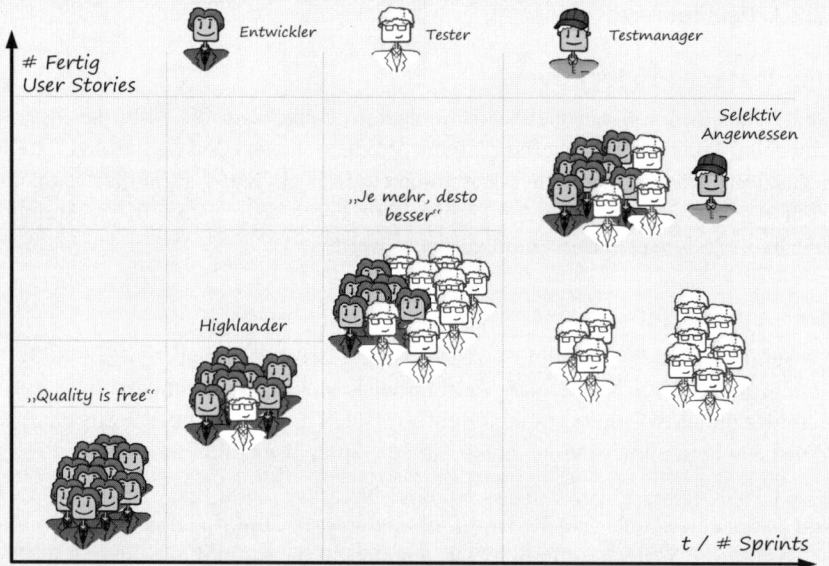

Bild 4.1 Gesamtübersicht „Tester im Team"-Evolution

Zur Unterscheidung nennen wir die vier Phasen:

- „Quality is Free"-Phase
  frei nach dem Zitat von P. B. Crosby [Cros80]
- „Highlander"-Phase
  . . . es kann nur einen geben
- „Je mehr, desto besser"-Phase
- „Selektiv angemessen"-Phase

Das designierte IT-Team wurde in die agile Welt eingeschult und in Teams aufgeteilt, und man legte los.

Das Spezielle an diesem Projekt bzw. besser gesagt am Team-Setting war, dass es keine expliziten Tester im Team der IT gab. Hier traten die Fachbereiche als Retter auf, indem sie zusagten, neben dem abzuwickelnden Tagesgeschäft auch Mitarbeiter für den Test des neuen Systems abzustellen. Die Schnittstelle zwischen Fachbereichen, IT-Abteilung und den Scrum-Teams organisierte ein eigener Testkoordinator.

Für die Umsetzung der ersten Stories folgte man dem Gelernten aus der Scrum-Ausbildung: Man erstellte ein Product Backlog, legte Taskboard und Definition of Done fest usw. – nur kamen keine expliziten Tester im Team vor. Das wurde bei der Teameinschulung, wie es bei vielen „Hardcore Scrum-Trainings" so ist, einfach ignoriert, da es bei den Grundpraktiken der Scrum-Erfinder nicht vorkommt.

Phase 1: „Quality Is Free"

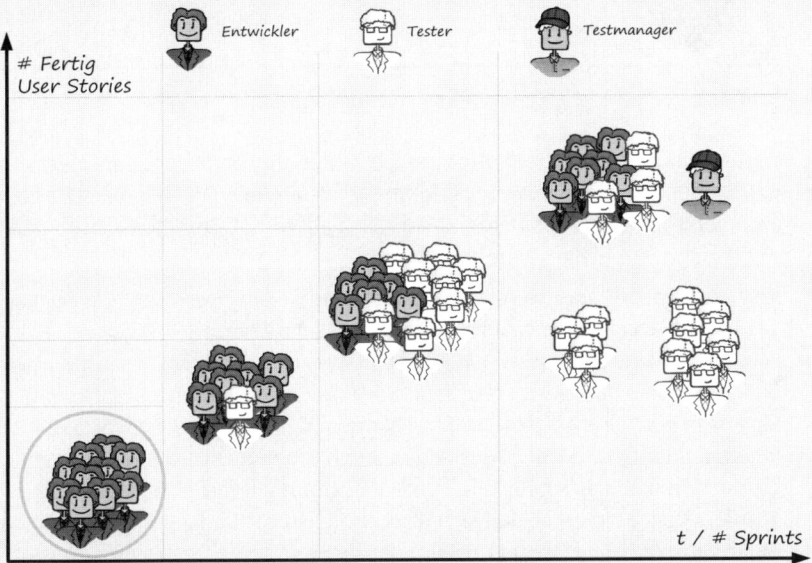

Bild 4.2 „Quality Is Free"-Phase

Die IT-Teams begannen mit den ersten Sprints und setzten zügig erste Stories um. Parallel dazu, aber unabhängig von der Reihenfolge im Product Backlog, begannen die Fachbereichsmitarbeiter, begleitet von einem Testberater, für die einzelnen Funktionspakete Testfälle zu entwerfen.

Die Scrum-Teams entwickelten eine Story nach der nächsten; was am Anfang auch recht gut funktionierte. Nach und nach traten jedoch Probleme und Fehler auf, nichts passte mehr so richtig zusammen.

Abhilfe: Jedes Scrum-Team bekam aus dem Fachbereich eine Person zugeteilt, die sich um die Tests kümmern sollte.

Phase 2: „Highlander"

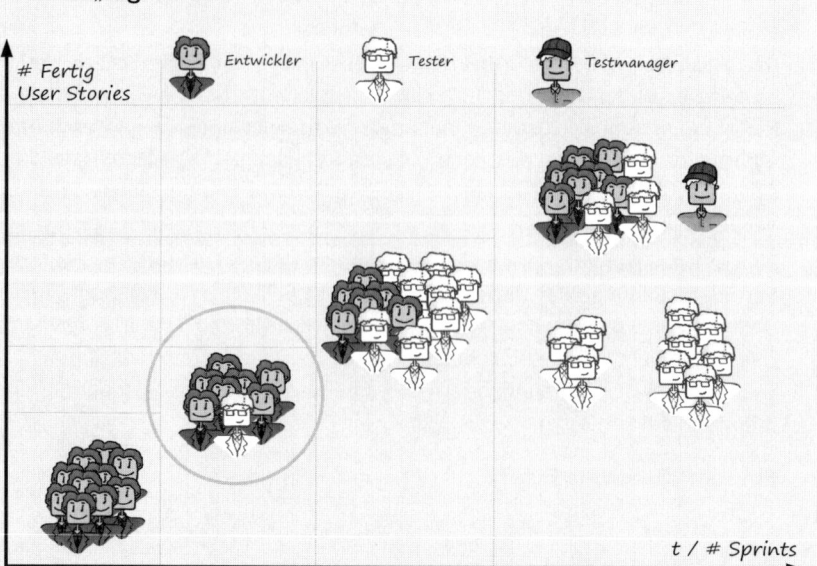

Bild 4.3 „Highlander"-Phase: Es kann nur einen geben

Dieser Mitarbeiter, der technisch zwar erfahren und auch sehr engagiert war, hatte jedoch noch sehr wenig bis keine Testerfahrung. Das Ergebnis: Es lief zwar schon ein bisschen besser, aber die „Fast fertig"-Stories wuchsen nach wie vor stärker als die „Done-Stories".

Während dieser Phase wurde ein Testprofi als Gesamttestkoordinator hinzugezogen. Dieser hatte die Aufgabe, einerseits die Tester in den Scrum-Teams zu coachen und vor allem auch die Testfallerstellung in den Fachbereichen sowie die den Sprints nachgelagerten Testaktivitäten zu koordinieren. Schnell wurde klar, dass man eine effizientere Struktur benötigt, um sowohl die Stories innerhalb der Sprints auf „Done" und „durch Product Owner abgenommen" zu bekommen und gleichzeitig auch den Berg von „Fast fertig"-Stories zügig abzuarbeiten. Man entschied sich dazu, trotz einiger Bedenken alle verfügbaren Mitarbeiter (aus den Fachbereichen) den Scrum-Teams fix zuzuordnen.

Phase 3: „Je mehr, desto besser"

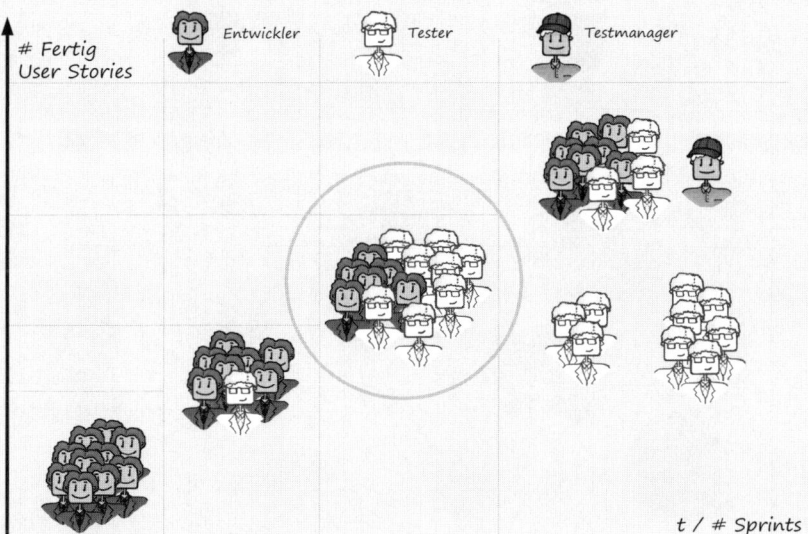

Bild 4.4 „Je mehr, desto besser"-Phase

Vorgabe war, innerhalb der Sprints die neuen Stories auf „Done und abgenommen" zu bringen und gleichzeitig die – auch liebevoll „Fast-fertig-Backlog"
genannte – Sammlung von halbfertigen Stories aus den vorangegangenen
Sprints abzuarbeiten.

Der Testkoordinator unterstützte hier verstärkt die Teams. Schnell stellte sich
jedoch heraus, dass dieser Ansatz nicht den gewünschten Effekt brachte.

Abgesehen davon, dass die Stand Up Meetings an Effizienz verloren und auch
oft jegliches Zeitlimit sprengten, verloren die Tester bald die Übersicht, was
nun wo und wie zu testen war. Dadurch konnte sich auch nicht wirklich ein
Teamgefühl entwickeln.

Die Mitarbeiter aus den Fachbereichen waren auch nicht der IT unterstellt und
mussten den Stundeneinsatzplanungen ihrer Bereiche folgen. Dazu kam, dass
die Bereiche gleichzeitig auch ihr Tagesgeschäft bewältigen mussten. Das
brachte immer wieder Herausforderungen in der Testdurchführung mit sich,
speziell dann, wenn z. B. ein paar Krankenstände in den Fachbereichen und
Probleme bei einem Deployment vor einem Sprint-Ende zusammenfielen.
Schließlich kam man zu dem Schluss, eine weitere Umorganisation durchzuführen.

Phase 4: „Selektiv angemessen"

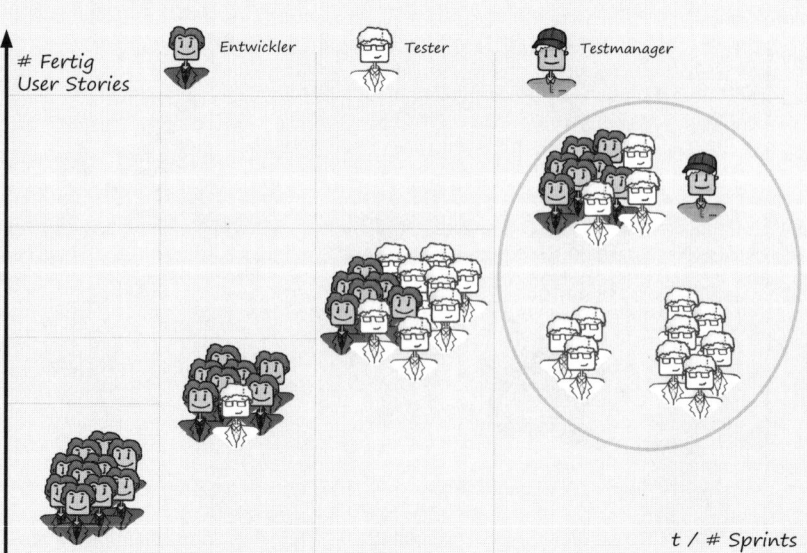

Bild 4.5 „Winning Team"-Phase

Nach Analyse der aktuellen Situation und deren Vor- und Nachteile wurden die Scrum-Teams aufgeteilt:

- **In-Sprint-Teams:** Kernteams bestehend aus ca. fünf Entwicklern und zwei bis drei direkt zugeteilten Testern.

  Ziel dieser (bis zu drei parallelen) Teams: die noch ausstehenden Stories fertigstellen und mindestens eine „Fehlerbehebungs-Story" pro Sprint mitberücksichtigen.

- **Out-of-Sprint-Teams:** Pro Fachbereich wurde ein eigenes Team gestellt.

  Ziel: Jedes Team analysiert und testet strukturiert die „Fast fertig"-Stories, die die Funktionalität ihres Fachbereichs betreffen, und melden Fehler gesammelt ein.

  In weiterer Folge erstellten diese Teams auch fachbereichsübergreifende Testfälle, um die gesamten Abläufe der Bank in Form von Systemintegrations- und Abnahmetests sicherzustellen. Diese Teams beeindruckten durch starkes Engagement und auch Zielorientierung, zumal sie auch kaum IT-Know-how mitbrachten.

- **Weitere eigenständige Teams** kümmerten sich um Spezialthemen, die nicht in den Sprints untergebracht werden konnten, z. B. Security-, Recovery-, Last- und Performance-Tests sowie auch spezielle Testreihen, die zur Sicherstellung regulatorischer Vorgaben (Zertifizierungen etc.) erforderlich waren.

Mit diesem Setting konnten dann letztlich die Aufgaben soweit in den Griff gebracht werden, dass man den final angekündigten Go-Live-Termin bravourös halten konnte, und das Wichtigste: für Kunden unbemerkt das Herzstück der Bank austauschen konnte.

Hervorzuheben ist in diesem Zusammenhang auch, dass alle Beteiligten und vor allem auch das Management einen sehr hohen Qualitätsanspruch hatten und diesen auch als oberstes Kriterium für die Live-Stellung voranstellten. Das ist leider nicht immer selbstverständlich!

Zur Illustration hier noch eine weitere Case Study:

 Projekt EMIL: Die Rolle des Testers und des Qualitätsmanagements

Von der traditionellen Software-Entwicklung kommend und unter der Organisation des Qualitätsmanagements war die Integration der Tester in das Team eine Herausforderung für alle Teammitglieder. Wo bisher alle paar Wochen sequenziell Software-Bausteine an das Testteam übergeben wurden, erfordert die agile Entwicklung eine viel stärkere Integration. Um diese Integration zu fördern, wurden folgende Aktivitäten durchgeführt:

- Gemeinsames Ziel definieren: Während früher die Entwickler das Ziel hatten, ihre Software-Bausteine möglichst rasch fertig implementiert zu haben, und die Tester darauf hinarbeiteten, die Qualität zu bewerten, wurde nun ein gemeinsames Ziel geschaffen und ausgesprochen: ein Produkt zu entwickeln, das in all seinen Facetten einen hohen Wert für den Kunden hat. Dieses gemeinsame Ziel verbindet und bündelt die Motivation.

- Gemeinsame fachliche Diskussion: Wenn von Seiten der Entwickler oder der Tester fachliche Fragen auftauchen, werden diese immer gemeinsam diskutiert und geklärt, bestenfalls auch gleich mit dem Product Owner.

- Gegenseitige Teilnahme an Ausbildungen: Um eine gemeinsame Sprache zu sprechen, haben alle Entwickler des Teams zusammen mit den Testern die Ausbildung zum ISTQB Certified Tester besucht [ISTQ11]. Neben dem Verständnis für die Anliegen des Testers haben sie auch eine methodische Basis für die Gestaltung ihrer Unit Tests und Code-Reviews erhalten. Umgekehrt nehmen die Tester auch bei Themen-Workshops der Entwickler teil, um Einblick in deren Welt zu erhalten.

Waren zu Beginn des Projekts noch oft Phrasen wie „dem Testteam übergeben", „den Fehler der Entwicklung einmelden" zu hören, sind diese fast vollständig verschwunden. Dies zeigt sich auch an der stärkeren Zusammenarbeit:

- Tester unterstützen beim Code- und Design-Review mit einem Blick von außen.

- Tester unterstützen beim Entwurf von Unit Tests, insbesondere in risikobehafteten Systembereichen.

- Entwickler unterstützen bei der Automatisierung und Durchführung der Acceptance Tests

So wachsen Tester und Entwickler als Team zusammen.

Auch die Rolle des Qualitätsmanagement ist definiert: Es legt die Rahmenbedingungen für den Entwicklungsprozess fest:

- Welche Dokumente müssen entstehen?
- Welche Artefakte werden wie geprüft (Test, Review)?
- An welchen Punkten werden Dokumente/Artefakte der laufenden Risikoanalyse übergeben?

Die notwendigen Punkte finden sich z. B. in der Definition of Done wieder. So wird sichergestellt, dass die regulatorischen Anforderungen erfüllt werden, ohne dass das zu sehr mit Bürokratie belastet wird. Dafür ist auch eine sinnvolle Werkzeugauswahl notwendig. Das Qualitätsmanagement funktioniert dann am besten, wenn die Teammitglieder es in ihrer täglichen Arbeit nicht bemerken.

Wie das Beispiel im Projekt EMIL zeigt, kann der Wandel von der traditionellen in die agile Welt sehr erfolgreich erfolgen, wenn ein gemeinsames Ziel definiert und von allen Seiten konsequent verfolgt wird. Und, wie hier geschildert, es auch in Etappen erfolgen kann und darf. Oft ist ein schrittweiser Umstieg, der den Beteiligten auch Gewöhnungsphasen an die neue Situation und Vorgehensweise erlaubt, erfolgreicher als der „Big Bang"-Umstieg nach dem Motto „Gestern waren wir noch traditionell – ab heute sind wir agil".

■ 4.3 Herausforderungen der Tester im Team

4.3.1 Die Tester im agilen Team

Hauptfokus von Testern in einem agilen Team ist, die korrekte Funktionsweise und Qualität der zu erstellenden Funktionen (Stories) sicherzustellen. Mit diesem Fokus haben es Tester mitunter auch recht schwer, sich im Projekt zu behaupten. Denn Qualität sicherzustellen, hat auch immer etwas damit zu tun, dass Qualitätsdefizite aufgezeigt werden. Und wer lässt sich schon gerne Tag für Tag sagen, dass dies oder das noch nicht funktioniert bzw. fehlerhaft ist, wenn man doch sein Ziel erreichen will? Vor allem dann, wenn ein Team neu zusammengestellt wurde und die meisten Mitarbeiter aus der traditionellen Welt kommen.

Wird ein Team neu zusammengestellt, gibt es in der Anfangsphase noch kein wirkliches Teamgefüge – Bruce W. Tuckman nennt das die „Forming"-Phase [Wiki13a]. In dieser Forming-Phase leben Entwickler oft noch nach ihrem gewohnten, traditionellen Verhalten und haben meist nur ein Ziel: mit der Implementierung der Funktionen und Aufgabenstellungen so schnell wie möglich fertig zu werden. Kommen nun Tester währenddessen und melden Fehler ein, die vielleicht sogar sofort behoben werden müssen, werden Tester oft als Bremser empfunden. Nicht nur, dass sie mit ihrem Engagement die laufende Entwicklung neuer Funktionen aufhalten, sondern sie zeigen auch noch auf, dass Entwickler fehlerhaften Code geliefert haben. Zwei schlechte Argumente, um sich beliebt zu machen! Je reifer das Team wird, durchläuft es laut Tuckman die Phasen „Storming" und „Norming", und das wird mehr und mehr positiv betrachtet. Der Tester bekommt dann die Rolle eines hilfreichen Partners, der dem Team verhilft, „den Punkt" zu machen, also die zugesagte Funktionalität am Ende eines Entwicklungszyklus abgenommen zu bekommen. Wie auch im „normalen Leben" kommt es auf die Art der Kommunikation und vor allem auf die Reife des Teams an, ob und wie stark diese Synergie in einem Team gelebt wird. In den Projekten der Autoren sind die Tester meist auch in eine neue Rolle geschlüpft: in die eines **Quality Coachs**.

4.3.1.1 Der Quality Coach

Der Quality Coach legt seinen Fokus primär auf die erfolgreiche Abwicklung der jeweiligen Story: Man könnte ihn auch als „Story-Kümmerer" bezeichnen. Quality Coaches konzentrieren sich auf die Akzeptanzkriterien und deren korrekte Erfüllung – d. h. abhängig von den Rahmenbedingungen (Definition of Done) erstellen sie dafür Testfälle und führen diese sobald als möglich durch.

Treten dabei Fehler auf, agieren Quality Coaches nicht als „Bad Guys", wie man es vielleicht aus manch traditionellem Projekt her kennt, sondern als Berater und Koordinatoren des Teams. Welche Fehler müssen behoben und welche Maßnahmen getroffen werden, damit das Team die Story als „Ready" und letztlich als „Done" für das abschließende Sprint Review nominieren kann? Meist sind es auch die Tester bzw. Quality Coaches, die beim Sprint Review die Präsentation der jeweiligen Funktionalität vor dem Product Owner oder Endkunden durchführen. Den Eindruck, dass es strategisch günstiger ist, wenn Tester oder Quality Coaches die Präsentation machen, weil „sie wissen, wo sie hinklicken dürfen und wo nicht", weisen wir hier natürlich deutlich zurück.

Aber hier spielt außerdem ein Thema mit, das wir in Folge noch vertiefen werden: das Abwägen der „technical debts". Darauf gehen wir in Abschnitt 4.4 noch im Detail ein.

4.3.1.2 Aufgaben der agilen Tester

Eine wichtige Aufgabe des agilen Testers ist, dafür zu sorgen, dass die richtige Stimmung herrscht. Wie Crispin und Gregory [Cris09] immer wieder betonen, müssen sich Tester im Team verkaufen. Die anderen Teammitglieder (z. B. Entwickler) müssen erkennen, welchen Nutzen die Tester für sie selbst und somit dem gesamten Team bringen. Dazu ist es hilfreich, wenn Tester sowohl fachliche als auch technische Kompetenz vorweisen können. Sehr erfahrene und technisch versierte Tester kennen vielleicht sogar potenzielle Gefahren z. B. in JavaScript-Code aus vorherigen Projekten oder kennen undichte Stellen in der jeweiligen Entwicklungstechnologie. Je mehr sie die Sprache der Entwickler sprechen können, desto rascher werden sie im Team akzeptiert. In einem agilen Team geht es nicht nur mehr darum, dass Tester sich nur mit der Bedienung der Oberfläche befassen, sondern viel mehr darum, dass sie wissen müssen, was dahinter steckt und es auch in der Gesamtheit beurteilen können. Das heißt, Tester müssen technische Skills mitbringen.

Neben den programmiertechnischen Skills müssen agile Tester mit dem Anwendungsgebiet (der Domäne) vertraut sein. Jede Domäne hat ihre ganz besonderen Schlüsselstellen. Bei Reisebuchungssystemen sind es z. B. die Buchungsprozesse und die Berücksichtigung bestimmter Gesetze, bei Implementierung einer Fertigungssteuerung sind die Fertigungsprozesse essentiell. Tester müssen sich im jeweiligen Sachgebiet mindestens so gut auskennen, dass sie darin eklatante Verstöße gegen die fachlichen Regeln erkennen können.

Die Tester brauchen also viel mehr technische und fachliche Kenntnisse, als es beim konventionellen Test möglicherweise der Fall war. Der bisherige Systemtest war eher ein mechanischer Prozess, bei dem es darum ging, möglichst viele Testfälle in möglichst kurzer Zeit durchzuführen. Es ist somit nicht verwunderlich, dass viele dieser Tests ins Ausland verlagert wurden, wo Tester billiger sind. Ein Großteil solcher Systemtestprozesse ist auch automatisiert worden. Für den Integrationstest im Vorfeld des Systemtests trifft dies weniger zu. Der Integrationstester muss zumindest mit der technischen Umgebung vertraut sein. Er muss schließlich wissen, wie die Komponenten miteinander kommunizieren. Für den Unit Test muss sich der Tester hingegen voll in der Entwicklungstechnologie bewegen. Er muss den gleichen Kenntnisstand haben wie der Entwickler selbst.

Die Rolle der agilen Tester ist ebenfalls mehr mit der Rolle des bisherigen Integrationstesters zu vergleichen. Sie sollen genügend von der Technologie verstehen, um die Komponente, die die Entwickler abgeben, miteinander zu integrieren und unter simulierten Bedingungen ausführen zu können. Dafür brauchen sie geeignete Werkzeuge und müssen diese auch bedienen können.

Zum Schluss kommt noch der Abnahmetest, bei dem die Tester stellvertretend für den Endbenutzer das ganze System aus Benutzersicht testen. Hier schlüpfen sie in eine weitere Rolle: in die der Sachgebietsexperten. Sie müssen beurteilen, ob sich das System fachlich korrekt verhält. Sind alle fachlichen Anforderungen erfüllt und sind sie auch vollständig und konsistent? Hinzu kommt, dass sie auch vielfach die nicht-funktionalen Anforderungen an die Software beurteilen sollen.

In Anbetracht dieser vielen Anforderungen ist es fraglich, ob eine Person all diese Aufgaben alleine erfüllen kann. Beim konventionellen Test gab es meist eine getrennte Testmannschaft bestehend aus Testern mit unterschiedlichen Fähigkeiten. Es gab eigene Experten für das Sachgebiet, andere für die Technologie und wieder andere, die Spezialthemen wie z. B. Security abdeckten. In solch einem spezialisierten Testteam unterstützten sich die Experten gegenseitig.

In einem agilen Projekt sollten nun die wenigen Tester im Team all diese Aspekte abdecken, von der Integration der Komponente bis hin zur Performance des Gesamtsystems. Deshalb empfiehlt es sich, in jedem agilen Projekt mehrere Tester mit einer entsprechenden Mischung der Skills zu haben, wo etwa der/die einen Tester fachlich und die anderen technisch versiert sind. Auch sollten anzahlmäßig die Tester in einem ausgewogenen Verhältnis zu den Entwicklern stehen. In der Praxis hat sich ein Verhältnis fünf Entwickler zu drei (+/− 1) Testern bewährt. Denn daran, dass der Test ebenso aufwendig ist wie die Entwicklung, hat sich nichts geändert, auch nicht durch die agile Entwicklung. Im Gegenteil: Durch die schnelle stückweise Erstellung der Software ist der Test aufwendiger als je zuvor, da durch die häufigen Deployments und die „potential shippable products" nach jedem Sprint natürlich auch die Regressionstestaufwände rasant steigen. Das ist nur durch eine gute Automatisierungsstrategie zu bewältigen.

4.3.2 Rechtzeitige Problemaufdeckung

Die schnelle Rückkopplung von Testern zu Entwicklern ist eine der essentiellen Vorteile des agilen Tests. Wie die Tester nun am besten ins Team integriert sind, ist eine Frage der

Arbeitsorganisation. Tester und Entwickler bilden im Idealfall ein eingespieltes Duo. Das heißt, der Entwickler erstellt, wenn er ein Test-Driven Development praktiziert, zuerst seine Unit Tests. Nach und nach entsteht die eigentliche Funktion, die von den Entwicklern, nach Fertigstellung und erfolgreichem Unit Test in das zentrale Repository eingecheckt werden. In agilen Teams ist mittlerweile „Continuous Integration" selbstverständlich: Das heißt, die eingecheckte Version wird kompiliert, ein neues Build erstellt und das gesamte Set der verfügbaren Unit Tests durchgeführt. Somit bekommen die Entwickler umgehend Feedback, ob sich ihr eingecheckter Code fehlerfrei ins Gesamtsystem integrieren ließ. Als Ergebnis steht ein neuer Build mit der erweiterten bzw. korrigierten Funktionalität zur Verfügung.

Ziel der Tester ist es nun, diese Funktionalität aus funktionaler Sicht unter die Lupe zu nehmen. Obwohl so die Tester in einem agilen Team immer zeitversetzt mit dem Test beginnen, sind sie dennoch so nah wie möglich dran, um bei auftretenden Fehlern sofort die Entwickler hinzuzuziehen, die vorhandenen Umfeldinformationen (Systemeinstellungen, Testdaten, Logfiles) sicherzustellen, um so eine rasche Korrektur zu ermöglichen. Natürlich spielt hier die Testautomatisierung auch eine entscheidende Rolle. Mit den Testwerkzeugen ist es möglich, den Regressionstest täglich zu wiederholen und dabei auch noch den Funktionstest der neuesten Komponenten zu fahren. Damit ist auch sichergestellt, dass nicht nur Probleme der aktuell betrachteten Funktion gefunden werden, sondern auch solche, die im abhängigen Umfeld auftreten. Dies ist der entscheidende Vorteil gegenüber der konventionellen, bürokratischen Qualitätssicherung, bei der es oft Wochen dauerte, bis die Fehlermeldungen und Mängelberichte zu den Entwicklern zurückkamen.

In der agilen Entwicklung sollte dies nun nicht mehr der Fall sein. Es gibt keine derartigen Leerläufe mehr.

Wenn das Team noch neu ist und die „Hand in Hand"-Zusammenarbeit noch nicht so funktioniert, kann das schnell dazu führen, dass die Tester ständig hinter den Entwicklern herlaufen müssen, um im Team Schritt halten zu können. Um dies möglichst zu vermeiden, sollten Tester

a) sich soweit einarbeiten, dass sie sich auch in der Entwicklungsumgebung gut auskennen,

b) über leistungsfähige Werkzeuge verfügen und

c) ein gutes Verhältnis zu den Entwicklern haben.

Wenn diese Bedingungen nicht erfüllt sind, können Tester nicht den von ihnen erwarteten Nutzen erbringen, egal, wie gut sie die Testtechnologie beherrschen. Der agile Test verlangt eben mehr von den Testern, als dies bisher der Fall war.

Die rechtzeitige Aufdeckung von Problemen und die schnelle Rückkopplung zu den Entwicklern sind der Hauptnutzen eines agilen Tests. Dieser Test muss jedoch auch gewährleistet sein. Darum sollten Tester und Entwickler möglichst auch in einem Raum („co-located") arbeiten. Die Verfasser des agilen Manifests legten großen Wert auf „Face to face"-Kommunikation. Viele Verfechter der agilen Entwicklung geben ihnen Recht und bestehen darauf, dass die Tester physisch vor Ort sind.

Auf Fachkonferenzen und auch in Projekten aus unserem Beratungsumfeld sehen wir Projekte, wo agil gearbeitet wird, die Teams jedoch nur virtuell zusammenarbeiten und konkret weltweit verstreut agieren: Der Product Owner sitzt z.B. in Deutschland, ein Teil des Entwicklungsteams in der Slowakei, der andere Teil in Indien, weitere in Österreich, der Test wird in Indien abgedeckt. Und laut den Berichten funktioniert das auch. Vielfach werden dafür Kostengründe oder fehlende Fachkompetenz vor Ort angeführt. Nimmt man nun die agilen Werte wie die oben erwähnte „Face to face"-Kommunikation, den Fokus auf Individuen und Interaktionen, das Reagieren auf Veränderung, Pairing etc., stellt sich uns schon die Frage, inwieweit in diesen Szenarien die agile Idee noch ihren Nutzen generieren kann. Diese Teams arbeiten notgedrungen intensiv mit Collaboration Tools wie Skype, Chat oder anderen Werkzeugen. Unserer Erfahrung nach funktioniert das zwar einigermaßen, aber vom Potenzial „echter" agiler Teams ist das doch weit entfernt. Das Thema Kosteneinsparungen sei hier massiv in Frage gestellt, da der Overhead enorm ist. Meist wird dieser Overhead jedoch nicht mitberücksichtigt und bewertet.

Die örtliche Verteilung von Teams ist also zu vermeiden, denn die rechtzeitige Aufdeckung von Fehlern und Fehlentwicklungen (wie schon beschrieben) setzt voraus, dass die Tester möglichst eng mit den Entwicklern zusammenarbeiten. Und es ist natürlich um ein Vielfaches effizienter, wenn Tester und Entwickler Tisch an Tisch sitzen.

Wenn ein Team zu wenige Tester hat, müssen die Entwickler neben ihrem Unit Test, den sie ohnehin machen, auch in den Integrations- und Systemtest einbezogen werden. Das zieht sie jedoch von ihren Entwicklungsaufgaben ab und verlangsamt das Tempo des Projekts. Andernfalls müssen eventuell laufend Kompromisse gemacht werden. Es werden weniger Tests gemacht, was letztlich zu einer geringeren Qualität und Stabilität des gesamten Systems führt. Man nimmt also in Kauf, dass das System geringere Qualität aufweist. Oder anders formuliert, dass nicht so gründlich nach Schwachstellen gesucht werden konnte und man das Risiko auf sich nimmt, dass diese Schwachstellen später im Projektverlauf unerwartet zu einem Fehler führen. Dieses Akzeptieren von Risikoanhäufung gab es natürlich schon seit je her in der Software-Entwicklung, aber seit geraumer Zeit hat das auch einen eigenen Namen bekommen: Man nennt es nun „technical debts" (was so viel heißt wie technische Schulden). Vertiefend betrachten wir diese Thema in Abschnitt 4.4.

Kann das durch mehr Tester im Team vermindert oder gar verhindert werden? Tester testen, ... aber nicht nur das; sie sehen ihre Rolle darüber hinaus in der Prüfung und Beratung. Sie sollen den Code prüfen und über die Architektur des Systems mitberaten. Ihr Hauptaugenmerk gilt neben den fachlichen vor allem auch den nicht-funktionalen Qualitätseigenschaften der Software – gerade die Eigenschaften, an die die Entwickler nicht vordergründig denken. Die Tester sollen darauf achten, dass diese Qualitäten bei den Gesprächen z. B. über die Architektur nicht zu kurz kommen.

4.3.3 Die Entstehung technischer Schulden

Im Bestreben dem Anwender das zu geben was er haben möchte, nämlich in kürzester Zeit ein funktionierendes Software-Produkt, sind die Entwickler oft gezwungen, Vereinfachungen vorzunehmen. Sie lassen das eine oder andere Feature weg, um schneller voranzukommen. Ein typisches Beispiel ist die Fehlerbehandlung. Wenn eine Funktion aufgerufen wird, die sich auf einen anderen Rechnerknoten befindet, müsste man damit rechnen, dass die Rückmeldung nicht immer erfolgt. Es kann sein, dass dieser Rechnerknoten überlastet oder dass er ganz ausgefallen ist. Der Entwickler muss damit rechnen, dass irgendwann keine Rückmeldung erfolgt, und das mitberücksichtigen. Deshalb sollten für alle fremden Funktionsaufrufe Fehlerbedingungen vorgesehen werden. Das Gleiche gilt für alle Zugriffe auf Datenbanken und Dateien sowie auf Drucker und sonstige externe Geräte. Das führt zu einem Haufen zusätzlichen Codes. Experten schätzen, dass über 50 % des Codes für derartige Ausnahmesituationen gedacht ist, wenn der Entwickler alle potenziellen Ausnahmemöglichkeiten berücksichtigt. Das heißt, wenn er sie nicht berücksichtigt, spart er die Hälfte des Codier- und Testaufwands. Denn wenn er solche Ausnahmebehandlungen in den Code einbaut, muss er sie auch testen. Gerade im Hinblick auf den zusätzlichen Testaufwand werden sie oft weggelassen. Der Anwender wird es zunächst nicht merken. Es muss erst zu einer sehr großen Belastung kommen, bis einige Ausnahmefälle auftreten. Andere treten schon nach einer geringen Belastung auf, aber auch das wird der Anwender nicht sofort merken. Wenn also eine möglichst schnelle Auslieferung das oberste Ziel sein sollte, lässt man die vielen Fehlermeldungen einfach weg. Der Entwickler meint, er kann sie später einbauen, wenn er mehr Zeit hat. Leider wird dieses „Später" immer später und zum Schluss ganz vergessen.

So ähnlich verhält es sich mit der Sicherheit. Sicherer Code heißt mehr Code, um alle Einbruchsmöglichkeiten abzufangen. Man kann ja alle Aufrufe von außen erst kontrollieren, bevor man sie annimmt. Jeder übergebene Parameterwert kann geprüft werden. Der Entwickler kann auch prüfen, ob die Anzahl der übergebenen Werte mit der erwarteten Anzahl übereinstimmt, sodass ja keine zusätzlichen Werte angehängt werden. Er kann auch einen Identifikationsschlüssel als Parameter verlangen, den er jedes Mal bestätigt. Mit eingebetteten SQL-Anweisungen in seinem Code muss ebenfalls sehr vorsichtig umgegangen werden, da diese leicht manipuliert werden können und eine beliebte „Hintertüre" sind, über die sich Hacker in Systeme einschleichen. Es gibt etliche potenzielle Bedrohungen, wofür der Entwickler Gegenmaßnahmen vorsehen müssen, aber alle diese Gegenmaßnahmen halten die Entwicklung auf. Fehlen solche Funktionen bzw. Tests, wird das der Anwender auch nicht gleich wahrnehmen, allenfalls erst dann, wenn die Kundendaten gestohlen werden, wie es oft in der Presse berichtet wird. Nur dann ist der Schaden, der verursacht wird (den Imageschaden gar nicht mit eingerechnet) meist um ein Vielfaches höher als der minimale Zeitgewinn, den man sich durch die vermeintliche „Einsparung" erhofft hat.

Eigentlich kann man es den armen Entwicklern nicht übel nehmen. Sie stehen unter enormen Zeitdruck. Müssen sie wirklich alles gleich programmieren? Oft geht es zunächst nur um einen Prototyp. Das ist ja das Teuflische an Software. Anwender merken gar nicht, ob sie es mit einem Prototyp oder einem Produkt zu tun haben. Für sie scheint es zu funktionieren, sie merken gar nicht, was alles noch fehlt. Die Frage, was fertig ist, kann der Benutzer allein gar nicht beantworten, denn er hat keine Ahnung, was „fertig" wirklich bedeutet. Die vielen potenziellen Gefahren, die in der Software stecken, kann er nicht erkennen. Also braucht er einen Sachverständigen, der dies für ihn stellvertretend entscheidet, und dieser Sachverständige ist der Tester.

Die Tester sind dafür verantwortlich, dass die Software ausreichend produktionsreif ist, dass alle Ausnahmebedingungen behandelt, alle Sicherheitsbedrohungen abgefangen und alle Funktionen bestätigt werden. Oft übernehmen die Tester auch den Check der Programmierkonventionen (die es auch in seriösen agilen Projekten gibt). Gerade wenn Software z. B. für ein safety- oder security-relevantes Umfeld geschrieben wird, sorgen mitunter die Tester dafür, dass durch laufende statische Analysen der Code in einem fortschreibungsfähigen Zustand bleibt. Um dabei wirklich effektiv arbeiten zu können, muss der Tester mit der Programmiersprache und der Entwicklungsumgebung vertraut sein.

■ 4.4 Teams und Tester im Kampf gegen „Technical Debt"

4.4.1 Was ist „Technical Debt"?

„Technical Debt" (zu Deutsch technische Schulden) ist ein Begriff für mangelhafte Software. Er sollte die Problematik unzulänglicher Software-Qualität in betriebswirtschaftlichen Kategorien zum Ausdruck bringen. Manager sollten erfahren, dass Versäumnisse in der Software-Entwicklung negative Folgen haben, die ihnen später Kosten verursachen. Der Begriff „debt" sollte daran erinnern, dass man sie irgendwann abzuzahlen hat, so wie der „national debt". Die Höhe der „national debt" ist messbar, sowohl absolut in Euro als auch relativ zum Bruttosozialprodukt. Das Gleiche gilt für den „technical debt" bzw. die Software-Schulden eines Projekts. Sie können in einer absoluten Kostenzahl oder relativ zu den Entwicklungskosten des jeweiligen Projekts ausgedrückt werden.

Der Begriff wurde von Ward Cunningham 1992 auf der OOPSLA-Tagung geprägt. „Technical Debt" ist in der Originalbeschreibung von Cunningham „all the not quite right code which we postpone making it right". Damit meinte er die innere Qualität des Codes. Später wurde der Begriff ausgedehnt, um all das zu bezeichnen, das zu einem ordentlichen Software-System gehört, aber aus Zeitgründen verschoben wird. Dazu zählen die Fehlerbehandlungen, die Ausnahmebehandlungen, die Sicherheitsbehandlung und die Notfallbehandlung. All das kann der Entwickler zunächst mal weglassen und den Anwender, wenn er überhaupt danach fragt, mit dem Versprechen trösten, es später einzubauen. In seinem Buch „Managing Software Debt – Building for Inevitable Change" geht C. Sterling auf diese Versäumnisse ein [Ster10]. Es sind nicht wenige, die im Laufe der Entwicklung mehrfach vorkommen. Je länger man ihre Korrektur vor sich her schiebt, desto unwahrscheinlicher wird es, dass sie je korrigiert werden. Es wäre die Aufgabe der Tester im Team, darauf zu bestehen, dass die Korrekturen möglichst schnell erfolgen, und zwar spätestens im nächsten Release. Dazu müssen sie jedoch in der Lage sein zu erkennen, was im Code alles fehlt. Durch die Testüberdeckungsmessung wird es nicht ausgewiesen, denn Funktionen, die nicht da sind, können auch nicht gemessen werden. Der Tester müsste sie im Code suchen, sonst muss er jeden einzelnen Fehlerfall, jede Ausnahme, jede mögliche Sicherheitsbedrohung und jede Notfallsituation durch den Test auslösen. Dies wäre viel zu aufwendig. Darum brauchen agile Tester auch gute Programmierkenntnisse. Es geht darum, alles aufzudecken, was zum Code gehört und nicht da ist. Dies macht den größten Teil der technischen Schulden aus.

Der andere Teil der technischen Schulden macht die Qualität des Codes aus. Das ist es, was Ward Cunningham ursprünglich gemeint hat. Der Entwickler macht Kompromisse bezüglich der Architektur des Systems und der Implementierung des Codes, um schneller voranzukommen. Statt die Klassenhierarchie in die Breite zu ziehen, zieht er sie in die Tiefe, weil es einfacher ist, neue Unterklassen einzufügen. Statt neue Methoden aufzurufen, verschachtelt er lieber die Entscheidungslogik, weil es schneller geht. Statt polymorphe Aufrufe zu benutzen, schreibt er lieber verschachtelte Fallanweisungen und kopiert den gleichen Code mit Ausnahme einiger Variablennamen in jeden Fallzweig hinein usw. Es gibt endlose Möglichkeiten, den Code zu verschlechtern, und da lässt der gestresste Entwickler keine aus, wenn er unter Zeitdruck steht. Das Ergebnis ist ein zwar lauffähiges, aber nicht fortschreibungsfähiges Stück Code.

Mit der Erkenntnis, dass solche Codierpraktiken eine unmittelbare Folge des Extrem Programming sein kann, hat Fowler den Begriff „Refactoring" geprägt und darüber ein Buch geschrieben [Fowl12]. Refactoring ist das, was der Entwickler macht, um seinen „quick and dirty"-Code wieder hinzubiegen, wie er sein sollte. Die Klassen werden reorganisiert, die Ablauflogik verflacht und die Variablen umbenannt. Fallanweisungen werden durch polymorphe Abrufe ersetzt, redundanter Code wird entfernt und einzelne Parameter werden in Containerobjekte zusammengefasst. Es gibt wiederum unendlich viele Möglichkeiten, den Code nachzubessern – was zu vermeiden gewesen wäre, wenn der Entwickler sich die Zeit genommen hätte, die Aufgabe gleich in Ruhe durchzudenken.

Man kann die These akzeptieren, dass der Entwickler nicht gleichzeitig Funktionalität und Qualität bewältigen kann und dass er zunächst die Funktionalität und erst danach die Qualität angeht. Aber jemand muss dafür sorgen, dass der zweite Schritt tatsächlich folgt. Der frühere Leiter der Qualitätssicherung im amerikanischen Marineministerium, John Shore, behauptete, es gäbe keine Entwickler, denen man wirklich trauen kann. Sie haben zwar gute Absichten, aber unter Druck geben sie „dem Teufel" nach und gehen einen Kompromiss nach dem anderen ein, um ja schneller voranzukommen. Shore vergleicht sie mit armen Sündern, die auch nicht sündigen wollen, aber es letztendlich nicht lassen können. Die einzige wirkungsvolle Möglichkeit, sie davon abzuhalten, ist hier konsequenter Test und Einfordern der Korrekturen.

Diese Behauptung eines Software-Qualitätsmanagers wurde im Jahre 1975 geäußert. Die Neigung, Kompromisse zu machen und technische Schulden anzuhäufen, ist gerade in Krisensituationen oft noch dieselbe. Es gibt Ansätze, die Höhe der technischen Schulden zu kalkulieren und im Arbeitsaufwand umzusetzen.

Früher kam dieser Druck von außen, von einer unabhängigen Qualitätssicherungsgruppe bzw. von einem getrennten Testteam. Bei der agilen Entwicklung kommt dieser Druck nun idealerweise von innen, von den Testern und Testerinnen im Team. Gemäß der Collective Ownership und dem Teamgedanken steht ihnen zwar nicht zu, Entwickler zu etwas zu zwingen, aber wenn jedoch in den gemeinsamen Spielregeln der „Definition of Done" enthalten ist, dass „technical debts" zu vermeiden sind, können Tester sehr wohl aktiv werden und immer wieder auf die Einhaltung der Regeln pochen. Möglicherweise wird dadurch ein Konflikt heraufbeschworen, aber Konflikte sind im Leben unvermeidlich, weil es eben widersprechende Ziele gibt. Daraus gehen Zielkonflikte hervor wie Funktionalität versus Qualität und Qualität versus Zeit. Die Rolle des Testers in einem agilen Entwicklungsteam ist es, den Aspekt „Qualität" zu vertreten, und zu verhindern, dass Qualität im Projekt vernachlässigt wird bzw. „Schulden" für die Zukunft aufgebaut werden.

4.4.2 Der Umgang mit technischen Schulden

Ein wichtiger Aspekt der agilen Entwicklung ist die Verschiebung langfristiger Qualitätsprobleme zugunsten kurzfristiger Produktivitätsgewinne. Es ist wichtiger, den Kunden durch ein halbfertiges Produkt in die Entwicklung einzubeziehen, als zu warten, bis das Produkt abgerundet ist, nur um zu entdecken, dass es nicht das richtige Produkt ist bzw. der

Kunde es sich anders vorgestellt hat. Diese Vorgehensweise ist durchaus legitim, denn es ist besser, das richtige Produkt noch nicht richtig zu liefern, als das falsche Produkt richtig zu liefern. Die Betonung liegt hier auf dem „noch nicht richtig". Der Unterschied zwischen dem augenblicklichen Ist-Zustand eines Produkts und dem idealen Soll-Zustand bezeichnet man als technische Schulden („technical debts"). Schulden müssen abgearbeitet werden, d. h. ein Produkt ist erst wirklich „done", wenn es auch schuldenfrei ist

Wer soll aber definieren, wie der Soll-Zustand eines Software-Produkts aussehen sollte? Die meisten Product Owner wären damit überfordert, ihnen fehlen die nötigen technischen Kenntnisse, was die Software-Qualität anbetrifft. Sie brauchen jemanden, der ihnen hilft, einen geeigneten Qualitätsstand zu definieren. In einem agilen Projekt ist diese Person der Tester bzw. die Testerin. Die Tester helfen dem Product Owner bei der Definition des anzustrebenden Qualitätsstands. Dabei müssen alle Qualitätseigenschaften einer Software berücksichtigt werden, sowohl externe wie Korrektheit, Zuverlässigkeit, Performance und Sicherheit als auch interne wie Wartbarkeit, Wiederverwendbarkeit, Übertragbarkeit und Interoperabilität. Um Qualitätsziele zu definieren, benötigt man spezielle Kenntnisse, die ein Product Owner selten hat. Diese Rolle fällt, wie bereits mehrfach erwähnt, den Testern zu.

Bei der Konferenz „Belgium Testing Days" im Jahre 2012 gingen Johanna Rothman und Lisa Crispin auf diese Problematik ein. Die Frage ist: Was ist „done"?

Johanna Rothman wiederholte hier unsere gelebte Praxis, dass dies eine Teamaufgabe ist, und zwar des gesamten Teams. Das Team stimmt sich ab und legt im Kollektiv fest, wann eine Aufgabe/Story durch das Team auf „Done" gesetzt wird. Wichtige Aufgabe der Tester ist, bei der Definition dieser „Done-Kriterien" (auch „Definition of Done" genannt) die Diskussion mit Argumenten für mehr Qualität zu anzureichern. Rothman behauptet: „You have to get the team thinking about what is done. Does it mean partially done, as in it is ready for testing, or fully done, as in it is ready for release?" Hier muss man sich bewusst machen, dass ein großer Unterschied liegen kann zwischen der Qualität, die ausreicht, um eine Story im Sprint Review als „Done" abzuschließen, und der, die benötigt wird, um das mit den neuen Funktionen erweiterte Gesamtsystem „produktionsreif" zu bekommen und freigeben zu können.

Zwischen diesen beiden Zuständen liegt oft ein weiter Weg.

Tester fungieren hier quasi als „Anwalt" der Qualität, deren „Gesetzbuch" einerseits die „Definition of Done" ist und andererseits ihr Anspruch, dass eine Funktion erst dann wirklich als fertig betrachtet werden kann, wenn diese auch im Gesamtsystem, eingebettet in „End to end"-Szenarien, als korrekt nachgewiesen wurde.

Hier gilt es, die Entwickler im Team diplomatisch zu überzeugen, dass diese Sicht langfristig gesehen, die effektivere ist. Man darf hier nicht müde werden, den „technical debt" im Auge behaltend, darauf zu drängen, diesen möglichst gering zu halten. Manchmal ist es auch erforderlich, sogar die Product Owner davon zu überzeugen, dass gewisse Arbeiten bzw. Aufwände erforderlich sind. In diesem Falle gilt: „Gut ist manchmal nicht gut genug" … vor allem dann nicht, wenn man an die Zukunft denkt.

Wenn man hier, aus welchen Gründen auch immer, zu sorglos umgeht, verschiebt man die Probleme nur auf die Wartung, wie das früher bei konventionellen Entwicklungsprojekten der Fall war.

Die Tester haben bei all ihren Aktivitäten primär diese Kriterien im Hinterkopf, das heißt, die Erreichung dieser Done-Kriterien pro Story ist das Minimum, das es für jede Story zu erreichen gilt.

Der funktionale Zustand eines Software-Produkts ist leichter zu beurteilen als der qualitative Zustand. Es ist sichtbar, ob eine Funktion vorhanden ist oder nicht. Die Qualität ist jedoch nicht so ohne Weiteres sichtbar. Wie viele Fehler noch in der Software stecken, kann man erst wissen, wenn man alle Funktionen der Software getestet hat. Wie gut der Code ist, kann man erst beurteilen, wenn man den Code ausführlich analysiert hat. Und die Qualität des Gesamtsystems kann überhaupt erst dann beurteilt werden, wenn es eine gewisse Zeit im Einsatz ist.

Lisa Crispin weist darauf hin, dass die Software-Qualität das „endgültige" Maß für die agile Entwicklung ist. Der funktionale Fortschritt darf nicht auf Kosten der Software-Qualität erzielt werden. Vereinzelt, speziell aber bei der Erstellung sicherheitskritischer Software, kann es sogar sinnvoll sein, ein separates Qualitätssicherungsteam aufzubauen, welches neben dem Entwicklungsteam daran arbeitet, die Qualität der erstellten Software zu verfolgen und an das Entwicklungsteam zu berichten.

Johanna Rothman meint, die Tester müssen mitbestimmen, was „done" bedeutet – und das vom Anfang des Projekts an: „To be done also means that the quality criteria set by the team are met." Dies hat zur Folge, dass diese Kriterien von allen Beteiligten akzeptiert werden. Jeder im Team muss sich seiner Verantwortung für die Qualität bewusst sein und seinen Teil dazu beitragen. „Everybody in the team needs to take responsibility for quality and for keeping technical debt at a manageable level. The whole team has to make a meaningful commitment to quality." Mit anderen Worten, die Qualität der Software ist eine Angelegenheit des Teams in seiner Gesamtheit.

■ 4.5 Zu alt für agil?
Die mentale Herausforderung

Bei der Besetzung von agilen Teams erleben wir immer wieder Vorbehalte gegenüber älteren Mitarbeitern. Vielfach wird agile mit jung, flexibel und dynamisch gleichgesetzt, was älteren Mitarbeitern scheinbar nicht zugestanden wird. „Agil ist nur etwas für junge Leute", hört man da.

Ob da was dran ist, werden wir in diesem Abschnitt hinterfragen. Dazu betrachten wir

- die Ausgangslage und
- welche Bedenken der Skepsis zugrunde liegen.

4.5.1 Ausgangslage

Im agilen Umfeld sind die bisherigen, traditionellen Managementstrukturen „out". Die bereits bekannten Rollen Scrum Master und Product Owner versteht man mehr und mehr in der Rolle Coach bzw. Unterstützer und nicht als Manager. Statt Projektentscheidungen durch den Projektleiter erfolgen diese nun von „unten nach oben", das heißt, diese gehen vom Team aus, das eigenverantwortlich agiert. Die Teams sind selbstorganisiert und benötigen daher weder eigene Leitung noch Befehlshierarchie.

Erfahrungen aus der Praxis

Wir erleben immer wieder in Organisationen folgende Problematiken nach der Einführung von bzw. Umstellung auf agile Vorgehensweisen:

- **Festhalten an Führungsrolle**
  Die Organisation, besser gesagt das Management, klammert sich an der bisher gelebten Führungsrolle fest und kann die neuen Führungsmechanismen nicht akzeptieren. Hintergrund ist vielfach die Unsicherheit, dass sie hier keine Möglichkeit der Führung mehr wahrnehmen können.

- **Verlorenes Karrierebild**
  Mühsam über viele Jahre erarbeitete Positionen, Verantwortungen, Ansehen stehen auf dem Spiel. Karrierebilder wie Projektmanager, Testmanager, Gruppenleiter oder Ähnliches gibt es in den agilen Projektorganisationen nicht mehr. Betroffene müssen sich selbst quasi neu erfinden, um wirklich effizient wirken zu können.

  Manche Unternehmen sehen es als gewisses Risiko, die Gestaltungs- und Umsetzungsfreiheit statt einem dafür verantwortlichen Manager nun einem Team zu übergeben.

- **Weitere Startschwierigkeiten und Lösungsansätze**
  Vor allem in der Anfangsphase ist das Team gefordert, rasch das in es gesetzte Vertrauen zu bestätigen und zu bestärken. Dazu empfehlen wir, dem Team einen wirklich erfahrenen Methoden-Coach, Moderator, Mediator, kurz: Scrum Master zur Verfügung zu stellen.

4.5.2 Was führt zur Aussage „Agil ist etwas für junge Leute"?

Betrachtet man die Vorgehensweise näher, ergeben sich folgende Voraussetzungen, die man für die Arbeit in einem agilen Projekt mitbringen muss bzw. welche Gründe dagegen sprechen:

- Kreativität und Flexibilität
- Verhaftet in alten Denkmustern
- Trägheit, fehlende Beweglichkeit
- Arbeitsumfeld
- Vorteile der Jugend
- Stärken der Senior-Tester/-Manager

4.5.2.1 Kreativität und Flexibilität

Agil bringt auf jeden Fall mit sich, dass zum Erreichen des Ziels viel Kreativität und Flexibilität gefordert ist. Dabei geht es neben der Lösungskreativität vor allem auch um die Kommunikation im Team untereinander, aber auch mit dem Kunden (Product Owner).

Auch ist viel Vorstellungskraft gefordert, um zu erfassen, wie sich die einzelnen Teile eines priorisierten Backlogs in eine Gesamtheit einfügen.

Ältere Personen haben hier mit dem Vorurteil zu kämpfen, dass ihnen Schnelligkeit sowie Kreativität im Laufe der Jahre abhanden gekommen sei und rasche Auffassungsgabe fehle. Dass es sich dabei um eine pauschalisierte Aussage handelt, zeigt nicht zuletzt, dass das Durchschnittsalter der Unterzeichner des Agile Manifesto weit über 40 (!) liegt.

4.5.2.2 Verhaftet in alten Denkmustern

In der langjährigen Erfahrung mit traditionellen Vorgehensweisen sehen manche die Gefahr, dass Ältere stark in verkrusteten Denkmustern festgefahren sind. Auch waren langfristige Planung und Stabilität ein jahr(zehnt)elanger Begleiter, der Sicherheit gab. All das wird durch die raschere Taktung (iterative Planung, Backlog Grooming, Retrospektiven etc) „über Bord" geworfen – was auch eine massive Verunsicherung befürchten lässt.

Auch Prozesse, die bereits in Fleisch und Blut übergegangen sind, gibt es nicht mehr bzw. sie werden stark verändert.

Jeder Testmanager der traditionellen Schule wird mangels eines gewohnten Testkonzepts anfangs irritiert sein und sich als Greenhorn outen, wenn er nach Tools und Prozessen des Fehlermanagements fragt. Denn heutzutage werden Fehler oft gleich direkt mit den Entwicklern im Team besprochen und, sofern möglich, sofort behoben. Nicht sofort behebbare Fehler werden direkt ins Backlog eingetragen. Also alles Vorgänge, an die es sich rasch zu gewöhnen gilt.

Auch die Kommunikation ist in einer neuen Evolutionsstufe angekommen: Tauschte man sich in der Vergangenheit im direkten Gespräch und bei Besprechungen über vorab definierte Unterlagen aus, verlagerte sich das in den letzten Jahrzehnten mehr und mehr auf E-Mails. Erfreulicherweise kommt man heutzutage wieder auf die direkte Kommunikation zurück; das sollte doch älteren Mitarbeiter liegen. Aber zur Kommunikation werden in agilen Teams mehr und mehr, wie in den vorangegangenen Abschnitten bereits erwähnt, Collaboration Tools verwendet. Und diese sind vor allem bei „Jungen" selbstverständlich und stark verbreitet („Social Media"-Generation).

4.5.2.3 Trägheit, fehlende Beweglichkeit

Ein maßgebliches Zeichen für Agilität ist ständiges Lernen in kurzen Feedback-Zyklen. In den Daily Stand Up Meetings gibt es laufend Updates bzw. Darstellung des Geleisteten und auch des Nicht-Geschafften. Das heißt, ein „Mitschwimmen" ist hier nicht möglich – auch nicht für Tester, da diese fixer Bestandteil der Teams sind. Agile Teams sind auch immer für Überraschungen, für Unkonventionelles, für neue Ansätze gut. Hier vermutet man bei Älteren oft eine Blockade-Mentalität im Sinne von „Das haben wir schon immer so gemacht". Dies trifft natürlich für Tester besonders zu, da diese in agilen Projekten außerordentliche Flexibilität zeigen müssen. Das betrifft das aktive Einbringen und „Mitreden" in den Planungsmeetings, geht über die täglichen Status-Updates bei den Stand Up Meetings bis hin zur intensiven Kommunikation mit den Entwicklern. Da hier Tester gerade am Anfang oft nicht den technischen Background mitbringen, also selten in der „Sprache der Entwickler" sprechen, müssen sie auch das Feedback aushalten, wenn sie manchmal „ungeschickte" Fragen stellen. Hier tun sich Junge einfach leichter und können sich viel schneller anpassen, hört man ...

4.5.2.4 Arbeitsumfeld

Ein ganz anderer Aspekt ist das Arbeitsumfeld: Hatte man sich z. B. zum Testmanager mit eigenem Büro „hochgearbeitet", findet man sich nun wieder mit allen anderen Teammitgliedern in einem großen Raum wieder. Ein laufendes Kommen und Gehen; alles ist öffentlich und transparent.

Es etablieren sich neue Wertvorstellungen in einer kooperativen Kultur. Durch das selbstorganisierte Team ergeben sich auch veränderte Rollenbilder.

Die Teams committen sich zu den jeweils zu liefernden Ergebnissen und sind dann auch kollektiv dafür verantwortlich. Das setzt die Bereitschaft voraus, ein hohes Maß an Offenheit und gegenseitiger Unterstützung zu leben, das eigene Wissen als Teil des Gesamten zu sehen und dieses auch zu teilen.

Damit haben gerade ältere Agil-Neueinsteiger Schwierigkeiten, denn das über Jahre aufgebaute Wissen war und ist ihr Kapital und macht die eigene Leistung aus.

Ein „moderner Oldi" gibt die Egoismen auf, löst sich vom Wettbewerbsdenken zwischen den Mitarbeitern und Teams und sieht es als Privileg, dem Team seine Erfahrungen zur Verfügung zu stellen.

4.5.2.5 Vorteile der Jugend

Welche Vorteile haben „Junge"?

Gerade Neueinsteiger wie z. B. junge Absolventen von der Universität oder Fachhochschule gehen unkonventionell an die Themen heran, da sie nicht vorbelastet sind:

- durch träge Organisationen
- durch Wasserfallprojekte
- festgefahrene Riten, Vorbehalte …

Dafür bringen sie

- allgemein höhere Leistungsfähigkeit
- Schnelligkeit, Spontanität
- Kreativität, Lösungsorientiertheit
- höhere Lernfähigkeit
- Begeisterungsfähigkeit und hohes Engagement

mit. Alles, was sich perfekt in das neue Umfeld integrieren lässt. Dazu trägt einerseits die Ausbildung bei, die diese neuen Skills bereits lehrt, die andererseits von der „No risk, no fun"-Generation bereitwillig aufgenommen werden.

4.5.2.6 Stärken der Senior-Tester/Senior-Manager

Sind erfahrene Tester und Testmanager deshalb nun „Auslaufmodelle"? Unserer Ansicht nach ganz und gar nicht! Denn je schneller, optimierter und kreativer an Lösungen herangegangen werden soll, desto wichtiger ist Erfahrung und Wissen über Zusammenhänge – sei es in fachlicher und technischer Sicht, aber auch hinsichtlich der Organisationen.

Man hat im Laufe der Jahre die Fähigkeit entwickelt, die Dinge aus holistischer Sicht zu betrachten und routiniert, ruhig und gelassen auch kritische Situationen zu meistern.

Erfahrene Tester bzw. Testmanager haben im Laufe der Jahre schon viele neue „Allheilmittel" kennengelernt, die sich dann als „Luftschloss" entpuppt haben – sie sind deshalb auch in gewisser Weise resistenter, gleich jedem Trend blind zu folgen. Als Beispiel kennen sie sicher die Situation, wenn ein redegewandter Tool-Verkäufer wieder einmal *das* ultimative Testtool vorgestellt hat, das im Handumdrehen all ihre Probleme löst.

Auch wenn es oft nicht so dargestellt wird: auch in agilen Vorgehensweise können „ältere Semester" überleben, um nicht zu sagen: essentiell zum Gesamterfolg beitragen.

Eigenschaften, die hier die „Senioren" mitbringen müssen, sind: Lernbereitschaft, Flexibilität, Kreativität und vor allem der oft zitierte gesunde Menschenverstand, ihre Expertisen und fundierte Erfahrungen an die aktuellen Situationen anzupassen.

Das Rad muss nicht immer neu erfunden werden, und Manfred Baumgartner entwarf dafür den passenden Begriff: **Agilizing 40+**.

Was versteht er darunter?

- Chance des gegenseitigen Lernens wahrnehmen
- Berater im Team – Know-how-Transfer aktiv betreiben
- Ausgleichende Wirkung im Team – Aufbruch und Halt gebend
- Ausbildung und Mindset – gegenseitiges Verbessern der eigenen Fähigkeiten
- Scheu vor Veränderung ablegen und Blick auf die Chancen, die sich aus der Vielfältigkeit ergeben
- Varianten in der Anwendung: z.B. Scrum für Entwicklungs- und Kanban für Wartungsprojekte einsetzen
- aber auch zu gewissen Grenzen stehen
- aktive Auseinandersetzung mit neuen Technologien und Verfahren
- Besuch von entsprechenden Trainings, Zeit zum Lernen nehmen

 Übrigens ...

Das Durchschnittsalter der Unterzeichner des Agile Manifesto liegt bei 47,5 Jahren.

4.6 Hilfreiche Tipps vom Markt

Und ein Phänomen begegnet uns auch von Zeit zu Zeit, speziell auf Konferenzen: Plötzlich taucht jemand auf, der in bunten Folien „Neues, Selbstentdecktes" präsentiert, das die agile Community grundlegend verändern kann. Themen wie z.B. „Qualität gehört im Sprint sichergestellt – man braucht einen ‚UmQualitätKümmerer' in jedem Team". Agile Newcomer hängen an deren Lippen, erfahrene Tester und Testmanager verlassen kopfschüttelnd den Saal und nutzen die Zeit sinnvoller, indem sie z.B. einen Kaffee trinken oder mit Praktikern brainstormen.

Auch wenn der Fokus bei Testerprofessionalisierungsschemas wie ISTQB bislang primär auf die traditionelle Vorgehensweise ausgerichtet war, hat dies dazu geführt, dass Tester viele erprobte (Test-)Techniken beherrschen. Verstehen es solche erfahrenen Tester nun, dieses umfassende Wissen in agilen Projekten flexibel einzusetzen, können sie im Team enormen Nutzen generieren.

„Moderne Tester" (Tester 2.0) sind also, zumindest in den meisten Unternehmen, wo professionelle IT-Projektentwicklung erfolgt, aktiv in den Projektlebenszyklus eingebunden: von frühen Phasen des Projekts beim Review der Anforderungsspezifikationen über die Mitwirkung bei der Planung und Schätzung sowie die methodische, strukturierte Testvorbereitung und Durchführung bis hin zu den Fehlerkorrektur- und Auslieferungsprozessen.

Um nun auf die oben genannten „Essentials, Strategien …" zurückzukommen, die in etwa meist lauten:

- Tester müssen sich so früh wie möglich in den Prozess hineinreklamieren – also bereits mit den Product Ownern die Qualität der Backlog Items sicherstellen (Eindeutigkeit, Testbarkeit …).
- Tester sind gleichwertige Teammitglieder (in Scrum-Notation: pigs).
- Tester sollen aktiv im Team kommunizieren, auf die anderen Teammitglieder zugehen, mit ihnen sprechen, Unklarheiten sofort klären.
- Tester bringen enormen Mehrwert für ein Team – wenn das Team das (noch) nicht erkennt, dann soll der Tester diese Nutzensteigerung ans Team sichtbar/bewusst machen, also „verkaufen", z. B. in Retrospektive-Meetings.

Alles wichtige Aspekte, zugegeben, jedoch bereits „gelebtes Testen".

Neben diesen bereits seit vielen Jahren aus den verschiedensten Vorgehensmodellen bekannten Erfolgsfaktoren finden sich in diesen Essentials auch wirklich hilfreiche Tipps:

- Eines der agilen Mantren: „Hat das <xxxx> einen Nutzen für das Endergebnis bzw. ist es aufgrund einzuhaltender Regulatorien zwingend, ist es als Teil der Deliverables zu betrachten."[1]

  xxxx ist hier universell zu verwenden – eingesetzt werden kann z. B. Testkonzept, eigene Testdesign-Guideline, aber auch Feinspezifikation, Architekturstudie etc.
- „Halte die Testartefakte schlank." Also abwägen, ob es das Projekt erfordert, ausführliche Testhandbücher, -konzepte, -pläne vorab zu erstellen.
- Tester gehen erfahrungsbasiert und explorativ an den Test heran und schöpfen dabei idealerweise aus ihrem gesamten Test-Know-how-Potenzial.
- Tester konzentrieren sich auf nutzenstiftende Tests – d. h. jeder Testfall, der durchgeführt wird, muss für das Projekt von Nutzen sein. Testkonstrukte, die Fehler liefern, jedoch fernab jeglicher Realität liegen, sind nur Zeitverschwendung und daher zu unterlassen.

Ein gravierender Mindset-Wechsel für Tester im agilen Umfeld ist jedoch die generelle Zielsetzung des Tests. Sie kennen sicher die Schlachtrufe: „We break the system" oder „Der Tester ist einzig dazu da, um Fehler zu finden".

---

[1] Vor allem, wenn das Endprodukt (wie z. B. im safety-kritischen Umfeld) ein Zertifizierungsaudit durchlaufen und hier bestimmte Nachweise erbringen muss.

Diese würden nun lauten: „Wir helfen dem Team, gemeinsam die optimal mögliche und gewünschte Qualität zu liefern".

Die Aufgabe der Tester ist zwar nach wie vor, Fehler zu finden, aber mit einer anderen Zielsetzung. Tester haben die Qualität des gerade vorliegenden Features, der bearbeiteten Story im Fokus. Hier gilt es, primär die vom Kundenvertreter (Product Owner) vorgegebenen Akzeptanzkriterien sicherzustellen. Erfahrene Tester wenden dazu all die bekannten Testfallentwurfstechniken (Grenzwerte, Entscheidungstabellen usw.) an. Daneben decken Tester durch gezielte explorative Tests natürlich auch die Robustheit (Fehlertoleranz) der Features bzw. des Systems sicher. Sie sehen also: genug Betätigungsfeld für erfahrene Tester und Testmanager.

Agiles Testmanagement und agile Testmethoden

Das Management umfasst (lt. Wikipedia) die Aufgaben Planung, Organisation, Führung und Kontrolle einer Aktivität. Ein Projektmanager ist demnach jemand, der ein Projekt plant, organisiert, überwacht und steuert. Dazu braucht er Wissen, Erfahrung, Information und Kompetenz. Um das Management eines agilen Tests zu verstehen, müssen wir uns erst bewusst ansehen, wie solche Projekte funktionieren. Dazu ist schon vieles geschrieben worden. In den meisten agilen Vorgehensmodellen wie z.B. Scrum, Kanban, Extreme Programming und Lean Management, (Details dazu finden Sie in Kapitel 2, „Agile Vorgehensmodelle und deren Sicht auf Qualitätssicherung") wird der Test, wie wir ihn von traditionellen Modellen kennen, nicht explizit angesprochen – es wird implizit vorausgesetzt, dass dies durch die Teams selbstverständlich abgedeckt wird.

Der Test ist also untrennbar mit der Entwicklung verwoben. Es mag zwar Tester geben, also Spezialisten mit dem Schwerpunkt Qualitätssicherung und Akzeptanztest, aber eine separate Testschiene kommt in den meisten Vorgehensmodellen nicht vor (Kanban lässt dies bewusst offen). Teammitglieder mit Testfokus decken somit mehrere Rollen ab: zum einen die des Testers, zum anderen die des Testmanagers und schließlich auch die des Qualitätsmanagers. Welche Aufgaben sie dabei wahrnehmen, haben wir bereits in Kapitel 4, „Die Rolle des Testers in agilen Teams", beschrieben. Da dies essentiell ist, sei hier nochmals erwähnt, dass sich Tester in der agilen Welt praktisch selbst managen (Bild 5.1). Falls es mehrere Tester in einem Team gibt, teilen diese sich die koordinierenden Aufgaben meist untereinander auf [Beck00].

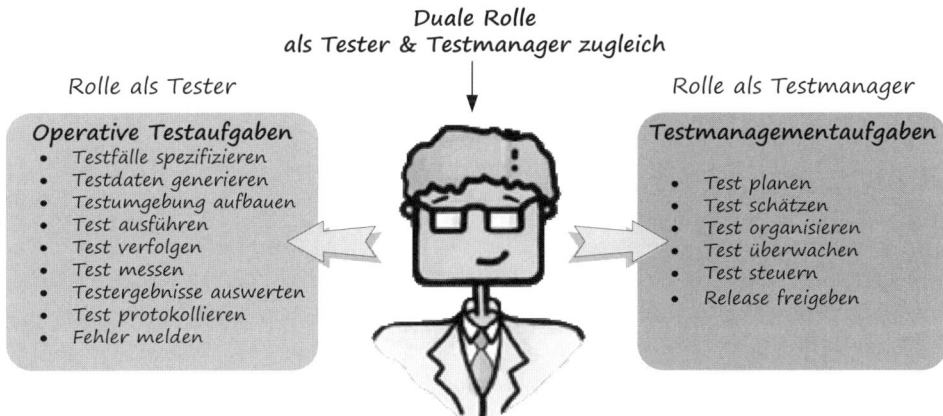

Bild 5.1 Tester als Manager

Unabhängig von der Vorgehensweise, also ob traditionell oder agil, gibt es eine Vielzahl an Tätigkeiten, die Tester in Projekten wahrnehmen.

■ 5.1 Testmanagement

Der Begriff Testmanagement dient dazu als Sammelbegriff, den wir, um ihn hier besser beschreiben zu können, grob in folgende Einzelthemen zerlegen:

- Testplanung
- Testschätzung
- Testorganisation
- Testerstellung, Durchführung, Freigabe
- Testüberwachung
- Teststeuerung

5.1.1 Testplanung im traditionellen Umfeld

Bevor wir die Testplanung im agilen Umfeld betrachten, ist es hilfreich, sich dazu grob das bisherige Vorgehen im traditionellen Projektumfeld nochmals vor Augen zu führen. In konventionellen Software-Entwicklungsprojekten wird der Test als eigenständige Aktivität geplant. Das Testkonzept bzw. die Prüfspezifikation gilt als Teil der Pflichtlieferung. Aber wie lief die Testplanung in der Praxis in diesen Projekten ab?

Laut einer Umfrage zum Software-Test in der Praxis unter öffentlichen Organisationen und Unternehmen im deutschsprachigen Raum [Habe11] wird früher oder später ein Testmanager nominiert, der umgehend mit der Testplanung beginnt.

„Moment!", werden Sie zu Recht sagen, „da fehlt ja noch der oft sehr zeitaufwendige, mühsame Teil der Unterlagensichtung!" Richtig.

Also macht sich der nominierte Testmanager am Projektordner auf die Suche nach:

- Architekturschaubilder
- Anforderungsdokumente
- Spezifikationen zu Funktionalität, Services, Masken
- GUI-Prototypen
- Styleguides
- Lasten- und Pflichtenhefte
- Use-Case-Beschreibungen (verbal, grafisch)
- Big Picture
- Projektplanung
- Projekt- und Qualitätsmanagementhandbuch

- Coding-Guidelines
- Risk-Management-Plan
- u. v. m.

Kurzum: alles, was sich zum vorliegenden Projekt an Dokumenten auftreiben lässt.

Mit diesen Unterlagen als Grundlage bekommt das Testkonzept, meist basierend auf dem von ISTQB empfohlenen Template der IEEE829, nach und nach Inhalte.

Parallel dazu ist der Testmanager auch oft gefordert, bereits konkret den Testaufwand zu schätzen, der in die Gesamtprojektplanung einfließt. Viele haben dabei immer wieder Probleme, da die Anforderungen oft unvollständig oder so vage beschrieben sind, dass man daraus keine seriöse Schätzung ableiten kann. Ein weiterer Aspekt, der die Schätzung sehr fehleranfällig macht, ist die Tatsache, dass zu diesem Zeitpunkt noch nicht durchgängig absehbar ist, ob „trivial scheinende Anforderungen" plötzlich zu „Aufwandsfressern" mutieren.

Oft behelfen sich erfahrene Testmanager damit, Erfahrungswerte von ähnlichen Projekten aus ihrer Vergangenheit als Schätzgrundlage zu nehmen. Ein anderer, auch oft verwendeter Ansatz ist die 20 – 30 % Daumenschätzung. D. h. vom geschätzten Gesamtprojektbudget kalkuliert man rund ein Viertel für die Testaktivitäten.

Die Erfahrung zeigt, dass solche Ansätze zwar Zeit und Budget für Test vorsehen, die Realität am Ende aber dann doch ganz anders aussieht und der Test nur als billiger Puffer für die Verzögerungen der Vorphase herhalten muss. Diese Praktik hält sich bis heute, obwohl man schon x-fach erfahren musste, dass man zu diesem Zeitpunkt noch nicht abschätzen kann, was letztlich alles gebraucht wird.

 Hier passt das etwas abgewandelte Zitat von Sokrates:

„Ich weiß nicht, was ich nicht weiß".

Diese Problematik konnte man bislang im traditionellen Vorgehensmodell nicht wirklich in den Griff bekommen. Warum soll das durch das agile Vorgehen anders werden?

5.1.2 Testplanung im agilen Umfeld

Wie wir bereits in Kapitel 1 und 2 ausführlich beschrieben haben, ist dieses Dilemma der Initialfunke der agilen Bewegung. Diese radikale Umstellung der Vorgehensweise bei der Abwicklung von Projekten hat auch gravierende Auswirkungen auf alle Phasen des Tests, von der Planung, dem Design, Entwurf über die Durchführung bis hin zur Steuerung des Tests an sich.

Auch wenn die Rolle der Tester und speziell des Testmanagers umstritten ist, so liegt es auf der Hand, dass in einem professionellen Projektumfeld – egal ob traditionell oder agil – viele Aufgaben zur Sicherstellung der Qualität anfallen und auch durchgeführt werden müssen. Wie heißt es so schön: „Vertrauen ist gut, Kontrolle ist besser".

Für den agilen Ansatz würden wir diese Aussage folgendermaßen adaptieren: *Vertrauen ist gut, Kontrolle mit laufendem und konstruktivem Feedback zur Verbesserung ist das Beste.*

Diese Chance bietet sich in agilen Teams und Projekten. Die Aktivitäten zur Sicherstellung der Qualität ziehen sich über die gesamte Projektlaufzeit und sind vom gesamten Team wahrzunehmen. In vielen von uns aktiv begleiteten Projekten zeigt sich, dass nur dann der Aspekt der Qualität akzeptabel mitberücksichtigt wird, wenn sich jemand aktiv darum kümmert.

Wie die Rolle bezeichnet wird, die all diese Aufgaben wahrnimmt, ist letztlich egal. Nennen wir sie der Einfachheit halber Testmanager und/oder Tester bzw. die Aktivität „Testen".

 HINWEIS: Hier gilt dasselbe, das uns schon aus der traditionellen Welt bekannt ist:

„Je früher man als Tester bzw. Testmanager in ein Projekt eingebunden wird, desto besser."

Im agilen Umfeld bedeutet dies, dass lange bevor ein Projekt gestartet wird, bereits mit der Sammlung von Produktideen begonnen werden kann und diese dann in das Product Backlog eingetragen werden.

Um nun rasch zu geeigneten User Stories zu kommen, kann man bewusst das Pferd von hinten aufzäumen und erst einmal konkrete Beispiele zu einer Anforderung sammeln und dann in ein bis zwei erklärenden Sätzen zusammenfassen [Adzi11]. Damit ist dann die User Story entstanden – mehr braucht es oft nicht. Wir ergänzen das mit „… und wirf bereits dabei ein Auge drauf, auch wenn sie noch so grob sind, ob diese in sich testbar sind".

Das heißt: Bereits hier ist Sorgfalt wichtig. Es sollen nur Stories aufgenommen werden, die als Deliverable wirklich testbar sind und vor allem dem Endkunden auch wirklich Nutzen bringen. Also primär Funktionalität und Abläufe.

Dann ist des Öfteren zu hören: „Wenn wir über Planung sprechen, was ist mit den technischen Anforderungen wie Antwortzeit, Stabilität o. Ä.? Wo definiere ich diese Qualitätsmerkmale?" Diese sind ja auch wichtiger Bestandteil eines Produkts und mitunter aufwendiger umzusetzen – denken Sie nur an eine eventuell benötigte Datenmigration oder den erforderlichen Umstieg auf ein neues Framework.

Folgt man den Aussagen aus der Agile Community, so sollten diese Aspekte – formuliert in Form von Akzeptanzkriterien – den User Stories zugeordnet werden, da nur den Stories auch ein echter Nutzen zuzurechnen ist. Kurz: „Technische Stories" gehören nicht in ein Backlog. Mehr davon später.

Eine Vorgabe, wie die Qualität im Projekt sichergestellt werden soll, ist abhängig von der Teamstruktur (Hinweis: Beispiele nach Scrum-Notation):

a) **Ein Team an einem Projekt**
   Hier gilt es primär sicherzustellen, in welchem Umfang das Team die Qualität gewährleisten soll. Es hängt von den mit dem Endkunden/Product Owner vereinbarte Deliverables hinsichtlich des Qualitätsnachweises ab, ob extra Reports oder Dokumente anzufertigen sind, oder ob z. B. der Korrektheitsnachweis im Rahmen der Sprint Reviews und der teamintern definierten seriösen Definition of Done (DoD) ausreichend ist.

b) **Mehrere Teams an einem Projekt (Scrum of Scrum)**
   Grundsätzlich gilt dasselbe wie bei Punkt a), jedoch legen Unternehmen, die solche

Scrum of Scrum-Teams bereits länger im Einsatz haben, darauf Wert, dass die Art und Weise, wie der Qualitätsnachweis zu erfolgen hat, teamübergreifend einheitlich erfolgen soll. Als einzige Ausnahme gilt hier: Der Kundenvertreter/Product Owner bestellt andere Qualitätsnachweise. Ist das Projekt einmal abgeschlossen, legen die Teams die Ergebnisse, Dokumentationen, Qualitätsnachweise etc. zusammen und archivieren diese. Steht in Folge eine Weiterentwicklung an, ist die Vorgeschichte, also wie das Produkt initial erstellt wurde, unerheblich – da muss es „wie aus einem Guss" sein.

c) **Ein oder mehrere Teams in einer Organisation**

In vielen, gerade größeren Unternehmen gibt es einheitliche Qualitätsvorgaben, sei es aufgrund von ISO Vorgaben (900x) oder einem Regelwerk wie z.B. nach CMMi, das bestimmte Ergebnisse verlangt. Daher ist bei der Einführung, beim Aufbau und Etablieren von agilem Vorgehen unbedingt darauf zu achten, diese Rahmenbedingungen einzuhalten und zu erfüllen. Hier ist der Qualitätssicherungsbeauftragte oder Testmanager gefordert, den Rahmen für die Teams vorzugeben.

d) **Teams, die an besondere Rahmenbedingungen gebunden sind**

Unternehmen/Teams, die Software produzieren, die gesetzlichen Regulatoren unterliegen wie z.B. im Medizin-, Pharma- oder safety-kritischen Umfeld, sind es gewohnt, ausführlichere Test- und Qualitätsnachweise erstellen zu müssen. Diese werden nicht obsolet, nur weil man nun agil vorgeht. Somit wird die Erstellung dieser Nachweise vom Team von Beginn an fix in ihren Ablauf integriert. Wie Teams dies handhaben, ist individuell verschieden. Manche sehen diese Nachweise als fixes Deliverable jedes Sprints, andere integrieren die Erstellung von Qualitätsnachweisen fix in ihre Definition of Done.

In den uns bekannten Unternehmen wird darauf Wert gelegt, dass unabhängig von den gerade beschriebenen Varianten, einheitlich gearbeitet wird.

Das bringt den Unternehmen und Teams folgende Vorteile:

▪ **Teamübergreifender Ressourcenausgleich**

Identifiziert das Team – aus welchen Gründen auch immer – einen Ressourcenengpass und adressiert diesen als Impediment im Daily Stand Up Meeting, ist der Scrum Master am Zug. Dieser kümmert sich darum, dass sein Team Verstärkung bekommt. Arbeiten nun alle Teams im Projekt bzw. Unternehmen nach ähnlichen (Test-) Vorgaben, können sich Mitglieder anderer Teams mit überschaubarem Einarbeitungsaufwand in das neue Team integrieren.

▪ **Synergien in Technologien und Methoden nutzen**

Ähnlich verhält sich das auch in Bezug auf Technologien und Methoden.

Alles in allem: je einheitlicher Teams arbeiten, desto flexibler kann teamübergreifend agiert werden. So können z.B. bei Bedarf Ressourcen in anderen Teams auch ohne größere Reibungsverluste aushelfen, wenn gerade „Not am Mann" ist. Wobei hier ganz klar festzuhalten ist: So eine Vereinheitlichung darf natürlich nicht so weit gehen, dass Teams nicht mehr individuell arbeiten können.

5.1.3 Testkonzept

Wie könnte nun so ein generelles Testkonzept in einem nach agilen Grundsätzen arbeitenden Team aussehen?

Bewährt hat sich hier, das generelle Testkonzept, ähnlich der Unternehmenstestrichtlinie/
Test Policy, also auf hohem Abstraktionsniveau zu gestalten. Darin definiert der Test-
manager die Prinzipien, Vorgehensweisen und wichtigsten Ziele einer Organisation in
Bezug auf das Testen, die für jedes Projekt einzuhalten sind.

Dieses könnte folgendermaßen aussehen:

 Testrichtlinie der Fa. QualityIsOurSuccess GmbH[1]

1. Definition des Testens im Unternehmen

Unsere Produkte stehen für Qualität. Wir stimmen jede Kundenanforderung mit
unseren Kunden ab, identifizieren gemeinsam jene, die unseren Kunden am
wichtigsten sind bzw. den größten Nutzen bringen, und liefern diese zügig und
mit nachweislicher Qualität.

Diese Qualität wird nachweislich im gesamten Entwicklungsprozess gelebt.

Kurz: *„Ensuring the software fulfills its requirements"*[2]

2. Definition des Testprozesses

Von der Erhebung der Anforderungen über den Ansatz des Test-Driven Development begleitende Sicherstellung der Qualität durch Tester in den Teams, die die
Qualität jeder einzelnen Anforderung aus Enduser-Sicht sicherstellen, Automatisierung der Akzeptanzkriterien bis hin zu Regressionstests der bestehenden
Funktionalität.

Im Detail ist das folgendermaßen sicherzustellen:

- **Backlog Item Quality**
  Jeder Eintrag, der in das Product Backlog aufgenommen wird, ist dahingehend zu prüfen, dass dieser das richtige Story-Format hat und der vereinbarten Beschreibungstiefe entspricht.

- **Testbare Akzeptanzkriterien**
  Sicherstellen, das jedes Backlog Item bzw. jede User Story testbare Akzeptanzkriterien aufweist – hier sind statische Testtechniken wie Reviews
  anzuwenden und so lange mit Product Owner, Entwicklern und Business
  Analysten abzuklären, bis alle Kriterien klar sind.

- **Testaufwand berücksichtigen**
  Einbringen der Testsicht bei allen Planungsmeetings, d. h. bei den Komplexi-
  tätsschätzungen ist sichergestellt, dass auch der Testaspekt berücksichtigt
  wird.

---

[1] Fiktives, frei erfundenes Beispiel, in Anlehnung an konkrete Testrichtlinien
[2] Quelle für diese und alle weiteren Kurzdarstellung ist TestingExcellence.com.

- **Testentwurf und Durchführung**
  Während der Entwicklungszyklen (Sprints) sind für jedes Akzeptanzkriterium je nach Kritikalität Testfälle zu entwerfen, zu dokumentieren und durchzuführen.

- **Abnahmetest**
  Sicherstellen, dass zu jedem Akzeptanzkriterium zumindest ein Testfall erstellt wird.

- **Traceability**
  Jeder Testfall ist eindeutig einer Story zugeordnet.

- **Sprint Review**
  Am Ende jedes Sprints ist die Funktionstauglichkeit jeder Story, die als „Fertig" gemeldet wurde, dem Product Owner bzw. Endkunden im Rahmen eines Sprint Reviews zu beweisen. Der Beweis gilt als erfolgreich, wenn die Akzeptanzkriterien fehlerfrei vorgestellt werden konnten.

Kurz: *„All test plans are written in accordance with company policy."*

3. Sicherstellung der Qualität (Testevaluation)

- Vorgaben für Teams bzgl. Entwicklung:
  Jede Funktion ist mittels TDD (Test-Driven Development-/Test First-Ansatz) zu entwickeln. Die so entstandenen Unit- und Integrationstests sind im Rahmen der Daily/Nightly Builds laufend durchzuführen. Sollten dabei Fehler auftreten („Broken build"), sind diese umgehend zu beheben.

- Fertigkriterium:
  Generell gilt für die Umsetzung jeder Anforderung (Story):
  Fertig ist eine Story erst dann, wenn alle Kriterien der Definition of Done erfüllt sind (z. B. vom Team sämtliche Tests (Unit Tests und funktionale Tests) erfolgreich durchgeführt wurden („Green Bar").

- Qualitätsnachweis:
  Der Nachweis ist durch ein Testprotokoll zu erbringen.

- Teamzusammensetzung:
  Das Team besteht aus Mitgliedern mit cross-funktionalen Skills. Um die Enduser-Sicht in den Teams bereits zu berücksichtigen, ist in jedem Team mindestens ein Tester fix einzubinden.

Kurz: *„Effect on business of finding a fault after its release."*

4. Zu erreichende Qualitätskriterien

Durch „Fertig"-Meldung von Stories ist sichergestellt, dass keine Fehler der Klasse „Blocker" und „Schwere Fehler" vorliegen. Somit ist sichergestellt, dass diese Funktion im Einsatz funktionstauglich ist.

Kurz: *„No outstanding high severity faults prior to products release."*

5. Verbesserungsprozess

Unser Ziel:

Lernen aus Erfahrungen, laufende Verbesserung in allen Bereichen des Entwicklungszyklus.

Jeder Entwicklungszyklus (Sprint) ist mit einer Retrospektive abzuschließen, worin Rückblick und Potenzial für Verbesserungen entwickelt wird.

Kurz: *„Project review meetings to be held after project completion."*

Begriffserklärung:

Broken Build: Unit Tests, die nach Erstellung eines Builds automatisch durchgeführt werden, liefern Fehler. Die Ursache ist, dass die zuletzt eingecheckte Komponente mit den anderen Komponenten noch nicht kompatibel ist.

Green Bar: Im Continuous Integration System (z. B. via Tools Jenkins oder Hudson) werden die Ergebnisse der automatisch laufenden Unit- und Integrationstests in einem Report dargestellt. Ziel ist es, dass der Ergebnisbalken für den Test jedes Builds fehlerfrei, also grün ist.

Die Testrichtlinie bildet den generellen Rahmen über alle im Unternehmen abgewickelten Projekte, ist für alle verbindlich und entsteht im Normalfall bereits lange, bevor ein Projekt initiiert bzw. ein Projektteam aufgestellt ist. Unternehmen, die bereits länger nach diesem Vorgehensmodell arbeiten, sehen diese Richtlinie als Essenz der bisherigen Erfahrungen, die auch laufend aktualisiert wird. D. h. keiner der angeführten Punkte ist in Stein gemeißelt, sondern ganz im Gegenteil, hier wird ganz stark das Prinzip „inspect and adapt" angewandt.

Nun geht's endlich mit einem Projekt los. Das Team wird zusammengestellt, nimmt Formen an und geht in die Projektstartphase.

5.1.4 Testaktivitäten in Iteration Zero – Initialisierungs-Sprint

Genauso wie in der Chirurgie alle Geräte hergerichtet werden, damit sie bei der Operation griffbereit sind, bereitet man in unserem Fall das gesamte Umfeld vor, damit sich das Team in den Sprints auf das Ziel konzentrieren kann: nämlich Deliverables zu produzieren.

„Jeder Weg beginnt mit dem ersten Schritt."

Dieser erste Schritt nennt sich Iteration Zero und inkludiert gleich auch einiges an Testaktivitäten.

Diese gilt es, in allen Phasen gleich mit zu berücksichtigen und auch explizit einzuplanen. Dazu haben wir die folgende „Checkliste Iteration Zero" mit den Testaktivitäten ergänzt (die Liste erhebt keinen Anspruch auf Vollständigkeit):

Allgemeine Teamaufgabe	Spezielle Testaufgaben dabei
▪ Aufbau/Ausbau des Product Backlogs – Priorisieren der Backlog Items	▪ Review der Items auf Testbarkeit ▪ Betrachtung aus Enduser-Sicht ▪ Sind Akzeptanzkriterien vorhanden, die klar, eindeutig, widerspruchsfrei formuliert sind? Wichtig dabei: Sind diese auch testbar? ▪ So die Einträge im Product Backlog bereits mit groben Aufwänden oder Story Points (Aufwandskennzahl) versehen werden, ist sicherzustellen, dass hier auch Testaspekte berücksichtigt sind.

▪ Aufsetzen der Umgebung/en
   ▫ Entwicklung
   ▫ Continuous Integration (CI)
   ▫ Test
   ▫ Pre-Production
	▪ Ist der CI-Prozess aufgesetzt?
	▪ Ist sichergestellt, dass die Unit Tests (für TDD) eingebunden und die Ergebnisse transparent sind (Reports, Dashboard u. Ä.)?
	▪ Ist der Prozess CI auf Testumgebung klar definiert?
	▪ Ist der Prozess Test - Pre-Production definiert?

▪ Auswahl/Definition des Entwicklungsvorgehens	▪ Dazu passendes Testkonzept erstellen.
▪ Rekrutieren/Formen eines Teams bzw. Finalisieren des Teamaufbaus (inkl. aller Rollen)	▪ Sind Tester mit an Bord? ▪ Haben diese ausreichend Know-how? Wenn nicht, dann bereits grobes Ausbildungskonzept skizzieren.
▪ Definieren der Arbeitsumgebung (Räumlichkeiten, Equipment ...)	Dasselbe gilt auch für Testumgebungen.
▪ Toolauswahl Erfolgt idealerweise via Proof of Concept – Checkliste geeigneter Tools (Software) für Entwicklung inkl. GUI, Unit Tests, Codeanalyse, CI, Collaboration, Testautomatisierung finden	Vorgehen/Konzept bei Testautomatisierung auf System- und Akzeptanztest-Ebene erstellen Definieren der Testverwaltung
▪ Automatisierung Sind Unit-Test-Frameworks vorhanden und einsetzbar?	▪ Ist Testautomatisierungs-Framework vorhanden und einsetzbar
▪ Wenn das Team schon verfügbar ist: Erarbeiten, wie Zusammenarbeit sichergestellt ist: Wo steht das Taskboard, wie schaut dieses aus? etc.	Klären, wie Task-Handling erfolgen wird: ▪ Gibt es eigene Entwicklungs- und Tester-Tasks oder werden Tasks jeweils ähnlich wie bei einem Staffellauf von Entwicklung direkt an den Test übergeben? ▪ Ist Transparenz gegeben, wann die Entwicklung mit den Tasks fertig ist und wann Tester diese übernehmen und zu Ende führen können? ▪ Wie organisieren Tester eigene Tester-Tasks? ▪ Nutzt man dasselbe Taskboard wie das Team oder ein eigenes? ▪ Festlegen, wie Defects kommuniziert werden (Taskboard/Tool)

Allgemeine Teamaufgabe	Spezielle Testaufgaben dabei
▪ Gemeinsames Erarbeiten der Definition of Done	▪ Fokus auf Qualität, Testbarkeit und Messbarkeit legen ▪ Sind vorgegebene Rahmenbedingungen in DoD abgedeckt (wie z. B. gesetzliche Regulatorien)?

5.1.5 Externe Unterstützung der Testplanung

In agilen Teams sind die Planungsaktivitäten grundsätzlich direkt ins Team integriert und in den einzelnen Sprints durchzuführen.

In manchen Fällen ist es erforderlich, besondere Spezifikationen auf- bzw. umzusetzen, die innerhalb des Teams schwierig bis unmöglich zum Umsetzen sind. Dazu gehören z. B.:

▪ Partnersysteme (Drittsysteme, die für den übergreifenden Ablauftest benötigt werden; Zeitfenster für Nutzung solcher Systeme etc.)

▪ Testdaten (so z. B. auch von Drittsystemen zuzuliefernde spezifische Daten)

▪ Definition von Detailkomponenten, die besonderen Rahmenbedingungen unterliegen (Safety- und Security-Kriterien, Compliance-Richtlinien, Oberflächen, wo z. B. Barrierefreiheit gefordert ist)

▪ Besondere Architekturvorgaben (bzgl. Performance, Ausfallsicherheit, …)

Also überall dort, wo eine langfristigere Planung bzw. Vorbereitung erforderlich ist, hat es sich bewährt, einen Verantwortlichen auch außerhalb des Teams zu finden, der diese Aktivitäten für das Team verfolgt und erledigt. Hier ist es von Unternehmen zu Unternehmen unterschiedlich, ob es dafür jemanden in der Organisation gibt, oder ob das jemand aus dem Team zusätzlich übernehmen muss.

5.1.6 Testschätzung

Im Unterschied zu traditionellen Projekten, in welchen es meist nur in Unternehmen mit einem hohen Reifegrad umgesetzt war, dass die Qualitätssicherung und die Einbindung des Tests bereits in der Anforderungsphase beginnt, ist dies in agilen Projekten von Haus aus, zumindest dem Prozess nach, sichergestellt.

In agilen Projekten steht als eines der ersten Aufgaben in der Initialisierungsphase die Befüllung des Product Backlog mit Stories durch den Product Owner an. Diese Stories beinhalten neben der Story-Beschreibung bereits rudimentäre Ansätze der Akzeptanzkriterien, den Business Value[3] sowie eine grobe Ersteinschätzung der Komplexität der Story. Diese Komplexität wird in Story Points[4] angegeben. Oft ist es hier schon der Fall, dass vom

---

[3] Unter Business Value versteht man einen Richtwert, mit dem der Product Owner eine Gewichtung der Stories vornehmen kann. Je höher dieser Wert ist, desto mehr Nutzen bringt die Funktionalität dem Endanwender.

[4] Story Points ist eine beliebte Schätzmethode, mit der die Umsetzungskomplexität einer Story angegeben wird. Hier hat sich die von Mike Cohn angepasste Fibonacci-Reihe etabliert, die folgende Punktewerte umfassen: 1, 2, 3, 5, 8, 13, 20, 40, 100. Je höher der Wert, desto komplexer die Story.

Tester neben einem Review der User Stories (auf Testbarkeit hin) auch schon eine grobe Schätzung der Komplexität gefordert wird, d. h. wie viele Story Points im Vergleich zu den anderen Stories für die Umsetzung benötigt werden.

Dabei hat sich – unabhängig, ob man das aus Sicht der Entwicklung oder des Tests betrachtet – folgende Herangehensweise bewährt:

1. Man wählt aus den vorhandenen Stories eine möglichst einfache – aus Testsicht gut abschätzbare – Story als Referenz-Story aus.

   Diese könnte z. B. aus Testsicht folgende Eckdaten haben:

   - 5 – 10 Testdatensätze (Typ einfach) müssen erstellt werden.
   - Ergebniswerte sind nur gegen Referenzwerte zu verifizieren.
   - Es braucht keine Daten aus Fremdsystemen.

   Setzt man hier z. B. das Planungs-Poker ein, bekäme diese Story nun die Komplexität „1 Story Point".

   Ist Automatisierung auf Akzeptanz-/Systemtestebene vorgegeben, nimmt man den nächst höheren Wert.

2. Bei den weiteren Stories vergleicht man nun gegen diese Referenz-Story und erhält so eine Ersteinschätzung – aus Testsicht.

3. Die so erhaltenen Werte sind als ein erster Richtwert zu verstehen und auch ein Maß dafür, ob die Story angemessen „geschnitten" ist, also ob sie realistischerweise in einem Sprint umgesetzt werden kann.

4. Die eigentliche Schätzung kann jedoch erst im Rahmen der Sprint Planning Meetings erfolgen. Denn erst, wenn alle Teammitglieder ihre Sichtweisen zu den einzelnen Stories einbringen, kann eine Story wirklich vernünftig erfasst und bewertet werden.

   Hier nehmen die Tester durchwegs auch eine aktive Rolle ein. Denn, Sie erinnern sich: Ziel ist es, jede Story im Rahmen eines Sprints „potential shippable" (also fertig und auslieferbar) zur Verfügung zu haben, und da gehört der Test nun einmal untrennbar dazu.

   Manchmal scheint eine Story nur eines minimalen Entwicklungsaufwands zu bedürfen, der jedoch umfangreiche (Regressions-)Testaktivitäten nach sich zieht. Hier muss sich der Tester ggf. gegen das gesamte Team behaupten, falls das Bewusstsein im Team noch nicht sensibilisiert ist.

5. Auch beim laufenden Nachschätzen der noch im Product Backlog befindlichen Stories („Backlog Grooming") sind die Tester aufgefordert, ihre Expertise einzubringen.

5.1.7 Testorganisation

In Kapitel 4 lernten wir schon verschiedene Teamkonstellationen kennen – auch die, die sich in einigen unserer Projekte gut bewährt haben.

Jedes agile Team besteht aus zumindest ein bis zwei ausgebildeten Testern. Weiterhin stehen dem Team – so erforderlich – ergänzend noch einige Support-Teams oder auch einzelne Fachexperten zur Verfügung, die für Spezialthemen herangezogen werden können.

Ein Security-, Recovery- oder Last- und Performance-Experte bzw. Team wird – als eine Möglichkeit – immer dann vom Team „adoptiert", wenn Stories diese (meist nicht-funktionalen) Qualitätsmerkmale einfordern. Konkret heißt das, dass das Team temporär erweitert wird. Die temporären Teammitarbeiter haben in diesem Fall dieselben Rechte und Pflichten wie alle anderen Teammitglieder – d. h. sie committen sich ebenfalls zum Sprint-Ergebnis.

Eine Alternative bietet sich dazu an und zwar, diese Stories oder Testaufgaben außerhalb des Teams durch andere Organisationen bzw. Teams durchführen zu lassen.

Ähnlich verhält es sich mit anderen Supporting-Rollen wie DB-Modellierer, Systemarchitekten etc. Werden solche Spezial-Skills im agilen Team benötigt, werden diese Know-how-Träger temporär ins Team engagiert und erledigen dann diese Aufgabenstellungen entweder als externer Zulieferer oder sogar als temporäres Teammitglied während des aktuellen Sprints.

Vereinfacht kann die Teamzusammenstellung wie in Bild 5.2 dargestellt werden.

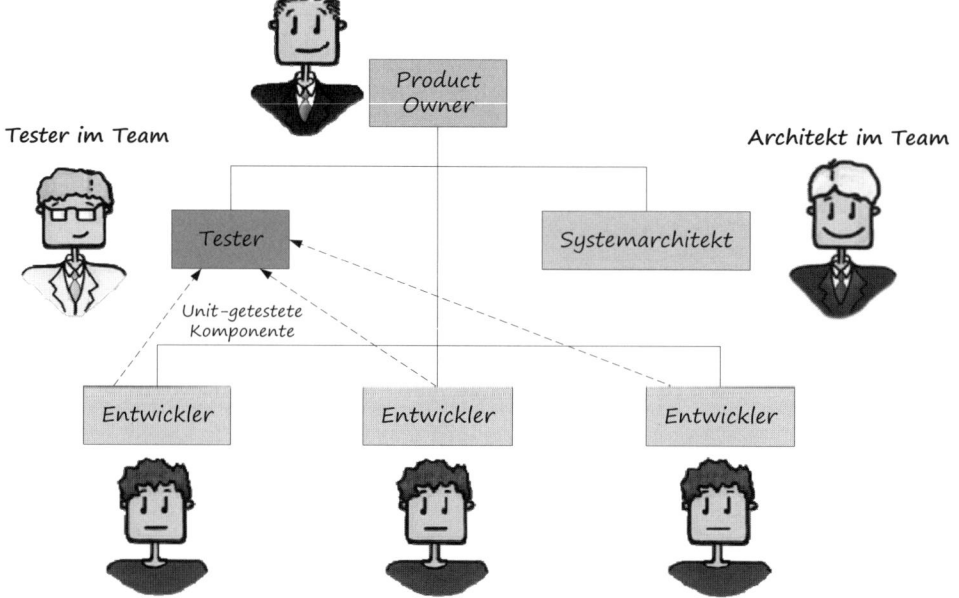

Bild 5.2 Teamzusammenstellung und Position der Tester

5.1.8 Testerstellung, Durchführung und Release

Sind agile Teams co-located aufgesetzt, können sie einen wesentlichen Vorteil generieren. Und zwar jenen der direkten Kommunikation. Dieser Mehrwert wird oft massiv unterschätzt, zeigt sich jedoch dann ganz deutlich, wenn man bei Teams den Mehraufwand transparent macht, den sie durch auf mehreren Standorten verteilte Teams Tag für Tag in Kauf nehmen müssen. Das beginnt bereits beim Review und der Schätzung von Stories bei der initialen Befüllung des Backlogs, setzt sich über die Release- und Sprint-Planung fort, geht über die Vorbereitung zum Sprint Review bis hin zur Abnahme der Story und letztlich dem Release. Je mehr direkte Kommunikation hier möglich ist, desto effizienter wird ein Team arbeiten.

Wenn wir nun den Test betrachten, sehen wir, dass in all den oben genannten Phasen das gesamte Team gefordert ist, am gemeinsamen Ziel zu arbeiten. Je mehr es das Team verstanden hat, die „Hand in Hand"-Technik zu praktizieren, desto effizienter und rascher wird es ans Ziel, der Erfüllung der Akzeptanzkriterien jeder Story, kommen. Tester führen ihr Team dadurch zum Erfolg, indem sie gezielt die Schwächen und Probleme identifizieren und das Team dahingehend steuern, dass diese Schwachstellen beseitigt werden.

Was den eigentlichen Test betrifft, so kommt einem ein im Test altbewährtes Prinzip zugute: dass nämlich die Anforderungen bereits dadurch auf Umsetzbarkeit und Klarheit geprüft bzw. reviewt werden, indem sich Tester dazu Testfälle überlegen und entwickeln.

Was den Test selbst betrifft, hat sich nicht viel geändert. Es gilt, in möglichst kurzer Zeit möglichst viele Fehler zu finden. Dazu gehört, neben dem in Folge noch genauer beschriebenen explorativen Testansatz nach wie vor auch gute Testfälle zu definieren, Testausführungen (mit Vor- und Nachbereitung) zu meistern, Testdaten zu finden und zu verwalten. Einziger Unterschied: Teams erstellen primär dafür ausführlichere Testfälle, wenn es für sie von Nutzen ist bzw. wenn es das Projektumfeld verlangt – z. B. wenn gesetzliche Regularien einzuhalten sind.

Bei **Last- & Performance-Tests** gibt es unterschiedliche Ansätze.

In-Team Abwicklung: Diese finden wir vielfach in frühen Phasen, in welchen es primär darum geht, den gewählten Lösungsansatz der System- oder Datenbankarchitektur zu verifizieren, ob z. B. ein Request durch die gewählte Layer-Struktur auch wirklich die gewünschte Performance aufweist. Diese Tests können mit einigen wenigen parallelen Usern erfolgen und auch z. B. auf der Entwicklungsumgebung durchgeführt werden. Hier steht also die Performance der Einzeltransaktionen im Fokus.

Support-Team Abwicklung: Geht es dann darum, die prognostizierte Produktivleistungsfähigkeit des Systems zu verifizieren, schaut das dafür benötigte Setting wesentlich anders aus. Es geht darum, den Nachweis zu erbringen, dass das erstellte System dem Einsatz in der „realen Welt" gewachsen ist, d. h. ob Anwender das System auch bei Volllast noch innerhalb der akzeptablen Reaktionszeiten bedienen können. Die dabei sehr beliebten Open-Source-Tools sind, sofern man dazu Entwickler einsetzen kann, zwar sehr gut geeignet, um Last zu erzeugen und minimale Messwerte auszuwerten. Aber benötigt man seriöse, tiefgreifende Analysen, um hier die Auswirkungen auf das gesamte Systemumfeld zu berücksichtigen, ist der Einsatz professioneller Last- und Performance-Testwerkzeuge unabdingbar. Hersteller solcher kommerzieller Tools haben mittlerweile der Kritik des Marktes Rechnung getragen und bieten leistungsfähige Tools schon mit attraktiven Kauf- und Mietmodellen an.

Die Durchführung von Last- und Performance-Tests samt Auswertung und Analyse des Systemverhaltens folgt eigenen Regeln. Diese lassen sich, wenn man es wirklich seriös und professionell abwickeln möchte, schwer in die fixe Taktung von Iterationen/Sprints zwängen, weshalb diese Tests oft auch an Support-Teams im Testcenter oder Betrieb ausgelagert werden. Hier stehen dann auch die benötigten Systeme und Netzwerke zur Simulation einer produktionsnahen Umgebung sowie die Methoden- und Tool-Profis zur Verfügung. Nach Übermittlung der Anforderungen wickeln diese Teams die Tests ab und liefern die Ergebnisse sowie Detailanalysen am Ende dem Team zurück. Die Teams bewerten die Ergebnisse und leiten daraus, sofern erforderlich, Maßnahmen ab, die sie entweder direkt umsetzen oder als „Ticket" in das Backlog aufnehmen.

Die Testplanung ist das eine, das „moderner" geworden ist, doch wie schaut es mit den bekannten Testtechniken aus? Hat sich auch da ein Wandel eingestellt?

■ 5.2 Testmethoden im agilen Umfeld

Zehn Jahre nach dem Erscheinen des ersten Artikels von Crispin über agiles Testen in Amerika beschreibt Markus Gärtner im Fachjournal „Objektspektrum" eine andere Art, agiles Testen zu praktizieren. Er suchte nach einer Antwort auf die berechtigte Frage, wie Tester bei so schnellen Entwicklungszyklen – zwei bis sechs Wochen – mithalten sollen, wenn jeder weiß, dass es länger dauert, Software zu testen als Software zu schreiben [Budd78]. Bei der Suche nach einer Antwort auf diese Frage ist er auf einige vielversprechende Ansätze gestoßen, darunter

- risiko- und value-basiertes Testen
- exploratives Testen (ET)
- session-basiertes (exploratives) Testen (SBT)
- abnahmegetriebene Entwicklung (ATTD) und
- Testautomatisierung.

Es obliegt den Testern, den geeigneten Ansatz bzw. die geeignete Kombination von Ansätzen für ihre jeweilige Projektsituation zu finden (Bild 5.3).

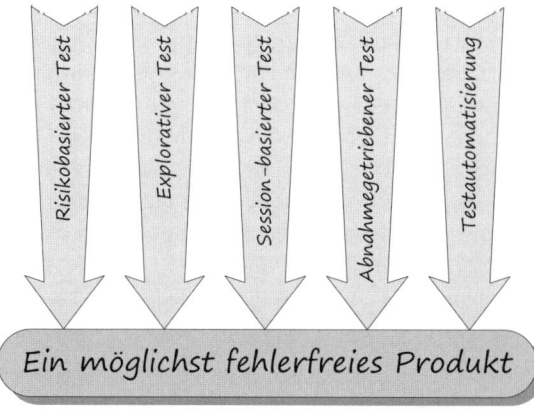

Bild 5.3
Pfade zur Teamunterstützung für das agile Team

5.2.1 Risikobasiertes und valuebasiertes Testen

Gärtner stellte damals schon fest, dass agile Entwicklung mit ihren kurzen Release-Intervallen die bisherigen Testmethoden vor ein schwer lösbares, wenn nicht gar unlösbares Problem stellt. Zeit, um Testfälle für sämtliche Funktionen zu finden, zu dokumentieren und auszuführen, gibt es wohl kaum. Für Tester gilt es daher, einen Kompromiss einzugehen. Der Kompromiss sieht vor, aufgrund der verkürzten Testzeit weniger zu testen – dabei also gerade mal so viel, dass die gravierendsten Fehler doch noch aufgedeckt werden [Menz00].

Der risikobasierte Test bietet einen Weg dazu. Demnach soll der Tester die risikoreichsten Stellen eines Systems heraussuchen und diese gezielt angehen.

Soweit die Idee, aber wie weiß nun das Team, welche Komponenten, Funktionen, Stories oder Abläufe für den Endkunden welches Risiko bedeuten?

Eine Erweiterung des genannten Ansatzes ist, neben dem Risiko auch den Nutzen (Value) der jeweiligen Funktionalität mit einzubeziehen. Das heißt, je geschäftskritischer der Ausfall eine Funktionalität wäre, desto intensiver ist diese im Test zu berücksichtigen.

Hier ist der Product Owner gefragt, die wichtigen Infos bereits bei der Befüllung des Backlogs zu vermerken oder spätestens den Teams beim Planungs-Meeting bekannt zu geben. Darauf aufsetzend führen die Tester zusammen mit dem Rest des Teams eine Risikoanalyse der als kritisch eingestuften Komponenten durch. Jede neue Funktion dieser Komponente wird auf ihre Risiken überprüft. Zum einen wird die potenzielle Auswirkung eines Fehlers in der Funktion eingestuft und zum anderen die Wahrscheinlichkeit eines Fehlers berechnet. Die Auswirkung mal die Wahrscheinlichkeit ergibt die Priorität des Tests [Bach99].

 Ein kreativer „Spaßvogel" hatte eine noch effizientere Idee:

„Einfach nur für die Teile Tests vorbereiten und durchführen, die Fehler enthalten. Den Test der anderen, fehlerfreien Teile kann man getrost einsparen."

Demjenigen, der das zur „Serienreife" bringt, wäre der Titel „Rising Star" am Testerhimmel und auf Fachkonferenzen sicher. Wir arbeiten dran … ;o)

Eine andere Art von Risiko kann sich aus der Umsetzung ergeben: Werden z. B. zentrale Module entwickelt, die das Herzstück für das gesamte System darstellen, sind diese natürlich wesentlich kritischer und somit intensiver zu testen als andere „normale" Funktionalität.

Durch die enge Zusammenarbeit im Team ist die Identifizierung der risikoreichsten Stellen eines Systems meist einfacher als früher, als Tester erst das fertige Produkt bekamen.

Die Messskala für die oben genannten Faktoren (Auswirkung und Wahrscheinlichkeit) ist dieselbe:

sehr hoch = 4

hoch = 3

mittel = 2

niedrig = 1

Hat also eine Funktion ein hohes Gefährdungspotenzial = 3 und eine hohe Wahrscheinlichkeit, fehlerhaft zu werden = 3, ist die Priorität 9. Hat es ein mittleres Gefährdungspotenzial = 2 und eine niedrige Wahrscheinlichkeit, fehlerhaft zu werden = 1, ist die Priorität 2. Wichtig ist dabei, dass das ganze Team über die Prioritäten mitentscheidet.

Liegt nun aktuell ein Testdurchlauf an, wirkt in diesem Fall als Testendekriterium: „Testzeit zu Ende". D. h. es werden nur so viele Testfälle aus der priorisierten Testausführungsliste abgearbeitet, bis der Zeitrahmen ausgeschöpft ist. Punkt. Nicht mehr und nicht weniger. Je länger die Testzeit ist, desto weniger Risiko verbleibt im „nichtgetesteten" Teil des Systems. So kann es z. B. durchaus auch vorkommen, dass in einem neuen Release nur die Hälfte der Funktionen getestet wird. Durch den gewählten risiko- bzw. value-basierten Testansatz ist dann jedoch zumindest gewährleistet, dass die Funktionen getestet wurden, die am geschäftskritischsten sind bzw. worin im Fehlerfall die größten Gefahren für die Durchführung des Kerngeschäfts liegen.

Sollte es Fehler in den restlichen Funktionen geben, werden diese schlimmstenfalls irgendwann einmal in der Produktion auftauchen. Da sie jedoch – so man die Einschätzung des Risikos korrekt getroffen hat – kaum bis nicht geschäftskritisch sind, kommen sie ins übliche Fehlermanagement-Tool, und das Team behebt diesen Fehler im Rahmen der Wartung.

Prof. Mario Winter beschreibt das Thema Risiken und Testen in seinem Vortrag [Wint09] folgendermaßen:

Was versteht man unter Risiken?

Risiken sind Probleme, die sowohl während der Entwicklung als auch beim Einsatz des Produkts möglicherweise eintreten können und unerwünschte Folgen haben könnten.

- Projektrisiken beziehen sich auf das Management und die Steuerung eines (Test-)Projekts, z. B. Mangel an personellen Ressourcen, zu enge Zeitrahmen, sich ändernde Anforderungen usw.

- Produktrisiken sind direkt auf das Software-Produkt bezogen und resultieren oft aus Qualitätsmängeln.

Projekt- und Produktrisiken werden dabei häufig nach der Software-Qualität nach DIN/ISO/IEC 9126 betrachtet.

Die Einflussfaktoren sind dabei sehr breit gestreut und können teilweise kaum beeinflusst werden (Bild 5.4).

Unter value- bzw. risikobasiertem Testen versteht man also:

- **Zielgerichtet testen**, indem Systemfunktionen je nach Nutzen/Value, die diese Funktionen für das Unternehmen darstellen, betrachtet werden. Außerdem muss ergänzend die Risikostufe berücksichtigt werden, also die Wahrscheinlichkeit, dass dieses Risiko eintritt. Dabei ist sowohl die Wahl des Testverfahrens als auch die Testtiefe maßgeblich.

- **Priorisiert testen**, wobei Bereiche mit höherem Risiko bei der Testplanung eine höhere Priorität erhalten und entsprechend frühzeitig und intensiv getestet werden.

- In den Testberichten die **Restrisiken beziffern**, die bei einer Auslieferung der Software trotz Verkürzung des Tests oder Verzicht auf die Ausführung geplanter Tests verbleiben.

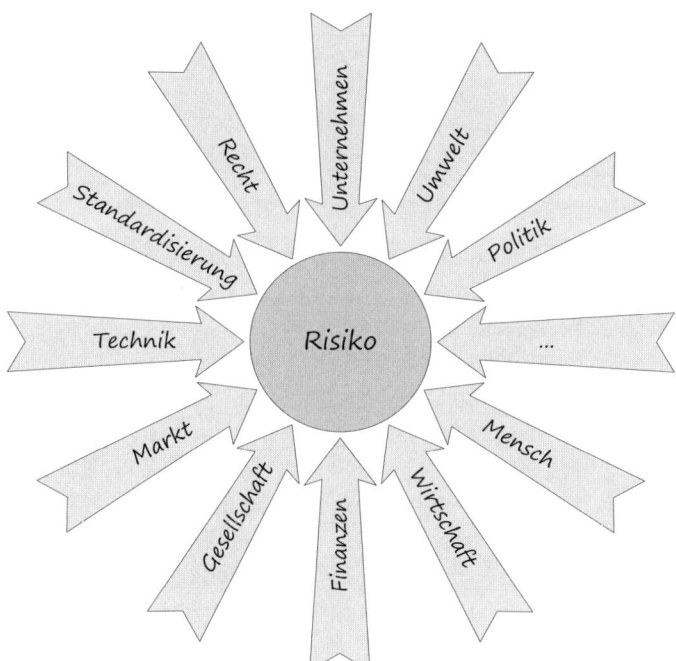

Bild 5.4
Risiko Einflussfaktoren

5.2.2 Explorativer Test

Exploratives Testen wird schon länger als Alternative bzw. als Ergänzung zum mechanischen Testen stur nach einer Methode gepriesen. Erfahrene Testexperten wie Cem Kaner und James Bach plädieren für einen kreativen Testansatz, nach dem der Tester von seiner Intuition und nicht von einer Methode oder von einem Werkzeug gesteuert wird [Kane02]. Ein guter, kreativer Tester wird ahnen, wo die Fehler liegen. Dieser Ansatz läuft auf eine Erforschung der Software hinaus. Der Tester stößt in das System hinein und verfolgt Pfade, die eventuell zu Fehlern führen können. Wenn er keine findet, kehrt er zurück und verfolgt einen anderen Pfad. Aufgrund seiner langjährigen Erfahrung wird der erfahrene Tester wissen, wo er zu suchen hat. Ähnlich wie es im Entwicklungsumfeld den Begriff „code smell" gibt, den Entwickler riechen, wenn sie suboptimalen Code sehen, könnte man sagen, Tester nehmen den „bug smell" wahr.

Dieser erfahrungsbasierte Ansatz wurde inzwischen bereits klarer strukturiert: Tester sind sensibilisiert auf Begriffe wie „Features", „Complexity", „Configuration" und „Interoperability"; diese bieten dem Tester Anhaltspunkte, von wo aus er seine Touren durch das System starten kann.

James Whittaker vergleicht Exploratory Testing mit Touristen in einem fremden Land, die die Möglichkeit haben, die Gegend auf unterschiedlichen Touren zu entdecken [Whit09], z. B.:

- **Landmark Tour:** Hier nimmt man sich die Sehenswürdigkeiten, also die wichtigsten Features vor und testet diese auf vielen verschiedenen Wegen und Reihenfolgen – ganz wie Touristen die Sehenswürdigkeiten nach Interesse und Belieben besuchen.

- **Money Tour:** Diese Tour hat in erster Linie die Funktionen im Visier, die für den Kunden den größten Nutzen bringen, quasi wie ein Kunstliebhaber, den in jeder Stadt primär die Museen interessieren.

- **Intellectual Tour:** Das ist die Tour der Tüftler, die die Grenzen des Systems herausfinden wollen, also im Grunde der „traditionelle Testeransatz", wo es primär darum geht, möglichst viele Fehler zu finden, und sei es auch mit besonders kniffligen Eingabekombinationen.

- **Saboteur Tour:** Hier fühlen sich möglichst destruktive Tester wohl, die jede Situation nutzen, um das System gezielt zu Fall zu bringen.

- **Fedex Tour:** Ähnlich wie bei der Paketverfolgung folgt man den Daten durch das System und achtet besonders darauf, dass sie an der richtigen Stellen ankommen.

- **Guidebook Tour:** Diese Tour ist vor allem dann angebracht, wenn es zum System eine Dokumentation gibt. Man folgt rein den in der Doku angegebenen Wegen und findet so heraus, ob Beschreibung und System zusammenpassen und auch korrekt funktionieren.

James Whittaker hat in seinem Buch noch eine Reihe anderer Touren entdeckt, die Sie als Software-Touristen sicher interessieren können.

Dennoch bleibt das explorative Testen im Wesentlichen, was es ist: ein manueller Suchprozess nach Erfahrung und Instinkt. Entweder hat der Tester die richtige Erfahrung und den nötigen Instinkt oder eben nicht. Wenn er sie hat, kann er die Testzeit relativ zum Testergebnis wesentlich kürzen. Bringt er das nicht mit, ist dieser Testansatz nicht gerechtfertigt [Wall04].

Exploratives Testen, vor allem wenn es als session-basiertes Testen praktiziert wird, ist eine hoch effiziente Methode, die auch die Rollentrennung Tester von (Fach-)Experte ermöglicht.

5.2.3 Session-basiertes Testen

Damit exploratives Testen nachhaltiger und vor allem auch messbar wird, haben Jonathan & James Bach im Jahre 2000 eine eigene, erweiterte Testmethode entwickelt: das session-basierte Testen (Session Based Testing, SBT).

 J. & J. Bach beschreiben ihre Beweggründe folgendermaßen:

„From a distance, exploratory testing can look like one big amorphous task. But it's actually an aggregate of sub-tasks that appear and disappear like bubbles in a Jacuzzi. We'd like to know what tasks happen during a test session, but we don't want the reporting to be too much of a burden. Collecting data about testing takes energy away from doing testing." [Bach00]

Um die „Bubbles" nachvollziehbarer verfolgen zu können, geht man also prinzipiell nach dem explorativen Ansatz vor, folgt jedoch bei der Herangehensweise und Abwicklung einer vorab definierten Struktur, sogenannter Session Sheets. Das hat gleich mehrere Vorteile:

- Die Kreativität bei der explorativen Testdurchführung ist nicht eingeschränkt.

- Die Testläufe werden nachvollziehbar, da sie einer rudimentären Struktur folgen.

- Testergebnisse sind dadurch auch messbar.
- Wiederholbarkeit, also eine Art Regressionstests, ist möglich.
  - Ein weiterer großer Vorteil ist die flexible Anpassbarkeit. Erkennt das Team Optimierungspotenzial, adaptieren sie das Basis-Sessions-Sheet – fertig. Schon ist die Änderung vollzogen.

Dieser Testansatz findet sich oft auch in Unternehmen wieder, deren Testprozess noch nicht so ausgereift ist, aber deren Testteams dennoch eine mess- und kontrollierbare Abwicklung benötigen.

Wie läuft SBT nun ab?

Der session-basierte Testansatz (SBT) verlangt vom Tester, dass er kurze Arbeitsperioden plant, in denen er intensiv testet.

Zum Start der Session erhalten die Tester ein Debriefing vom Experten bzw. Team, in welchem die Eckdaten der durchzuführenden Testsession definiert werden – dazu hat sich das Session Sheet (lt. Bach) bewährt, welches folgende Kategorien beinhaltet:

- **Session Charter:** Diese inkludiert ein Mission Statement, eine Kurzdefinition, welches Ziel mit dem Test der aktuellen Session verfolgt werden soll. Das kann beispielsweise die Strategie/Tour [Entdeckung, Bug-Findung, Bug Retest, „Einfach drauflos"] sowie die Sessiondauer: [kurz: 60 Minuten; normal: 90 Minuten; lang: 120 Minuten] beinhalten.
- **Tester Name(s):** Zuordnung, wer die Tests durchführt
- **Date and time:** Wann die Testsession startet
- **Task Breakdown:** Dahinter verbergen sich die Kennzahlen des Tests:
  - T(ime – Duration, also Dauer der Testsession)
  - B(ugs – Anzahl, die während der Session gefunden wurde)
  - S(ession Setup – also welche Rahmenbedingungen für diese Session wirken)
- **Datenfiles:** die benötigt werden bzw. angelegt wurden
- **Testnotizen:** Alles wichtig Erscheinende wird dokumentiert (Schritt für Schritt oder stichwortartig, welches Verhalten zeigte das System, welches hätte man erwartet? etc.).

  Erfahrene Tester können hier z.B. einzelne Testideen und Ansätze auch mit klassischen Testtechniken ergänzen: gerade wenn beispielsweise Akzeptanzkriterien getestet werden, könnte das so aussehen:

  AC01: Schlüsselwerteingabe muss Abhängigkeiten zur Eingabe Feld xyz (lt. Anhang XY erfüllen)
  Verifikation des Eingabefeldes mittels Entscheidungstabelle (lt. Beiblatt)
  Verifikation der unterschiedlichen Bereiche (lt. Grenzwertanalyse)
- **Issues:** Fragen, Auffälligkeiten …
- **Bugs**: Fehler, die während der Testdurchführung/Session aufgefallen sind. Das kann entweder die Fehler-ID sein, wenn Fehler in einem Fehlermanagement-Tool erfasst wurden, oder man hängt dem Session Sheet alle erforderlichen Logfiles oder Screenshots an, die zur Analyse und Behebung benötigt werden.

Im Weiteren ein beispielhaftes Session Sheet aus einem unserer Übungsprojekte (Bild 5.5).

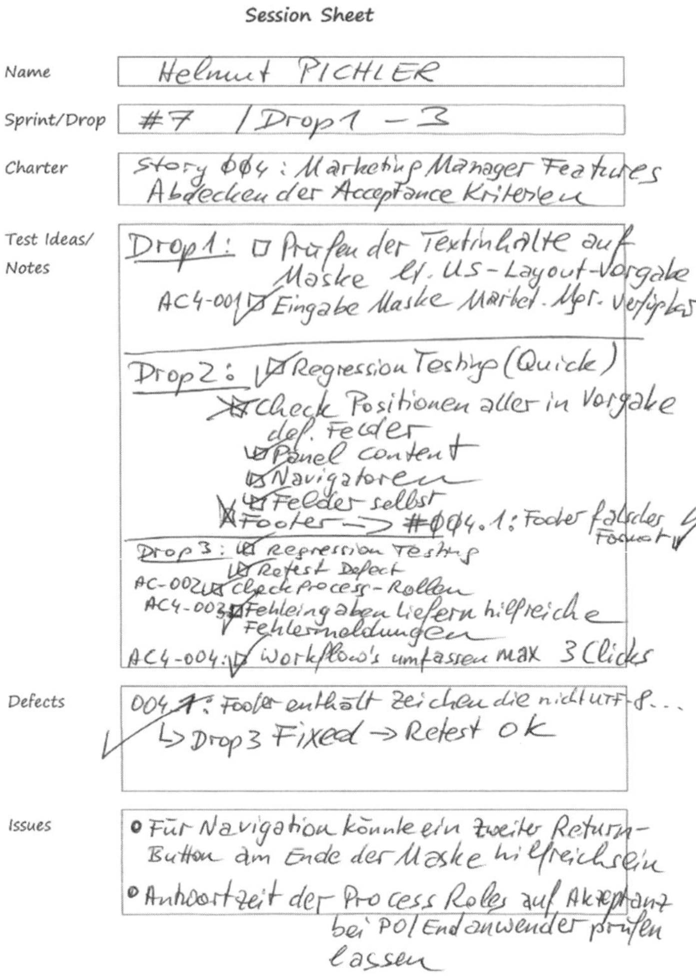

Session Sheet

Name	*Helmut PICHLER*
Sprint/Drop	*#7 /Drop 1 – 3*
Charter	*Story 004: Marketing Manager Features* *Abdecken der Acceptance Kriterien*
Test Ideas/ Notes	*Drop 1: ☐ Prüfen der Textinhalte auf* *Maske lt. US-Layout-Vorgabe* *AC4-001 ☑ Eingabe Maske Market. Mgr. verfügbar* *Drop 2: ☑ Regression Testing (Quick)* *☒ Check Positionen aller in Vorgabe* *def. Felder* *☑ Panel content* *☑ Navigatoren* *☑ Felder selbst* *☒ Footer → #004.1: Footer falsches* *Format ☑* *Drop 3: ☑ Regression Testing* *☑ Retest Defect* *AC-002 ☑ Check Process-Rollen* *AC4-003 ☑ Fehleingaben liefern hilfreiche* *Fehlermeldungen* *AC4-004: ☑ Workflow's umfassen max 3 Clicks*
Defects	*004.1: Footer enthält Zeichen die nicht utf-8...* *☑ → Drop 3 Fixed → Retest ok*
Issues	*• Für Navigation könnte ein zweiter Return-* *Button am Ende der Maske hilfreich sein* *• Antwortzeit der Process Roles auf Akzeptanz* *bei PO/Endanwender prüfen* *lassen*

Bild 5.5 Übungsbeispiel für ein Session Sheet

Am Ende der Session berichten die Tester den Experten bzw. dem Team ihre Erfahrungen, was aufgrund der geordneten, wenngleich auch meist stichwortartigen Dokumentation der Ergebnisse effizient möglich ist.

Die daraus gewonnenen Erkenntnisse fließen dann an das Entwicklungsteam zurück. Sollte sich dabei herausstellen, dass Tester z. B. falsche Annahmen getroffen oder sich „verrannt" haben, lässt sich das hier auch rasch lösen und die Charter entsprechend anpassen.

Auf Basis der Testergebnisse entscheiden Experte bzw. Team über weitere Testbereiche und geben den Testern weitere Testaufträge (für weitere Sessions).

In dieser Methode ist risikobasiertes Testen, strukturiertes Testen, gute Dokumentation und sinnvolle Rollentrennung (Experten müssen nur relativ wenig Zeit investieren) vereint – also schlichtweg alles, was einem zur Erreichung höherer Qualität verhelfen kann.

In der Community ist SBT weit verbreitet, die SBT als Basis für weiterführende Techniken nutzen bzw. darauf aufbauen und eigene Kennzahlen darauf aufsetzen. Einen sehr interessanten Ansatz entwickelte z. B. James Lindsay [Lind03], der basierend auf SBT ein Verfahren entwickelte, bei dem er mittels Ermittlung und Anwendung von Test Points Verbesserungsmodelle ableitet und somit mit einfachen Mitteln den Test gezielt steuern kann. SBT ist also eine relativ einfache und sehr wirkungsvolle Methode, die den Test von agilen Projekten noch professioneller werden lässt.

Zusammenfassung

Session-basiertes Testen (SBT) ist:

- gemanagtes und kontrolliertes, exploratives Testen
- limitierte Dauer (Time Boxed)
- explorative Ausrichtung
- Mitprotokollieren der Aktivitäten.

5.2.4 Abnahmetestgetriebene Entwicklung

In einer abnahmetestgetriebenen Entwicklung, auch Acceptacne Test Driven Development genannt, nimmt sich das gesamte Team bei jeder Iteration bzw. jedem Sprint im Sprint Planning Meeting oder bereits im laufend stattfindenden Grooming Story für Story vor und diskutiert dazu die vom Product Owner vordefinierten Akzeptanzkriterien. Anhand von konkreten Interpretationsbeispielen werden rudimentäre Beispiele – wie z. B. „Wenn der Kunde Sneed ein Buch mit dem Titel ‚Lange war es her‘ bestellt, bekommt er die Meldung, dass dieses Buch nicht mehr auf Lager ist" und weitere – besprochen.

Treten hier, also bereits ganz am Anfang des Sprints, unterschiedliche Sichten auf, dienen diese Beispiele dem Team als Diskussionsgrundlage bei der Abstimmung mit dem Product Owner.

Sobald das Team eine einheitliche Sicht und ein einheitliches Verständnis hat, wie die vorgegebenen Akzeptanzkriterien zu verstehen sind, formulieren die Tester aus dem Gesamt-Set an Beispielen heraus relevante Testfälle, die ab sofort als „konkrete Akzeptanzkriterien" gelten. Diese dienen künftig für die Abnahme, z. B. beim Sprint Review, als einzig gültige Akzeptanzkriterien.

Somit hat das gesamte Team von Anfang an diese Akzeptanzkriterien, um das gemeinsame Verständnis der zu betrachtenden Stories zu schärfen.

Elisabeth Hendrickson, eine der Master Minds zum agilen Testen sieht es als eine der wichtigsten Praktiken im agilen Umfeld an [Hend08].

Gojko Adzic hat diesem Thema mit seinem Buch „Specification By Example" [Adzi11] zu neuem Aufschwung verholfen. Adzic zeigt darin sehr anschaulich, welche Herangehensweise zum Erfolg führt, und würzt seine Empfehlungen mit sehr verständlichen Beispielen.

5.2.5 Testautomatisierung

Die Testautomatisierung ist eine unverzichtbare Begleiterscheinung des agilen Tests. Sie muss daher schon vor Projektbeginn eingeführt und geschult werden. Wenn die erste Iteration stattfindet, müssen die Tester schon damit umgehen können. Natürlich können nicht alle Testaufgaben automatisiert werden, aber ein großer Teil davon, darunter sämtliche wiederholbaren Aufgaben wie die Testdatengenerierung, die Testergebnisprüfung, die Testablaufprotokollierung und die Testlaufwiederholung. Der Tester sollte von diesen zeitaufwendigen Aktivitäten befreit werden, damit er sich auf die kreativen Aufgaben konzentrieren kann.

Die Testautomatisierung ist für Gärtner die Krönung des agilen Tests. Es mag sein, dass sie in jedem Projekt etwas anders ausfällt, aber jedes Projektteam muss dafür eine geeignete Lösung finden. Nur mittels der Automatisierung wird es den Testern gelingen, mit den Entwicklern Schritt zu halten, und dies sei die „Conditio sine qua non" für den Test in agilen Projekten. Es muss in der Kürze der Zeit einer Iteration das Maximum an Testüberdeckung erreicht werden.

> *„To automate or not to automate – that's the question."*
> *(frei nach Shakespeare)*

Will man Projekte im agilen Umfeld erfolgreich abwickeln, würde das Zitat ergänzend lauten:

> *„. . . but if you want to be successful with agile projects there's no option: Automation is a MUST have"*

Da dieses Thema gerade in agilen Projekten essentiell ist, haben wir diesem ein ganzes Kapitel (siehe Kapitel 7) gewidmet.

■ 5.3 Wesentliche Einflussfaktoren auf den Test

Damit agile Teams überhaupt arbeiten können, sind einige Praktiken und Prozesse sicherzustellen. Permanente Integration, sowie laufendes Deployment der zu entwickelnden Applikation, kurze Lieferzyklen, gemeinsame Codebasis, um nur einige zu nennen, müssen aufgesetzt sein und „wie geschmiert laufen". Denn erst, wenn dies „rund und stabil läuft", kann ein Team überhaupt an eine erfolgreiche Umsetzung von Stories denken.

Ich höre bereits Stimmen, die da sagen: „Das ist doch primär für die Entwickler relevant, also ein reines Entwicklungsthema!"

Stimmt, das hat zwar nicht unmittelbar etwas mit dem Testen zu tun, stellt aber die Grundlage für den gesamten Projektablauf dar. Vom Funktionieren dieser Werkzeuge bzw. Prozesse hängt es ab, ob das Team und somit auch die Tester regelmäßig die neuesten Versionen bekommen.

Schauen wir uns diese Prozesse und deren Geschichte etwas genauer an:

5.3.1 Continuous Integration (CI)

Der Begriff Continuous Integration ist ein Begriff aus der Software-Entwicklung und in der agilen Welt ein „Must have". Continuous Integration ist eine Praxis aus XP (Extreme Programming) und die Basis, um hoch qualitative Software zu liefern.

Wird in Projekten, die den klassischen Entwicklungsmodellen folgen, der Code-Stand zu einem späten Zeitpunkt dem Test bereit gestellt, um die notwendigen Testabläufe durchzuführen, verfolgen agile Methoden den Ansatz, die Software laufend zu testen, um auf diese Weise sehr rasch Fehler festzustellen und diese gleich zu beheben.

Erfahrungen aus diversen Software-Projekten zeigen, dass die späte Übergabe der Software an die Testteams viele Problemstellungen mit sich bringt. Es zeigt sich sehr häufig, dass die Software im Vorfeld nicht ausreichend durch die Entwicklung getestet worden ist. Die so übergebene Software an das Testteam enthält sehr oft noch Kinderkrankheiten, die Ursache für oftmalige, unnötige Zeitverzögerungen sind, bis die Software einen Stand aufweist, um einen reibungslosen Test zu ermöglichen. Folgewirkungen daraus sind höhere Kosten in der Testphase, erhöhter Personalaufwand, Verzögerungen bei Auslieferung der Software an den Kunden sowie Qualitätsmängel im Betrieb der Software.

Continuous Integration ist ein Weg, um hier Abhilfe zu schaffen. Der Prozess sieht relativ einfach aus (Bild 5.6 auf der nächsten Seite).

Continuous Integration ist ein wesentlicher Bestandteil einer agilen Teststrategie: Angenommen, die Entwicklung arbeitet nach dem Test-First-Ansatz, dann passen die Entwickler ihre Codeteile so lange an, bis die lokal erstellten Unit Tests fehlerfrei ablaufen. Danach checken sie ihre neuen oder geänderten lauffähigen Source-Bausteine in das Konfigurationsmanagement-Tool (Versionsverwaltung) ein.

Der automatische Build

Nach jeder Änderung in der Source-Bibliothek startet üblicherweise sofort nach dem Einchecken ein neuer Build-Lauf, der die neuen Software-Builds automatisch nach einem vorgegebenen Schema versioniert und im Software-Repository ablegt. Danach startet das Tool ebenfalls automatisch alle im zentralen Repository enthaltenen Unit- und Integrationstest, die bisher erstellt und eingecheckt wurden.

Hier beginnen „Bauchkribbeln und Bangen" zu wachsen: Laufen alle Testfälle noch erfolgreich durch – ist der Ergebnisbalken grün oder verursacht (m)eine Codeänderung Fehler in anderen Komponenten? Dies wird auch als Broken Build bezeichnet.

Treten Fehler im Build auf, herrscht im Team höchste Alarmstufe! Oberstes Ziel ist es nun, die Fehler so rasch als möglich zu beseitigen.

> *„Unser oberstes Ziel nach jedem Build – das ist ganz klar –, ist die Erhaltung der Green Bar."*
> *(Schlachtruf aus einem unserer Projekte)*

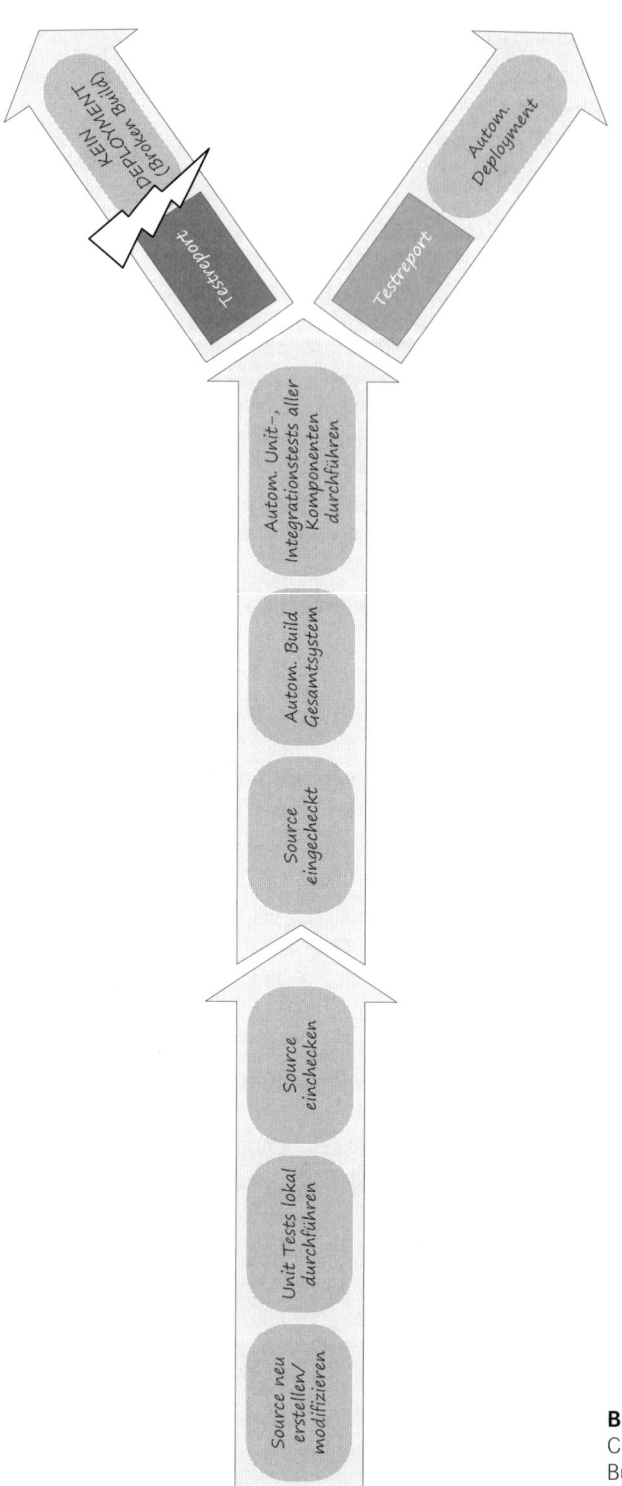

Bild 5.6
Continuous Integration –
Build-Prozess (vereinfachte
Darstellung)

Build-Prozess

Für die Administration des gesamten Build-Prozesses ist üblicherweise ein eigener Build-Manager verantwortlich. Dieser passt die Build-Routinen an, steuert, wann und wie viele Testfälle sowie ggf. auch ausgesuchte (kurze) fachliche Tests automatisiert gestartet werden, und definiert auch, wann komplexere funktionale und nicht-funktionale Tests im Rahmen des Build-Prozesses automatisch gestartet werden. In vielen Teams erfolgt dies meist nur einmal am Tag, und das bevorzugt über Nacht (Nightly Build). D.h. hier wird ein komplett neuer Build erstellt, es laufen alle Unit- und Integrationstests durch – wenn diese eine Green Bar produziert haben, laufen im Anschluss die aufwendigeren funktionalen Tests automatisiert durch. Am Ende steht dem Team dann am frühen Morgen sowohl ein Ergebnisreport als auch eine komplett neue Version zur Verfügung.

Zum Thema Continuous Integration und Build-Prozess gibt es auch hervorragende, vertiefende Literatur wie z.B. [Pich11], wo Andreas Havenstein das Thema Continuous Integration sehr detailliert und mit hohem Praxisbezug aufschlüsselt. Nach einer Einführung ins Thema geht er auf die Rahmenbedingungen ein, die für das Betreiben dieser Technik erforderlich sind. Weiterhin widmet er dem Thema Feedback ein umfangreiches Kapitel, da Feedback genaugenommen als Grundprinzip hinter der CI steht. Außerdem beschreibt er im Detail, welche Rahmenbedingungen bei der Einführung und beim „Leben" der CI beachtet werden sollten, z.B. was es mit der „Broken Windows Theory" bzw. dem „Stop the line"-Prinzip auf sich hat und warum das gerade bei agilen Teams ein Thema ist.

5.3.2 Automatisiertes Konfigurationsmanagement

Unternehmen, die ihre Software intern entwickeln, brauchen auf jeden Fall ein automatisiertes Konfigurationsmanagement mit Versionisierungsfähigkeit. Das Check-in- und Check-out-Verfahren sollte dafür sorgen, dass immer die aktuelle Version verfügbar ist und dass frühere Versionen archiviert werden. Ein weiterer Punkt, auf den der Anwenderbetrieb achten sollte, ist die Schnittstelle, an der die Software in die IT-Systeme des Unternehmens gelangt. Der Weg der Sourcen bis hin zur ausführbaren Komponente muss eindeutig festgelegt sein. Sowohl der Kunde als auch die agilen Lieferanten profitieren von definierten Prozessen und Infrastrukturstandards. Sie ermöglichen es, neue Releases in leicht integrierbare Installationspakete auszuliefern.

Wer seine Software selbst in installierbare Pakete umwandelt, sollte die Daten streng strukturieren und vereinheitlichen. Erst dann lassen sich die Applikationen mühelos in verschiedene Systemtest-, Integrationstest- sowie Produktionsumgebungen einspielen. Die erforderlichen Anpassungen erfolgen über Umgebungs- und Software-Parameter, ohne den Code selbst zu verändern. Die Information dazu soll bei der Auslieferung dokumentiert und, wenn möglich, automatisch bereitgestellt werden.

Die meisten Build-Tools geben Workflow und Integrationsstandards vor, die für alle Releases einheitlich sein sollten. In der Regel reicht hier ein einziges Werkzeug aus, um die wesentlichen Anforderungen zu erfüllen. Selbst wenn ein Team sich täglich abspricht, wie es bei Scrum- oder Kanban-Teams der Fall ist, sollten die Build-Skripte grundsätzlich versioniert werden. Nicht zuletzt, weil dieses Vorgehen Revisionssicherheit verleiht und weil es durch die Versionisierung möglich ist, Fixes für die Produktion automatisiert an neue

Releases weiterzugeben. Ein ähnliches Verfahren wie beim Build lässt sich für das Deployment anwenden. Eine einzige übergreifende Installationsroutine fasst alle zentralen Schritte zusammen, die für das Deployment notwendig sind. Diese Overlay-Komponente ist für alle Projekte gleich und wird bereits im Build-Prozess in jedes Software-Paket integriert. Ein solches Vorgehen ist nicht nur weniger aufwendig und fehleranfällig als eine manuelle Anpassung für jede einzelne Applikation, sondern auch wesentlich schneller. Anwendungen werden jeweils am zentralen Overlay vorgenommen und gelangen automatisch in jedes einzelne Paket. Sollten Entwickler den Code während eines agilen Entwicklungsprozesses ändern, kann das Deployment-Tool sofort darauf reagieren.

Als weitere kosten- und zeitsparende Maßnahme bietet das Deployment-Tool eine sofortige Prüfung der Verfügbarkeit einer Applikation – Server, Datenbanken, Zielschema und die geforderten Queues. Ergeben sich bei der Auslieferung trotz erfolgreichen Tests noch Fehler, so ist deren wahrscheinliche Quelle bereits gut eingegrenzt, nämlich in der Infrastruktur.

6 Agile Test-dokumentation

Im Agilen Manifest steht ganz oben der Grundsatz: Funktionierende Software hat Vorrang vor umfassender Dokumentation. Diese Grundsatzerklärung wird leider von vielen als Verzicht auf eine Dokumentation verstanden. Gemeint ist jedoch, dass die Dokumentation auf ein Mindestmaß reduziert oder zurückgestellt wird, wenn es zeitlich eng wird. Lebender Code ist wichtiger als tote Dokumente. Später haben die Väter des Manifests versucht, diese Aussage zu relativieren, aber ihre Absicht ist klar: Dokumentation ist zweitrangig.

In diesem Punkt haben die Verfasser des Manifests nicht ganz unrecht. Die Dokumentation war schon immer ein umstrittenes Thema. So stand bereits vor Jahrzehnten die Aussage im Raum, dass die einzige gültige Dokumentation eines Programms der Programmcode selbst ist, und um alles zu beschreiben, was ein Programm macht, die Dokumentation ebenso umfangreich sein müsste wie das Programm selbst, d. h. inklusive aller Bedingungen, Verzweigungen und Schleifen. Demnach wäre die Dokumentation gleich dem Programmcode, nur in einer anderen Sprache.

Anderseits ist eine zusätzliche Dokumentation oft unentbehrlich. Ohne eine zweite Beschreibung des automatisierten Prozesses ist es für Anwender unmöglich, das System zu verstehen, geschweige denn zu bedienen. Sie brauchen eine Definition der Funktionalität in einer Sprache, die sie verstehen. Es hat wenig Sinn, sie mit UML-Diagrammen zu konfrontieren. Diese dienen nur der Kommunikation zwischen den Entwicklern. Die Anwender brauchen ein strukturiertes, natursprachliches Benutzerhandbuch, das ihrer Sicht auf die Software gerecht wird. Auch Tester brauchen eine Beschreibung, ein Orakel, auf das sie sich beziehen können. Ein Test ist immer ein Abgleich des Ist-Verhaltens mit dem Soll-Verhalten. Er setzt deshalb voraus, dass das Soll-Verhalten irgendwo beschrieben ist. Ohne Dokumentation des Soll-Zustandes kann es keinen Test des Ist-Zustandes geben. So gesehen bilden Code, Dokumentation und Test ein Dreiecksverhältnis zueinander.

■ 6.1 Die Rolle der Dokumentation in der Software-Entwicklung

Die Dokumentation ist immer eine Abstraktion des echten Systems. Aber Abstraktion heißt Details weglassen – doch welche Details sollten das sein? Für jemanden aus der Fachabteilung ist der Algorithmus für die Errechnung eines Preises wichtiger als die allgemeine Architektur des Programms, in dem dieser Algorithmus eingebettet ist. Aber dieser Algorithmus ist oft nur auf der Anweisungsebene zu verstehen. Um nachzuvollziehen, was dort genau berechnet wird, muss der Suchende bis auf die Anweisungsebene einen Durchblick haben. Dokumentation soll Information vermitteln, und was Information ist, ist nur im Zusammenhang mit einem Informationsbedarf zu definieren, sonst bleibt sie nur Schall und Rauch.

Daraus folgt, dass Dokumente einen spezifischen Informationsbedarf decken müssen, um nützlich zu sein. Das heißt, es werden so viele Dokumentenarten benötigt, wie es Informationsbedürfnisse gibt. Wenn wir zur Kenntnis nehmen, wie schnell sich die Substanz Software verändert, dann müssen wir auch erkennen, wie hoffnungslos es ist, alle erforderlichen Dokumente auf dem gleichen Stand wie den Code zu halten. Die Kosten sind nicht vertretbar. Was also die laufende Dokumentation eines evolvierenden IT-Systems anbetrifft, haben die Verfasser des Agilen Manifests völlig recht. Es lohnt sich kaum, sich damit zu befassen, zumindest nicht manuell.

Heutzutage gibt es jedoch Reverse-Engineering-Werkzeuge, die automatisch recht brauchbare Dokumente aus dem Source-Code ableiten. Aus prozeduralem Code werden Strukturbäume, Strukturdiagramme, Ablaufdiagramme und Datenflussdiagramme gewonnen. Aus objektorientiertem Code werden Klassendiagramme, Sequenzdiagramme, Zustandsdiagramme und Komponentendiagramme generiert. Aus den Source-Verzeichnissen können sogar Architekturbäume und Aufrufshierarchien abgeleitet werden. Diese Dokumente helfen einem Manager oder Sachbearbeiter wenig, die Anwendung zu verstehen, aber sie können dem Wartungsprogrammierer dazu dienen, die Stellen zu finden, die er korrigieren oder ändern sollte. Mehr kann man nicht verlangen. Diese Werkzeuge können in wenigen Minuten ganze Systeme nachdokumentieren. Über den Aufwand für die Nachdokumentation braucht man demnach nicht lange diskutieren. Das Thema ist erledigt.

Was die Autoren des Agilen Manifests eher im Sinne hatten, war die Dokumentation vor der Entstehung der Programme. Gemeint sind die ausführliche Anforderungsspezifikation und die technischen Entwurfsdokumente, die den Entwicklern als Vorgaben dienen sollten. Hier haben sie wieder recht. Es ist in der Tat fraglich, etwas zu dokumentieren, was man noch gar nicht kennt. Die Programmierung sollte dazu dienen, den Lösungsweg zu finden. Ergo können wir ihn nicht vorher ausführlich beschreiben. Wir können nur Zielvorgaben geben, was der Benutzer im Team auch tut, wenn er seine Stories erzählt.

Es wurde in der Vergangenheit viel zu viel in die Beschreibung fachlicher und technischer Lösungen investiert, ohne zu wissen, ob diese Lösungen überhaupt tragfähig waren. Allzu oft stellte man erst bei der Implementierung fest, dass diese angedachten Lösungen unbrauchbar waren. Solange sie nur die Dokumente zu sehen bekommen, nicken die Anwender mit dem Kopf und meinen: nur so weiter. Sobald sie aber das laufende System sehen, stellen sie fest, dass sie es so nicht gemeint haben. Wie oft haben wir zu hören bekommen: „Es war bitter nach all dem, was in die Dokumentation mit SSD oder UML inves-tiert wurde. Es ist keine Alternative, nun zurückzugehen und die Dokumentation zu über-arbeiten." Also warf man die Dokumentation weg und arbeitete fortan nur mit dem Code, bis der Anwender endlich zufrieden war. Auf solche Dokumentation können wir wahrlich verzichten. Sie bringt uns nicht weiter.

■ 6.2 Der Nutzen der Dokumentation

„So viel wie nötig, so wenig wie möglich" – dieser Leitsatz gilt insbesondere für Dokumen-tation in Software-Projekten. So banal er klingt, so schwierig ist seine konkrete Umsetzung. Daher nutzen leider viele agile Projekte die Aussage „Working software over comprehensive documentation" [Beck01] gerne als Killerargument dafür, sich erst gar nicht mit dieser Fragestellung zu beschäftigen. Dies birgt jedoch eine große Gefahr in sich. Daher ist es die Aufgabe jedes (agilen) Projekts, sich sehr bewusst mit dem Thema Dokumentation ausein-anderzusetzen. Die grundlegende Werthaltung agiler Vorgehen, laufend entsprechenden Nutzen und Werte zu schaffen, ist auch auf die Dokumentation anzuwenden. Dies, zumal entsprechend der Definition von Software die zugehörige Dokumentation als Bestandteil der Software angesehen werden kann [IEEE90]. Im Sinne dieser Norm ist ein Software-Dokument demnach ein Dokument, dessen Gegenstand die Herstellung, Pflege oder Anwen-dung von Software oder deren Ergebnisse sind [DIN 98].

Darüber hinaus darf Dokumentation nicht zum Selbstzweck entstehen. Sie muss von jeman-dem gelesen und verstanden werden und dem Adressaten nützen. Daher muss sie auch adressatengerecht erstellt werden sowie zum Zeitpunkt der Verwendung auch aktuell und gültig sein. Bei genauer Betrachtung stellt man fest, dass es eine ganze Reihe an Zielgrup-pen für Software-Dokumentation gibt:

- der Anwender, der das System in Zukunft nutzen wird
- die IT oder der Rechenzentrumsbetrieb, der die Applikation und Datenbanken installie-ren und betreiben muss
- der Anwender im Projekt, der in seiner Rolle Projektdokumente erstellt und liest
- der Entwickler im Projekt, der Stories in Code umsetzt
- der Entwickler in der Wartung, der nicht schon im Projekt mit an Bord war
- der Tester im Projekt, der seinerseits aus Anforderungen Testfälle ableiten muss
- der Architekt, der die Software-Architektur im Auge behält
- gegebenenfalls ein Analytiker, der den Anwendervertreter unterstützt
- externe Stellen wie eine Revision oder z. B. die Lebensmittelüberwachungs- und Arznei-mittelzulassungsbehörde der Vereinigten Staaten FDA (Food and Drug Administration), die eine ausführliche Software-Dokumentation verlangt

Aus der Betrachtung und Analyse dieser Anforderungen ergibt sich eine Art „Storyboard der Dokumentation" (Bild 6.1), dessen Umsetzung, aber auch laufende Anpassung und Pri-orisierung im Rahmen des Product Backlogs und der Planung der Sprints erfolgt.

		Herstellung – Projekt	Pflege – Wartung	Anwendung – Betrieb	Ergebnisse der Anwendung bzw. Verarbeitung
Anwender	benötigt			• Benutzerhandbuch • Online-Hilfe • Hilfetexte	• Benutzerhandbuch • Online-Hilfe
	erstellt			• Fehlermeldungen	
Rechen-zentrum	benötigt			• Installationsanleitung • Betriebshandbuch	• Betriebshandbuch
	erstellt				
Anwender im Team (Product Owner)	benötigt	• Anforderungen der Fachbereiche • Lastenheft		• Benutzer Feedback	
	erstellt	• Stories • Anforderungen • Product Backlog • Entscheidungen • Begründungen		• Product Backlog	
Architekt	benötigt	• Anforderungen	• Bestehendes Architekturbild	• Technische Daten aus Betrieb	
	erstellt	• Architektur • Normen • Konventionen • Entscheidungen	• Refactoring-Vorgaben		
Entwickler	benötigt	• Stories • Anforderungen • Product Backlog • Fehlerbeschreibungen • Entwicklungsvorgaben • Architektur	• Stories • Anforderungen • Product Backlog • Fehlerbeschreibungen • Entwicklungsvorgaben • Architektur		
	erstellt	• Inline-Dokumentation • Unit Tests	• Inline-Dokumentation • Unit Tests		
Tester	benötigt	• Stories • Anforderungen • Product Backlog • Fehlerbeschreibungen • Information über Fehlerbehebungen	• Product Backlog • Stories • Changes • Information über Fehlerbehebungen • Regressionstestset • Testdatenbeschreibung		
	erstellt	• Testfälle • Konkretisierung von Anforderungen • Fehlerbeschreibungen • Retest-Ergebnisse	• Testfälle (neu) • Konkretisierung von Anforderungen (neu) • Fehlerbeschreibungen (neu) • Retest-Ergebnisse		
Analytiker	benötigt	• Anforderungen der Fachbereiche • Lastenheft			
	erstellt	• Stories • Anforderungen			
Externe Stellen	benötigen			• Standardisierte Nachweise zur Produktprüfung und zum Herstellungs-prozess	• Standardisierte Nachweise zur Produktprüfung und zum Herstellungs-prozess
	erstellen				
Manage-ment	benötigt	• Projektstatus	• Daten über Wartungsaufwände	• Daten über Betriebsaufwände	• Daten über (Markt-) Nutzen (Anwendung)
	erstellt				

Bild 6.1 Storyboard der Dokumentation

Die Tabelle zeigt nur exemplarisch einige Ergebnistypen eines Projekts auf, die abgesehen vom Code im Zusammenhang mit der Entwicklung und der Nutzung von Software entstehen. Jedes Projekt tut gut daran, sich einen Überblick über zu erstellende Dokumente zu verschaffen und deren konkrete, nutzenstiftende Ausprägung zu vereinbaren.

 Projekt EMIL: (Test-)Dokumentation

In einem regulatorischen Umfeld wie der Gesundheitsbranche wird besonders viel Wert auf die Dokumentation gelegt, da nur mit ihr Produktzulassungen und Audits möglich sind. Somit wirkt es im ersten Moment eher befremdlich, in so einem Umfeld agil zu entwickeln, wo doch das Agile Manifest den Wert *funktionierender Software* höher veranschlagt als *umfassende Dokumentation* [Beck01]. Die Auseinandersetzung mit dem Thema im Zuge des Projekts hat jedoch rasch zwei Erkenntnisse gebracht:

1. All die Dokumentation, die regulatorisch gefordert ist, ist kein Hexenwerk und macht in jedem Projekt Sinn. Viel mehr noch: Im Rückblick auf ältere Projekte wird ersichtlich, dass manche geschriebenen Dokumente weder Wert für das Projekt oder Produkt bringen noch regulatorisch erforderlich waren.

2. Eine mit den Entwicklungs- und Testergebnissen konsistente Dokumentation lässt sich mit agilen Praktiken viel leichter bewerkstelligen, da die Dokumentation immer denselben Stand wie die Implementierung hat. Ein Traum für jedes Qualitätsmanagementsystem.

Welche Dokumente wirklich benötigt werden, wird außerhalb des Projekts festgelegt – im Qualitätsmanagement. Im Projekt gilt es, diese Anforderungen dann umzusetzen. Zentrale Ablage der Dokumentation im Projekt EMIL ist das Werkzeug „Polarion ALM" für das Application Lifecycle Management [Pola13]. Neben der Dokumentation der User Stories, Defects und des Designs werden dort ebenfalls dokumentiert:

- Manuelle und automatisierte Acceptance Tests
  - Testfälle für die Überprüfung der User Stories und des Designs
  - Testergebnisse pro Sprint
- Ergebnisse der Unit Tests pro Build
- Ergebnisse der Reviews von User Stories, Designs und der Code-Reviews

Eine wichtige Anforderung an die gesamte Dokumentation ist die Rückverfolgbarkeit (Traceability). So gibt das Werkzeug über die Verknüpfung der Artefakte eine einfache Möglichkeit, durch Abhängigkeiten und Relationen zu navigieren, z. B.:

- User Story ↔ Test-Case ↔ Defect
- Epic ↔ User Story ↔ Design ↔ Software-Unit ↔ Source Code

Da Polarion auch historisch sämtliche Änderungen protokolliert, ist zudem eine Aussage möglich, wie der Stand der Dokumentation zu Release X war und wer dann welche Änderungen vorgenommen hat. Somit hat das Qualitätsmanagement die Möglichkeit, Informationen für die Dokumentation zu aggregieren, ohne den Arbeitsfluss der Tester und Entwickler zu stören. Diese haben wiederum ein einfaches und z. T. automatisiertes Werkzeug, das ihnen hilft, ihre Definition of Done zu erreichen.

■ 6.3 Dokumentationsarten

Die Dokumentation gehört also zu einem Software-Produkt wie das Armaturenbrett zum Auto. Ein Software-System ohne Dokumentation ist wie ein komplexes elektrisches Gerät ohne Bedienungsanleitung. Es mag sein, dass in der Vergangenheit zu viel dokumentiert wurde, vor allem zu einem Zeitpunkt, wo sich die Benutzer noch nicht im Klaren waren, was sie eigentlich wollen. Die Alternative kann jedoch nicht sein, ganz auf Dokumentation zu verzichten. Sie wird immer noch gebraucht, und zwar entsprechend des Bildes 6.1. in mehrerer Hinsicht:

- Aus Sicht der Herstellung, Entwicklung und Wartung
- Aus Sicht der Verwendung und des Betriebs

Bezogen auf die wesentlichen Stakeholder, den Herstellern und Nutzern der Software und deren Dokumentation sind folgende Dokumentationstypen von besonderer Bedeutung:

- Die Beschreibung und Dokumentation der Anforderungen als Vorgabe für die Entwicklung und als Testorakel für die Tester.
- Die Dokumentation des Codes und seiner Architektur sowie zugehöriger Standards als Basis und Hilfestellung für die Entwickler des Projekts oder für Entwickler, die neu in das Projekt hinzukommen oder das Produkt in die Wartung übernehmen.
- Die Testdokumentation. Diese umfasst zum einen die Testfallbeschreibungen für die Durchführung der Tests, aber auch der Regressionstest zu späteren, immer wiederkehrenden Zeitpunkten sowie zum anderen die Fehlerdokumentation als Grundlage für eine geordnete Fehlerbehebung und Durchführung der Retests.
- Die Benutzerdokumentation für die Endbenutzer sowie ggf. ein Betriebshandbuch für den Betrieb der Software

In jedem Dokumentationstyp wird eine andere Sicht auf die Software dargestellt.

6.3.1 Anforderungsdokumentation

In traditionellen Projekten war die Anforderungsspezifikation, sprich das Lastenheft, Pflichtenheft oder Fachkonzept, jenes Dokument, das festlegt, was die Software zu leisten hat. Dieses Dokument beinhaltete das Was und das fachliche Wie – die Funktionalität und die Qualität. Es wurde von den Anwendern selbst oder von ihren Stellvertretern, den Analytikern, erstellt. Die Analytiker gibt es nun in agilen Projekten meist nicht mehr, und die Benutzer beschränken sich auf ihre Stories, die stückweise der Reihe nach erstellt werden.

Wie Anforderungen im agilen Umfeld definiert und dokumentiert werden, wollen wir anhand von Scrum kurz erläutern. Ein wesentliches Erfolgskriterium in der Erhebung und Dokumentation der Anforderungen in Scrum ist das „Sprint Planning Meeting". Es besteht aus zwei Teilen:

- *Sprint Planning 1 (Briefing, Analyse):* Sprint Planning 1 stellt die Grundlage für die hohe Qualität der Anforderungen dar. In diesem Meeting geht es darum, die Ziele und den zu liefernden Funktionsumfang für den kommenden Sprint zu definieren. Der Product Owner stellt seine Ziele dar und muss dazu über den Projektstand sowie die Backlog

Items gut informiert sein. Das gesamte Team und ein oder mehrere „Anwender der Applikation" sind bei diesem Meeting anwesend, um eine Anforderungsanalyse zu erstellen. Dieses Meeting kann mit einer Art Anforderungsworkshop verglichen werden. Ausgehend von dem Product Backlog nehmen die Mitglieder des Teams gemeinsam mit dem Anwender und dem Product Owner eine Anforderungsanalyse vor. Die Anforderungen werden in entsprechender Form, z.B. auf Story Cards festgehalten und dokumentiert. An dieser Stelle werden auch die Akzeptanzkriterien definiert und bereits die ersten Testfälle beschrieben.

- *Sprint Planning 2 (Design):* Im Sprint Planning 2 werden aufgrund der im Sprint Planning 1 definierten Ziele und Funktionalitäten Design, Spezifikation, Architektur und alle weiteren wesentlichen Themen erarbeitet. Es ist üblich, dass sich das Team in mehrere Gruppen aufteilt, um spezifische Themen wie z.B. Architektur, Datenelemente o.Ä. zu erarbeiten.

Am Ende des Sprint Planning Meetings werden Aufgaben definiert und mithilfe des Taskboards transparent dargestellt, um eine Übersicht über die anstehenden Arbeiten im Sprint zu erlangen.

User Stories, also die Anforderungen in der Sprache der Software-Anwender, können als Grundpfeiler für die Anforderungsspezifikation bezeichnet werden. Sie werden – entsprechend des agilen Ansatzes – bewusst sehr kurz gehalten. Aus den User Stories werden Use Cases (Anwendungsfälle) abgeleitet. User Stories stellen eine Art Überschrift eines konkreten Szenarios dar, und Use Cases beinhalten mehrere dieser Szenarien. Die Beschreibung von Use Cases hat eine ebenso wichtige Bedeutung, da diese für die Umsetzung der zu entwickelnden Software ganz wesentlich sind.

Die Stories, Use Cases und Szenarien sollen ausreichend detailliert sein, damit diese vom Entwickler verstanden und umgesetzt werden können. Schon in der Vergangenheit war es so, dass Entwickler auf Basis wenig konkreter und unter Umständen noch unklarer Vorgaben durch Umsetzungskreativität sehr wohl Software und damit Fakten schaffen konnten. Entwickler sind etwa mit einfach gehaltenen Story Cards bald zufrieden, während diese – inklusive der Abnahmekriterien – für den Tester im Normalfall bei Weitem nicht so formuliert sind, um als Testorakel dienen zu können.

Der Tester im agilen Projekt steht nun also vor der Wahl: Nimmt er die Stories oder Use Cases mehr oder weniger nur als Items einer groben Abarbeitungsliste und testet die gelieferte Software gegen sich selbst (womit wohl nur offensichtliches Fehlverhalten und gesunder Menschenverstand als Indikator vermuteter Abweichungen dienen) oder kümmert er sich selbst darum, ein Testorakel zu erhalten?

„Wir bringen die Anforderungen auf den Punkt!", dies war schon immer die Aussage vieler Tester in Projekten der Autoren. Ob nun in traditionellen oder agilen Projekten: Erst durch die Formulierung von konkreten (oder abstrakten) Testfällen werden viele Anforderungen klar und präzise. Das bedeutet, dass der Tester ergänzend zu den Stories nachvollziehbare Testfälle spezifiziert.

Es ist – wenn man so will – ein alter Trick, die fachlichen Testfälle als Bestandteil der Anforderungsdokumentation zu sehen, da Testfälle auch eher aktuell gehalten werden als umfangreiche Spezifikationen in einem Word-Dokument. Dies gilt insbesondere, wenn diese Testfälle automatisiert werden. Dann müssen diese zur umgesetzten Software passen. Wichtig ist hier jedoch anzumerken, dass der Tester nicht die Anforderungen festlegt: Dies erfolgt durch den Anwender. Durch die dokumentierten Prüffragen werden die Anforderungen lediglich detailliert und konkretisiert. Diese Aktivität kann auch als Vorhof zur testgetriebenen Entwicklung verstanden werden.

Im Prinzip können wir hier von einer klassischen Sprachtransformation sprechen. Am Anfang steht eine ungenaue, Vision einer IT-Leistung. Am Ende stehen ein oder mehrere lauffähige Codebausteine und die dazu passenden Testfälle. Ein Weg führt von der User Story bis hin zu den einzelnen Codebausteinen. Ein zweiter Weg führt von der Benutzeranforderung zum Anwendungsfall zum Aktionsschritt zur Verarbeitungsregel bis zum Testfall (Bild 6.2).

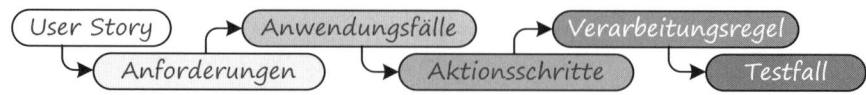

Bild 6.2 Von der User Story zum Testfall

6.3.2 Code-Dokumentation

Die Code-Dokumentation ist von den Entwicklern für die Entwickler gedacht. Sie soll beschreiben, wie der Code zusammengesetzt ist und wo man welche Codebausteine findet. Sie kann erklären, wofür die Codebausteine gut sind – aber das wäre besser im Code selbst. Guter Code mit Modulköpfen, Kommentarblöcken und Kommentarzeilen sollte selbstklärend sein. Im Sinne der „Clean Code"-Philosophie sollte sich jeder Entwickler die Zeit nehmen, seinen Code ordentlich zu annotieren. Wenn er dies tut, brauchen Entwickler nur Architekturmodelle im Überblick zu behalten, um zu finden, wo einzelne Module liegen. Am besten gäbe es gar keine Papierdokumente oder statische Diagramme. Die Systemdokumentation soll in Form eines Repositorys bestehen, in dem man suchen kann, was man braucht. Dieses Repository soll aus der statischen Analyse des Source-Codes hervorgehen. Immer wenn sich der Source-Code ändert, wird das Repository aktualisiert. Somit beinhaltet das Repository stets eine aktuelle Landkarte der Code-Landschaft, mit deren Hilfe sich Entwickler über den Stand des Codes informieren können.

Es darf keine Differenz zwischen Repository und Code geben. Das Repository wird durch die Entwickler aufgebaut und gepflegt. In einem größeren Projekt könnte es dafür eine eigene Rolle geben, die des technischen Dokumentierers. Diese Rolle ist nicht mit der des Systemarchitekts zu verwechseln. Der Systemarchitekt ist mehr für die grobe Modellkonzeption und weniger für die Dokumentation der Details zuständig. Der Aufwand für diese Dokumentation soll jedenfalls auf einem Minimum gehalten werden. Wenn die Entwickler auf UML-Diagramme bestehen, so können sie diese zumindest teilweise aus dem Code generieren lassen. Es lohnt sich dort nicht, allzu viel zu investieren, denn gerade hier steckt der Aufwand, den die Väter der agilen Entwicklung vermeiden wollten.

6.3.3 Testdokumentation

6.3.3.1 Testfallbeschreibung

In einer klassischen Anforderungsdokumentation sind neben den funktionalen und nicht-funktionalen Anforderungen die Geschäftsobjekte, die Geschäftsregel, die Systemschnittstellen, die Systemakteure und die Anwendungsfälle definiert. Diese Informationen dienen als Basis für die Entwicklung eines Testkonzepts, den Entwurf eines Testdesigns sowie der Ableitung abstrakter und in weiterer Folge konkreter Testfälle. Die Beschreibung eines Testfalls umfasst neben den Testfallschritten die Testdaten sowie entspreche Vor- und Nachbedingungen. Der Aufwand für diese Testvorbereitung kann gut und gerne 50 % des gesamten Testaufwands betragen, also ebenso viel wie für die eigentliche Testdurchführung [Snee12].

Im agilen Projekt verteilt sich zwar der Aufwand für die Testvorbereitung – der Testfallentwurf – auf viele, kleine Einheiten, den Stories und Features der einzelnen Sprints, aber dennoch bleibt die Frage, wie viel der zur Verfügung stehenden Zeit in die „Theorie" und wie viel in die „Praxis" der Testdurchführung investiert werden soll. Im Sinne des agilen Prinzips wäre es ja besser, zehn Fehler zu finden, anstatt fünf Testfälle zu dokumentieren.

Aber mit solchen Aussagen wird das Kind mit dem Bade ausgeschüttet. Das Aufzeichnen eines Testfalldesigns und das Formulieren eines Testfalles sollen in erster Linie der Präzisierung und Qualität der Tests dienen. Es ist dies also ein Arbeitsmittel für den Tester. Die Form und Detaillierung der Beschreibung soll derart gestaltet sein, dass der Tester das Gefühl hat, dass es ihm hilft, die Testdurchführung optimal zu unterstützen. Dabei ist auch an zukünftige Retests und Regressionstests zu denken. Es wird also sinnvoll sein, aufwendig analysierte Sachverhalte, Vorgaben oder Rahmenbedingungen oder kreative Einfälle festzuhalten, um diese parat zu haben, wenn man sie später wieder braucht. Eine routinemäßige Ausführungsbeschreibung hingegen wird man sich meist ersparen können.

Manchmal ist es aber auch erforderlich, Vorgaben hinsichtlich der Testdokumentation zu erfüllen, die von außen an das Projekt herangetragen werden. In diesem Falle sollte man darauf achten, die Mindestanforderungen dahingehend zu erfüllen – aber nicht mehr.

Neben dem bereits erwähnten, eher strukturierten Testfallentwurf zielt der explorative Test gerade darauf ab, mit möglichst wenig Vorbereitungsarbeit möglichst rasch Fehler zu finden. Aber auch hier ist es ratsam, sich entlang von dokumentierten Szenarien zu orientieren, um einen groben Überblick über die fachliche Testabdeckung zu bewahren.

In den meisten agilen Projekten beobachten wir einen Mix aus systematischen und explorativen Tests. Der systematische Test liefert oftmals mehr und tief versteckte Fehler, der explorative Test findet Fehler oft schneller.

Was die Dokumentation von Testfallerstellung und auch die Protokollierung der Durchführung betrifft, ist es auch in agilen Projekten durchaus üblich, entsprechende Werkzeuge dafür einzusetzen. Besonders in größeren Projekten oder im komplexen Zusammenspiel mehrerer Projekte wird dies erforderlich, insbesondere auch in Verbindung mit dem Fehlermanagement. Sind die (geplanten) Testfälle entsprechend dokumentiert, kann auch eine Priorisierung derselben vorgenommen werden. Auf einer dokumentierten Basis, dem Wissen darüber, welche Tests gegebenenfalls nicht durchgeführt werden, kann das Risiko besser eingeschätzt werden als nur aus einem Bauchgefühl heraus.

Je weiter die Testautomatisierung in agilen Projekten umgesetzt ist, je weniger stellt sich die Frage nach der Dokumentation der fachlichen Tests. Automatisierte Tests sind eine ausführliche und nachhaltige Beschreibung der Testfälle, der Testdaten, der Abläufe, der erwarteten Ergebnisse und in weiterer Folge der Testdurchführung.

6.3.3.2 Testdurchführung

Die Testdurchführungsdokumentation ist die Beschreibung dessen, was tatsächlich getestet wurde und mit welchem Ergebnis. Eine stringente Protokollierung der durchgeführten Tests ist manchmal von außen vorgegeben, etwa um entsprechende Zertifikate für das getestete Produkt erlangen zu können. Aber abgesehen davon liefert die Protokollierung der Testdurchführung wertvolle Informationen für die Entwicklung und den Test.

Aus der Testfalldokumentation ergibt sich eine erste Testmetrik: das Verhältnis der ausgeführten Testfälle zu den erforderlichen Testfällen. Da die anforderungsbasierten Testfälle die Funktionalität vollständig beschreiben, hat man hier die funktionale Testüberdeckung. Gerade für einen risikobasierten Testansatz ist es wichtig, das Risiko bewerten zu können. Dieses kann z.B. aus der fehlenden funktionalen Testabdeckung abgeleitet werden. Es genügt jedoch nicht, nur die Testfälle zu zählen, auch ihre Ergebnisse müssen kontrolliert werden. Die Korrektheit einer Applikation ergibt sich aus der Zahl der richtigen Ergebnisse relativ zu allen Ergebnissen. Diese Zahl ist äußerst wertvoll für die Ansteuerung und Priorisierung der Testaktivitäten und für die Bewertung des Qualitätszustands der Applikation [Snee12]. Führt fast jeder Testfall zu einem Fehler, können die Testfälle zu allgemein formuliert sein oder die Applikation ist in einem miserablen Zustand. Führt nur jeder hundertste Testfall zu einem Fehler, sind die Testfälle vielleicht zu granular, unnötig oder die Applikation läuft bereits quasi fehlerfrei.

6.3.3.3 Testüberdeckung

In den heutigen Systemen, bei denen viel fremder Code wiederverwendet wird, spielt die Codeüberdeckung nicht mehr die Rolle, die sie früher einmal gespielt hat. Testüberdeckung wird jetzt auf einer anderen Ebene gemessen: auf der Modellebene oder gar auf der Anforderungsebene. Es wird registriert, wie viele der potenziellen Verbindungen im Modell oder wie viele der Anforderungen getestet werden. Eine praktische Lösung ist es, für alle Anforderungen Regeln und Pfade abzuleiten und dann zu messen, welcher Anteil dieser Testfälle fehlerfrei ausgeführt wird. Beim modellbasierten Test gilt das Gleiche für Testfälle, die aus dem Entwurfsmodell abgeleitet werden. Dieser Bericht über die Anforderungs- bzw. die Modellüberdeckung teilt dem Tester mit, wo er steht, im Bezug zu dem, wo er stehen soll. Natürlich kann es nicht das Ziel eines agilen Tests sein, alle denkbaren Fälle zu testen. Möglicherweise wird der Tester nur 60 % des Solls erreichen. Aber dann weiß er wenigstens, was er getestet hat und was nicht. Das spielt eine wichtige Rolle bei der Entscheidung, ein Release freizugeben, und bei der Fortschreibung des Backlogs.

 Projekt EMIL: Metriken

Metriken als übergeordnete Kontroll- und Steuerungsfunktion spielen im Projekt de facto keine Rolle. Die Entwickler und Tester verwenden sie jedoch als Hilfestellung:

- Bei der Entwicklung von Unit Tests werden Testabdeckungen verwendet, um festzustellen, wo Unit Tests geändert oder hinzugefügt werden.

- Beim Refactoring werden verschiedene Komplexitäts- und Qualitätsmaße verwendet, um Code-Stellen besser einschätzen zu können.

Diese Maßzahlen werden jedoch nicht dokumentiert. Darüber hinaus werden Design-Pattern und Regeln von Clean Code verwendet, die implizit auch Metriken beinhalten, z. B. bezüglich Methodengröße oder Modularität. Diese werden im Zuge der Code-Reviews mitgeprüft [West13].

Die Berechnung der Velocity anhand der Story Points wurde einige Sprints lang betrieben, dann aber wieder vom Team abgeschafft.

6.3.3.4 Fehlerdokumentation

Die Protokollierung der gefundenen Fehler gehört ebenfalls zur Testdokumentation. Sie dokumentieren das, was noch zu korrigieren ist, und kommen in die To-Do-Liste des Projekts. Falls sie nicht im gegenwärtigen Release-Zyklus erledigt werden können, kommen sie in das Projekt-Backlog, um in einen späteren Release behoben zu werden. Der Umgang mit Fehlern muss auch in einem agilen Entwicklungsprojekt geregelt werden. Es zeigt sich aber, dass der Einsatz eines Fehlermanagementwerkzeugs sehr sinnvoll ist. Die Kommunikation von Fehlern und deren Behebung auf bloßen Zuruf funktioniert vielleicht im Einzelfall, in kleinen Teams bzw. in kleinen Mengen. Meist wartet der Entwickler aber nicht gerade darauf, einen ihm zugetragenen Fehler zu beheben, sondern steckt mitten in einer Implementierung, die seine ganze Konzentration erfordert, wenn der Tester mit einem Fehler zur Tür hereinkommt. Umgekehrt verhält es sich beim Tester, wenn der Fehler behoben ist und ein Retest durchzuführen wäre. Fehlerfindung und Fehlerbehebung verlaufen meist asynchron und oft auch noch örtlich verteilt. In welcher Form und mit welchen Details ein Fehler zu dokumentieren ist, das kann das agile Team entscheiden. Falls sich das Team nicht einigen kann, kann man ihm immer noch mit dem IEEE-Standard drohen – oder diesen als Baseline für die weitere Vereinfachungen heranziehen [IEEE08].

 Projekt EMIL: Fehlermanagement

Das Fehlermanagement stellt ein zentrales Kommunikationsmedium zwischen Entwickler und Tester dar. Dabei kommt es nicht nur auf den Inhalt an (Ist es wirklich ein Fehler? Ist er korrekt und ausreichend beschrieben?), sondern immer auch auf die Art und Weise, wie er kommuniziert wird. Man kann noch so sehr auf objektive Formulierungen achten, es kann immer wieder dazu kommen, dass die (fehlende) Information oder die Wortwahl Missverständnisse auslöst. Während in traditionellen Entwicklungsvorgehen aufgrund der langen Phasen für das Fehlermanagement mehr Zeit investiert werden kann, ist es in den kurzen Sprints essentiell, Fehler rasch zu beseitigen, was auf eine direkte Kommunikation zwischen Tester und Entwickler hinausläuft. Die regulatorischen Erfordernisse im Projekt bedingen aber trotzdem die Dokumentation gefundener Fehler. Daher wurden im Team zwei Wege etabliert, mit Fehlern umzugehen. In beiden Fällen wird der Fehler zuerst direkt kommuniziert und besprochen: entweder sofort beim Auffinden oder spätestens im nächsten Daily-Meeting. Handelt es sich um einen Schönheitsfehler oder eine Trivialität, die sofort behoben werden kann, wird dies getan. Ist der Fehler jedoch auf eine falsch umgesetzte Anforderung zurückzuführen, wird er dokumentiert und nach Möglichkeit noch im selben Sprint behoben. Wichtig für alle ist, zuerst den Fehler anzusprechen, und erst dann in das Fehlermanagementsystem einzumelden. Dies wird nicht nur von den Testern, sondern auch von den Entwicklern im Team so gehandhabt.

Das hehre Ziel, am Ende des Sprints keine Fehler mehr offen zu haben, war zu Beginn auch Teil der Definition of Done. In der Realität hat sich jedoch bald herausgestellt, dass es einfach auch Fehler gibt, die nicht ad hoc gelöst werden können oder die zwar dem erwarteten Verhalten widersprechen, dieses jedoch zuvor nicht in dieser Tiefe durchdacht war. So werden diese Fehler ins Backlog aufgenommen und in einem der Folge-Sprints geklärt und gelöst. Dennoch wird vom Scrum Master laufend darauf geachtet, dass es sich dabei nur um einige Fehler handelt, diese nicht zunehmen und auch nicht über längere Zeit offen bleiben.

6.3.4 Benutzerdokumentation

Eine Benutzerdokumentation wird heute immer noch erwartet, auch wenn viele Benutzeroberflächen selbstklärend sind. Vorbei sind die Tage, wo die Benutzerdokumentation als dickes Handbuch ausgedruckt wurde. In modernen IT-Systemen ist die Dokumentation online im System, meistens verteilt auf die Interaktionsstellen, wo der Benutzer sie gerade braucht. Dennoch besteht sie immer noch aus einzelnen Texten in der Sprache der Endbenutzer, und jemand muss diese Texte verfassen. Es ist sehr unwahrscheinlich, dass dies der Entwickler ist. Auch ist es nicht wünschenswert, weil die Entwickler eine andere Sicht auf die Software haben als der Benutzer. Früher haben die Analytiker die Benutzerdokumentation geschrieben, die gibt es in dieser Form in einem agilen Entwicklungsprojekt aber nicht mehr.

Der Benutzervertreter im Team könnte eine eigene Dokumentation verfassen, aber ihm fehlen die Detailkenntnisse. Diese hat vor allem der Tester, der mit dem System hautnah arbeitet. Deshalb ist der Tester der beste Kandidat für die Erstellung dieser Art der Dokumentation. So gesehen ist die Benutzerdokumentation ein Abfallprodukt des Tests.

Wie bereits erwähnt, besteht die Benutzerdokumentation aus vielen kleinen Texterläuterungen zu den einzelnen Schritten im Umgang mit dem Software-System. Wo umfangreiche Berichte anfallen, muss die Dokumentation den Inhalt erklären. Wo Systemschnittstellen vorkommen, muss die Dokumentation sie exakt beschreiben, und falls der Benutzer eigene Aktionen ergreifen will, muss die Dokumentation erklären, wie er vorzugehen hat. Darüber hinaus muss der Benutzer wissen, was in einen Fehlerfall zu tun ist. Keiner ist besser in der Lage, ihm dies zu erklären, als der Tester, der die Fehlersituationen beim Test schon kennenlernt. Zum Teil geht die Benutzerdokumentation aus der Testdokumentation hervor. Diese Teile müssen nur anders formuliert sein.

Eine Benutzerdokumentation besteht nicht nur aus einer Bedienungsanleitung. Sie muss auch erklären, wozu das System gut ist, wie es funktioniert und was es leistet. Das „Wozu" muss der Tester vom Benutzervertreter im Team erfahren. Das „Wie" bekommt der Tester von den Entwicklern erklärt. Das „Was" ergibt sich aus dem Test des Systems. Diese Informationen kann der Tester sammeln und in einer geeigneten, verständlichen Form zusammenfassen. Diese analytische Arbeit kommt auch dem Test zugute, denn der Tester gewinnt dadurch eine tiefere Einsicht in das System und kann dessen Verhalten besser beurteilen. Hier zeigt es sich noch mehr, wie Test und Dokumentation sich gegenseitig ergänzen.

In größeren Projekten, an denen mehrere agile Teams beteiligt sind, wird es meist einen technischen Redakteur geben, dessen Aufgabe es ist, das Produkt parallel zur Entwicklung zu dokumentieren. Zu dieser Dokumentation gehören die Installationsanleitung, das Benutzerhandbuch und das Betriebshandbuch. Die technische Redaktion muss hier sehr eng mit den Testern in den einzelnen Projekten zusammenarbeiten. Sie liefern die Bedienungsanleitung im groben Format, und der technische Redakteur verfeinert sie. In dieser Hinsicht dient der Tester als Lieferant für die technische Dokumentation.

In konventionellen Projekten wird die Dokumentation sehr häufig auf das Ende des Projekts, also kurz vor der Auslieferung verschoben. Das ist für die Zuständigen sehr schwierig. Sie kommen nicht an die Information, die sie brauchen. Die Anwender wissen nur, wie sich das System verhalten sollte, nicht aber, wie sich das System wirklich verhält. Wer die Dokumentation erstellt, muss improvisieren.

Bei agilen Projekten wird parallel zu der Entwicklung dokumentiert. Und zwar vom Tester und vom technischen Redakteur. Sie kommen sehr früh an die Grundlagen heran, die sie für ihre Arbeit brauchen, und können sich in das Projekt einbringen. Sie können die Entwicklung beeinflussen, und zwar in Richtung Testbarkeit und Dokumentierbarkeit. Sobald neue Komponenten Gestalt annehmen, werden sie getestet und dokumentiert. Somit ist die Dokumentation stets aktuell. Sollte das Projekt aus irgendeinem Grund abgebrochen und auf Eis gelegt werden, dann ist die Dokumentation bis zu diesem Punkt vollständig und gleich aktuell mit dem Code. Allerdings hat alles seinen Preis, und der Preis hierfür ist eine verstärkte Test- und Dokumentationskapazität.

■ 6.4 Der Tester als Dokumentierer

Die weltweite Test-Community hat dafür gesorgt, dass Testen als eigenständige Tätigkeit innerhalb der agilen Entwicklung aufgenommen wird. Die Fehler, die die Tester finden, werden früher erkannt und zurückgemeldet. Mit der Dokumentation haben die Entwickler weniger Einsicht. Dokumentieren hält auf und wird oft als langweilig oder unnötig angesehen. Dennoch muss irgendwann irgendjemand beschreiben, was die Programme machen und wie man mit ihnen umgeht. Sonst kann keiner sie benutzen, geschweige denn verstehen. Testen und Dokumentieren sind beides wichtige begleitende Tätigkeiten, die zur Qualität des Produkts beitragen. Sie dürfen nur nicht die Entwicklung aufhalten.

Aus diesem Grund ist zu empfehlen, Tester im Team zu haben, die auch dokumentieren können. Möglicherweise werden mehrere gebraucht. In diesem Fall dient der erhöhte Aufwand der Qualität des Produkts. Es wird besser getestet und besser dokumentiert. Beide Tätigkeiten tragen dazu bei, die Folgekosten des Projekts zu reduzieren und die Nachhaltigkeit des Produkts zu steigern. Der Auftraggeber, im Projekt durch den Product Owner vertreten, muss entscheiden, was wichtiger ist: Kosten jetzt oder später sparen. Durch eine bessere Dokumentation können Kosten in der Produkterhaltung eingespart werden. Deshalb ist auch in der agilen Entwicklung ein Gleichgewicht zwischen Entwickler auf der einen und Tester/Dokumentierer auf der anderen Seite anzustreben.

Dass der Tester in diesem Ansatz als Dokumentierer fungiert, mag ungewohnt sein und findet sich meist in keiner Stellenbeschreibung für Software-Tester. Aber eigentlich ist niemand besser in der Lage, das Benutzerhandbuch zu erstellen, als der Tester. Er muss sich intensiv mit dem System auseinandersetzen und sieht das System von außen als Blackbox. Er hat somit die Sicht eines Endbenutzers und kann diese an die echten Endbenutzer weitergeben. Es wäre verschwenderisch zusätzlich einen technischen Redakteur in das Projekt einzubringen, wenn der Tester diese Rolle erfüllen kann. Ebenso geht niemand den Anforderungen so auf den Grund wie der Tester und kann die Anforderungsdokumentation ausarbeiten. Vorausgesetzt wird, dass der Tester auch dokumentieren kann. Seine Sprachfähigkeit muss ausreichend sein, um die Anforderungen und das Benutzerhandbuch klar und präzise in der Sprache der Endbenutzer zu formulieren.

■ 6.5 Stellenwert der Dokumentation im agilen Test

Auch wenn die Dokumentation in der Prioritätsliste eines agilen Projekts hinter dem lauffähigen Code steht, hat sie immer noch eine Bedeutung für das Projekt. Keiner will auf sie ganz verzichten. Dieses gilt auch für die Testdokumentation. Ein Mindestbestand an Testdokumentation ist erforderlich, um Fehlerursachen nachzuforschen und den Standort bezüglich der Testüberdeckung zu ermitteln. Niemand will in die Zeit zurückkehren, wo Projekte mehr Dokumente als Code und Testfälle produzierten. Es ist zu begrüßen, dass die agile Entwicklung uns davon weg bringt. Aber ganz auf Dokumentation verzichten dürfen wir nicht. Die Endbenutzer brauchen nach wie vor ihre Bedienungsanleitung, und der Tester braucht seine Testdokumentation. Es ist schön und gut, wenn die Benutzervertreter ihre Stories locker erzählen, aber einer soll sie auch protokollieren und formalisieren. Sonst vergisst man heute, was gestern erzählt wurde, und – was noch wichtiger ist – man gewinnt ein Orakel wogegen man testen kann.

Der ideale Kandidat für diese Dokumentationsarbeiten ist der Tester. In ihrem ersten Erfahrungsbericht und später in ihrem Buch [Cris09] über agiles Testen weist Lisa Crispin auf diese zusätzliche Belastung des Testers hin. Allerdings spricht sie sich dagegen aus, dass der Tester auch noch in die Rolle des Project-Trackers gedrängt wird. Die Dokumentation ist eher ein Abfallprodukt – im positiven Sinne gesehen – der Testarbeit. Der Tester muss die Anforderungen konkretisieren, um daraus Testfälle abzuleiten. Er muss die Testdatenzustände und Testabläufe dokumentieren, um die Korrektheit des Systems nachzuweisen. Schließlich ist keiner besser geeignet, die Benutzerdokumentation zu schreiben, als er, der die Software ohnehin in allen Varianten durchspielen muss. Für den Tester fällt das Schreiben der Bedienungsanleitung mit der Aufzeichnung seiner Testszenarien zusammen. Somit haben wir alles in einer Hand: Test und Dokumentation unter der Zuständigkeit des Testers. Das agile Team braucht keine zusätzliche Kapazität für die Dokumentation. Das Projekt bleibt schlank.

7 Agile Test-automatisierung

■ 7.1 Die Crux mit den Werkzeugen in agilen Projekten

Werkzeuge in der Erstellung von Software gibt es wie Sand am Meer, und die Versuchung ist groß, hier sich das Leben deutlich zu vereinfachen. Doch haben alle Werkzeuge mehr oder weniger die Eigenschaft eines Schaufelradbaggers im Tagebau (Bild 7.1).

Bild 7.1 Werkzeuge in der Erstellung von Software sind wie Schaufelradbagger im Tagebau.

Wie kommen wir auf den Vergleich? Eine Ingenieurin erzählte uns vor langer Zeit, dass die großen Schaufelradbagger, die im Tagebau für Braunkohleförderung eingesetzt werden, bis zu einer Woche bräuchten, bis sie wieder korrekt auf eine neue Abbaurichtung eingestellt sind. Danach arbeiten sie natürlich mit der faszinierenden Effektivität, wie man sie kennt. Das bedeutet, dass jede neue Ausrichtung zunächst einmal die Förderung pausieren lässt und daher nur vorgenommen wird, wenn unbedingt nötig. Wer sich diesen Giganten auf Kettenrädern genauer ansieht, wird merken, dass dort eine komplette Fertigungsstraße mit fein abgestimmten Maschinen und Förderbändern umgesetzt ist. So etwas lässt sich eben nicht schnell einmal ändern.

Der Werkzeugeinsatz in der Erstellung von Software hat genau genommen auch diese Eigenschaften: Er optimiert eine ganz bestimmte Funktion, braucht aber lange, bis man ihn einsatzbereit hat (Schulung, Konfiguration, Anbindung anderer Werkzeuge, …). Leider gibt es aber auch eine ganze Reihe von Arbeiten, die ohne Werkzeug gar nicht möglich wären oder zumindest nur unter lächerlich hohem Aufwand. Auch da gleicht der Werkzeugeinsatz wieder dem im Braunkohletagebau.

Nun ist so eine Eigenschaft alles andere als günstig für agile Teams: Agiles Vorgehen braucht ein gesteigertes Maß an Flexibilität und muss sich daher genauestens überlegen, welcher Werkzeugeinsatz nützlich und welcher eher hinderlich ist. Für Testwerkzeuge im agilen Vorgehen – egal welcher Schule – gelten immer folgende Prinzipien:

- Das Testobjekt ist immer ein bewegliches Ziel.
- Prozessabläufe dürfen nie starr (oder erstarrt) sein.
- Tests müssen möglichst bei jedem Build mitlaufen.
- Werkzeuge müssen daher leichtgewichtig und wendig sein (was bei den „Schaufelrad-baggern" unter den Werkzeugen eine deutliche Herausforderung ist).

Bild 7.2 Agiles Vorgehen muss immer leichtgewichtig und wendig sein
(Gepard bei der Jagd einer Gazelle).

Die Konsequenz ist, dass viele reife Werkzeuglösungen aus klassischen Projektumfeldern in agilen Teams äußerst unbeliebt bis verpönt sind. Dafür sind andere Werkzeugarten entstanden, die hingegen diese flexible Arbeitsweise überhaupt ermöglichen. Zu nennen wären hier vor allem xUnit-Frameworks und Continuous-Integration-Server, aber auch Wikis zur Projekt- bzw. Testdokumentation (Näheres zu diesen Werkzeugen etwas später in diesem Kapitel).

Insgesamt sollte man sich vergegenwärtigen, dass agile Vorgehensweisen immer mit kurzen Iterationen zu tun haben, die auch immer wieder etwas verändern: sei es der Code, die Architektur oder gar die eigene Vorgehensweise. Dieses iterative Vorgehen, der Mut zur Veränderung und ein gewisses Maß an Schnelllebigkeit erfordern paradoxerweise zuverlässige Werkzeuglösungen, da man manuell so etwas nicht bewältigen würde. Gerade beim Testen wird das deutlich: Iterationen erfordern einen umfangreichen Regressionstest von bereits in vergangenen Iterationen geschaffenen Funktionen, sonst kann man sich den Mut zur Änderung auch bestehender Funktionen nicht ohne massive Qualitätsprobleme leisten. Daher kann man mit Fug und Recht behaupten, dass unsere heutige Palette an Werkzeugen konsequent agiles Vorgehen erst ermöglicht hat.

Jeder, der das Testen in agilen Projekten einigermaßen beherrschen will, kommt daher nicht um einen Werkzeugeinsatz herum. Es kann nur sein, dass manche Werkzeuge eben nur zeitweise eingesetzt werden und später aufgrund von Maßnahmen der Selbstoptimierung im Team – durchaus berechtigterweise – wieder stillgelegt werden. Flächendeckende Rollouts von einheitlichen Werkzeuglösungen in einer Organisation sind unter diesen Bedingungen zum Scheitern verurteilt. Klüger ist es, bestimmte Lösungsansätze durch Testwerkzeugexperten in der Organisation zu pilotieren, später in anderen Situationen zu verfeinern und schließlich für jeden Bedarf in den verschiedenen Teams situativ bereit zu halten. Diese Testwerkzeugexperten sollten bestens mit Tests in agilen Projekten vertraut sein und das Portfolio an potenziell geeigneten Werkzeugen gut kennen – so wie ein Handwerker seinen Werkzeugkasten kennt und bereit hat.

Wenn wir in den folgenden Kapiteln über Testautomatisierung reden, sollten wir diesen Umstand immer in Erinnerung behalten.

■ 7.2 Testautomatisierung – Wie geht man es an?

 Projekt EMIL: Testautomatisierung

Testautomatisierung war im Unternehmen in der Vergangenheit kaum ein Thema, somit waren auch die Erfahrungen dünn gesät. Während auf der Ebene der Unit Tests und Unit-Integrationstests eine Automatisierung durch die Entwicklungsumgebung, in der ein Unit-Test-Framework integriert war und reichlich genutzt wurde, von Haus aus gegeben war, traf die fehlende Automatisierung beim Acceptance Test die Tester nach einigen Sprints mit voller Wucht, da die notwendigen Regressionstests manuell nicht mehr zu schaffen waren. Diese „Schuld" wurde gemeinsam von Testern und Entwicklern angegangen:

- Die Entwickler nahmen sich aktiv des Themas „Testability" an und förderten die automatisierte Testbarkeit der Software durch bessere Objektidentifikationen und eine Test-API.

- Die Tester evaluierten verschiedene Automatisierungswerkzeuge direkt an der Software, indem erste Testfälle automatisiert wurden.

Da aufgrund der Einarbeitungszeit und des teils großen Aufwands für Teststellungen kommerzielle Werkzeuge ausschieden, fiel die erste Wahl auf AutoIt [Auto12], da hier an anderer Stelle des Unternehmens bereits Know-how verfügbar war und bereits nach kurzer Zeit auch für komplexe Testfälle gute Resultate zu sehen waren. AutoIt ist vielleicht keine hochspezialisierte Lösung für Acceptance Tests, war aber eine praktikable Lösung für das Team, um die Acceptance Tests zu automatisieren.

Doch auch auf Ebene der Unit-Integrationstests stellten sich Probleme bei der Automatisierung ein. Durch die gewählte Integrationsstrategie benötigte der Durchlauf aller Integrationstestfälle eine knappe Stunde, was den Entwicklungsfluss ins Stocken brachte. So wurde die bestehende Integrationsstrategie komplett verworfen und im Zuge des Refactorings der Unit-Integrationstests eine modularere Architektur implementiert. Somit konnte der Zeitbedarf eines kompletten Durchlaufs auf wenige Minuten reduziert werden.

Generell hat sich im Team das Bild der Testautomatisierung im Laufe des Projekts stark gewandelt: von der reinen Automatisierung der Testdurchführung zu einer Unterstützung sämtlicher Aktivitäten im Sprint. So werden mit einigen passenden Werkzeugen eine ganze Reihe von Testaufgaben automatisiert unterstützt:

- Das Aufbereiten und Bereinigen der Testumgebung

- Die Generierung und Vorbereitung der Testdaten

- Die Installation und Konfiguration des Testobjekts

- Die Testdurchführung auf den verschiedenen Teststufen

- Die Auswertung, Filterung und Aufbereitung der Testergebnisse

- Der Export der regulatorisch relevanten Informationen bezüglich der verschiedenen Tests aus den Systemen

Die eingesetzten Werkzeuge reichen hier von einzelnen Skripts über kleinere Open-Source-Applikationen bis zu größeren Frameworks (siehe auch Kapitel 8, „Werkzeuge"). Auch hier sind jederzeit Änderungen möglich, wenn es der Bedarf ergibt und der erwartete Nutzen den Aufwand für einen Werkzeugwechsel rechtfertigt. So wird im Team darauf geachtet, dass die Verwendung eines spezifischen Werkzeugs nicht zum Selbstzweck wird, sondern die Entwicklung des Produkts voranbringt oder ein bestehendes Problem löst.

Wie das Beispiel EMIL-Testautomatisierung gut zeigt, hat die Testautomatisierung in agilen Projekten nicht nur die Aufgabe, den Regressionstest günstiger und damit bei häufigen Testzyklen durchführbar zu machen. Vielmehr ist sie integraler Bestandteil der Arbeitsweise und beeinflusst die Software-Entwicklung selbst. Auch ist sie selten einheitlich gelöst

(z. B. durch ein bestimmtes Werkzeug), sondern setzt sich meist aus verschiedenen, für die jeweiligen Aufgaben optimierten Techniken zusammen. Nicht selten mischen sich hier Eigenentwicklungen mit Open-Source-Lösungen und kommerziellen Werkzeugen.

Ein agiles Projekt ohne irgendeine Form der Testautomatisierung ist immer ein gutes Stück unvollständig! Testautomatisierung muss man daher von Anfang an mit in die Iterationen einplanen und konsequent ausbauen. Sie ist immer eine gemeinsame Aufgabe von *allen* Teammitgliedern und beschränkt sich nicht auf die Tester.

■ 7.3 Testautomatisierung mit zunehmender Integration der Software

Auch wenn agile Teams sich von der Denkweise eines V-Modells distanzieren, so müssen sie zur Kenntnis nehmen, dass Software integriert werden muss und dass das am besten stufenweise geht. Weil diese Stufen alle innerhalb einer Iteration immer wieder durchlaufen werden, verwischen in den meisten Teams die Begrifflichkeiten.

Viele Teams reden gerne von *Unit Tests*, meinen damit aber keinesfalls nur den Komponententest, für den laut ISTQB der Begriff Unit Test nur ein Synonym ist [ISTQ12], sondern meinen damit Tests, bei denen ein xUnit-Framework wie z. B. JUnit verwendet wird. *Framework* und *Fixtures*, beides Begriffe aus der Arbeit mit xUnit-Frameworks, werden gerne auch für die Arbeit mit Werkzeugen genutzt, die speziell Benutzeroberflächen automatisieren und wiederum eine zweite erfolgreiche Testautomatisierungstechnik sind.

Bevor später im Kapitel die verschiedenen Techniken für die Testautomatisierung genauer vorgestellt werden, soll zunächst der Blick für ihre Verwendung in den jeweiligen Integrationsstufen der Software geschärft werden. Noch ein Hinweis zu den vier Testquadranten von Crispin/Gregory (siehe Kapitel 3): Unit Test und Komponentenintegrationstest gehören eher zu den technischen teamunterstützenden Tests (1. Quadrant), während Systemtest und Systemintegrationstest eher zu den übrigen drei Quadranten zählen würden.

7.3.1 Unit Test bzw. Komponententest

Beim Unit Test bzw. Komponententest ist nur die Klasse/Methode im Fokus – alles andere wird durch sogenannte Platzhalter wie Stubs, Mocks o. Ä. (siehe dazu Abschnitt 7.5) simuliert oder ist für diesen Test nicht notwendig. Typischerweise werden in diesen Tests korrekte Berechnungen oder Plausibilitätsprüfungen getestet.

Im Unit Test bzw. Komponententest hat sich die Verwendung von xUnit-Frameworks wie JUnit bewährt, wobei manche Platzhalter auch selbst entwickelte Applikationen oder Skripte sind. Testautomatisierung macht hier absolut Sinn und wird auch oft so gelebt. Vorsicht aber bei Klassen, die reinen Integrationscharakter haben, wie z. B. Wrapper, WebService-Anbindungsklassen oder auch Datenbankzugriffsschichten. Diese sind meist erst in der nächsten Integrationsstufe automatisiert testbar.

7.3.2 Komponentenintegrationstest

Im Komponentenintegrationstest werden mehrere Klassen/Methoden im Verbund getestet. Anliegende Klassen/Methoden, deren Zusammenspiel nicht im Fokus ist, werden durch Platzhalter simuliert. Diese Tests kann man häufig auch mit xUnit-Frameworks und eigenen Platzhalterroutinen automatisieren. So könnte man hier beispielsweise testen, ob eine Klasse richtig reagiert, sobald ein Event in einer anderen Klasse eintritt, oder ob eine gewisse Funktionalität korrekt über einen Webservice exponiert wird.

In dieser Stufe spielen gute Integrationsserver eine wichtige Rolle, weil diese für einen sicheren Build und qualifizierenden automatisierten Tests sorgen und so eine CI-Strategie (Continuous Integration) erst ermöglichen.

7.3.3 Systemtest

Im Systemtest wird eine ganze Systemeinheit bis hin zur gesamten Applikation getestet. Hier testet man beispielsweise, ob im System ein neuer Kunde angelegt werden kann. Diese Tests erreichen schon die Ebene der Akzeptanztests, bei der sich die Abnehmer wie z. B. der Product Owner von der Qualität der umgesetzten Funktion überzeugen.

Auch das lässt sich gut mit xUnit-Frameworks und Platzhaltern automatisieren, wobei man auf dieser Integrationsebene gerne die Nachbarsysteme selbst mit zum Testen einsetzt und sich so die Platzhalter spart. Gerne werden die Tests in dieser Integrationsstufe schon weitgehend über Benutzerschnittstellen oder Serviceschnittstellen angesteuert, weshalb hier auch darauf spezialisierte Testautomatisierungswerkzeuge zum Einsatz kommen.

Last- und Performance-Tests mit Lasttreibern- und Monitoren machen auf dieser Ebene zum ersten Mal Sinn. Vorsicht sei aber geboten, da viele Performance-Probleme sich erst im Zusammenspiel mehrerer Systeme offenbaren.

7.3.4 Systemintegrationstest

Der Systemintegrationstest ist ein Test über mehrere Systeme hinweg, die beispielsweise über Webservices zusammenarbeiten oder intensiv Daten mittels Batch-Prozessen untereinander austauschen. Auch hier kann man angrenzende Systeme mit Platzhaltern simulieren, wenn das Zusammenspiel zu diesen Systemen gerade nicht im Fokus ist. Ein typischer Testfall wäre im Systemintegrationstest, ob ein Kunde eine Rechnung aus der Buchhaltung gestellt bekommt, wenn er zuvor im Bestellsystem eine Bestellung aufgegeben hat.

xUnit-Frameworks spielen hier nur noch eine sehr untergeordnete Rolle, während die Testautomatisierungswerkzeuge für Service- oder Benutzerschnittstellen vielfach eingesetzt werden. Testautomatisierung ist auf dieser Ebene in manchen Fällen auch nicht mehr so sinnvoll. In anderen Fällen braucht es zumindest eine sehr reife Automatisierungslösung. Auch wenn Testautomatisierung sicher auch auf dieser Integrationsebene möglich und sinnvoll ist, werden die Tests häufig mit manuellen Testtechniken wie dem explorativen Testen bewältigt.

Die letzte Ausbaustufe des Systemintegrationstests ist dann ein End-to-end-Test, bei dem dann wirklich nichts mehr simuliert wird. Hierbei werden dann sogar Druckerstraßen mit eingebunden, die die Rechnung wirklich probeweise drucken und den Testern zur Kontrolle zukommen lassen. Wenn hier Testautomatisierung eingesetzt wird, dann meist nur noch zur Vorbereitung der Tests, indem beispielsweise Testdaten durch automatisierte Routinen erstellt werden. Die Frage ist sicher auch, ob solche Tests, die wirklich im nennenswerten Umfang erforderlich sind, oder nur auf wenige Probeläufe vor Produktivsetzung beschränkt werden, die dann problemlos auch manuell oder teilautomatisiert bewältigt werden können.

■ 7.4 xUnit-Frameworks

Wie schon eingangs erwähnt sind xUnit-Frameworks oder -Testrahmen wie beispielsweise JUnit (für Java) und NUnit (für .NET) die Testautomatisierungstechnologie in agilen Projekten schlechthin. Sie können fast in allen Teststufen vom Komponenten- bis zum Systemintegrationstest verwendet werden, haben aber ihre größten Stärken und breiteste Verwendung im Komponenten- und Komponentenintegrationstest. Dieser Umstand führt dazu, dass diese Technik im System- oder Systemintegrationstest inflationär eingesetzt wird, womit schnell die Grenzen des effizienten Einsatzes überschritten werden.

Kernaufgabe von xUnit-Frameworks ist das Ansteuern von entwickelten Klassen bzw. Methoden durch Tests, die in derselben Programmiersprache verfasst und in der Entwicklungsumgebung verwaltet werden. Alle modernen Programmiersprachen (wie Java, .NET, C++, PHP, Ruby …) verfügen inzwischen über zuverlässige xUnit-Frameworks, weshalb es nicht nachvollziehbar ist, wenn Entwicklungsteams auf ihren Einsatz ganz verzichten. Vor allem im Komponententest ermöglichen sie überhaupt erst eine adäquate Testabdeckung.

Zwar haben wir auch schon Teams erlebt, die rein manuelle Unit Tests durchgeführt haben, aber die meisten Teams nutzen hier diese inzwischen leicht verfügbaren Testrahmen, die beide Aufgaben (automatisierte Testläufe und Treiber/Platzhalter) in sich vereinen. Mit eigenen Testklassen[1] werden Tests erstellt, die

- das Testobjekt, also je nach Teststufe eine Komponente oder gar ein ganzes System, in eine geordnete Ausgangssituation bringen (meist auch *setup*, *initialize* oder *before* genannt),
- den Test durchführen (je Test eine eigene Methode), indem die zu testende Unit/Komponente oder Systemschnittstelle aufgerufen wird und geeignet mit Parameterwerten versehen wird,
- den Test auswerten (meist mit Standardmethoden *assert …* oder *verify …*) und die Ergebnisse in einer Übersicht darstellen (*failed/passed*),
- die getestete Unit/Komponente wieder geordnet hinterlassen bzw. Daten wieder herrichten (meist auch *teardown* oder *after* genannt).

---

[1] Testklassen bedeutet, dass die Programmiersprache objektorientierte Entwicklung unterstützen muss. Wie man bei PHP-Unit sehr gut sieht, muss das eigentliche Testobjekt dazu nicht selbst auch objektorientiert programmiert sein. Allerdings empfiehlt sich eine durchgängige objektorientierte Programmierweise, damit die Tests nicht als Fremdkörper wahrgenommen werden.

Für die meisten Programmiersprachen gibt es inzwischen zuverlässige Testrahmen, die sich relativ einfach in die Entwicklungsumgebung integrieren lassen (z. B. als Add-in in Eclipse) oder von Anfang an integriert sind (wie z. B. bei Visual Studio). Gemeinsam ist allen, dass sie auf einer objektorientierten Programmiertechnik basieren. Zwar kann man auch Testobjekte testen, die in prozeduralen Sprachen verfasst sind, was vor allem bei Alt-anwendungen oder in Embedded Systems häufig noch der Fall ist, der Test selbst ist objektorientiert programmiert. In Bild 7.3 ist ein Java-Beispiel für einen JUnit-Test in der Eclipse-Entwicklungsumgebung gezeigt, bei dem gleichzeitig die Code-Abdeckung durch Testfälle mitgemessen wird.

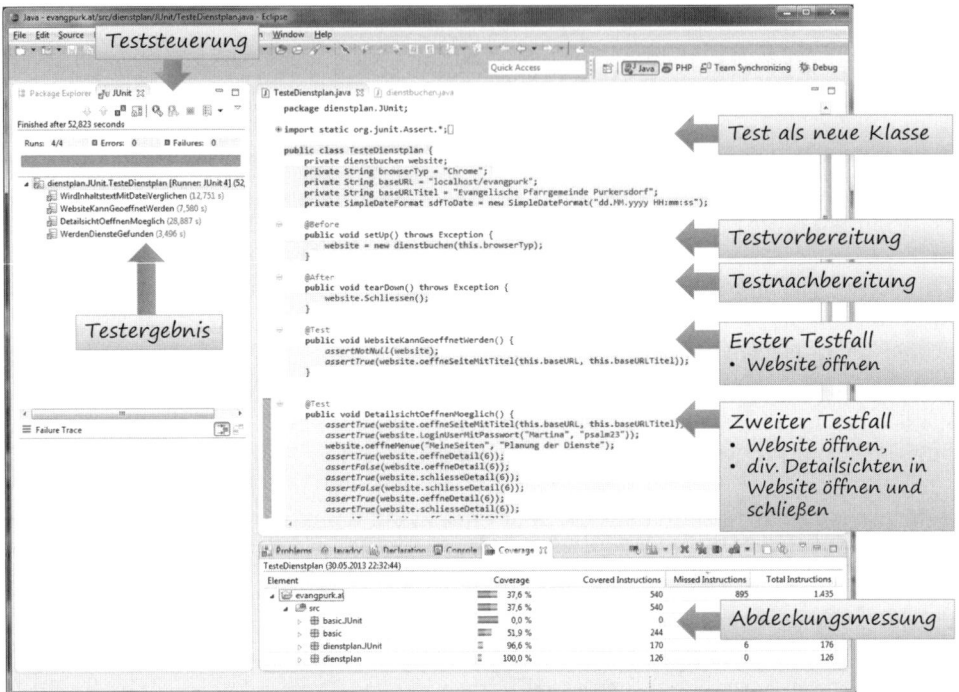

Bild 7.3 JUnit-Testfall für ein Automatisierungsskript in Eclipse mit Abdeckungsmessung

Da für Unit- und Komponententests als Testmethode üblicherweise Whitebox-Techniken wie Anweisungs-, Zweig- oder Pfadabdeckung bzw. Bedingungsüberdeckung in Frage kommen, bieten sich entsprechende Zähler und Monitore für die Abdeckungsmessung als Ergänzung zu den Testrahmen an. Auch diese Hilfsmittel können inzwischen relativ leicht für die gängigsten Entwicklungsumgebungen bezogen und integriert werden.

Unit- und Komponententests als solche brauchen über eine simple Ausführungsliste mit Ergebnisdarstellung und ein paar Schalter zur Teststeuerung keine besondere Testmanagementunterstützung, da die Tests vom Entwickler selbst durchgeführt werden und die Fehlerbehebung meist unmittelbar erfolgt. Die Testfälle werden üblicherweise mit dem Code zusammen verwaltet und brauchen daher auch keine zusätzliche Verwaltungsebene.

Dennoch sollten sich agile Teams frühzeitig über eine geeignete Testinfrastruktur bereits in der Entwicklungsumgebung Gedanken machen. Denn xUnit-Frameworks werden ziemlich bald auch für höhere Teststufen wie den Systemtest oder Systemintegrationstest eingesetzt. Neben den oben dargestellten Testrahmen für automatisierte Testausführungen sind noch eine Reihe meist selbst zu erstellender Hilfsmittel erforderlich:

- Testdatenbereitstellung
- Zurücksetzen der lokalen Testumgebung
- Start von Diensten und Hintergrundprogrammen, die zur Testausführung erforderlich sind
- Verwalten von komplexeren Testergebnissen (z. B. Dateien, Datenauszügen)

Auch sollte das Team sich auf eine einheitliche Vorgehensweise bei der Ausführung von Tests mit xUnit-Frameworks einigen. So ist festzulegen, wie die Testfälle zu benennen und abzulegen sind. Gerade in agilen Teams – vor allen in XP-geprägten Praktiken – sollten auch andere Teammitglieder die Tests leicht wiederfinden und verstehen, um den Code selbst anzupassen (sogenanntes „collective ownership"). Oft wird dabei vernachlässigt, dass ebenfalls ein einheitlicher Standard bezüglich der Anwendung von Abdeckungsmetriken erforderlich ist. Wir erleben immer wieder Teams, denen ein Testfall pro Methode im Komponententest als Testabdeckung völlig ausreichend erscheint. Dabei können Anweisungs- und Zweigabdeckung relativ einfach in der Entwicklungsumgebung nachgeprüft werden.

 Messen der Testfallabdeckung

Eine Methode soll den Mehrwertsteueranteil eines Nettopreises berechnen (und dann an verschiedenen Stellen in der Applikation aufgerufen werden). Die ersten drei Stellen der mitgegebenen Produktnummer (stellt die Produktkategorie dar) sind entscheidend für das Ansetzen der normalen oder der reduzierten Mehrwertsteuer. Es sind nur 5 Produktkategorien zulässig, von denen 2 reduziert und 3 normal zu besteuern sind. Aufgrund der architektonischen Vorgaben muss die Methode robust genug sein, unzulässige Produktkategorien mit einer Ausnahmeroutine (Exception) abzufangen.

Der Entwickler baut die Methode so auf, dass er zunächst die zulässigen Produktkategorien zweistufig herausfiltert:

a) Bilden die ersten drei Stellen eine Zahl?

b) Ist diese Zahl eine der fünf Produktkategorien?

Anschließend wird der Steuersatz mit der normalen Höhe angesetzt und dann erst überprüft, ob er aufgrund der Produktkategorie reduziert angesetzt werden muss. Schließlich wird der Steueranteil aufgrund des ermittelten Steuersatzes ausgerechnet (siehe dazu auch Bild 7.4).

Wer in diesem relativ simplen Beispiel Anweisungsabdeckung erreichen will (jede Anweisung wird im Test einmal durchlaufen), braucht folgende drei Testfälle:

- Exception 1: Produktkategorie aus übergebender Produktnummer nicht bestimmbar
- Exception 2: Produktkategorie unbekannt
- Reduzierte Mehrwertsteuer (durchläuft auch die Default-Belegung mit einem normalen Steuersatz, so wie der Entwickler die Methode programmiert hat)

Wer Zweigabdeckung erreichen will, braucht zusätzlich noch den Testfall

- normale Mehrwertsteuer (weil der Zweig, der die Belegung mit dem niedrigeren Steuersatz überspringt, sonst nicht abgedeckt wäre).

Je nach Aufbau der Bedingungen in den if-Abfragen würde eine Mehrfachbedingungsüberdeckung (selbst wenn optimiert) noch deutlich mehr Testfälle einfordern.

Wer nur mit der Teamvorgabe lebt, mindestens einen Testfall pro Methode zu schreiben, verschiebt all die anderen Testfälle und damit die ggf. erforderliche Fehlerbehebung in den Integrationstest oder Akzeptanztest. Außerdem entgeht dem Team hier schon die Chance, über das erforderliche Maß an Failsafe-Code zu diskutieren und eventuell die Entscheidung über normalen oder niedrigen Steuersatz schon der aufrufenden Prozedur zu überlassen (macht die Objektbeziehungen möglicherweise schlichter und weniger fehleranfällig).

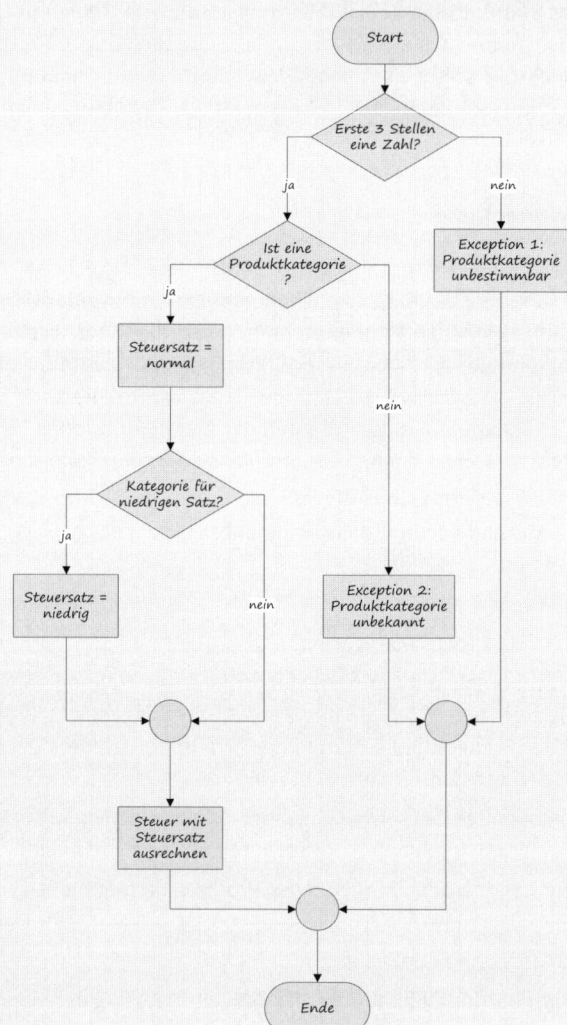

Bild 7.4
Struktogramm für
das Codebeispiel
Mehrwertsteuer

In einigen Systemen bereitet eine abgeschottete Entwicklungsumgebung (lokal) bereits Probleme, wenn man aus ihr heraus integrativ testen will. Automatisierte Tests sind diesbezüglich sehr sensibel, da sie nicht flexibel mit veränderlichen Umgebungsparametern und einer variierenden Verfügbarkeit von Rand- bzw. Nachbarsystemen umgehen können. Andererseits lohnt es sich nicht, bereits für die Unit Tests umfangreiche Platzhalter (Stubs, Mocks, Fakes etc.) für jede Schnittstelle zu anderen Units bzw. Komponenten einzurichten. Hier lohnt es sich eventuell eher, gesteuert über geschickte Hierarchien an Konfigurationsdateien und über Vorbereitungsskripte die Randsysteme aus der Integrationsumgebung so geschützt verfügbar zu machen, dass ein Unit- bzw. Komponententest stabil und ausführlich möglich ist. Auch diese Lösungen sind applikationsindividuell und können daher selten als Standardlösung bezogen und integriert werden. Außerdem gibt es eine Reihe von Applikationen, bei denen das umfangreiche Mocking bzw. Erstellen von Platzhaltern wirtschaftlich gerechtfertigt sein kann.

 Lokale Testumgebung nutzt Integrationstestumgebung

Ein Entwicklungsteam hat diverse Services für verschiedenste Applikationen in der Organisation bereitzustellen, die elektronische Vordrucke/Formulare aus einer zentralen Datenbank aufgrund bestimmter Parameter vorausgefüllt der aufrufenden Applikation zur Verfügung stellt.

In der lokalen Entwicklungsumgebung hat man eine Weile lang mit Mocks gut arbeiten können, die die aufrufenden Applikationen simulieren. Auch für die Datenbank wurden Stubs geschrieben, die passend für den Testfall immer die richtigen Templates zurückgaben (ohne dass dahinter eine Datenbank arbeitete). So konnte der Entwickler seine Komponenten in der lokalen Umgebung ausführlich testen, bevor er in die Integrationstestumgebung (Staging) auslieferte.

Eine auf Einfachheit bedachte Architektur hätte vermutlich diese Welt heil gelassen. Leider wurden die Ansprüche im Laufe der Zeit immer größer, ohne dass sich das Team hätte durchsetzen können. Die Anfragedaten waren inzwischen so komplex geworden, dass mit Mocking nur schwer nachzukommen war, und auch die Template-Varianten in der Datenbank waren inzwischen so reichhaltig, dass der Stub bald selbst eine Datenbank benötigt hätte.

Eine erste Reaktion war es, die Tests mit den bestehenden Platzhaltern auf das wirtschaftlich Umsetzbare zu reduzieren. Leider war damit das bewährte Maß der Testabdeckung nicht mehr aussagekräftig. (War eine zu geringe Testabdeckung immer nur Ausdruck der o. g. Einschränkung?) Eine eigene Testdatenbank für Unit Tests war für das Team nicht erreichbar und der Zugriff auf die anderen Applikationen in der Integrationsumgebung absolut tabu (vor allem wegen den dann unkontrollierbaren Zustands- und Datenveränderungen in den aufrufenden Applikationen).

Das Team fasste den Mut – zunächst sehr zögerlich, dann aber nach den ersten Erfolgen sehr intensiv –, mittels Umkonfiguration die Applikationen und die Datenbank aus der Integrationsumgebung für lokale Tests mitzubenutzen. Es konnte durch geschickte Kniffe verhindert werden, dass kritische Daten und Zustände an die Applikationen aus dem Test zurückgegeben wurden (mittels spezieller Fakes), und auch auf der Datenbank wurden bestimmte Datenbereiche

> für den Unit Test reserviert. Das letzte i-Tüpfelchen setzte das Team damit auf, dass die Umkonfiguration automatisch beim Build beseitigt wurde und somit nicht versehentlich in die Integrationsumgebung gelangen konnte.

Eine besondere Herausforderung sind Altsysteme, die möglicherweise sehr erfolgreich mit prozeduralen Sprachen arbeiten und für die es keine komfortablen Testrahmen gibt. Häufig hat man bei diesen Systemen auch nie Wert auf Testbarkeit gelegt und ohne konsequente architektonische Überlegungen gerne Schicht für Schicht Funktionalität hinzugefügt.

Ein Team sollte sich im Falle von Altsystemen reiflich überlegen, wie viel Zeit es in die Erstellung individueller Lösungen für jede einzelne Komponente steckt. Testautomatisierung ohne einen allgemeinen Testrahmen für die gesamte Applikation wird schnell sehr aufwendig und teuer. Agile Teams kommen jedoch mit rein manuellen Tests im Unit- bzw. Komponententest nicht sehr weit, da häufige Regressionstests zum Vorgehensprinzip gehören. Die Tests einfach in den Integrationstest zu verschieben, führt schnell zur Überforderung der Tests in den späteren Integrationsstufen. Die zunehmende Zahl an Unit-Test-Frameworks auch für die relativ seltenen Entwicklungssprachen und -technologien zeigt, dass es offensichtlich immer lohnend ist, einen allgemeinen und flexiblen Testrahmen einzurichten und zu nutzen.

■ 7.5 Einsatz von Platzhaltern

Platzhalter sind technische Vorrichtungen (meist Software, im Bereich von Embedded Systems aber durchaus auch spezielle Hardware-Vorrichtungen), die der zu testenden (Teil-) Applikation das Vorhandensein durchaus komplexer anderer Systeme vortäuschen. Beispielsweise kann eine Versicherungspolice von einer Applikation nur erstellt werden, wenn eine andere Applikation aus der Versicherungsmathematik über einen Service aufgerufen wird, die risikobasierten Prämien berechnet. Ohne die Verfügbarkeit der aufgerufenen Applikation (weil noch nicht fertiggestellt) müssen die Tester daher die Schnittstelle geeignet simulieren.

Die wenigsten agilen Teams kommen im Test ohne Platzhalter aus, weil sie zum einen eher Teilapplikationen als ganze Applikationen entwickeln (sonst wäre schnell die optimale Teamgröße überschritten) und weil sie schon frühzeitig ihren Code integriert testen müssen. Schließlich soll z. B. bei Scrum jeder Sprint potenziell lauffähige Software erzeugen.

Platzhalter sind nach [Linz13] grundsätzlich in folgende fünf Arten zu unterscheiden:

- *Stubs* – liefert auf eine (aus Testsicht vorhersehbare) Anfrage der zu testenden Applikation ein vorgegebenes Ergebnis zurück, das das Verhalten der nicht vorhandenen Nachbarkomponente bzw. -applikation perfekt nachahmt.

- *Spys* – Stubs, die zusätzlich die Anfragen der zu testenden Applikation aufzeichnen und analysieren können, um sie später zur Auswertung des Testergebnisses verwenden zu können.

- *Mocks* – Stubs mit etwas intelligenterer Logik dahinter, die auch überschaubarere Berechnungen durchführen können und meist für dynamischere Dialoge zwischen zu testender und simulierter Komponente/Applikation erstellt werden.

- *Fakes* – Ersatz für die fehlende Komponente/Applikation mit einem stark vereinfachten Ergebnis, weil das zurückgelieferte Ergebnis für den Test ansonsten keinen weiteren Belang hat (es muss halt nur etwas da sein).

- *Dummy-Objekte* – Ersatzobjekte, -pointer, -datenobjekte, die ähnlich wie Fakes keinen weiteren inhaltlichen Einfluss auf den Test haben (sondern ebenfalls zum reibungslosen Ablauf des Tests einfach nur da sein müssen).

Die ersten drei Arten spielen in den Testfällen eine integrale Rolle, während die beiden letzteren Arten nur Hilfskonstrukte sind, die zur Lauffähigkeit erforderlich sind. Generell ist es aber das Prinzip von Platzhaltern, mit möglichst wenig Aufwand ein vereinfachtes Abbild der fehlenden Komponente bzw. Applikation darzustellen. Agile Teams sollten hier besonders stark auf das Prinzip der Schlichtheit achten: Es muss gerade genug möglich sein, dass die angedachten Testfälle korrekt funktionieren. Übertriebene Flexibilität macht die Platzhalter schnell komplex und ist eine äußerst lästige Quelle von Testfehlern.

■ 7.6 Integrationsserver

Integrationsserver sind in agilen Teams besonders wichtig, da ausgesprochen häufig Builds erstellt und diese nicht gerade selten auch in Systemintegrations- oder Produktivsysteme ausgeliefert werden. Hauptfunktion dieser Server ist die integre Zusammenstellung der Applikation, ohne Teile zu vergessen oder veraltete Komponenten mit einzubinden. Gerade die Technik Continuous Integration (zu Deutsch: kontinuierliche Integration) hat dazu geführt, dass es inzwischen sehr ausgereifte Integrationsserver gibt, die automatisierte Tests als integralen Bestandteil ihrer automatisierten Integrationsprozesse verstehen.

Hier sei beispielsweise der Standardintegrationszyklus eines Apache-Maven-Integrationsservers genannt [Apac13]:

- Validieren – prüfen, ob die Projektstruktur korrekt ist und alle nötigen Informationen vorhanden sind.

- Kompilieren – den Quellcode des Projekts kompilieren. Dabei werden optional auch weitere statische Analysen durchgeführt.

- Unit Test – die zugewiesenen Unit Tests mit dem zugehörigen Testrahmen ausführen.

- Verpacken – den kompilierten Code zum Verteilen/Weitergeben in passende Formate (wie z. B. JARs) paketieren.

- Integrationstest – das fertige Software-Paket wird in einer geeigneten Integrationsumgebung bereitgestellt und (falls definiert) laufen dort entsprechend die automatisierten Integrationstests. Manuelle Integrationstest können danach auch noch durchgeführt werden.

- Überprüfen – das gesamte Software-Paket auf gültige Struktur hin überprüfen und zusätzliche definierte statische Analysen für die Qualität der Software durchführen.

- Installieren – das Software-Paket im lokalen Repository installieren, damit es von anderen lokal installierten Projekten verwendet werden kann.

- Versenden – das Software-Paket in einer Gesamtintegrations- oder Vorproduktionsumgebung installieren, um für Akzeptanz- oder Systemintegrationstests bereitzustehen.

Gerade dieser Punkt ist zwar möglich, wird aber in komplexeren Systemen selten genutzt, weil die Risiken für die Zielumgebung durch eine automatisierte Bestückung zu groß sind. So sind manchmal auch Werkzeug- und Datenbank-Upgrades fällig oder es sind organisatorische Vorkehrungen zu treffen, die automatisch nicht vorsichtig genug umsetzbar wären.

Dieser relativ generische Minimalablauf setzt zwar klar auf eine semi-automatisierte Integration, bei denen Unit- und Integrationstests fest mit eingeplant sind, aber eigentlich nur die Unit Tests voll automatisiert sind. Für die kontinuierliche Integration sind hingegen Server entworfen worden, die

a) modular verschiedene Compiler, Konfigurationsmanagementsysteme und Testrahmen verwenden können (je nachdem, was für die Arbeit im jeweiligen Team geeignet ist),

b) für die Überwachung und Steuerung des Fortschritts die Ergebnisse der Prozessschritte (z. B. den Testerfolg) sammeln und in einem Dashboard darstellen.

c) Damit ist es aus Testsicht (neben anderen Vorteilen) möglich, komplexere Integrationstests automatisiert laufen zu lassen und ihre Ergebnisse geordnet zu überwachen. Typische Vertreter sind hier Hudson/Jenkins [Kawa13], Cruisecontrol [Crui13] oder Team Foundation Server [Micr12].

d) Eine besondere Herausforderung für unerfahrene Teams (in Bezug auf Integrationsserver) ist die geeignete Konfiguration und Anpassung an die eigenen Belange. Auch ist die Installation und Bedienung der meisten Integrationsserver relativ komplex, weil daran das Einrichten von (virtuellen) Testumgebungen, Einbinden der Code-Verwaltungssysteme, Ansteuerung von Testautomatisierungen und letztlich der gesamte Build-Prozess hängt.

e) Aber auch für erfahrene Teammitglieder kann ein neues Projekt eine völlig neue Herausforderung sein, weil die Anforderungen an den Prozess, an die Hardware und an die einzubindenden Werkzeuge immer wieder komplett anders sein können.

f) Daher sollten agile Teams ihre ersten Iterationen dafür verwenden, den Build-Prozess mit automatisierten Unit- und Integrationstests möglichst ordentlich und überlegt aufzusetzen. Zwar kann man später immer wieder daran Korrekturen vornehmen, aber unüberlegte bzw. halbherzige Lösungen am Anfang können dem Team später den Mut zur Testautomatisierung nehmen, worunter schließlich die Effektivität des Tests im gesamten Projekt leidet.

■ 7.7 Testautomatisierung im fachlich orientierten Test

Nachdem bereits auf Unit- bzw. Komponentenebene ausführlich getestet wurde und es im Integrationstest gelungen ist, dass die Units/Komponenten auch korrekt und testbar miteinander laufen, muss die Anwendung (oder jene Funktionalitäten, die bis dahin umgesetzt worden sind) gezielt aus fachlicher Sicht getestet werden.

Testautomatisierung bietet sich auch hier eher für *teamunterstützende* Tests an, also jene Tests, die schlicht nachweisen sollen, was man sich an Funktionalität eh schon vorgenommen hat. Gerade diese müssen sehr repetitiv und häufig in konstanter Qualität getestet werden, damit das Team die Freiheit zur Veränderung hat, ohne auf Sicherheit bzgl. Funktionsumfang und Qualität zu verzichten.

In *produkthinterfragenden* fachlichen Tests wie z. B. bei explorativen Testsessions kann Testautomatisierung zwar auch eingesetzt werden, ist aber nicht flexibel genug für die Testausführung und beschränkt sich daher auf Testvor- und -nachbereitungsarbeiten (wie z. B. das Laden oder Zurücksetzen von Datenbeständen).

Testautomatisierung nur für Benutzerschnittstellen?

Die Testautomatisierung steht vor allem für Benutzerschnittstellen im Fokus, weil sie in diesen Fällen

a) besonders schwer zu realisieren ist und

b) besonders viel Zeitersparnis im Test verspricht.

Dennoch ist zu beachten, dass alle anderen Möglichkeiten der Testautomatisierung (wie z. B. Ansteuerung der API, Kommunikation über eine Serviceschnittstelle, Batchjobs etc.) genauso berechtigt sind und eigentlich bevorzugt werden sollten. Mike Cohn, einer der agilen Vordenker von Scrum-Techniken hat einmal dargestellt, wie sich die Testmenge auf die verschiedenen Möglichkeiten verteilen sollten [COHN09]:

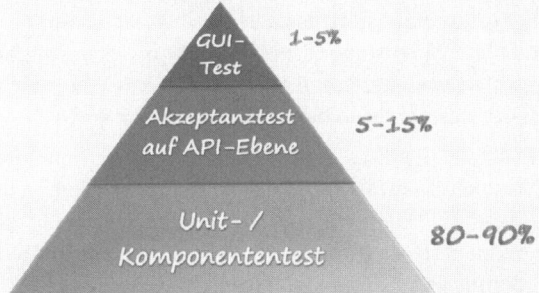

Bild 7.5 Pyramide der Testautomatisierung nach Mike Cohn

Diese Sicht mag zwar nicht in allen Projekten einfach umsetzbar sein, doch sollten agile Teams darauf achten, das Verhältnis nicht umzukehren (was leider allzu häufig passiert).

Wenn wir bei den fachlichen Tests vorwiegend von der Testautomatisierung für Benutzerschnittstellen (GUI) reden, liegt das einfach an der besonderen Herausforderung für das Team. Das soll aber nicht darüber hinwegtäuschen, dass die meiste Testautomatisierung schon ohne Einbindung des GUI erfolgen sollte.

Die Kunst der Testautomatisierung im fachlichen Test besteht nun hauptsächlich darin, das Automatisierungsskript auf eine fachliche Testfallsicht zu reduzieren. In Bild 7.6 sehen Sie ein Beispiel aus FitNesse:

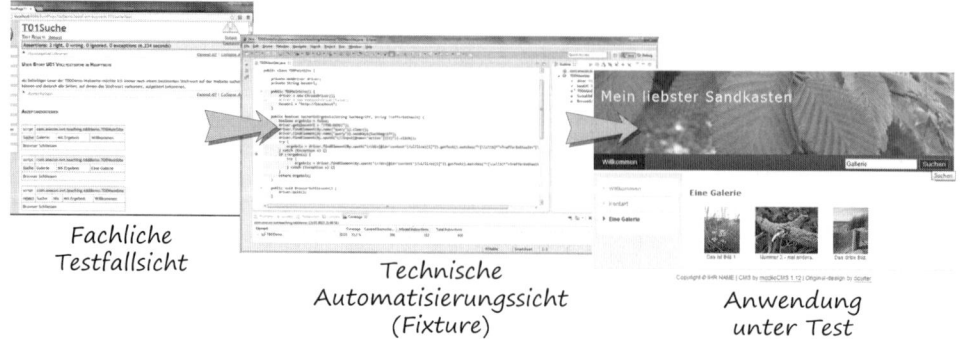

Bild 7.6 Von der fachlichen Testfallsicht zur Automatisierung am Beispiel FitNesse

In diesem Beispiel geht es darum, die Suche nach bestimmten Begriffen in einer Website automatisiert zu testen. So will der Tester mal nach „Galerien" suchen und hofft, mehrere Treffer zu finden. Mal will er nach „Metaphysik der Sitten" suchen und bewusst nichts finden. Diese Tests haben viele Varianten, aber nur einen Ablauf mit einer etwas komplexeren Logik zum Auswerten der Ergebnisse (wie viele und vor allem welche Treffer werden in welcher Reihenfolge getroffen). Daher sind diese Tests ein ideales Objekt für die Testautomatisierung, gerade auch für fachlich orientierte Tests.

In diesem Fall wird Selenium als Testautomatisierungswerkzeug genutzt, um die Oberflächenelemente der Website automatisiert anzusteuern. Selenium wird wiederum aus einer Java-Klasse heraus aufgerufen und „ferngesteuert", z. B. die Eingabe eines Suchbegriffs und der Klick auf die „Suchen"-Taste oder das Auslesen der Treffer nach der Suche.

Nun könnte man wie beim JUnit-Test die Testfälle einfach weiter ausprogrammieren, Testfall für Testfall, wobei dann die Testdaten jeweils in den Skripten mit enthalten sind. Für den fachlichen Test ist es aber klüger, die Daten wie z. B. die Suchbegriffe und ihre Ergebnisse von den detaillierten Skriptabläufen zu trennen. Daher trennt man die technische Automatisierungssicht (das sogenannte Fixture) modular von der fachlichen Testfallsicht, die dann meist aus einer auf fachlich relevante Aspekte reduzierten Tabelle besteht.

Somit kann sich der Tester nun auf die vielen Varianten der Suche und die Facetten der Nutzung aus Anwendersicht konzentrieren. Idealerweise ist dann diese Sicht noch mit den Anforderungen bzw. Akzeptanzkriterien der User Stories verknüpft. Die Vorteile für den fachlichen Test liegen auf der Hand:

- Die Rolle oder Sichtweise eines fachlichen Testers kann von der Rolle bzw. Sichtweise eines Entwicklers getrennt werden (hilft auch Entwicklern, die abwechselnd entwickeln und fachlich testen müssen).
- Die Testfälle konzentrieren sich auf fachliche Aspekte (wie den Ablauf oder die Varianten an Daten).
- Die Tests lassen sich meist gut mit (in Prosa gefassten) Anforderungen zusammen verwalten, z. B. durch Ablage in einem Wiki wie in FitNesse.
- Schärft den Blick für die Testbarkeit einer Applikation schon bei der Entwicklung.

Diese zusätzliche Abstraktionsebene bei der Testautomatisierung kostet allerdings auch etwas: Das Team muss eigene Fixtures erstellen und diese auch immer wieder bei Änderungen warten. Daraus entsteht zusätzliches Fehlerpotenzial, das man auch tunlichst bald in den Griff bekommen muss. [Kane02] empfehlen daher auch, diese Fixtures genauso wie den übrigen Code durch testgetriebene Entwicklung zu erstellen. Der einfache architektonische Aufbau von Automatisierungsskripts (Fixtures) macht die testgetriebene Entwicklung relativ leicht möglich.

Insgesamt wird klar, dass eine Testautomatisierung, die im fachlichen Test eingesetzt wird, zusätzliche Infrastruktur braucht und auch anders integriert werden muss. Im Folgenden werden wir uns die technische Unterstützung durch Werkzeuge genauer ansehen, typische agile Techniken kennenlernen und Besonderheiten bei der kontinuierlichen Integration (Continuous Integration) aufzeigen.

7.7.1 Ein Framework – wozu?

Während im technischen Test die Testfälle für die Testautomatisierung weitgehend durch Code erstellt werden (ggf. mit unterliegenden Datentabellen zur Datenvariation für die besonders ausgefeilten Lösungen), braucht es – wie in diesem Kapitel dargelegt – im fachlichen Test das Mapping der technischen auf die fachliche (vereinfachende) Sicht.

[Seid12] führen drei wesentliche Arten auf, wie man die Testfälle im fachlichen Test automatisieren kann:

1. *Programmatische Testfalldarstellung und reines Capture & Replay*
   Hierbei werden Testfälle in Form von Code erstellt wie im Unit Test. Bei Benutzerschnittstellen kann der Code auch durch reines Capturen eines manuellen Tests erstellt werden. Diese Methode beschränkt sich bezüglich Variablen nur auf zentrale Konstanten wie z.B. die Basis-URL bei einer Website, die bei Änderungen im Testobjekt zentral konfiguriert werden können.

2. *Datengetriebene Testfalldarstellung*
   Das Skript ist zunächst einmal derselbe Code wie bei der ersten Methode, nur dass diesmal sämtliche Testdaten durch Variablen ersetzt werden. Aufgrund von Datentabellen (z.B. einer CSV-Datei) werden dann die Variablen mit Werten belegt und das Skript Zeile für Zeile wiederholt ausgeführt. Die sogenannte Decision Table weiter unten im Beispiel von FitNesse und Selenium (siehe Abschnitt 7.7.3) ist dafür ein typischer Vertreter dieser Methode.

3. *Schlüsselwortgetriebene Testfalldarstellung*
   Das Skript wird hierbei in einzelne Teilschritte zerlegt, damit der Tester diese dann nach Belieben zu einem komplexeren Ablauf kombinieren kann. Auch wie bei der datengetriebenen Testfalldarstellung werden die Testdaten im Skript durch Variablen ersetzt, die dann zur Laufzeit des Tests aus den Testfalltabellen mit Werten gespeist werden. Jede Zeile der Tabelle bildet dabei aber nur einen Teilschritt, gekennzeichnet durch das Schlüsselwort und gefolgt von den zu übergebenden Testdaten. Die sogenannte Script Table weiter unten im Beispiel von FitNesse und Selenium (siehe Abschnitt 7.7.3) ist dafür ein typischer Vertreter dieser Methode.

Auf diesen Grundprinzipien kann man dann noch weitere raffiniertere Methodiken entwickeln, die die Steuerbarkeit des Tests durch einen fachlichen Tester ohne technische Vorkenntnisse erweitert.

Diese Techniken kann man außerdem noch dahingehend optimieren, dass der Zugriff auf die Applikation wie z. B. auf eine bestimmte API oder eine bestimmte Maske in der Benutzerschnittstelle in zentralen Klassen ausgelagert wird, sodass jedwede Änderung an der Applikation nur an einer Stelle im Code und nicht in allen Testfällen nachgezogen werden muss. Manche Testautomatisierungswerkzeuge bieten hierfür eigene Anpassungsassistenten, mit denen die Wartung dann noch komfortabler und eventuell auch für nicht ganz so technisch bewanderte Benutzer möglich ist.

Die dritte Eigenschaft, die eine Testautomatisierungslösung haben muss, ist der Umgang mit umfangreichen Testdatenbeständen. So müssen nicht nur die Bewegungsdaten im Test möglichst in vielen Varianten gut verwaltet werden, sondern auch die Sollergebnisse zum Vergleich nach dem Test oder eines Testschrittes müssen ebenso gut griffbereit liegen. Eine gute Idee bei der Verwendung von „vergänglichen" Bewegungsdaten im Test ist das automatische „Abhaken" der verwendeten Bewegungsdaten, sodass das Automatisierungsskript beim nächsten Run automatisch den nächsten noch verfügbaren Satz verwendet. Beispielsweise kann ein im Test gekündigtes Konto sicher nicht mehrmals hintereinander gekündigt werden. Dem Testautomat wird daher zu Beginn eine Liste mit vielen kündbaren Konten im Testdatenbestand gegeben, die er der Reihe nach abarbeitet und dabei vermerkt, welche Konten er schon in Tests „verbraucht" hat.

Je umfangreicher ein Testfallportfolio ist, das automatisiert zu testen ist, desto wahrscheinlicher ist die Notwendigkeit, ein eigenes Test-Framework dazu zu erstellen, das die oben genannten drei Funktionen erfüllt. Manche Werkzeuge bringen den Großteil dieser Funktionen schon mit, aber selbst dann muss man sich erst einmal vertraut machen, wie diese aktiviert und nutzbar gemacht werden können.

Agile Teams stehen hier in einem klassischen Dilemma: Je flexibler sie sein wollen, desto eher verstößt die Testautomatisierungslösung gegen das Schlichtheitsprinzip. In der Praxis haben wir den Schwellenwert bei einem Testfallportfolio von etwa 1000 Testfällen festgelegt, an dem wir einem Team die Investition in ein Framework dringend empfehlen würden. Je nachdem, wie variabel die Daten sein müssen, kann die Grenze deutlich nach oben oder unten schwanken. Aber generell sollte man nicht zu spät die Konsequenzen ziehen, sonst sind die schlichten Testautomatisierungsskripte bald toter Code.

7.7.2 Agile versus klassische Automatisierung von Benutzereingaben

In der Tradition agiler Projekte wurden einfach die Unit- und Integrationstests in der bekannten Technik (Testrahmen, Testplatzhalter) ausgebaut, um auch für fachliche Tests eine Testautomatisierung bieten zu können. Das Ganze hat – wie eingangs schon erwähnt – Grenzen, wenn die Skripte einen geschärften Blick auf fachliche Aspekte erschweren.

Klassische Automatisierungswerkzeuge für den Blackbox-Test bieten meist von Haus aus diese Fähigkeiten, waren aber nicht sonderlich gut für agile Projekte geeignet: Sie sind komplex in der Installation/Konfiguration, brauchen meist umfangreichere Schulung oder Trainings und können häufig nicht schnell genug auf geänderte Software reagieren (ganz können agile Teams auf solche Werkzeuge nicht verzichten, aber dazu weiter unten mehr).

Folglich entstand eine neue Generation an eher leichtgewichtigen Testautomatisierungs-lösungen, die wir daher als agile Testautomatisierung bezeichnen wollen. Doch worin unter-scheiden sich diese von den klassischen Lösungen, wo sie doch dem gleichen Zweck dienen sollen?

7.7.2.1 Agile Testautomatisierung

Der Hauptunterschied ist jener, dass bei agilen Testautomatisierungswerkzeugen die eigentliche *Automatisierung von den Entwicklern bzw. eigens dafür engagierten technischen Testautomatisierern selbst geschrieben* wird. Statt indirekt über eine Testaufzeichnung ein werkzeugeigenes Testskript mit eigenen Objekten und Methoden zu verwenden, greifen agile Teams bei der Testautomatisierung direkt auf ihren eigenen Code zu und schreiben dafür Automatisierungsklassen bzw. -methoden. Ganz wichtig: Die Kenntnis des Innen-lebens eines Testobjekts macht die Testautomatisierung damit schlichter und direkter. Obendrein – wenn konsequent im Sinne von Akzeptanztest-getriebener Entwicklung (ATDD) angewendet – müssen sich Entwickler gleich Gedanken über die fachliche Testbar-keit ihrer (Teil-)Applikation Gedanken machen.

Ein weiterer Unterschied liegt darin, dass die *Verwaltung der Tests* (verschiedene Testruns pro Release, pro Hotfix in Produktion etc.) schlank gehalten wird und das *Reporting* sich weitgehend auf eine Passed/Failed-Liste mit knappen Protokollen zum Debugging beschränkt. Komplexere Reports wie die Abdeckungsmessung von Anforderungen, der Abdeckungsverlauf durch Tests o. Ä. sind in agilen Lösungen folglich nicht vorgesehen. Der Grund dahinter liegt zum einen in dem Gebot der Schlichtheit (nur so viel, wie unbedingt nötig) und zum anderen in der unmittelbaren Bearbeitung der Testergebnisse im Team. Ein agiles Team braucht komplexere Verwaltungslösungen von Tests oft nicht, genauso wenig wie ausgefeilte Testberichte.

Bild 7.7 verdeutlicht die Funktion eines agilen Testautomatisierungswerkzeugs. Sie be-schränkt sich darauf, einen Rahmen für

a) die Schnittstelle zwischen Anforderungen und dem Testautomatisierungscode (Fixture) und für

b) die Testausführung und ihre Protokollierung

zu bieten. Der Testcode selbst und die Routinen bei der Testausführung (inklusive Proto-kollierung von Details) müssen vom Team selbst erstellt werden.

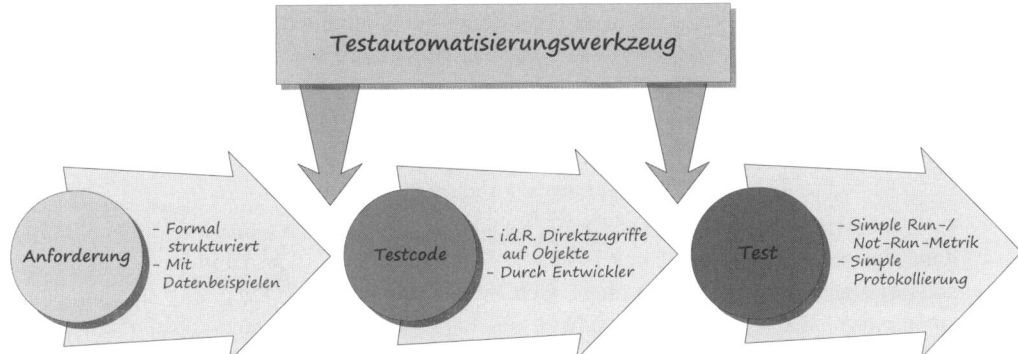

Bild 7.7 Aufbau agiler Testautomatisierungswerkzeuge

Der besondere Nutzen dieser agilen Lösung von Testautomatisierung besteht in folgenden Punkten:

- Unterstützung von Akzeptanztest-getriebener Entwicklung (ATDD)
- Testfälle werden schon beim Anforderungsentwurf geschrieben und müssen danach kaum verfeinert werden.
- Testfälle können je nach Variante gut verständlich für Endbenutzer oder Fachbereichsexperten dargestellt werden (z. B. bei Business-Driven Development, BDD).
- Die Werkzeuge sind leicht zu installieren/konfigurieren.
- Die Lösung ist entwicklerbezogen und bindet die Fähigkeiten von Entwicklern extrem gut ein (meist in Entwicklungsumgebung integriert, arbeitet direkt mit den entwickelten Objekten im Code).

7.7.2.2 Klassische Testautomatisierung

Wie bereits angedeutet, dürfen wir in agilen Projekten die klassischen Testautomatisierungswerkzeuge nicht unbeachtet lassen. In vielen Projekten zeichnen sich längst auch Mischformen ab (wie weiter unten in Abschnitt 7.7.3 beispielhaft dargestellt).

Die Schwerpunkte klassischer Testautomatisierungswerkzeuge liegen in folgenden Aspekten:

- Originäres Ziel ist der funktionale Regressionstest vor großen Releases.
- Es können auch große Test-Portfolios mit mehreren tausend Testfällen verwaltet und gewartet werden.
- Es werden lange Testruns mit aussagekräftigen Protokollen unterstützt.
- Die Bedienung vieler Werkzeuge ist durchaus auch Experten der Fachabteilungen oder Repräsentanten der Endbenutzer zumutbar.
- Gerade bei komplexen Integrationsstufen (bis hin zu Multisystemen) können die Werkzeuge gut organisiert werden (wer testet was und mit welchen Teilapplikationen?).
- Gutes Reporting auch für externe Stakeholder des Tests

Das Kernstück dieser Werkzeuge ist die inzwischen schon hervorragende Objekterkennung bei Benutzerschnittstellen (siehe dazu Bild 7.8). Viele Werkzeuge bieten für die verschiedensten Plattformen überzeugende Lösungen, sodass es inzwischen kaum noch eine Benutzeroberfläche gibt, die nicht automatisierbar wäre. Gerade diese Eigenschaft kann auch für agile Teams sehr interessant sein, wenn sie mit Komponenten oder Frameworks von Drittanbietern arbeiten, deren Innenleben sie nicht kennen bzw. beherrschen. Daher sprechen wir hier auch gerne von Blackbox-Testautomatisierungswerkzeugen.

Eine weitere Besonderheit ist, dass diese Werkzeuge eine Arbeitsumgebung bieten, in der man Testfälle erstellen, Testdaten für die Tests definieren und/oder verwalten und die Testskripte komfortabel aufzeichnen, anpassen und modularisieren kann.

Viele Werkzeuge lassen sich obendrein noch in ein Testmanagementwerkzeug einbinden, in dem verschiedene Testprojekte, Releases, Testsuiten und Testläufe unterschieden werden können. Damit kann man dann meist auch ein sehr komfortables Reporting darüber (semiautomatisch) liefern, welcher Testfall in welchem Release erfolgreich getestet worden ist oder noch nicht.

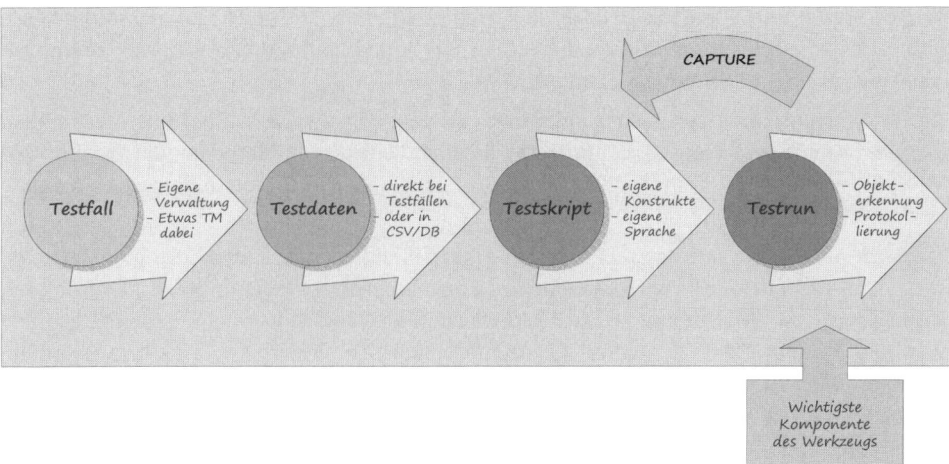

Bild 7.8 Aufbau klassischer Testautomatisierungswerkzeuge

Dennoch liegt das Hauptaugenmerk immer noch in der Testausführung, bei der das Werkzeug die zu testenden Oberflächenobjekte sicher erkennen muss, schnell adressieren soll (Laufzeit minimieren) und über die Testergebnisse komfortabel zu berichten hat (mit Detailinformationen hin bis zum Film oder Screenshot). Testausführung meint hier auch nur die Tests über eine Benutzeroberfläche, ggf. auch über einen Web- oder Datenbankservice. Das muss nicht immer alles sein, was zu testen ist.

Gerade in der Optimierung von Oberflächentests liegt natürlich auch die Schwäche der Werkzeuge, weil damit meist ein recht komplexes Gebilde aus werkzeugimmanenten Funktionen und Testskripten einhergeht, welches nicht immer leicht an sich ändernde Software anzupassen ist. Ein agiles Team hat nach dem Gebot der Schlichtheit hier klar zwischen einer schlichten Notwendigkeit im Projekt und unnötigem Komfort zu unterscheiden. Es gibt einfach Randbedingungen im Projekt, die die Arbeit mit klassischen Testautomatisierungswerkzeugen erforderlich macht. Typischerweise sind dies Projekte mit den folgenden Eigenschaften:

- Regulatorische Zwänge (z. B. bestimmte Reports/Nachweise für externe Stakeholder)
- Vertragliche Zwänge (z. B. Einsatz gemeinsamer Werkzeuge mit Lieferant bzw. Kunde)
- Technische Zwänge (z. B. Einsatz von Komponenten, Frameworks von Drittanbietern)
- Unflexible Organisation (z. B. Trennung Testautomatisierer vom Entwicklungsteam)
- Rechenschaftspflicht über das Projekt hinaus (z. B. regelmäßige Berichte an ein Multiprojektbüro, den Vorstand, etc.)

7.7.3 Ein typisches Beispiel: FitNesse und Selenium

Zwar werden wir in Kapitel 8 noch andere Werkzeuge darstellen, doch wollen wir hier an einem Beispiel zeigen, wie „schlanke" Lösungen auch für die Königsdisziplin der Testautomatisierung, nämlich jene für Benutzerschnittstellen, aussieht.

Weit verbreitet und quasi die Urform vieler agiler Automatisierungslösungen ist FitNesse [Fitn13], eine geschickte Mischung aus einem Wiki und einem Framework zum Ausführen selbst geschriebener Automatisierungsskripte.

Laut der Testpyramide von Mike Cohn (siehe Kasten weiter vorn) sollten mit solch selbsterstellten Automatisierungsskripten hauptsächlich die internen Methoden der Applikation direkt angesteuert werden (oder die APIs). Grafische Benutzerschnittstellen (engl. Graphic User Interfaces, GUI) sollten nur in ganz wenigen Fällen automatisiert werden.

Dennoch lassen sich mit derselben Technik auch klassische Blackbox-Automatisierungswerkzeuge ansteuern, die zwischen dem Automatisierungsskript und der zu testenden Applikation (bzw. ihrer Benutzeroberfläche) vermitteln. In diesem Zusammenhang ist Selenium sehr beliebt [Sele13], sofern nur Weboberflächen in einem Webbrowser zu automatisieren sind. Der Vorteil von Selenium ist seine einfache Handhabe zum Aufzeichnen (Selenium IDE als Plugin im Firefox-Browser) und das einfache Einbinden als Standalone-Anwendung in diverse Programmsprachen (Selenium-WebDriver).

▪ Der Ablauf zur Automatisierung ist nun der Folgende:

1. Der Entwickler für die Testautomatisierungsskripte (auch Fixtures genannt) zeichnet eventuell mithilfe des fachlichen Testers einen Testablauf mittels Firefox-Plugin Selenium IDE auf. Dabei achtet er bereits darauf, dass geeignete Prüfpunkte für das Testergebnis mit eingegeben werden (z. B. verifyText zum Überprüfen, ob ein bestimmter Text in einem Element der Benutzeroberfläche erscheint).

2. Der Entwickler vergewissert sich der Lauffähigkeit des aufgezeichneten Testskripts, indem er den Test möglichst mehrfach automatisiert wiedergeben lässt.
   Hinweis: Der Entwickler sollte möglichst hier schon darauf achten, dass die Elemente der zu testenden Website möglichst sicher und wartungsarm angesteuert werden. Vollqualifizierte XPath-Ausdrücke können bei einer Änderung der Oberfläche schnell obsolet werden, stabiler sind css- oder id-Zugriffe. Hier geht übrigens der Trend ganz deutlich in Richtung CSS-Selektoren. XPath ist für Selenium zwar noch nicht *out*, aber auch nicht mehr sehr *in*.

3. Der Entwickler kopiert die Schritte aus Selenium IDE in die Zwischenablage und fügt sie zunächst als Kommentar in eine neue Klasse in seiner Entwicklungsumgebung ein. Ggf. muss er in Selenium IDE einstellen, in welcher Programmiersprache das Skript in die Zwischenablage zu kopieren ist. Für FitNesse sollte Java/Junit4/WebDriver eingestellt werden.

4. Der Entwickler schreibt nun aus den übertragenen Automatisierungsbefehlen testgetrieben ein Fixture für FitNesse, das einen bestimmten Aufbau haben sollte (Beispiele dazu weiter hinten), und sichert mit den Unit-Testfällen die Funktionsfähigkeit der Fixtures ab.

5. Das fertige Fixture wird (meist mit simplem Kopieren) in das FitNesse-Verzeichnis kopiert (oder FitNesse greift mittels Pfadeinstellungen direkt in die Entwicklungsumgebung, wenn es einfach bleiben soll).

6. Der fachliche Tester startet FitNesse mit einem Shellscript. Dabei wird ein lokaler Tomcat-Server gestartet, über den der fachliche Tester mittels Browser auf das FitNesse Wiki zugreifen kann. In den meisten Teams wird relativ rasch ein zentraler Tomcat-Server installiert, auf den die Tester gemeinsam zugreifen.

7. Der fachliche Tester schafft sich im Wiki eine geeignete Projekthierarchie an Seiten, in denen Anforderungen, User Stories und sonstige Hinweise niedergeschrieben werden können. Ein paar dieser Seiten gibt er dann die Testeigenschaft, womit ihr Inhalt zu ausführbarem Test werden kann. Auf diesen Testseiten kann er jetzt eine HTML-Tabelle erzeugen (mit vereinfachter Wiki-Syntax), die zunächst in der ersten Zeile das zu nutzende Fixture nennt, anschließend aber Daten zum Ausführen des Fixtures bietet.

8. Der fachliche Tester startet einen Test (mittels Seitenmenü). Das Ergebnis des Tests wird farblich (passed = grün, failed = rot) in der Testtabelle hinterlegt. Somit weiß der fachliche Tester, was gut oder schlecht gelaufen ist.

9. Mittels Historienfunktion kann sich der Tester auch gezielt frühere Testlaufergebnisse jeder einzelnen Testseite ansehen.

FitNesse ist somit das Werkzeug, mit dem der fachliche Tester sich ganz auf seine Arbeit und Denkweise konzentrieren kann, und die Java-IDE (wie z. B. eclipse) ist die Arbeitswelt des Entwicklers. Fehlt ein Test, kann der fachliche Tester diesen beim Entwickler in Auftrag geben (sofern das nicht dieselbe Person ist). Dieser arbeitet sie testgetrieben aus und stellt sie dem fachlichen Tester zur Verfügung, der damit seine Tests vervollständigt.

Fixture-Typen

Das in FitNesse integrierte Test-Framework SLIM [SLIM13] kennt mittlerweile elf verschiedene Tabellentypen. Sie haben sicher alle ihre Berechtigung und können sehr nützlich sein. Im Wesentlichen sind aber zwei Haupttypen für die Testautomatisierung zu unterscheiden: die Decision Table für datengetriebene Automatisierung und die Script Table für schlüsselwortgetriebene Automatisierung.

Hier ein und dasselbe Beispiel (Suche in einer Website) jeweils in beiden Formen:

Decision Table (datengetriebene Automatisierung)

Jede Zeile nach den Spaltenüberschriften (ab Zeile 3 also) entspricht einem konkreten Testfall, der im ersten Fall einen erfolgreichen Treffer erzielen soll und im zweiten (Negativ-)Fall keinen erfolgreichen Treffer erzielen soll.

com.anecon.swt.teaching.tdddemo.TDDMainSite		
Suchbegriff	Treffer enthaelt	Ergebnis?
Galerie	Photogalerie vom Sommercamp	True
Galerie	Willkommen daheim	False

Und so sieht das passende Fixture für Selenium aus.

```
public class TDDMainSite {
    private WebDriver driver;
    private String baseUrl;
    private String Suchbegriff;
    private String TrefferEnthaelt;
    private boolean Ergebnis = false;
    public TDDMainSite() {
        driver = new ChromeDriver();
        baseUrl = "http://localhost";
    }
```

```
public void setSuchbegriff (String Wert) {
  this.Suchbegriff = Wert;
}
public void setTrefferEnthaelt (String Wert) {
        this.TrefferEnthaelt = Wert;
}
public boolean getErgebnis() {
        return this.Ergebnis;
}
public void execute () {
        driver.get(this.baseUrl + "/TDD-DEMO/");
        driver.findElement(By.name("query")).clear();
        driver.findElement(By.name("query")).
sendKeys(this.Suchbegriff);
        driver.findElement(By.xpath("(///input[@
name='action'])[2]")).click();
        try {
            this.Ergebnis = driver.findElement(By.
xpath("(//div[@id='content']/ul/li/a)[1]")).getText().
matches("^[\\s\\S]*"+this.TrefferEnthaelt+"[\\s\\S]*$");
        } catch (Exception e) {}
        driver.quit();
    }
}
```

Die Spaltenüberschriften in der Tabelle haben im Fixture jeweils entsprechende
Methoden mit *set* als Präfix für Eingaben und *get* als Präfix für Ergebnisse (die
zu überprüfen sind – in der Spaltenüberschrift mit Fragezeichen gekennzeichnet). Sie übergeben nur Daten an interne Variablen oder liefern die Werte der
internen Variablen zurück an FitNesse. Das eigentliche Skript ist dann als
execute-Methode abgelegt und braucht sich nur der internen Variablen (sowohl
für Ein- als auch für Ausgabe) zu bedienen.

Script Table (schlüsselwortgetriebene Automatisierung)

script	com.anecon.swt.teaching.tdddemo.TDDMainSite		
Suche	Galerie	*Mit Ergebnis*	Photogalerie vom Sommercamp
Browser schließen			

Script	com.anecon.swt.teaching.tdddemo.TDDMainSite			
Reject	*Suche*	Galerie	*Mit Ergebnis*	Willkommen daheim
Browser schließen				

Die gleichen beiden Testfälle wie oben werden nun in eigenen Tabellen geführt.
Der Tester hätte hier auch die Möglichkeit, den Ablauf jeweils zu variieren
(wenn das Fixture mehr Schlüsselwörter alias Methoden bereitstellen würde).
Um den Negativtestfall zu kennzeichnen, muss vor dem Schritt, der fehlzu-
schlagen hat, noch das Kennwort *reject* eingefügt werden, damit FitNesse das
Fehlschlagen als erfolgreichen Test bewertet.

```
public class TDDMainSite {
    private WebDriver driver;
    private String baseUrl;
    public TDDMainSite() {
        driver = new ChromeDriver();
        baseUrl = "http://localhost";
    }
    public boolean SucheMitErgebnis(String Suchbegriff,
String TrefferEnthaelt) {
        boolean ergebnis = false;
        driver.get(baseUrl + "/TDD-DEMO/");
        driver.findElement(By.name("query")).clear();
        driver.findElement(By.name("query")).
sendKeys(Suchbegriff);
        driver.findElement(By.xpath("(//input[@
name='action'])[2]")).click();
        try {
            ergebnis = driver.findElement(By.
xpath("(//div[@id='content']/ul/li/a)[1]")).getText().
matches("^[\\s\\S]*"+TrefferEnthaelt+"[\\s\\S]*$");
        } catch (Exception e) {}
        return ergebnis;
    }
    public void BrowserSchliessen() {
        driver.quit();
    }
}
```

Mit dem Schlüsselwort kann man noch ein Wortspiel treiben: Jede ungerade
Spalte (1, 3, 5, …) in der Tabelle wird als Teil des Schlüsselworts erkannt,
während die geraden Spalten (2, 4, 6, …) nacheinander die Eingabeparameter-
werte für die Methode angeben. So kann man aus der Methode *SucheMit
Ergebnis* das Schlüsselwort *Suche … Mit Ergebnis …* machen.

Diese recht beliebte Lösung – da auch rein auf gut gewarteter Open-Source-Software basierend – bietet einen guten Kompromiss zwischen skalierbarer Testautomatisierung und
schlichter Lösung. Man muss allerdings sagen, dass angesichts interessanter neuer Werk-
zeugentwicklungen Selenium immer seltener eingesetzt wird. Was grundsätzlich einmal
sehr gut aussieht, hat aber auch seine Grenzen:

▪ Die Testdatenverwaltung in Fixture-Tabellen erlaubt nur wenig Komplexität (z. B. mehrere Versionsstände für Daten, keine Bilder und Dokumente ohne Zusatzaufwand etc.).

▪ Komplexe Soll-Ist-Vergleiche sind nur schwer aus Fixture-Tabellen zu steuern. Vor allem,
  wenn Dokumentinhalte wie Rechnungen oder Berichte zu bewerten sind, müssen raffiniertere Komparatoren eingesetzt werden.

▪ Umfangreiche und stark verzweigende Geschäftsprozesse sind selten gut in Fixtures zu
  vereinfachen.

▪ FitNesse ist ein gutes Basis-Framework, aber für anspruchsvollere Lösungen ist ein
  erheblicher Mehraufwand nötig.

- Die Datentypen, die in den FitNesse-Tabellen verwendet werden können, sind nur auf die allgemeinen Basisdatentypen beschränkt. Es gibt eine Reihe von Projekten, wo Zahlen und Strings nicht mehr ganz reichen und wo man sich komplexere Strukturen oder Arrays wünschen würde.

Viele Teams können mit diesen Einschränkungen gut leben, für andere wiederum ist es eine leistbare Einstiegstechnologie. Dennoch sollte man den Einsatz mit Bedacht planen. Wir haben leider eine Reihe von agilen Teams erlebt, die sich von den Grenzen schnell abschrecken ließen und dann den Mut zur Testautomatisierung von Benutzeroberflächen ganz verloren. Soweit sollte man es bitte nicht kommen lassen. Testautomatisierung ist nicht umsonst, weder vom Aufwand her noch von seiner Nützlichkeit.

■ 7.8 Testautomatisierung im Last- und Performance-Test

Last- und Performance-Tests brauchen i.d.R. ein ganz anderes Werkzeug als funktionale Tests. Wir wollen hier kein Buch über diese Sonderform des nicht-funktionalen Tests schreiben, aber auf eine wichtige Eigenschaft hinweisen, die vor allem bei agilen Teams schnell zu Missverständnissen führt:

Agile Teams neigen gerne dazu, den Werkzeugeinsatz auf das Nötigste zu begrenzen und auf bewährte und bekannte Lösungen zurückzugreifen, als in der Hektik der Iterationen neue Wege zu pilotieren. Das führt leider dazu, dass man mit den beschränkten Mitteln des manuellen Tests oder des Unit Tests versucht, Lastsituationen zu simulieren und zu beobachten.

Sofern man sich noch auf Komponentenebene befindet und das Performanceverhalten seiner Komponente (z.B. beim Zugriff auf die Datenbank) ausmessen möchte, so mag das noch einigermaßen sinnvoll sein. Aber spätestens, wenn das System schon stärker integriert worden ist, reicht so eine Lösung nicht mehr aus.

Es ist wichtig zu begreifen, dass Lastszenarien von zwei wichtigen Eigenschaften leben:

- Sie bilden immer nur einen begrenzten Ausschnitt der „realen" Welt ab, der aber so geschickt gewählt ist, dass er die vermuteten Schwachstellen zielgerichtet trifft. Vor allem die Hintergrundlast in einem System muss geschickt angenähert werden. Selten lässt sich diese 1 : 1 nachbilden.

- Sie definieren geeignete Monitore, die das Lastverhalten an den verschiedenen Stellen des Systems sichtbar und messbar bzw. protokollierbar machen. Diese Monitore müssen bestens mit dem Lastgenerator synchronisiert sein, damit man sekundengenau vergleichen kann, was wann wie passiert ist.

Die Herausforderungen des funktionalen Tests wie die Simulation einer Oberfläche oder der Soll-Ist-Vergleich müssen diese Lösungen nur selten meistern. Die Werkzeuge setzen immer hinter der Client-Software (und damit hinter der Oberfläche) an und müssen nur soweit die Reaktion der Anwendung validieren, wie es für die weiteren Testschritte notwendig ist.

Wir empfehlen daher allen agilen Teams, sich intensiv mit Last- und Performance-Testwerkzeugen auseinanderzusetzen, bevor sie vorschnell bestehende Automatisierungslösungen wiederverwenden. Die Lastsimulation ist bestenfalls die halbe Miete.

■ 7.9 Die sieben schlechtesten Ideen für die Testautomatisierung

Anstatt der sonst immer üblichen gut gemeinten Empfehlungen wollen wir diesmal den Spieß umdrehen. Wir zählen einfach einmal die schlechtesten Ideen auf, die uns in der Praxis im Zusammenhang mit Testautomatisierung begegnet sind. Im Sinne eines selbstorganisierenden Teams sollten Sie Ihre geeignete Strategie mit Bedacht wählen können, wobei die im Folgenden aufgezählten Fettnäpfchen zeigen, wie groß der Handlungsspielraum doch noch ist. Wir haben es uns natürlich nicht verkneifen können, am Ende jedes Abschnitts doch noch ein paar Empfehlungen mit auf den Weg zu geben.

7.9.1 Den Erfolg nach wenigen Sprints erwarten

Gehen Sie am besten zu Ihrem Projektsponsor (also dem Kunden, dem Fachbereich oder schlicht dem Product Owner) und verkaufen Sie ihm die Einführung der Testautomatisierung für GUIs und APIs als Funktionalität im Backlog mit einem Wert an sich. Das wird möglicherweise gelingen, ist aber in Wirklichkeit komplett gelogen. Testautomatisierung hat für den Sponsor so direkt keinen Wert, sondern ist eine Technologie, die zu geringeren Wartungskosten und höherer Qualität führen kann.

Dementsprechend werden natürlich alle ungeduldig auf den erfolgreichen Ertrag warten. Vor lauter Ungeduld wird nicht in eine geeignete Lösung investiert. Stattdessen versucht man von Anfang an, die berühmten Quick Wins zu erzielen. Wie üblich gelingt das mit dem ersten Testfall noch ganz gut. Danach tritt im Team Ernüchterung ein, weil keiner wirklich die Geduld hat, die Lösung auszuarbeiten und alle Sorgfaltspflichten einzuhalten. Meist verlieren so nach vier bis acht Wochen alle, vom Team bis zum Sponsor, die Geduld, und die Testautomatisierung bleibt als ungenutzte Bauruine stehen.

Vielleicht wäre es ja doch besser gewesen, immer die Kosten für die Testautomatisierung als laufende Entwicklungskosten zu sehen, ohne gleich den Return on Investment auszurechnen. Wenn dem Team dann auch einmal die Puste ausgeht, sollte man lieber die Umsetzung etwas strecken und damit zu einer erträglichen Aufgabe werden lassen. Auch bei der Wahl der Tests hätte man sich vielleicht auf jene Funktionen fokussieren sollen, die in den kommenden Iterationen sehr wahrscheinlich schon gewartet werden müssen. Erst bei der Wartung zahlt sich Testautomatisierung wirklich aus.

7.9.2 Testwerkzeugen blind vertrauen

Viele Werkzeuge haben für das Team den Charme, dass sie die Best Practices der ganzen Branche widerspiegeln. Zumindest lässt der weltweite oder zumindest breite Einsatz der Werkzeuge indirekt darauf schließen. Daher laden Sie sich am besten jemanden ein, der den Werkzeugeinsatz möglichst eindrucksvoll demonstriert. Damit soll er dann gleich alle Projektbeteiligten gleichermaßen begeistern. Auch wenn das nicht bei allen gelingt, so finden sich schnell genug Unterstützer zusammen. Man entwirft einen Generalstabsplan und rollt auch den Einsatz des Werkzeugs – am besten unternehmensweit – aus. Immerhin, je mehr sich am Werkzeugeinsatz beteiligen, desto geringer erscheinen die Kosten pro Projekt für Anschaffung, Einführung und Wartung.

Nach den ersten Wochen der Begeisterung zeigen sich recht bald die Grenzen des Werkzeugs und vor allem der erhebliche verbleibende Arbeitsaufwand, der vermutlich nicht so recht vorauszusehen gewesen ist: Es müssen nicht nur viele Kollegen geschult werden, sondern man muss sich auch auf einen geeigneten Einsatz einigen. Soll das Testwerkzeug z. B. nur bestimmte GUI automatisieren oder gleich das gesamte Testmanagement mit unterstützen? Außerdem müssen die erstellten Artefakte im Werkzeug (Tests, Daten etc.) gewartet werden.

Die Laune sinkt auf den Nullpunkt, weil das Werkzeug zwar eine überzeugende Lösung ist, aber dummerweise nicht für *Ihr* Problem. Die anderen Mitbenutzer im Unternehmen machen ähnliche Erfahrungen und fangen an, sich lauthals zu beschweren. Als Befürworter der Lösung kommen Sie nicht umhin, weiterhin die Sinnhaftigkeit des Einsatzes wider besseres Wissens zu verteidigen.

Das nächste Mal wäre es gut,

- das Werkzeug sorgfältig auf Basis des eigenen Bedarfs auszuwählen und
- den Einsatz zur Vorsicht erst einmal zu pilotieren (im Falle eines Erfolgs kann man dann allmählich ausrollen),
- sich bewusst zu sein, dass bei der Überprüfung des Testergebnisses z. B. Darstellungsfehler schlecht von den Werkzeugen erkannt werden und daher solche Prüfungen immer noch manuell erfolgen müssen.

7.9.3 Schreiben der Testskripts als Nebenbeschäftigung ansehen

Testautomatisierung ist für Entwickler eigentlich ein Heimspiel, vor allem wenn die Skripte in einer vertrauten Programmiersprache verfasst werden. Sie werden irgendwie noch schnell am Ende als Ersatz für manuelle Tests erstellt, womit man aus lästiger manueller Testarbeit eine kreative Erstellung von automatisierten Testskripts macht, die obendrein die Tests für die Zukunft mit erledigt.

Ziemlich schnell zeigt sich, dass Fixtures nicht so einfach funktionieren, sondern viel Routine beim Erstellen brauchen. Außerdem ist das Bereitstellen geeigneter Daten nicht so einfach wie gedacht. Um sich bloß nicht mit dem Test zu verzetteln, wird nur das Allernötigste umgesetzt. Nach etwa drei bis vier Sprints stellt sich heraus, dass die Fixtures von Kollegen kaum wartbar sind, nach weiteren drei Sprints geht es dem Ersteller mit seinen eigenen Fixtures ebenso. Der Elan kommt zum Erliegen. Automatisierte Tests werden als zu kostspielig und als Luxus betrachtet. Dass man sich damit auch die Möglichkeit nimmt, umfangreichere Änderungen am Code ohne Risiko umzusetzen, weil der qualitätssichernde Test-Harness fehlt, wird als völlig überbewertet abgetan.

Wäre es nicht sinnvoller gewesen, Fixtures für die Testautomatisierung von Anfang an als notwendigen Teil des Codes mitanzusehen, der selbstverständlich durch Unit Tests, besser noch durch testgetriebene Entwicklung abgesichert wird? Vielleicht ist dann auch die Erstellung des Tests manchmal mehr Aufwand als die Erstellung bzw. Anpassung des eigentlichen Codes. Aber diese Investition ist sicher rentabel.

7.9.4 Testdaten irgendwo in Testfällen vergraben

Testfälle sind am leichtesten wartbar, wenn sie – wie im Unit Test – direkt programmiert werden und die Daten im Skript gut lesbar und übersichtlich mit eingetragen werden. Alles, was eine zusätzliche Abstraktion der Tests erfordert, ist nur riskante Fehlerquelle und daher zu vermeiden!

Der Erfolg der automatisierten fachlichen Tests gibt dem Team recht. Nach einem halben Jahr gibt es bereits ein Testportfolio von etwa 700 Testfällen, das regelmäßig und stabil läuft. Jetzt passiert aber das Unerwartete: Die Kundennummer in der Bestandsdatenbank wird umgestellt. Das ist an sich keine große Sache. Nur findet sich die Kundennummer unter sehr verschiedenen Objektnamen in Ihren Testskripten wieder, und die Suche wird sehr mühsam. Leider kommen nun solche Änderungen immer wieder vor. Vor allem die Umstellung der Testniederlassung wird nun aus fachlichen Gründen auf ein anderes Bundesland umgestellt. Nun sind auch noch Datenbeziehungen in den Testfällen nachzuziehen.

Bald wird man feststellen, dass es wohl das einfachste ist, alle Tests schlicht neu zu erstellen. Diesmal greifen die Tests aber gleich auf zentrale Testdatentabellen oder dezentrale CSV-Dateien zu, die im gewünschten Fall wie eine Datenbank gezielt und strukturiert angepasst werden können.

7.9.5 Testautomatisierung nur mit Benutzeroberflächen
in Verbindung bringen

Wir erleben immer wieder Projekte, die sich erstmalig der Testautomatisierung widmen wollen und dabei gleich einmal mit der größten Herausforderung beginnen, nämlich der Automatisierung von Benutzeroberflächen. Das Prinzip dahinter ist klar: Manuelle Tests an der Benutzeroberfläche sind meist die augenscheinlichsten – gerade auch aus Endbenutzersicht –, und daher kann man hier schnell einen Achtungserfolg erzielen. Den Rest bekommt man ja auch gut mit spontanen Skripts hin.

Leider zeigt sich dann meist, dass die Oberfläche eine verdammt harte Nuss für die Automatisierung ist. Wenn wir ganz ehrlich sein dürfen, dann sind solche Oberflächen meist auch eine Katastrophe für die Entwicklung und sollten dringend einem Refactoring oder Redesign unterzogen werden – aber das ist wieder eine andere Sache.

Zwar gehen erste Testläufe schon recht gut, aber die Stabilität und die Wartbarkeit werden ziemlich schnell zur Herausforderung. Es kommt zu der paradoxen Situation, dass das Zurücksetzen der Daten in der Testumgebung nicht möglich ist, weil dazu die Skripts fehlen (die man hätte in zwei bis drei Wochen umsetzen können). Stattdessen wird versucht, in mehrmonatiger Arbeit automatisierte Testfälle für die Oberfläche stabil lauffähig zu bekommen, die mit veränderlichen Testdaten klarkommen.

Hat man erst einmal so eine Menge Arbeit investiert, ist in den Planungs-Meetings selten noch Geduld zu finden, weiter in die Testautomatisierung zu investieren. Schade eigentlich.

7.9.6 Soll-Ist-Vergleich unterschätzen

Es ist verführerisch, schnell eine Reihe von automatisierten Testfällen zu bauen, die aber die Prüfung des Testergebnisses dem Tester selbst überlassen. Das Dumme daran ist nur, dass man dann sehr schnell auch jene Testfälle automatisiert, bei denen es nicht reicht, den Return-Code der Applikation auszuwerten oder den Titel der Folgemaske. Einen Policen-Ausdruck einer Lebensversicherung auf Korrektheit hin zu überprüfen, kann sicher gut von einem sachverständigen Tester gemeistert werden. Wenig Begeisterung kommt aber auf, wenn regelmäßige Regressionstestläufe ca. 1000 verschiedene Policen auf den Tisch knallen, die jedes Mal wieder für richtig oder falsch befunden werden wollen.

Noch besser wird es, wenn mitten im Test ein Zwischenergebnis aus einer Tabelle zu lesen ist (wie z. B. der Umsatzvorschau im Online-Banking), bevor ich weiter machen kann (z. B. mit der Ausgabe des letzten Kontoauszugs). So etwas kann richtig ärgerlich werden, wenn der Tester beim Auswerten der Protokolle feststellt, dass viele Tests bei der Umsatzvorschau schon hätte aufhören sollen, um so Testdaten zu schonen, die sonst für den Regressionstest „verbraucht" würden.

Als Reaktion darauf fängt man meist an, komplexe Komparatoren zu bauen, die in der Lage sind, flexibel je nach Eingabedaten für den jeweiligen Testlauf die Korrektheit von umfangreichen Dokumenten zielsicher zu bestimmen. Das ständig sich ändernde Tagesdatum wird dabei ebenso treffsicher erkannt wie laufend neue Schlüsseldaten (wie z. B. die Kundennummer). Spätestens bei der Wartung dieser Komparatoren wird es richtig frustrierend. Ergebnisse ändern sich mindestens so häufig wie die Eingabemöglichkeiten einer Anwendung.

Es wäre besser, von Anfang an die Tests mit gleichem Datenzustand/-bestand wiederholbar zu machen und Ergebnisparser nur hinzuzuziehen, wo es gar nicht mehr anders geht. Die richtige Formatierung eines Ausdrucks kann man schnell auch manuell prüfen, wenn der Textinhalt vorweg automatisiert verglichen wurde.

7.9.7 (Un-)Testbarkeit der Applikation einfach hinnehmen

Wir haben Automatisierungsexperten erlebt, die uns ganz stolz dargestellt haben, wie gut und treffsicher ihre Skripts inzwischen in der Lage sind, Oberflächenelemente zu finden, die dauernd wechselnde Eigenschaften haben wie ein Chamäleon (obwohl fachlich immer das Gleiche). Es ist meist ein technisches Meisterstück, das viel Erstellungs- und Wartungsaufwand kostet. Solche „beweglichen Ziele" kommen leider immer wieder vor und sind in klassischen Projekten bzw. bei Software von Drittanbietern einfach hinzunehmen.

Komisch aber, wenn diese Oberflächenelemente vom Kollegen im Nachbarzimmer eingebaut und gewartet werden, der zum gleichen Team gehört. Wir fragen dann häufig, warum solche Elemente in der Entwicklung verwendet werden, und bekommen vom Entwicklungsteam auch recht schlüssige Antworten – allerdings aus Sicht der Entwicklung. Die nächste Frage liegt auf der Hand: Was würde es bedeuten, auf diese Elemente zu verzichten bzw. sie erkennbarer zu gestalten? Der Aufwand dafür ist meist um ein Vielfaches geringer, als es der Automatisierungsaufwand für den Test war. Auch entspricht die Lösung dann meist auch eher Best-Practice-Standards. (Ein Klassiker bei Weboberflächen ist hier die Verwendung einer eindeutigen ID, die auch vom W3C-Konsortium schon lange gefordert wird.)

Drum merke: Design for Testability ist ein Gebot der Schlichtheit aus Gesamtprojektsicht. Schlichtheit gilt nicht nur für die Entwicklung.

8 Werkzeugeinsatz in agilen Projekten

Wie bei klassischen Vorgehensmodellen spielt auch in agilen Projekten die Werkzeugwahl eine essenzielle Rolle für deren späteren Erfolg oder Misserfolg. Die in den vorherigen Kapiteln beschriebene Herangehensweise in agilen Projekten stellt dabei besondere Anforderungen an die zur Unterstützung des Testprozesses eingesetzten Werkzeuge. Dazu zählen unter anderem:

- Geringer Administrationsaufwand
- Geringe Einarbeitungszeit/geringer Schulungsaufwand
- Flexible Anpassungsmöglichkeiten des Werkzeugs (Prozesse, Terminologie)

Dem gegenüber steht jedoch speziell in größeren Organisationen die Anforderung, eine vereinheitlichte, projektübergreifende, langlebige und standardisierte IT-Infrastruktur zu schaffen bzw. zu erhalten. Dies beeinflusst die Entscheidungsfindung bei der Auswahl eines Werkzeugs und führt unter Umständen dazu, dass nicht immer die für das Projekt optimale Wahl getroffen wird.

Hierbei werden nicht nur diejenigen Werkzeuge betrachtet, die direkt an der Unterstützung des Testprozesses ausgerichtet sind, sondern auch Werkzeuge, die nur indirekt Aktivitäten des Tests (wie z.B. der Testdurchführung oder der Testspezifikation) dienen. Speziell in agilen Projekten ist diese ganzheitliche Betrachtung von Vorteil, da einzelne Teammitglieder verstärkt an unterschiedlichsten Aktivitäten (z.B. Anforderungserhebung und Testdurchführung) beteiligt sind, um das Projektziel möglichst effizient zu erreichen und eine optimale Leistung erbringen zu können [Cris09]. Testen wird dabei nicht mehr als losgelöste, unabhängige Aktivität, sondern vielmehr als integraler Bestandteil des Entwicklungsprozesses angesehen.

In den folgenden Abschnitten wollen wir auf die allgemeine Beschreibung der Aktivität und auf spezielle Aspekte für die Werkzeugauswahl in agilen Projekten eingehen. Auch eine beispielhafte Betrachtung für die Umsetzung anhand eines konkreten Werkzeugs wollen wir betrachten. Die zuletzt genannte Betrachtung eines Werkzeugs stellt dabei keine Bewertung dar, sondern dient vielmehr als exemplarische Umsetzung der zuvor theoretisch diskutierten Aspekte und Überlegungen. Dabei ist auch anzumerken, dass alle in den folgenden Kapiteln vorgestellten Werkzeuge nicht nur für die beschriebenen Aktivitäten ausgelegt sind. Vielmehr decken sie unterschiedlichste Bereiche ab und werden in der Praxis auch meist dementsprechend eingesetzt. In diesem Kapitel ist es den Autoren jedoch wichtig, dass nicht nur ein Werkzeug aus sämtlichen Perspektiven betrachtet und evaluiert wird,

sondern vielmehr ein Überblick über die aktuell verfügbaren Möglichkeiten der Werkzeugunterstützung sowie deren spezifischen Innovationen und Herangehensweisen an agile
Vorgehensweisen erläutert wird.

■ 8.1 Projektmanagement

So wie in klassischen Projekten ist Projektmanagement auch in agilen Projekten stark
durch die eingesetzte Methode geprägt. Wie aktuelle Studien belegen, ist Scrum bzw. Vari-
ationen von Scrum das im agilen Umfeld vorherrschende Vorgehensmodell (je nach Studie
zwischen 57 % [Habe11] und 85 % [Vers13] der agilen Projekte setzten auf Scrum). Weitere
in der Praxis häufig eingesetzte Methoden sind XP, Feature-Driven Development (FDD),
Lean Development oder auch Kanban.

Folgende Kriterien und Aspekte sollten bei der Evaluierung des Werkzeugeinsatzes in agilen Projekten berücksichtigt werden:

- **Iterativ-inkrementelle Planung**

  Viele klassische Vorgehensmodelle forcieren eine genaue Spezifikation in einer frühen
  Projektphase, welche im späteren Projektverlauf von den einzelnen Teammitgliedern
  umgesetzt werden müssen. Dabei werden notwendige Änderungen an dieser Spezifikation keinesfalls ausgeschlossen, allerdings werden sie stets als Ausnahme betrachtet.
  Daraus folgt, dass der Großteil der Spezifikation bereits zu Beginn des Projekts festge-
  schrieben und während der Umsetzung nicht mehr angepasst wird.

  Im Gegensatz dazu ist ein Grundsatz in agilen Vorgehensmodellen die Akzeptanz von
  Änderungen in jedem Bereich (Prozess, Anforderungen, Rahmenbedingungen) [Beck01].
  Es wird angenommen, dass das Projektziel in frühen Projektphasen unklar ist und somit
  auch nicht exakt spezifiziert werden kann. Viele Entscheidungen können zu diesem Zeitpunkt nicht fundiert getroffen werden, da dafür notwendige Informationen noch nicht
  bekannt sind. Die Spezifikation wird lediglich iterativ und inkrementell erstellt und angepasst [Oest07] [High04].

  Zusätzlich zu den zuvor beschriebenen inhaltlichen oder organisatorischen Änderungen
  unterliegt in agilen Projekten auch die Priorisierung von Aufgaben, Anforderungen oder
  Aktivitäten einem konstanten Wandel. Anforderungen, die während der ersten Planung
  als essenziell angesehen werden, können beispielsweise durch erstes Kundenfeedback
  obsolet werden.

  Bei der Evaluierung von Werkzeugen zur Unterstützung des Projektmanagements sollte
  daher beachtet werden, dass diese agilen Grundsätze berücksichtigt werden. Die Verwaltung von Anforderungen und Spezifikationen sollte trivial ohne großen Zusatzaufwand
  möglich sein, ohne dabei jedoch die Nachvollziehbarkeit zu vermindern.

- **Agile Projektsteuerung**

  Da in agilen Vorgehensmodellen die Eigenverantwortung des Teams und die daraus resultierende Selbststeuerung gefordert und gefördert werden, fällt der Projektmanager als
  regulierende Kraft weg. Der in Scrum beschriebene Scrum Master sollte diese Rolle nicht
  übernehmen, da seine Aufgabe darin besteht, das Team bei seiner Arbeit zu unterstützen
  und bei der Klärung von methodischen Fragen mitzuwirken.

Die Steuerung von agilen Projekten muss daher auf andere Weise erfolgen. Um diese Aufgaben ganz oder teilweise zu übernehmen, werden in der Praxis folgende Techniken eingesetzt, die auch oft von Werkzeugherstellern übernommen werden:

- Burndown- oder Burnup-Diagramme zur Fortschrittskontrolle
- Product Backlogs, Sprint Backlogs oder Impediment Backlogs, um Anforderungen oder Aufgaben zu sammeln, zu priorisieren und zu schätzen
- Daily Sprint Meetings, Sprint Review Meetings, Retrospektiven und speziell für Kanban auch WIP-Limitierung, um kontinuierliche Prozessverbesserung zu erleichtern

Wichtig bei der Einführung dieser Techniken (unabhängig davon, ob dies werkzeuggestützt passiert oder nicht) ist, dass das gesamte Team daran beteiligt ist und die Ergebnisse auch für sämtliche Mitglieder sichtbar gemacht werden. Andernfalls besteht die Gefahr, dass die Selbststeuerung des Teams gehemmt oder gar verhindert wird und man wieder in alte Verhaltensmuster verfällt.

- **Anpassbares Reporting**
  Bei der Einführung von Werkzeugen in agilen Teams spielt die Anpassbarkeit des Reportings zwei Rollen: das Sichtbarmachen des Projektfortschritts und das Fördern kontinuierlicher Verbesserung im Team.

  Einerseits kann es also dazu genutzt werden, um den Projektfortschritt an das Team oder die Organisation zu kommunizieren. Der Inhalt dieser Berichte unterscheidet sich dabei je nach Organisation und Projekt stark. Ein Werkzeug sollte daher vielfältige Möglichkeiten bieten, um die vorhandenen Reports an spezifische Anforderungen anzupassen. Mögliche Konfigurationsoptionen für diese Anpassungen sind:

  - Format des Berichts (PDF, Word, Online-Dashboard, …),
  - Inhalt (Kosten, Zeitplan, Aufwandschätzungen, Liste von offenen Punkten, …) oder auch
  - die Präsentation der Reports (Farben, Layout, Diagramme, …).

  Auch wenn diese Anforderungen gleichermaßen für klassische wie auch für agile Vorgehensmodelle gelten, so wird sie hier explizit angeführt. Der Grund dafür ist, dass diese Aspekte bei einer konkreten Evaluierung oft keine angemessene Beachtung finden und somit im weiteren Projektverlauf zu Problemen führen können. Gerade in agilen Projekten, wo die exakte Anpassung für die Effizienz des Projektteams essenziell ist, sollten diese Aspekte frühzeitig berücksichtigt werden.

  Andererseits werden Berichte in agilen Projekten zunehmend als Werkzeug zur Veränderung eingesetzt [Forr12]. Die in heutigen Werkzeugen gesammelten umfangreichen Daten können genutzt werden, um die kontinuierliche Verbesserung eines Teams oder einer Organisation darzustellen. Besonders große ALM-Werkzeuge stellen eine wertvolle Datenquelle dar. Aber auch bei komplexeren Infrastrukturen mit unterschiedlichen, spezifischen Werkzeugen können Daten zentral gesammelt und ausgewertet werden. Um diese Integration zu erleichtern, sollte bei der Evaluierung von Werkzeugen darauf geachtet werden, dass die darin gesammelten Daten leicht mit anderen Datenquellen kombiniert werden können (zum Beispiel durch SOAP-/JSON-Webservices, Exportschnittstellen usw.).

- **Agile Aufwandschätzung**
  Eine weitere und nicht unerhebliche Herausforderung im agilen Umfeld ist die Schätzung des für die Umsetzung einer Anforderung notwendigen Aufwandes, um somit die Genau-

igkeit von Ressourcen- und Zeitplanung zu erhöhen. Um dies optimal zu unterstützen, bieten Werkzeuge unterschiedliche Hilfsmittel an, die je nach Schätzmethode entweder von einem oder mehreren Teammitgliedern genutzt werden können.

Ein wesentlicher Aspekt ist dabei, dass die Aufwände nicht in absoluten Einheiten geschätzt werden (zum Beispiel in Personentagen), sondern in relativen, teamspezifischen Einheiten (zum Beispiel in Story Points oder T-Shirt-Sizes) und das Ergebnisse einer Schätzung immer zusammen mit der Angabe einer Schätzgenauigkeit (Konfidenzintervall) kommuniziert wird [Humm11].

Werden formel- oder metrikbasierte Verfahren zur Aufwandschätzung durch das Werkzeug unterstützt (zum Beispiel COCOMO, Function-Point-Verfahren), ist auch darauf zu achten, dass deren Berechnungslogik anpassbar ist, um Erfahrungswerte in neue Schätzaufgaben einfließen lassen zu können.

8.1.1 Rally

Rally ist ein von Rally Software entwickeltes, proprietär verfügbares Werkzeug zur Unterstützung von (Rally Software; kein Datum):

* Projektmanagement
* Anforderungsmanagement
* Ideenmanagement
* Portfoliomanagement
* Qualitätsmanagement
* Build- und Release-Management

Aglle Grundsätze finden bei Rally in jedem dieser Bereiche Anwendung, und daher wird es in einer aktuellen Studie auch als Marktführer bei agilen ALM-Werkzeugen genannt. Diese Stellung konnte vor allem dadurch erreicht werden, dass Rally in zentralen Aspekten außergewöhnlich gut bewertet wurde. Erwähnenswert seien beispielsweise die Verfügbarkeit als SaaS (Software as a Service – also einer von Atlassian betriebenen und gewarteten JIRA-Instanz), das umfangreiche Berichtwesen mit vielfältigen Möglichkeiten der Anpassung bzw. Erweiterung und die Möglichkeit zur Integration mit anderen Systemen [Forr12]. Die starke Ausrichtung an agilen Vorgehensmodellen hat allerdings zur Folge, dass Rally zur Unterstützung von klassischen Projekten nur wenig attraktiv ist.

In Rally erfolgt die Verwaltung von Anforderungen in Form von User Stories, die in einem Backlog gesammelt und verwaltet werden (siehe dazu Bild 8.1). Aufgaben, die häufig durchgeführt werden, wie zum Beispiel die Umsortierung der Anforderungen per Drag & Drop oder die Schätzung von User Stories, können direkt in dieser Darstellung durchgeführt werden, ohne dass eine weitere Seite geladen werden muss. Diese Funktionalität erleichtert in der Praxis das iterativ-inkrementelle Planen und Priorisieren der Anforderungen stark.

Wurden Anforderungen bereits in anderen Werkzeugen erfasst und verwaltet (zum Beispiel in Excel), so ist es in Rally einfach möglich, diese per CSV-Import zu migrieren.

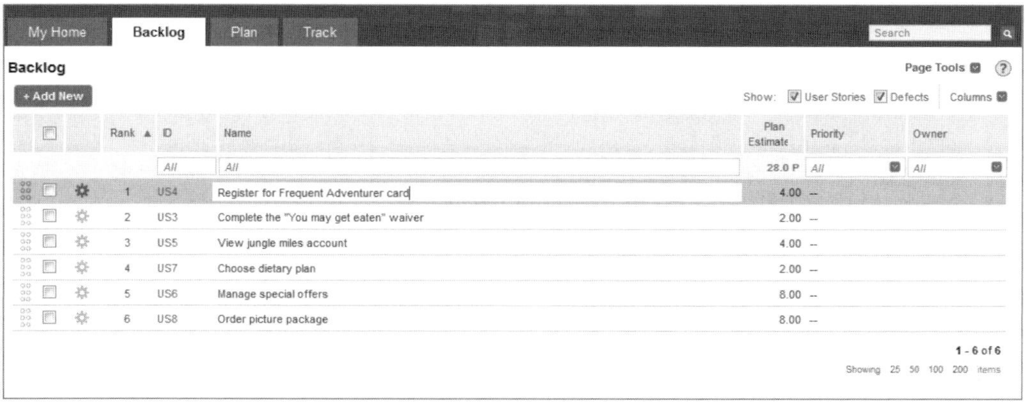

Bild 8.1 Backlog mit einigen User Stories in Rally

Wurden für die erste Iteration ausreichend User Stories spezifiziert und geschätzt, können diese unmittelbar beliebigen Sprints zugeordnet werden. Auch hier stellt Rally diverse Komfortfunktionen zur Verfügung, die die tägliche Arbeit mit diesem Werkzeug erleichtern. Die Zuweisung zu einem Sprint erfolgt durch Drag & Drop und kann auf gleiche Weise innerhalb des Sprints gereiht werden. Während der Sprint-Planung kommt es oft vor, dass neue Anforderungen bekannt werden, da die Umsetzung einer im Backlog nur ungenau spezifizierten User Story eventuell weitere Tätigkeiten bedingt oder weil durch Änderungen zusätzliche Funktionalitäten implementiert werden müssen. In Rally kann dies direkt aus der in Bild 8.2 dargestellten Ansicht heraus erfolgen. Mit wenigen Klicks wird eine neue User Story angelegt und diese bei Bedarf gleich einer anderen User Story untergeordnet. Auf ähnliche Weise werden auch Fehlerberichte erfasst. Dadurch wird die Traceability zwischen Anforderungen und Fehlerberichten ohne zusätzlichen Mehraufwand gewährleistet.

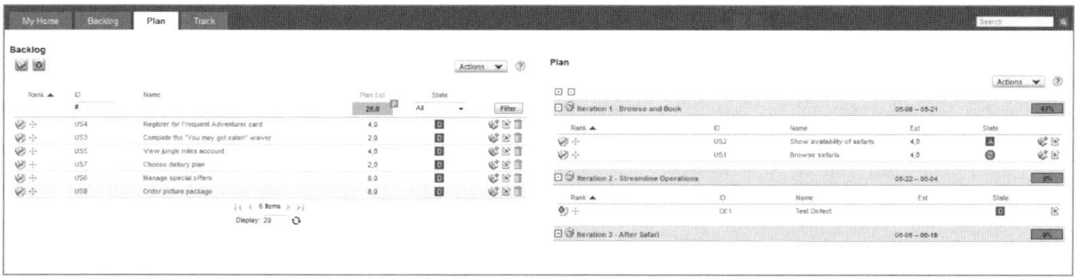

Bild 8.2 Sprint-Planung in Rally

Die hier vorgestellten Aspekte von Rally sind allerdings nur eine kleine Teilmenge der tatsächlich verfügbaren Funktionalitäten. Dazu gehören beispielsweise umfangreiche Möglichkeiten der Analyse und Berichterstellung, Unterstützung für Kanban, automatische Generierung von Roadmaps, Integration von Benutzer-Feedback, Fokus auf Transparenz und Sichtbarkeit für sämtliche Projektmitglieder oder feingranulare Zeiterfassung auf Projekt, Anforderungs- oder Aufgabenebene.

■ 8.2 Anforderungsmanagement

Ein Fehler kann grundsätzlich in jeder Projektphase eines Software-Entwicklungsprojekts verursacht werden, jedoch steigen die Kosten für deren Behebung im Verlauf der Zeit stark an. Dieser Zusammenhang, auch wenn über die konkreten Zahlen Uneinigkeit herrscht [Mayr05] [Soft12] [Herr13], ist bereits seit Langem bekannt und zeigt deutlich den Stellenwert von professioneller Anforderungsspezifikation sowie professionellem Anforderungsmanagement. Trotz dieser Tatsache beurteilen in einer aktuellen Studie [Swis12a] lediglich 25 % der befragten Unternehmen ihr Anforderungsmanagement mit gut oder ausgezeichnet.

Das flexible und sich schnell adaptierende Vorgehen in agilen Projekten (ausgelöst durch externe oder auch interne Anforderungen) verstärkt die Ansprüche an das Anforderungsmanagement noch zusätzlich. Die Aufwände, die für die Bewältigung dieser Herausforderungen notwendig sind, können allerdings durch eine adäquat eingeführte Werkzeugunterstützung erheblich verringert werden.

Die Optimierung des Anforderungsmanagements unterstützt jedoch nicht nur nachfolgende Entwicklungstätigkeiten, sondern verbessert auch die Qualität und Effizienz der Testaktivitäten. Denn um qualitativ hochwertige, gut wartbare und vor allem valide Testfälle spezifizieren zu können, ist der professionelle Umgang mit Anforderungen eine essentielle Grundlage.

Eine besondere Herausforderung stellen dabei Änderungen an Anforderungen dar, da diese Auswirkungen auf eine Vielzahl von nachfolgenden Testartefakten haben können und bei inkonsistenter Änderung deren Aussagekraft und Validität negativ beeinflusst wird. Um die Auswirkungsanalyse dieser Anforderungsänderungen zu vereinfachen, stellen viele Werkzeuge unterschiedliche Möglichkeiten der Verknüpfung von Artefakten untereinander (Traceability Links) zur Verfügung. Im einfachsten Fall kann dies ein zusätzliches Attribut mit der ID eines verknüpften Artefakts sein, allerdings können auch automatisch Auswirkungsberichte erstellt oder betroffene Artefakte markiert werden (siehe zum Beispiel Abschnitt 8.2.1).

In der Praxis zeigt sich, dass die Wechselwirkungen zwischen Anforderungsmanagement und Testaktivitäten keinesfalls nur einseitig sind (d.h. dass nur Anforderungsmanagement die Testaktivitäten unterstützt), sondern dass diese Prozessschritte sich wechselseitig unterstützen. Die spezielle Betrachtungsweise des Testers auf Anforderungen liefert nämlich wichtigen Input zur Steigerung der Qualität von Anforderungen. Beispielsweise zeigt die frühzeitige Spezifikation von logischen Testfällen (wenn rechtzeitig initiiert, sogar noch vor Entwicklungsbeginn) eventuelle inkonsistente Sachverhalte, unvollständige Anforderungen oder andere sprachliche bzw. inhaltliche Fehler auf (diese treten bei über 75 % der Projekte auf [Swis12a]. Der Aufwand für die Behebung dieser Fehler kann dadurch erheblich verringert werden.

Um die Vorteile von professionellem Anforderungsmanagement zu erreichen und die Problematik von Änderungen in Anforderungen bewältigen zu können, liegt der Hauptaugenmerk in klassischen Projekten auf der Definition, Durchführung und Überwachung von formalen Prozessen [Herr13]. Tritt beispielsweise eine notwendige Änderung an einer Anforderung auf, werden deren potenzielle Auswirkungen durch eine umfangreiche Auswirkungsanalyse festgestellt und anschließend in Gremien über die tatsächliche Durchführung des Änderungsantrags entschieden. In agilen Projekten ist dieses Vorgehen allerdings nicht empfehlenswert, da hier die Definition von komplexen Prozessen durch Selbstorganisation und Selbstoptimierung ersetzt wird. Die Verantwortung wird somit auf das Projektteam übertragen und Prozesse nur noch als (adaptierbares) grobes Rahmenwerk mit allgemeinen Spielregeln betrachtet. In klassischen Vorgehensmodellen werden Änderungsanträge stets als Ausnahme gesehen, und nur wenn sie als solche betrachtet werden, können die komplexen Prozesse überhaupt eingehalten werden (was zur Verbreitung des „Change Prevention Process"-Anti-Patterns führen kann [Ambl12]. In agilen Projekten hingegen sind häufige Änderungen nicht nur eine akzeptierte Tatsache, die möglichst optimal verwaltet werden muss. Änderungen werden als positiver Aspekt des Entwicklungsprozesses angesehen [Beck01]. Die daraus resultierende hohe Anzahl an Änderungen ist mit typischen Anforderungsmanagementprozessen meist nicht handhabbar.

Aus diesem Grund sind bei Werkzeugen, die für das Anforderungsmanagement in agilen Projekten eingesetzt werden sollen, spezielle Aspekte bei der Werkzeugauswahl zu berücksichtigen. In der Praxis sind das primär:

- **Anpassbarkeit des Prozesses**
  Damit ist nicht gemeint, dass für sämtliche Vorgänge komplexe Prozesse hinterlegt werden können. Wichtig ist, dass das Werkzeug an die im Team entwickelten und akzeptierten Vorgehensweisen angepasst werden kann und das Werkzeug selbst kein bestimmtes Vorgehen vorschreibt.

- **Anpassbarkeit der Terminologie**
  Neben den im Werkzeug festgelegten Prozessen kann auch die dabei genutzte Terminologie an projektspezifische Übereinkommen angeglichen werden. Ein in klassischen Projekten als Customer-Requirement bezeichnetes Artefakt kann in einem agilen Team beispielsweise User Story (Scrum, XP) oder auch Narrative/Scenario (wie bei Dan Norths BDD [Nort07] genannt werden. Abhängig von der gewählten Terminologie werden auch spezifische Attribute erfasst (z. B. Scrum Points).

- **Priorisierung**
  In agilen Projekten spielt die Priorisierung von Anforderungen eine zentrale Rolle. Um Prozesse im Team optimal unterstützen zu können, werden Anforderungen anhand des von ihnen generierten Business Values priorisiert [Ambl12]. Ein Werkzeug, das diese Funktionalität bietet, unterstützt damit auch direkt Testaktivitäten, indem zum Beispiel die Selektion eines geeigneten Testfallsets für Regressionstests vereinfacht wird.

- **Definition of Done/Akzeptanzkriterien definierbar**
  Ob eine festgelegte Arbeitseinheit in agilen Projekten fertiggestellt ist, wird durch eine im Team vereinbarte „Definition of Done" definiert. Erst wenn sämtliche darin enthaltenen Punkte erfüllt sind, darf die Arbeitseinheit als fertiggestellt angesehen werden. Typischerweise beinhaltet diese nicht nur die klassischen Entwicklungstätigkeiten wie die Implementierung, sondern auch Aktivitäten der Qualitätssicherung [Suth12]. Ein optimales Werkzeug für agile Teams sollte die Definition und vor allem die Einhaltung dieser Kriterien unterstützen.

- **Traceability**
  Wie bereits in der Einleitung dieses Kapitels erwähnt, erleichtert eine hohe Traceability die Durchführung von Auswirkungsanalysen. Um dies zu erreichen, ist es allerdings notwendig, dass einerseits die Verlinkung zwischen den Artefakten erstellt wird und ande-

rerseits diese auch regelmäßig gewartet und erweitert werden. Die dadurch entstehenden Aufwände sind ein Grund, weshalb in agilen Projekten, im Gegensatz zu vielen klassischen Vorgehensmodellen, eine vollständig hergestellte Verlinkung zwischen allen Projektartefakten kein Ziel ist. Wie auch in anderen Bereichen der Projektdokumentation (siehe auch *Kapitel 6, Agile Testdokumentation*) werden nur Aktivitäten durchgeführt die einen unmittelbaren und rasch erkennbaren Nutzen für das Projektteam darstellen.

Für den Werkzeugeinsatz zur Unterstützung der Traceability bedeutet dies, dass die Verlinkung von Artefakten besonders flexibel anpassbar und unkompliziert zu erstellen ist und einfach zu warten sein sollte. Leider findet sich derzeit keine Werkzeuglösung, die alle drei Eigenschaften optimal miteinander vereint, und daher ist die Traceability auch ein Qualitätsaspekt, der in der Praxis oft zu wenig berücksichtigt wird.

- **Unterstützung eines iterativen-inkrementellen Anforderungsmanagements**
  Wie bereits erwähnt sind Änderungen an Anforderungen in agilen Projekten ein täglicher Aspekt der Arbeit für Entwickler, Tester und andere Projektbeteiligte. Daher sollten die in diesen Projekten eingesetzten Werkzeuge die iterative und inkrementelle Spezifikation, Verfeinerung und Änderung von Anforderungen unterstützen. Im Speziellen bedeutet das auch, dass die Zusammenarbeit des gesamten Teams an der aktuell gültigen Spezifikation unkompliziert möglich sein sollte, ohne dass dadurch die Nachvollziehbarkeit oder Traceability leidet. Im folgenden Abschnitt über Polarion QA/ALM wird dieses Kriterium im Kontext von „LiveDocs"™ und „Suspects" noch weiter erläutert.

8.2.1 Polarion QA/ALM

Beispielhaft soll im folgenden Kapitel die Unterstützung des Anforderungsmanagements in agilen Projekten durch Polarion QA/ALM [Pola13] vorgestellt werden. Die von Polarion Software, Inc. vertriebene Software wird bereits von über einer Million Nutzern eingesetzt und bietet vor allem für agile Testprojekte einige innovative Funktionen.

Zwar wird Polarion QA/ALM hier als Repräsentant von Werkzeugen zur Unterstützung des Anforderungsmanagements angeführt, in der Praxis kann es allerdings in jeder Phase des ALM-Prozesses eingesetzt werden. Besonders hervorzuheben sind dabei folgende Aktivitäten:

- Anforderungsmanagement
- Projektmanagement
- Change-Management/Fehlermanagement
- Testmanagement

Um diese Aufgaben in Polarion QA/ALM abbilden zu können, gibt es unterschiedliche Typen von Artefakten und Spezifikationen. Im Bereich des Anforderungsmanagements sind die grundlegenden Typen Requirements, welche zu verschiedensten Spezifikationsdokumenten zusammengefasst werden können. Um das Werkzeug optimal in agilen Projekten einzusetzen, können die Anforderungen auch in einem Product Backlog verwaltet und in Sprints umgesetzt werden. Die Art der Spezifikation kann somit einfach auf das jeweilige Vorgehensmodell angepasst werden, ohne auf Vorteile wie Nachverfolgbarkeit, Traceability oder Ähnliches verzichten zu müssen.

Die technische Basis, um dies zu ermöglichen, stellt bei Polarion QA/ALM ein Subversion Repository dar. Dadurch erhält man nicht nur eine lückenlose Nachverfolgbarkeit sämtlicher Artefakttypen, sondern auch die Möglichkeit, sich die Unterschiede zwischen zwei Versionen eines Artefakts anzeigen zu lassen. Gerade in agilen Projekten erweist sich das als äußerst hilfreich, da Änderungen an Anforderungen verfolgt und im Fehlerfall auch unverzüglich auf eine frühere Version zurückgesetzt werden können.

Um den spezifischen Prozess von agilen Projekten zu unterstützen, lässt sich Polarion QA/ALM umfangreich anpassen und erweitern. So bietet es zwar bereits von Haus aus ein Template für agile Projekte an; dieses lässt sich allerdings auch an spezifische Anforderungen anpassen. Die Anpassbarkeit beschränkt sich dabei nicht ausschließlich auf die Benennung von Artefakttypen oder die eingesetzten Spezifikationsdokumente. Zusätzlich ist auch der Workflow anpassbar, und es können sogar weitere Artefakttypen hinzugefügt werden. Damit ist es möglich, nahezu jeden Prozess im Werkzeug abzubilden, und es zwingt dem Projektteam daher kein bestimmtes Vorgehen auf.

Eine ebenfalls speziell für agile Projekteinsätze relevante Besonderheit ist die einfache Benutzbarkeit und geringe Einarbeitungszeit für neue Benutzer. Dieser Aspekt äußert sich beispielsweise in der Bearbeitung der Spezifikationen. Der dafür eingesetzte Editor ist stark an bekannte Office-Anwendungen angelehnt und kann somit ohne zusätzliche Schulung von den Projektmitgliedern genutzt werden. In Polarion QA/ALM wird diese Funktionalität als LiveDocs™ bezeichnet.

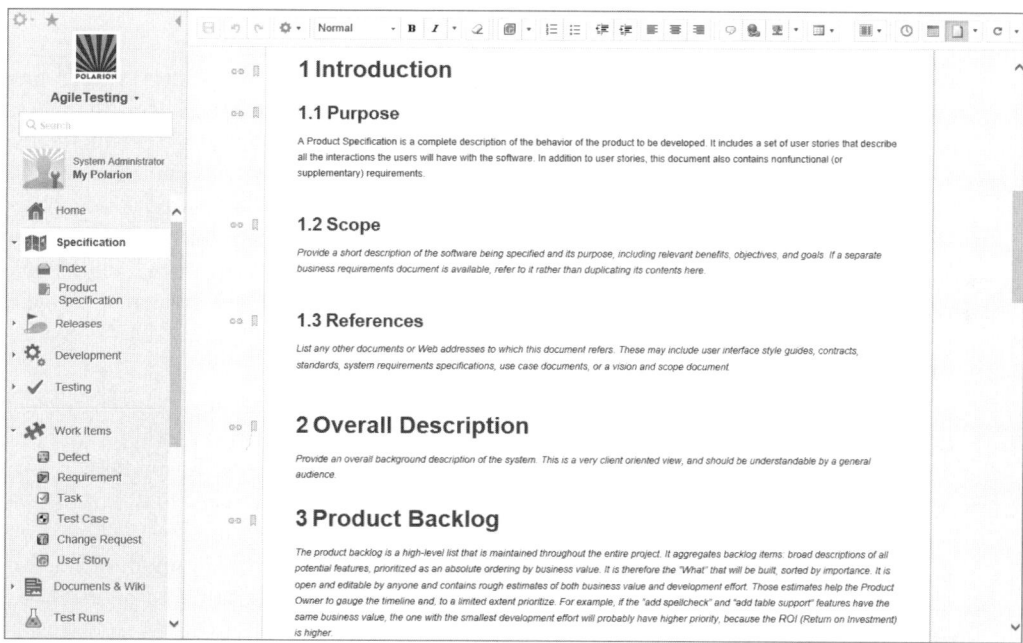

Bild 8.3 Dokumenteneditor von Polarion QA/ALM

Mit LiveDocs™ erstellte Spezifikationen haben allerdings einen entscheidenden Vorteil gegenüber klassischen Spezifikationsdokumenten. Im Hintergrund werden diese nämlich nicht als ein Dokument behandelt, sondern als eine hierarchische Sammlung von Artefakten (z.B. eine Sammlung Anforderungen in einer Anforderungsspezifikation oder eine Sammlung von Testfällen in einem Testdesign). Diese Struktur wird sichtbar, wenn man die Ansicht des Dokumenteneditors auf Baumansicht ändert, und ist in Bild 8.4 für eine Beispielspezifikation dargestellt.

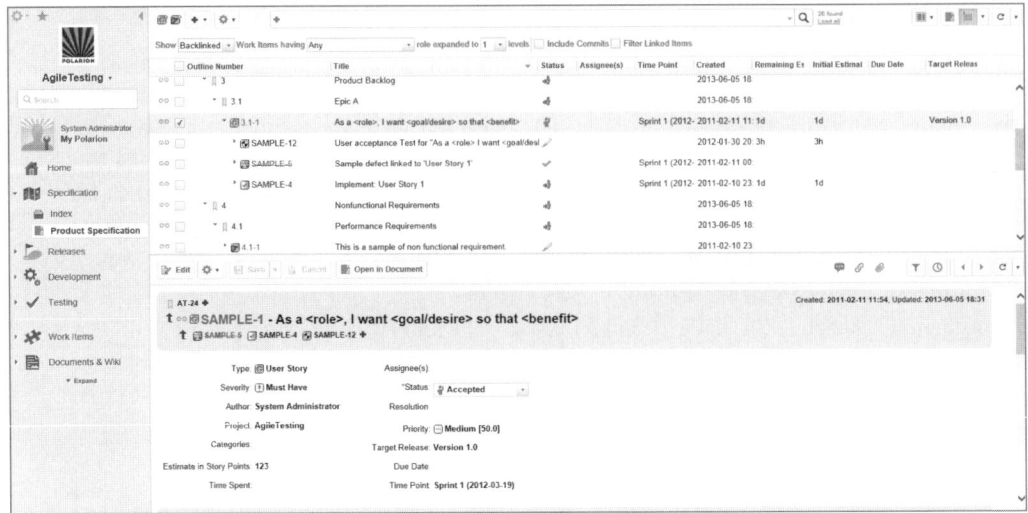

Bild 8.4 Baumansicht einer Spezifikation in Polarion

Die einzelnen Elemente können auch in mehreren Dokumenten referenziert werden und erlauben dadurch die einfache Wiederverwendung von Anforderungen oder Testfällen, ohne Redundanzen zu verursachen. Es ist nicht nur möglich, dass mehrere Spezifikationen auf gleiche Artefakte verweisen, es können sogar unterschiedliche Revisionen dieser Artefakte referenziert werden. Ein Anwendungsgebiet für diese Funktionalität zeigt sich, wenn eine Spezifikation für mehrere Zielplattformen verfasst werden soll. Anforderungen oder andere Artefakttypen, die für jede Plattform relevant sind, können für jede Zielplattform wiederverwendet werden. Da dabei keine Kopien angelegt werden, besteht nicht die Gefahr von inkonsistenten Änderungen, da diese automatisch auf jede Instanz des Artefakts übertragen werden.

Um die Traceability der verschiedenen Artefakte sicherzustellen, können Instanzen der Artefakttypen (in Polarion als Work Items bezeichnet) miteinander verknüpft werden. Anders als bei vielen anderen Werkzeugen sind diese keine schlichten Verbindungen, sondern zusätzlich auch Träger von weiteren semantischen Informationen (Bild 8.5). Dieses Konzept wird in Polarion durch typisierte Verbindungen realisiert. Ein Beispiel dafür ist, dass Anforderungen mit Testfällen durch eine „is verified by"-Verknüpfung in Beziehung stehen können. Die Semantik dieses Links ist, dass der Testfall die damit verbundene Anforderung verifiziert. Die Testüberdeckung, welche ein gutes Maß für den Testfortschritt darstellt, kann auf diese Weise einfach ermittelt werden.

Wie auch in der Einleitung erwähnt, erleichtert die Traceability zwischen Artefakten auch die Auswirkungsanalysen bei Änderungen und kann daher gut in agilen Projekten eingesetzt werden. Voraussetzung dafür ist, dass das eingesetzte Werkzeug die Analyse automatisiert durchführen kann oder zumindest den Anwender dabei unterstützt. In Polarion wird diese Aufgabe durch das „Suspect"-Konzept umgesetzt. Wird ein Artefakt geändert und wurde es zuvor mit anderen Artefakten verknüpft (z. B. eine Anforderung mit einem Testfall), so kann diese Verbindung als „Suspect" markiert werden. Diese Markierung besagt, dass das verlinkte Artefakt von einem Verantwortlichen auf etwaige, durch die vorangegangene Änderung notwendig gewordene Anpassungen, zu analysieren ist.

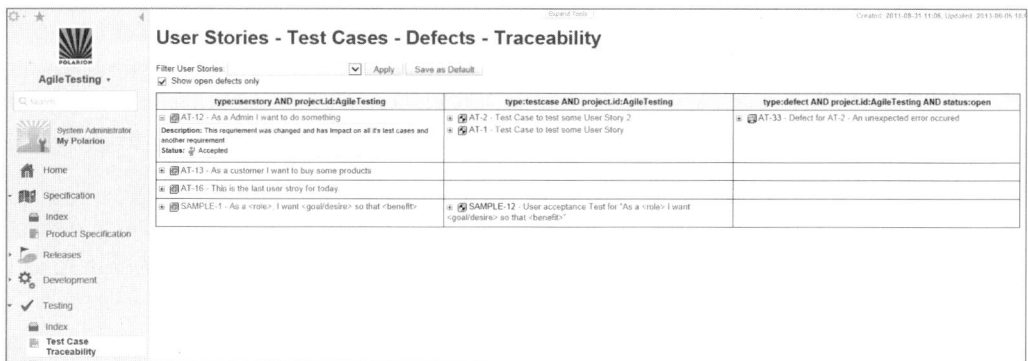

Bild 8.5 Traceability zwischen Anforderungen, Testfällen und Defects in Polarion

■ 8.3 Fehlermanagement

Fehler sind ein unvermeidbarer Aspekt von Software-Entwicklungsprojekten, welche in jeder Projektphase auftreten können. Aufgrund der stetig steigenden Komplexität von Entwicklungs- oder Wartungsprojekten ist es essenziell, dass Projektteams mit Fehlern effizient und effektiv umgehen können. Eine Bewältigung der großen Anzahl von Fehlern ist oft nur durch dedizierte Werkzeugunterstützung möglich. Dies ist auch ein Grund dafür, dass professionelles, durch Werkzeuge unterstütztes Fehlermanagement in mehr als 80 % der durch eine Studie analysierten Projekte eingesetzt wird [Vers13]. Neben einer effizienten Fehlerbehebung ermöglicht das systematische Verwalten von Fehlerberichten auch eine fundierte Aussage über den Projektfortschritt sowie etwaige Qualitätsprobleme in bestimmten Teilbereichen. Diese Erkenntnisse können in agilen Projekten direkt und zeitnah für die Prozessoptimierung eingesetzt werden.

In diesem Bereich zeigt sich in der Praxis nur ein geringer Unterschied zwischen Projekten, die nach einem klassischen Vorgehensmodell durchgeführt werden, und agilen Projekten.

Bei genauerer Betrachtung finden sich allerdings auch hier einige Aspekte, die für agile Projekte von besonderer Bedeutung sind:

- **Unterstützung von Triagen**

  „Die Triage [. . .] ist ein aus der Militärmedizin herrührender Begriff für die [. . .] Aufgabe, etwa bei einem Massenanfall von Verletzten oder anderweitig Kranken darüber zu entscheiden, wie die knappen Mittel (personelle und materielle Ressourcen) auf sie aufzuteilen seien." [Wiki13b]

Betrachtet man anstelle von Verletzten oder Kranken beispielsweise Fehler, so findet man eine vergleichbare Situation vor, die in der Software-Entwicklung und im Software-Test häufig anzutreffen ist: Unter großem Zeitdruck und mit eingeschränkten Ressourcen ist es notwendig, eine maximale Anzahl von Fehlern zu behandeln. In der Praxis ist es nämlich nur selten möglich, sämtliche Fehler innerhalb des nächsten Release beheben zu können. Daher ist es notwendig, diese zu priorisieren und die Fehlerbehebungen anhand dieser Priorisierung zu reihen.

Für die Priorisierung werden zwei Attribute genutzt (der Schweregrad und die Priorität [Whal07], deren Auswahlmöglichkeit an projektspezifische Gegebenheiten angepasst werden sollte. Die Kombination dieser Attribute kann für eine objektivere und effizientere Priorisierung der Fehlerbehebungen herangezogen werden [Hoff13]. Als Erweiterung dieses Konzepts unterstützt „The Bug Genie" beispielsweise die Priorisierung auf Basis von „User Pain" [Cook08]. Dabei werden nicht nur zwei Attribute pro Fehlerbericht bewertet, sondern drei („Bug Type", „Likelihood" und „Priority" – mehr dazu findet sich in Abschnitt 8.3.1).

- **Anpassbarkeit des Fehler-Workflows (Status, Statusübergänge)**
  Wie für Werkzeuge zur Unterstützung des Anforderungsmanagements ist auch die Anpassbarkeit des Fehler-Workflows für agile Projekte wichtig. Nicht nur die darin vorkommenden Status, sondern auch die erlaubten Übergänge zwischen diesen sollten einfach konfigurierbar sein. Fortgeschrittene Werkzeuge bieten teilweise sogar die Möglichkeit, Validierungsregeln und Aktionen für jeden Statusübergang zu definieren (nach der Behebung von hoch-prioren Fehlern kann beispielsweise der Testmanager über diese Entwicklung informiert werden, um weitere Schritte zur Verifikation der Fehlerbehebung einzuleiten).

- **Erweiterung und Anpassung von Attributen eines Fehlerberichts**
  Je nachdem, welches Vorgehen in einem Projekt angewandt wird, sind unterschiedliche Attribute für die Erstellung eines Fehlerberichts relevant. Um ein Projektteam optimal zu unterstützen, sollten nicht nur die vorhandenen Optionen für ein Attribut anpassbar sein (z. B. welche Auswahlmöglichkeiten für das Attribut „betroffene Komponente" zur Auswahl steht), sondern auch die pro Fehlerbericht erfassbaren Attribute (so kann beispielsweise ein Attribut „Testfall ID" die Traceability zu Testfällen gewährleisten).

- **Integration mit Versionsverwaltungssystemen**
  Systeme zur Verwaltung von Quellcode (Version Control Systems, VCS) werden heutzutage in nahezu jedem agilen Projekt eingesetzt. Ohne diese Unterstützung wäre eine effektive, kollaborative Entwicklung eines Software-Systems kaum möglich [Scha10]. Die Integration mit diesen Systemen findet in der Praxis in ganz unterschiedlichem Ausmaß statt und sollte jeweils auf die Rahmenbedingungen eines Projekts angepasst werden. Mögliche und oft vorhandene Integrationen sind die Verknüpfung von Commits (also eine in einem Versionskontrollsystem erfasste Version) zu Fehlerberichten, Vergleich von unterschiedlichen Versionen (Diff)/Annotationen von Quelltext, die Erfassung von Metriken oder automatisches Auslösen von Statusübergängen auf Basis einer Commit-Message.

- **Zusammenarbeit**
  Wie bereits mehrfach in den letzten Kapiteln erwähnt, ist die Zusammenarbeit in agilen Teams ein grundlegender Faktor für den Erfolg eines Projekts [Bert10]. Aus diesem

Grund sollte bei der Auswahl eines Werkzeugs zum Fehlermanagement darauf geachtet werden, dass diese Zusammenarbeit durch die Software unterstützt und gefördert wird. Die konkrete Umsetzung kann von Werkzeug zu Werkzeug sehr unterschiedlich sein. Auch ist dem Umstand Rechnung zu tragen, dass in agilen Projekten die Einbeziehung der Kunden in den Entwicklungsprozess forciert wird und die Werkzeuge daher auch für Nichttechniker leicht verständlich und verwendbar sein müssen.

Häufig vorhandene Funktionen sind beispielsweise: Voting-Funktion zur Priorisierung von Fehlerbehebungen, Kommentarfunktion pro Ticket, Community-Q&As, Dokumentation in Wikis, Chat, Tagging oder Ähnliches.

- **Agile Aufwandsschätzung der Fehlerbehebungen**
  Nicht nur für Anforderungen muss der für die Umsetzung notwendige Aufwand geschätzt werden (siehe auch Abschnitt 8.1), auch große Fehlerbehebungen sollten vor der tatsächlichen Behebung vom Team geschätzt werden. Die Aufwandsschätzung unterscheidet sich dabei in agilen Projekten sehr von klassischen Vorgehensmodellen, und dieser Unterschied muss in einem Werkzeug entsprechend abgebildet werden. Wie bei vielen anderen Aspekten ist auch hier eine gleichberechtigte Zusammenarbeit der Teammitglieder von großer Bedeutung. Konkret heißt das, dass die Aufwandschätzung vom gesamten Team bzw. einem großen Teil des Teams durchgeführt wird.

- **Kollaborative Planung und Priorisierung**
  Nachdem die Aufwände für erfasste Fehlerbehebung bestimmt wurden, muss deren Behebung geplant und priorisiert werden. Eine Möglichkeit, die Planung und Priorisierung in agilen Projekten durchzuführen, ist der Einsatz von Triagen oder „User Pain" (siehe oben). Die dabei errechneten Werte repräsentieren direkt die Priorität der einzelnen Fehlermeldungen und somit eine Reihenfolge für deren Behebung. Dieses Vorgehen eignet sich auch sehr gut dazu, von mehreren Personen gemeinschaftlich durchgeführt zu werden, und führt dabei in der Praxis zu deutlich besseren Ergebnissen als vergleichbare, von Einzelpersonen erstellte Pläne.

  Bei der Evaluierung von Werkzeugen für den Einsatz in agilen Projekten, sollte daher berücksichtigt werden, dass der Planungs- und Priorisierungsprozess auch von mehreren Personen durchgeführt werden kann.

- **Transparenz und Nachvollziehbarkeit**
  Aufgrund der hohen Bedeutung des Teams und der Teammitglieder in agilen Projekten spielt die Transparenz und die Nachvollziehbarkeit in sämtlichen Bereichen eine große Rolle. Um dies zu gewährleisten, können Werkzeuge ein Projektteam auf vielfältige Weise unterstützen. Beispielsweise ermöglicht die Versionierung von Fehlerberichten Teammitgliedern Entscheidungen, die im Zuge der Behebung getroffen wurden, einfacher zu verstehen und nachzuvollziehen.

  Aber auch im Bereich der Planung und Priorisierung können Werkzeuge höhere Transparenz schaffen, um somit die Akzeptanz von Plänen durch die Teammitglieder zu erhöhen. Werden zum Beispiel zu Aufwandschätzungen Kommentare über Annahmen und Voraussetzungen erfasst und öffentlich dargestellt, können etwaige Missverständnisse oder Fehlinterpretationen schnell erkannt und beseitigt werden.

- **Anpassbares Reporting**
  Die flexible Erweiterbarkeit und Anpassbarkeit des Reportings spielt auch im Bereich des Fehlermanagements eine zentrale Rolle. Der Grad der Anpassbarkeit kann dabei in der

Praxis von Werkzeug zu Werkzeug stark variieren. Eine generelle Aussage über die notwendige Anpassbarkeit des Reportings lässt sich allerdings nur schwer treffen. In kleineren, unabhängigen Projekten reichen beispielsweise einige wenige, qualitativ hochwertige Standardreports mit der Möglichkeit, nach bestimmten festgelegten Kriterien zu filtern, vollkommen aus. Hingegen besteht gerade in größeren Organisationen mit mehreren ähnlichen Projekten oft die Notwendigkeit, spezifischere Anpassungen vorzunehmen, um beispielsweise organisationsspezifische Metriken automatisiert zu erfassen oder projektübergreifend Tendenzen erkennen zu können [Forr12].

Gängige Anpassungen an vorhandene Reporting-Funktionalität sind zum Beispiel die Integration von zusätzlichen Attributen, Erfassung von projekt- oder organisationsspezifischen Metriken (Defect Detection Rate, Defect Density, ...) oder die Anzeige von Reports auf Projekt- oder Organisations-Dashboards.

Für die Umsetzung und Einführung dieser Anforderungen sind mitunter Investitionen notwendig, und daher ist eine vorherige Prüfung und Evaluierung der Notwendigkeit und des erzielbaren Nutzens unbedingt durchzuführen.

8.3.1 The Bug Genie

The Bug Genie ist ein seit 2002 verfügbares, unter der Mozilla Public License verfügbares Werkzeug zur Unterstützung des Fehlermanagements und Projektmanagements mit Fokus auf agile Vorgehensmodelle [The 13] und eignet sich somit hervorragend als Beispiel für die Unterstützung des Fehlermanagements in agilen Projekten.

Bei sämtlichen Funktionalitäten ist die Unterstützung der Zusammenarbeit von Teammitgliedern eine zentrale Zielsetzung. Zusätzlich kann nahezu jeder Aspekt des Werkzeugs konfiguriert, angepasst oder aufgrund der freien Verfügbarkeit auch problemlos weiterentwickelt werden.

Zentrales Artefakt in The Bug Genie sind „Issues", welche immer eine Instanz eines „Issue Types" sind. Die standardmäßig verfügbaren Issue Types sind „Bug report", „Feature request", „Enhancement", „Task", „User Story" und „Idea". Wie auch bei JIRA können damit nicht nur Fehlermeldungen, sondern auch generische Aufgaben oder auch Anforderungen verwaltet werden. Bei Bedarf können beliebig viele weitere Issue Types hinzugefügt, mit zusätzlichen Attributen versehen und einem oder mehreren Projekten zugeordnet werden. Dadurch ist es in größeren Organisationen oder bei Projekten mit spezifischen Anforderungen möglich, projektübergreifende Issue Types zu definieren.

Wie in Bild 8.6 dargestellt, ist auch der Workflow für Issue Types frei konfigurierbar. Nicht nur die vorhandenen Zustände sind anpassbar und erweiterbar, auch die möglichen Statusübergänge und eventuelle Vor- bzw. Nachbedingungen können definiert werden. Die Verbindung zwischen Issue Types und einem dazugehörigen Workflow wird über ein Workflow-Schema erstellt. Damit ist es möglich, für unterschiedliche Issue Types verschiedene Workflows zu definieren. Für einen „Feature request" kann beispielsweise ein zusätzlicher Review-Schritt festgelegt werden, der vor der Umsetzung durchlaufen werden muss.

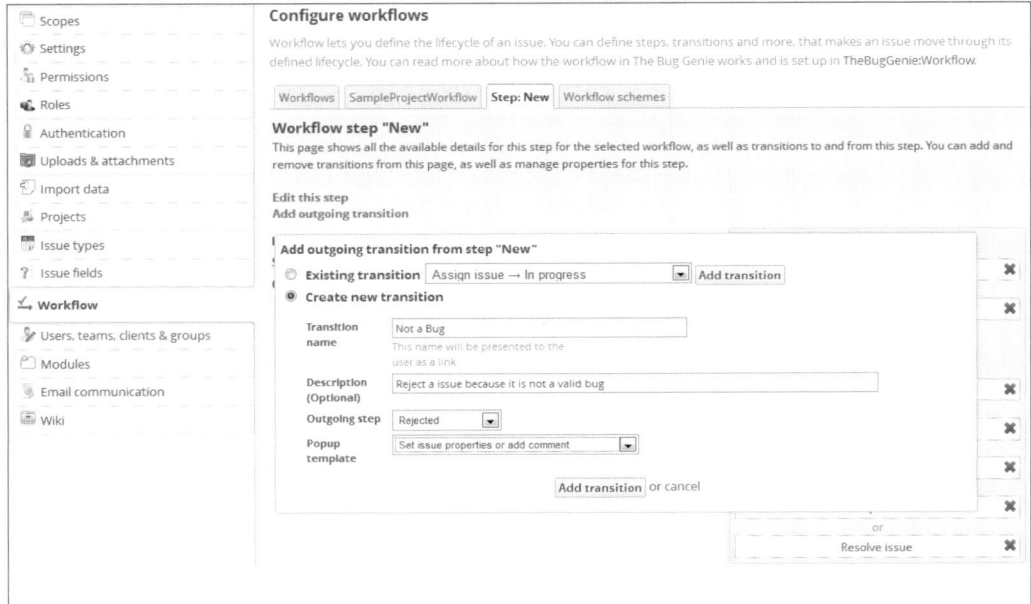

Bild 8.6 Konfiguration des Fehler-Workflows in The Bug Genie

Im Gegensatz zu den umfangreichen Anpassungsmöglichkeiten im Bereich von Workflow und Issue Types bietet The Bug Genie relativ wenige Möglichkeiten, Reports an projekt- spezifische Anforderungen anzupassen. Diese Einschränkung stellt in der Praxis allerdings kein großes Problem dar, da die vorhandenen Auswertungen ausführlich sind und bereits die am weitesten verbreiteten Anforderungen abdeckt. Dazu gehört unter anderem die Auflistung der für einen bestimmten Benutzer relevanten Issues, eine Auswertung der pro Sprint geplanten bzw. umgesetzten Fehlerbehebungen oder auch die weiter unten erwähnte Pain List. Andere Reports, zum Beispiel Trendlinien oder projektübergreifende Auswer- tungen, müssen mithilfe der JSON-API umgesetzt werden.

Neben der Anpassbarkeit verschiedener Aspekte bietet The Bug Genie auch Unterstützung für agile Planung und Priorisierung sämtlicher Issue Types. Die Planung kann sowohl nach Milestones als auch an kontinuierlichen Sprints (wie zum Beispiel in Scrum) ausgerichtet werden. Bild 8.7 zeigt die hierfür zentrale Planungsansicht eines Beispielprojekts mit zwei Milestones. Issues können aus dieser Ansicht heraus direkt priorisiert (Attribut „Priority") und der Aufwand für deren Behebung geschätzt werden. Auch hier finden sich Elemente aus agilen Vorgehensmodellen wieder, da die Schätzung sowohl in Stunden als auch in Story Points durchgeführt werden kann. Die damit erfassten Daten können auch als Burn- down-Chart angezeigt werden und den Projektmanager bei Planungs- und Steuerungsauf- gaben unterstützen.

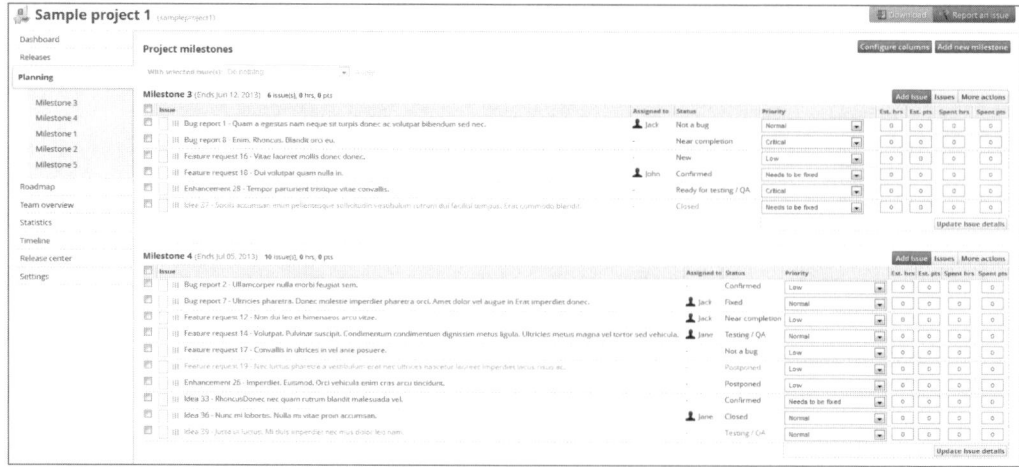

Bild 8.7 Agile Aufwandschätzung und Planung in The Bug Genie

Neben diversen weiteren Standardfunktionalitäten wie feingranulare Berechtigungssteue-
rung, Kommentarfunktionalität, integriertes Wiki oder der Integration mit Versionskon-
trollsystemen bietet The Bug Genie eine Unterstützung für Triagen anhand von User Pain.
Wie bereits zu Beginn dieses Kapitels erwähnt, dient diese Kennzahl der Priorisierung von
gemeldeten Fehlern oder Änderungsanforderungen. Für die Durchführung müssen drei
zusätzliche Attribute erfasst werden: „Bug Type", „Priority" und „Likelihood". Der Wert für
jedes dieser Attribute wird durch die Auswahl einer objektiven Beschreibung mit zugehöri-
gem Zahlenwert zwischen 1 und 5 bzw. 1 bis 7 angegeben. Zum Beispiel führt die Auswahl
„Will affect all users" für das Attribut „Likelihood" zu einem Wert von 5. Im Vergleich dazu
hätte der Wert desselben Attributes bei Auswahl von „Will affect almost no one" den Wert 1.
Wurden alle drei Werte eingegeben, kann die User Pain durch folgende Formel berechnet
werden [Cook08]:

$$VP = \frac{\text{Type} \times \text{Likelihood} \times \text{Priority}}{\text{Max. Possible Score}}$$

Anhand des dadurch ermittelten Zahlenwerts zwischen 1 und 100 kann anschließend die
Behebung objektiv geplant werden. In The Bug Genie ist dies durch eine in Bild 8.8 abge-
bildete „Pain List" möglich, welche sämtliche Fehlermeldungen mit der zugehörigen User
Pain über einem definierten Schwellenwert auflistet.

User pain	Issue		Status
73	#3 - Morbi bibendum vel. Convallis leo lorem nulla vitae ac.		Testing / QA
52	#9 - Sed pretium euismod consequat donec maecenas euismod vehicula amet.		New
31	#1 - Quam a egestas nam neque sit turpis donec ac volupt bibendum sed nec.		Not a bug
17	#2 - Ullamcorper nulla morbi feugiat sem.		Confirmed
0	#5 - Metus eget maecenas aliquam egestas congue eros sem.		New
0	#6 - Vel diam arcu tortor. Ac rhoncusdonec erat nullam fringilla fringilla sollicitudin velit.		Ready for testing / QA
0	#7 - Ultricies pharetra. Donec molestie imperdiet pharetra orci. Amet dolor vel augue in Erat imperdiet donec.		Fixed
0	#8 - Enim. Rhoncus. Blandit orci eu.		Near completion
0	#10 - Metus et cursus egestas tincidunt imperdiet ligula vitae in arcu consectetur fringilla tristique a.		Investigating

Showing "bug report" issues sorted by user pain, threshold set at 20   9 issue(s)   More actions

Bild 8.8 Pain List in The Bug Genie

8.3.2 Atlassian JIRA

Atlassian JIRA wird auch noch in Abschnitt 8.4.1 im Zusammenhang mit Testplanung und -steuerung vorgestellt und erläutert. An dieser Stelle stehen jedoch die Funktionalitäten im Bereich von Fehlermanagement im Vordergrund, welches auch das ursprüngliche Kerngebiet von JIRA darstellt [Atla13a]. Studien über die Verbreitung von Werkzeugen im agilen Umfeld zeigen dabei deutlich, dass Atlassian dort oft vorzufinden ist (zwischen 33 % [Vers13] und 47 % [Swis13a]) und loben speziell Aspekte wie eine unkomplizierte Installation und umfangreiche Traceability [Forr12].

Ähnlich wie bei The Bug Genie stellt das Fehlermanagement zwar die ursprüngliche Kernaufgabe von Atlassian JIRA dar, wird allerdings auch in zahlreichen anderen Bereichen eingesetzt. Dies ist möglich, da Aktivitäten zur Behebung eines Fehlers eine große Ähnlichkeit beispielsweise mit Aktivitäten zur Implementierung einer Funktionalität aufweisen. Daher wird JIRA zwar in der Praxis oft als Fehlermanagement eingeführt, im Laufe der Zeit allerdings auch in anderen Bereichen eingesetzt.

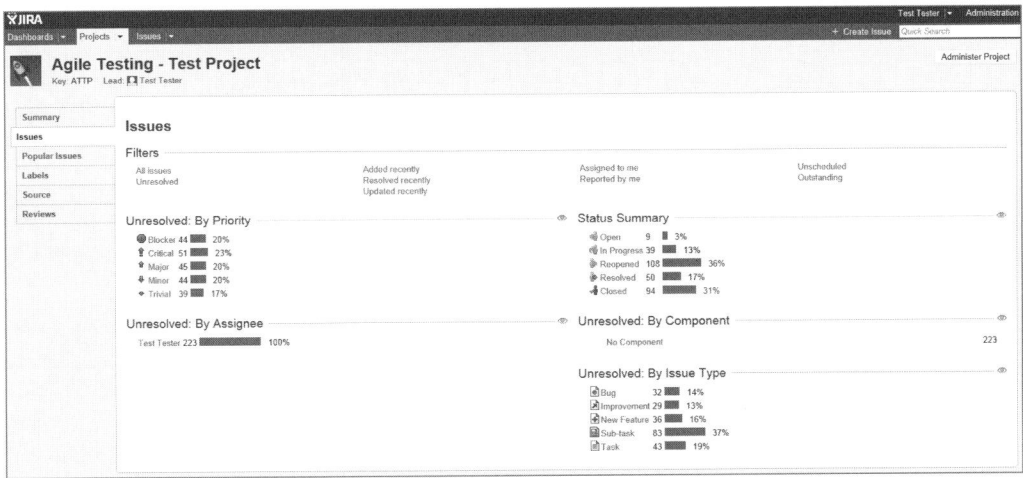

Bild 8.9 Typische Dashboard-Ansicht in Atlassian JIRA

Die grundlegende Verwaltungseinheit sind wiederum generische „Issues", die Instanzen von frei konfigurierbaren „Issue Types" repräsentieren. Vergleichbar mit anderen Werkzeugen zur Unterstützung des Fehlermanagements sind in der Standardversion folgende Issue Types verfügbar: „Bug", „Improvement", „New Feature", „Task" und „Sub-task". In der Praxis ist die Standardkonfiguration in den meisten Fällen ausreichend bzw. muss nur geringfügig erweitert oder angepasst werden. Sollten spezifische Rahmenbedingungen es erfordern, können nahezu alle Aspekte der Issue Types verändert werden. Neben weiteren Attributen oder Berechtigungsschemata kann auch die Darstellung von Issue Types umfangreich angepasst werden.

Wie bereits erwähnt, lassen sich all diese Anpassungen und Erweiterungen zwar durchführen, allerdings darf dabei nicht vergessen werden, dass mit Umfang und Tiefe der Änderungen auch die Komplexität der notwendigen Anpassungen der Konfiguration und der Wartungsaufwand von JIRA steigt. So ist beispielsweise das Hinzufügen eines neuen

Feldes zu einem bestehenden Issue Type nach wenigen Aktionen erledigt, die Erweiterung um einen zusätzlichen Issue Type mit eigenem Workflow kann jedoch mehrere Tage Arbeit in Anspruch nehmen.

Die Verwaltung von Workflows mit zugehörigen Status und Statusübergängen erfolgt anders als in den meisten gängigen Tools über einen interaktiven Online-Editor (siehe Bild 8.10). In diesem wird der bearbeitete Workflow nicht nur textuell dargestellt, sondern grafisch als Statusdiagramm. Dadurch ist die Anpassung in diesem Bereich erheblich einfacher als in vergleichbaren Werkzeugen.

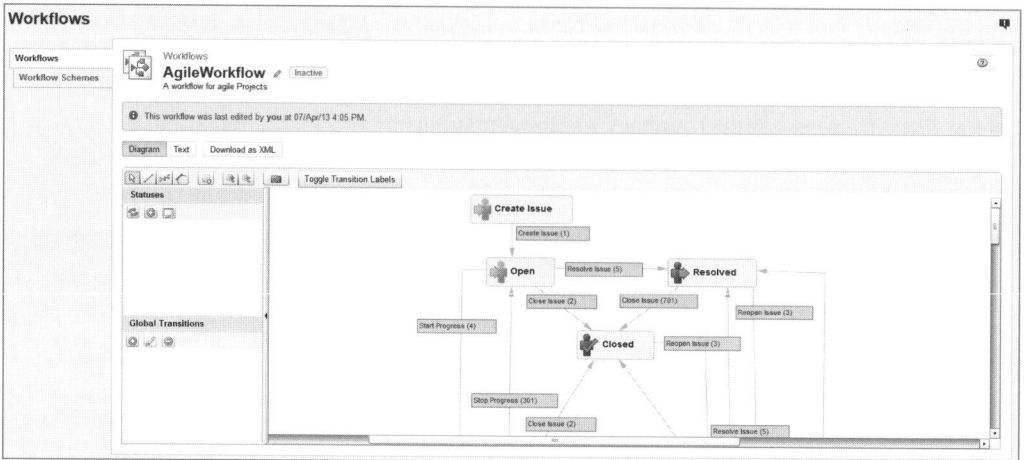

Bild 8.10 Workflow-Editor in Atlassian JIRA

Die Zusammenarbeit mit anderen Teammitgliedern und die Transparenz werden ebenfalls auf vielfältige Weise unterstützt: Während der Bearbeitung von Issues können zu diesem auch zu jedem Zeitpunkt Kommentare verfasst und Bilder zur Verdeutlichung hochgeladen werden. Um zusätzliches Feedback für die Planung oder Priorisierung zu erhalten, können Issues von Teammitgliedern oder berechtigten Kunden bewertet werden. Erhält eine Verbesserung genug Stimmen, könnte deren Umsetzung beispielsweise vorgezogen werden.

Sämtliche Änderungen an einem Issue werden dabei vollständig protokolliert und erlauben somit im Nachhinein das lückenlose Nachvollziehen von Vorgängen und Aktivitäten. Zum Beispiel lässt sich die Frage, wer den Status eines Fehlers auf „Resolved" geändert hat, auf einen Blick beantworten, und etwaige Fragen können direkt mit dieser Person geklärt werden.

Ein weiterer Aspekt, der den Einsatz von Atlassian JIRA in agilen Projekten erleichtert, ist das Lizenzmodell für kleine Projekte und Organisationen. Für einen sehr geringen Betrag lässt sich ein vollwertiges Fehlermanagement erwerben und unkompliziert installieren [Atla13b]. Auch gängige Erweiterung beispielsweise für agiles Projektmanagement oder zur agilen Testdurchführung lassen sich zu gleichen Konditionen erwerben. Erst für eine größere Anzahl an Benutzern werden entsprechend höhere Investitionen notwendig.

■ 8.4 Testplanung und -steuerung

Sowohl die Testplanung und -steuerung als auch die in den noch folgenden Abschnitten beschriebenen Prozessschritte sind Teil des fundamentalen Testprozesses nach ISTQB und somit grundsätzlich nicht auf agile Vorgehensmodelle ausgelegt [ISTQ12b]. Wie allerdings in Abschnitt *3.1, Die Platzierung von Tests in agilen Projekten*, erwähnt, sind die darin beschriebenen Aktivitäten auch für agile Projekte relevant. Dabei müssen die Aktivitäten jedoch stets auf das organisatorische und technische Umfeld eines Projekts zugeschnitten und bei Bedarf auch kontinuierlich angepasst werden. Das bedeutet zum Beispiel, dass ein umfangreicher Testplan, welcher sämtliche Phasen eines Testprojekts detailliert spezifiziert, in agile Projekten nicht zielführend eingesetzt werden kann. An dessen Stelle tritt eine kurze Beschreibung des Projektumfangs und anderer Rahmenbedingungen, welche dem Projektteam viel Handlungsspielraum und flexibles Arbeiten ermöglichen.

Für Werkzeuge, die diesen Prozessschritt in agilen Projekten unterstützen sollen, gelten daher andere Kriterien als für klassische, meist schwergewichtige Werkzeuge zur Testplanung und -steuerung:

- **Kontinuierliche Priorisierung und Anpassung von Testaktivitäten**
  Die im Zuge des Testens eines Systems durchzuführenden Aktivitäten und deren Inhalte sind in klassischen Projekten grundsätzlich bereits durch einen oder mehrere Testpläne vorgegeben. Diese Pläne werden in der Regel bereits frühzeitig, jedenfalls jedoch vor Beginn der tatsächlichen Testtätigkeiten definiert und im weiteren Projektverlauf selten an variierende Rahmenbedingungen adaptiert. Das führt dazu, dass sich das in den Testplänen festgelegte und das in der Praxis gelebte Vorgehen teilweise stark voneinander unterscheiden. In agilen Projekten werden die Testaktivitäten und deren Inhalte jedoch ähnlich wie Anforderungen behandelt. Das bedeutet, dass diese einer kontinuierlichen Priorisierung und Anpassung unterliegen und somit umgeordnet, umstrukturiert oder sogar gänzlich von der Durchführung ausgenommen werden können.

- **Anpassung des Reportings**
  Eine Hauptaufgabe der Teststeuerung ist die Beobachtung des Testfortschritts und der dafür verwendeten Aufwände [ISTQ12b]. Um diese Aufgaben effizient unterstützen zu können, ist die feingranulare Anpassbarkeit von Berichten in agilen Projekten besonders wichtig. Der Unterschied zu Projekten, die nach klassischen Vorgehensmodellen durchgeführt werden, liegt darin, dass agile Methoden auch in diesem Bereich größtenteils auf normative Maßnahmen verzichten, um die Selbstorganisation des Projektteams nicht zu gefährden. Erweist sich ein Bericht in einem Projekt als nicht zielführend bzw. eine Metrik als irrelevant, wird diese in weiteren Iterationen nicht mehr erhoben (siehe auch Abschnitt *3.1, Die Platzierung von Tests in agilen Projekten*).

  Ähnlich wie auch in den Abschnitten 8.1 und 8.3 beschrieben, kann der Grad dieser Anpassung stark variieren und sollte bei der Wahl eines Werkzeugs möglichst in Hinblick auf eine konkrete Projektsituation evaluiert werden.

- **Erfassung von projektspezifischen Metriken**
  Da in agilen Projekten die Erfassung von Metriken und das Berichtwesen im Allgemeinen, auch der Steuerung und Veränderung des Teams und der gelebten Prozesse dienen [Forr12], erfolgt die Messung der dafür relevanten Daten häufiger, als das in klassischen

Vorgehensmodellen der Fall ist. Um die Aufwände in einem begrenzten Rahmen zu halten, die für diese zusätzlichen Aufgaben notwendig sind, ist die manuelle Datenerhebung selten durchführbar und sollte weitgehend automatisiert erfolgen.

Die Erfassung von gängigen Kennzahlen wird zwar durch die meisten in der Praxis eingesetzten Werkzeuge unterstützt, allerdings sollte beachtet werden, dass eventuell projektspezifische Metriken erfasst werden müssen (siehe zum Beispiel die bereits erwähnte Defect Density in Abschnitt 8.3). Um dies gewährleisten zu können, sollte das eingesetzte Werkzeug die Möglichkeit bieten, zusätzliche Metriken zu definieren und deren Messung automatisiert umsetzbar zu machen.

Ein weiterer Aspekt dieses Kriteriums ist, dass die alleinige Erhebung von Kennzahlen keinen Wert für das Projektteam darstellt. Erst wenn auf deren Basis Prozessverbesserungen induziert oder die Zusammenarbeit erleichtert werden kann, ist der eigentliche Zweck der Metrik erfüllt. Um dieses Ziel zu erreichen, sind wiederum projektspezifische Metriken besonders hilfreich, da diese im Gegensatz zu allgemeinen Kennzahlen eine spezifischere Messung der Qualität eines Prozesses darstellen. Um daraus nun einen konkreten Mehrwert für das Projektteam bieten zu können, ist auch die Visualisierung der Kennzahlen ein essenzieller Aspekt. Nur wenn die Visualisierung für sämtliche Projektmitglieder zugänglich und verständlich ist, kann die Selbstorganisation und Prozessverbesserung optimal unterstützt werden.

■ **Integration mit Build- bzw. Release-Management-Systemen**
Gerade in klassischen Projekten wird die Testplanung und -steuerung oft isoliert von Entwicklungstätigkeiten betrachtet. Das kann dazu führen, dass durch die Koordination zwischen Entwicklung und Qualitätssicherung zusätzliche Aufwände und Konfliktpotenziale entstehen. Für den Einsatz in agilen Projekten sollte diese Trennung daher möglichst auf ein Minimum reduziert werden.

Für die Integration mit Build-Systemen bzw. allgemein mit dem Release-Management existieren in der Praxis diverse Möglichkeiten: Zum Beispiel können automatisiert Release Notes generiert und der Qualitätssicherung übergeben werden. Dadurch ist klar, welche Anforderungen, Fehlerbehebungen oder Änderungen in einem Release umgesetzt wurden und welche Maßnahmen zur Qualitätssicherung durchgeführt werden müssen. Zur Unterstützung der Teststeuerung können auch Testaufwände konkreten Anforderungen zugeordnet und somit die Transparenz der Kosten und Aufwände erhöht werden. Eine andere Möglichkeit, die Testplanung durch eine enge Integration mit dem Release-Management zu erleichtern, bietet sich durch die Übergabe von Berichten des automatisiert durchgeführten Komponententests. Dadurch können die Schwerpunkte für das manuelle Testen speziell auf jene Module gelegt werden, die eine geringe Überdeckung mit Unit Tests und somit eine höhere Fehlerauftretenswahrscheinlichkeit haben. All diese Maßnahmen können zu einer effizienteren und effektiveren Testdurchführung beitragen [Roth99] und damit die Gesamtaufwände reduzieren, ohne das angestrebte Qualitätsniveau zu reduzieren.

8.4.1 Atlassian JIRA

Wie bereits in Abschnitt 8.3.2 beschrieben, wird Atlassian JIRA in vielen agilen Projekten aus dem Grund eingesetzt, weil es äußerst flexibel an die jeweiligen Rahmenbedingungen und Prozesse angepasst werden kann und zusätzlich eine generische Basis bietet, welche für viele Entwicklungs- und Testaktivitäten genutzt werden kann. JIRA bietet auch ein umfangreiches Plug-in-System an und kann dadurch noch besser und effizienter angepasst bzw. erweitert werden.

Zu den Einsatzgebieten gehört auch der Bereich der Testplanung und -steuerung. Ganz im Sinne von agilen Vorgehensmodellen kann JIRA dafür auf unterschiedlichste Art und Weise eingesetzt werden. Die Planung von Testdurchführungen kann beispielsweise mithilfe von GreenHopper [Atla13c] über Scrum oder Kanban Boards durchgeführt werden. Wie in Bild 8.11 dargestellt, kann sowohl die Testdurchführung als auch die Umsetzung von Anforderungen in einer einheitlichen Ansicht komfortabel geplant werden. Auf die gleiche Weise kann auch eine kontinuierliche Priorisierung und Anpassung der durchzuführenden Testaktivitäten erfolgen.

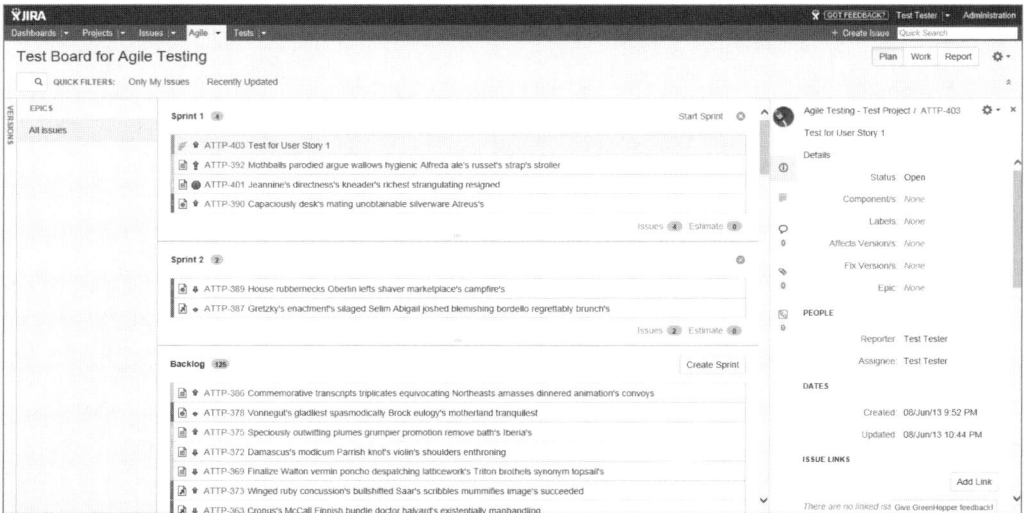

Bild 8.11 Planung von User Stories und Testdurchführungen in Atlassian JIRA/GreenHopper

Da sämtliche Artefakte auf der von JIRA bereitgestellten Basis (Issues) basieren, können bekannte Funktionen wie die Zeitaufzeichnung oder das Verlinken von Issues auch für User Stories oder Testfälle genutzt werden. Dadurch hat der Testmanager auch in agilen Projekten jederzeit einen Überblick über den bereits verbrauchten Testaufwand für eine bestimmte Anforderung.

Neben der bereits erwähnten Verfolgung des Testaufwandes kann der Testmanager auch mehrere andere Berichte einsetzen, die alle bereits standardmäßig von GreenHopper mitgeliefert werden. Dazu zählen unter anderem:

- Burndown Chart
- Velocity Chart

- Cumulative Flow Diagram
- Control Chart

Sind die durch Scrum oder Kanban gegebenen Steuerungs- und Planungsmöglichkeiten für eine Projektsituation nicht ausreichend, können Testabläufe auch formaler geplant und durchgeführt werden. In Bild 8.12 ist dies am Beispiel des Plug-ins Zephyr [D So13] dargestellt.

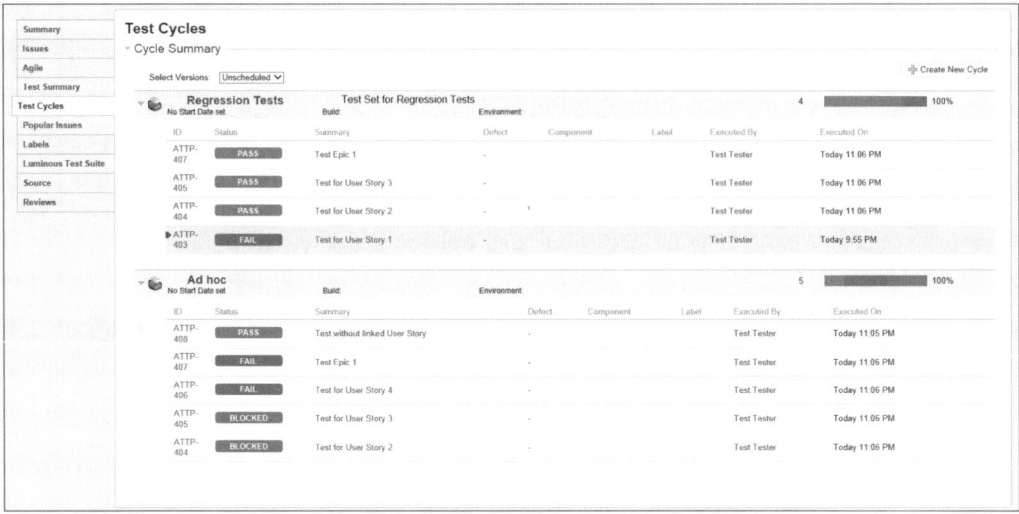

Bild 8.12 Verwaltung von Testabläufen in Atlassian JIRA/Zephyr

So wie GreenHopper bietet auch Zephyr diverse Standardberichte zur Messung des Testfortschritts an. Aber auch andere, projektspezifische Kennzahlen können mit dem Gadgets- und Dashboard-Konzept von JIRA erhoben und visualisiert werden. Das Prinzip hinter diesen Konzepten ist, dass bestimmte Filter oder Queries definiert werden, welche wiederum als Datenbasis für die Darstellung dienen. Diese Spezifikation wird in einer auf XML basierenden Beschreibungssprache festgehalten und muss nicht zwingend von einem Entwickler geschrieben werden. Dabei können nicht nur die Standard Issue Types von JIRA, sondern auch von Plug-ins zur Verfügung gestellte Issue Types genutzt werden, um somit komplexere Metriken zu erfassen.

Auch die als Kriterium erwähnte Integration mit Build- bzw. Release-Management-Systemen ist mit JIRA möglich. Dadurch steht dem Testteam nicht nur immer eine aktuelle Testversion zur Verfügung, sondern es hat auch Zugriff auf Ergebnisse von Unit Tests, Release Notes oder den Source Code. Werden in einem Projekt automatisierte Systemtests beispielsweise mit Selenium durchgeführt, so können auch diese in das Build Management integriert und bei jedem Build durchgeführt werden. Damit ist die aktuelle Qualität eines Produkts für jede neue Version sofort anhand der Ergebnisse dieser Tests ersichtlich. Diese Berichte können ebenfalls herangezogen werden, um weiter Testabläufe zur Planung und zu Priorisierung durchzuführen.

■ 8.5 Testanalyse und Testentwurf

Aktivitäten in der Phase der Testanalyse und des Testentwurfes sind stark analytisch orientiert und können daher auch nur schwer automatisiert werden. Das bedeutet allerdings, dass der Einsatz von Werkzeugen in diesem Bereich eher gering ausfällt und sich in der Praxis auf spezialisierte Werkzeuge konzentriert. Diese bieten beispielsweise Unterstützung zur Einhaltung bestimmter Normen und Standards bzw. Funktionalitäten zur Einführung von Prozessreifemodellen (z. B. CMMI).

Diese Aspekte sind für agile Projekte nur selten relevant. Vielmehr werden in diesen Projekten primär generische Werkzeuge eingesetzt oder es wird ganz auf Werkzeugunterstützung verzichtet. Das führt allerdings dazu, dass wichtige Ergebnisse der Testanalyse nicht adäquat dokumentiert werden und daher keine oder nur geringe Aussagekraft haben. Doch gerade die in dieser Phase gewonnenen Erkenntnisse haben großen Einfluss auf nachfolgende Aktivitäten, da sie frühzeitig potenzielle Defizite aufzeigen und Lösungsansätze bieten können.

Um diesen Nutzen nun auch in agilen Projekten zu erreichen, sollten Werkzeuge für den Einsatz in diesem Bereich ganz spezifische Funktionalitäten bieten und bestimmte Kriterien erfüllen:

- **Dokumentation der Risikobewertung und des Business Values**
  In klassischen Projekten wird Risikomanagement primär im Zuge des Projektmanagements durchgeführt und dokumentiert. Das kann in der Praxis jedoch nur dann optimal funktionieren, wenn die Anforderungen und Rahmenbedingungen relativ stabil und vor allem frühzeitig bekannt sind. Allerdings ist dies in agilen Projekten meist nicht der Fall. Erst im Zuge der Projektlaufzeit werden Anforderungen iterativ und inkrementell soweit verfeinert, bis die Entwicklung darauf basierend lauffähige Software entwickeln kann. Dadurch ist es notwendig, das Risikomanagement enger als in klassischen Vorgehensmodellen in den Entwicklungs- und Testprozess zu integrieren.

  Die im Zuge des Risikomanagements identifizierten und bewerteten Risiken können im Anschluss wiederum zur Priorisierung von Testfällen und Testabläufen herangezogen werden. Testfälle zur Verifikation einer hoch riskanten Anforderung sollten dementsprechend auch eine hohe Priorität zugewiesen bekommen. Sind Testfälle einer wenig riskanten Anforderung zugeordnet, kann diesen jedoch eine entsprechend niedrige Priorität zugewiesen werden.

- **Unterstützung bei der Testfallerstellung**
  Eine weitere Möglichkeit, den Tester bzw. den Testmanager beim Testentwurf zu unterstützen, findet sich im Bereich der Testfallerstellung. Hierbei wurden im Laufe der Zeit viele Methoden entwickelt, die entweder werkzeuggestützt oder manuell den Entwurf von Testfällen stark vereinfachen. Dazu zählen bekannte Techniken wie die Entscheidungstabelle oder die Klassifikationsbaummethode ebenso wie neuere Ansätze von Werkzeugherstellern wie zum Beispiel LinearQ [TRIC13] von TRICENTIS.

  Gemeinsam ist all diesen Ansätzen, dass sie die Aufwände bei der Erstellung von Testfällen möglichst gering halten sollen, ohne jedoch die Testüberdeckung oder Testtiefe negativ zu beeinflussen. Am Beispiel von TOSCA wird dies im nachfolgenden Abschnitt noch genauer beschrieben.

- **Traceability zwischen Testbasis und Testfall**
  Auch wenn die Traceability in agilen Projekten nicht den gleichen Stellenwert hat wie in klassischen Projekten, bietet sie jedoch im Bereich von Testentwurf und Testanalyse zahlreiche Vorteile. Um diese zu erreichen, sollte auch in agilen Projekten zumindest eine rudimentäre Verknüpfung zwischen Testbasis und Testfall hergestellt werden. Eine grundlegende Herausforderung stellt dabei der inhärente Aufwand dar, der betrieben werden muss, um eine konsistente und valide Traceability herzustellen, und vor allem, um diese zu warten. Daher sollte bei der Werkzeugevaluierung besonders darauf geachtet werden, dass die Verknüpfung von Testbasis zu Testfällen einfach durchgeführt werden kann. Wenn beispielsweise ein Werkzeugwechsel notwendig ist, um die Traceability zwischen zwei Artefakten herzustellen, führt das in der Praxis meist dazu, dass die Verbindung zwar initial hergestellt, jedoch im weiteren Verlauf nicht kontinuierlich angepasst wird (z. B. aufgrund von Zeitmangel).

- **Integration mit dem Anforderungsmanagement**
  Ein weiteres Kriterium, das für den Werkzeugeinsatz in agilen Projekten eine essenzielle Rolle spielt, betrifft die Integration mit dem Anforderungsmanagement. Wie bereits zu Beginn des Kapitels kurz erwähnt, führt der Testentwurf in vielen Projekten zur Klärung bzw. zur ausführlicheren Spezifikation von Anforderungen. Grund dafür ist, dass zum Zeitpunkt der initialen Erfassung der Anforderungen viele Aspekte noch nicht berücksichtigt werden können. Das kann in der Praxis zu unvollständig spezifizierten oder inkonsistenten Anforderungen führen. In agilen Projekten werden diese Defizite aufgrund der häufig auftretenden Änderungen noch zusätzlich gefördert, und somit wird die Qualität der Spezifikation gefährdet.

  Werden die Artefakte im Zuge der Testanalyse und des Testentwurfs intensiv aus der Testperspektive betrachtet, treten die erwähnten Defizite jedoch schnell zutage und können in Kooperation mit dem Anforderungsmanagement oder dem Projektmanagement behoben werden. Um diesen Prozess auch auf IT-Ebene nachbilden zu können, ist es von Vorteil, wenn Werkzeuge zur Testanalyse und zum Anforderungsmanagement eng miteinander integriert sind.

8.5.1 Risikobasiertes Testen in der TOSCA-Testsuite

Das Testwerkzeug TOSCA von TRICENTIS deckt wie viele der bereits erwähnten Werkzeuge mehrere Bereiche des klassischen Testprozesses ab. Der Hauptgrund, weshalb es an dieser Stelle genannt wird, sind allerdings die umfangreichen Möglichkeiten zur Erstellung von Testfällen und der Unterstützung des risikobasierten Tests.

Andere Bereiche, in denen TOSCA in der Praxis eingesetzt wird, sind:

- Risikobasierte Teststrukturierung auf Basis von Anforderungen
- Manuelle Tests
- Automatisierte Funktions-, Regressions- und Integrationstests
- Testmanagement und Testfallverwaltung

Ausgangspunkt für die Testfallerstellung in der TOSCA-Testsuite stellt die Risikobewertung der Anforderungen dar. Die bewerteten Anforderungen werden im Test Case Design mit

Testfällen zu ihrer Verifikation verbunden. Ein Vorteil dieses Vorgehens ist, dass die Risikobewertung der Anforderung direkt für die Priorisierung der Testfallerstellung und der Testdurchführung herangezogen werden kann. Ein weiterer Vorteil ist, dass die Testabdeckung abhängig von dieser Bewertung durchgeführt wird. Das heißt, dass eine höher gewichtete Anforderung ohne zugehörige Testfälle mehr gewertet wird als eine Anforderung mit geringerer Gewichtung ohne entsprechende Testfälle.

Ein weiterer Ansatz zur Unterstützung der Testfallerstellung ist die Testmethodik Linear Q. Diese nutzt die zuvor erwähnte Risikobewertung der Anforderungen, um eine hohe Testabdeckung zu generieren. Um diese Funktionalität nutzen zu können, müssen testrelevante Entitäten zuerst als Datenstruktur in TOSCA erfasst werden. Anschließend werden diese so miteinander kombiniert, dass mit einer geringen Anzahl an Testfällen eine große Testüberdeckung gegeben ist. Die diesem Vorgehen zugrundeliegende Hypothese ist, dass in Anwendungen 80 % des Geschäftswerts (Business Value) in 20 % der Funktionalität generiert wird. Dieses Ungleichgewicht bedingt, dass das Testen der übrigen 80 % an Funktionalität lediglich einen Geschäftswert von 20 % sicherstellt.

Abschließend sei noch ein weiterer, besonders für agile Projekte aus einem heterogenen IT-Umfeld wichtiger Aspekt erwähnt: die Integration mit Werkzeugen zum Anforderungsmanagement. Beispielsweise wird die Integration mit Polarion (siehe auch Abschnitt 8.2.1) direkt von Polarion angeboten. Diese unterstützt eine kontinuierliche Synchronisation in beide Richtungen, um einen konsistenten Datenbestand in beiden Systemen sicherzustellen. Dadurch ist es nicht nur möglich, dass das Anforderungsmanagement komfortabel in Polarion abgebildet wird und in TOSCA nur deren Verifikation erfolgt. Auch können in TOSCA während der Testdurchführung aufgetretene Fehler zurück nach Polarion übertragen werden, um daraus abgeleitet eine Aussage über den Fortschritt der Umsetzung und das aktuelle Qualitätsniveau treffen zu können.

Wie auch bei den bereits erwähnten Werkzeugen kann im Rahmen dieses Kapitels nur ein kleiner Ausschnitt des gesamten Funktionsumfangs der TOSCA-Testsuite beschrieben werden. Für eine ausführlichere Beschreibung wird an dieser Stelle daher auch auf [Snee12] verwiesen.

■ 8.6 Testrealisierung und Testdurchführung

Dem offiziellem ISTQB-Lehrplan zufolge ist die Testrealisierung und Testdurchführung jene Aktivität,

> *„bei der unter Berücksichtigung aller anderen Informationen, die zur Testdurchführung nötig sind, Testabläufe und Testskripte spezifiziert werden, indem Testfälle in einer besonderen Reihenfolge kombiniert werden. Des Weiteren wird die Testumgebung in dieser Phase entsprechend konfiguriert und genutzt."* [ISTQ11]

Für den Werkzeugeinsatz in Projekten bedeutet das, dass in diesem unterschiedlichste Aktivitäten abgebildet werden müssen. Durch diese Komplexität und den Umfang an Funktionalität besteht die Gefahr, dass die Bedienbarkeit sinkt und die Einarbeitungszeit bzw. der Schulungsaufwand steigen. Wie bereits erwähnt, müssen gerade in agilen Projekten speziell diese Kriterien berücksichtigt werden, um die Akzeptanz der Werkzeuge nicht zu gefährden.

Um die Phase der Testrealisierung und Testdurchführung daher optimal zu unterstützen, können folgende Projekte bei der Evaluierung berücksichtigt werden:

- **Unterstützung von explorativen Tests und session-basiertes Testen**
  Bereits in Kapitel 5, *Agiles Testmanagement, -methoden und -techniken,* wurde auf den explorativen Test und auf session-basiertes Testen detailliert eingegangen, ohne allerdings die Möglichkeiten für Werkzeugunterstützung in diesem Bereich zu beschreiben. Da diese Testmethoden auch gänzlich ohne IT-Unterstützung durchgeführt werden können, beschränken sich die meisten Werkzeuge darauf, die Erfassung der normalerweise manuell notierten Daten zu automatisieren bzw. zu vereinfachen. Das kann zum Beispiel dadurch erreicht werden, dass die Aktivitäten des Testers (z. B. Mausklicks und Tastatureingaben) sowie dazugehörige Bildschirmfotos gespeichert und im Falle einer Fehlerwirkung direkt zur Reproduktion herangezogen werden können. Ist die Integration mit einem Werkzeug zum Fehlermanagement vorhanden, können anhand dieses Mittschnittes auch direkt Fehlerberichte angelegt werden – ohne jedoch mental aus der aktiven Testsession aussteigen zu müssen. Anschließend kann die Testdurchführung unverzüglich fortgesetzt werden.

  Um die Nachverfolgbarkeit und Reproduzierbarkeit von session-basiertem Testen noch zusätzlich zu verbessern, können die normalerweise auf Papier erfassten Session-Sheets (siehe Abschnitt 5.2.3, *Session-basiertes Testen*) digital festgehalten werden. Damit kann einerseits die Koordination zwischen mehreren Testern erleichtert und die Überschneidungen zwischen den getesteten Modulen oder Komponenten reduziert werden. Andererseits können bestimmte Kategorien automatisch erfasst (z. B. Dauer der Testsession, gefundene Fehler, Beschreibung des getesteten Moduls/Komponente) und damit ausgewertet werden. Session-basiertes Testen baut sehr stark auf skript- bzw. maschinell gesteuerte Auswertungen der Rohprotokolle der Sessions, damit das zusammenfassende Auswerten und Berichten möglichst einfach und schnell vonstatten geht.

- **Agile Priorisierung und Planung von Testabläufen**
  Wie auch in vielen anderen Bereichen ist die flexible Priorisierung und Planung eine Grundanforderung für die Werkzeugunterstützung in agilen Projekten. Anders als bei klassischen Vorgehensmodellen sind einmal spezifizierte Testabläufe selten stabil, sondern werden kontinuierlich erweitert bzw. angepasst. Die Ursache dafür liegt darin, dass zu Beginn der Testrealisierung und Testdurchführung meistens nur ein Teil des Systems umgesetzt wurde (inkrementelle Entwicklung) und selbst die Entwicklung an diesem Teil nicht endgültig abgeschlossen sein muss (iterative Entwicklung). Aus diesem Grund sind in einer frühen Projektphase auch noch nicht alle Testfälle spezifiziert und können somit gar nicht für einen Testablauf eingeplant werden. Erst im Verlauf des Projekts werden weitere Teile fertiggestellt bzw. erweitert. Daher wird es allerdings auch notwendig, die zuvor festgelegten Testabläufe zu adaptieren; nicht mehr notwendige Testfälle können ausgeschlossen und für den Endnutzer wichtige Anforderungen verstärkt getestet werden.

- **Einfache Durchführung von Testabläufen**
  Bereits zu Beginn dieses Kapitels wurde der Stellenwert der Benutzbarkeit für Werkzeuge im Einsatz bei agilen Projekten beschrieben. Eine besonders große Auswirkung hat

dieser Aspekt der tatsächlichen Durchführung von Testabläufen. In klassischen Werkzeugen werden die durchzuführenden Schritte und einzugebenden Daten in Form einer Liste dargestellt. Wurde ein Listenpunkt vom Tester durchgeführt, wird der Erfolg bzw. Fehlschlag dieses Schritts festgehalten und wenn möglich mit dem nächsten Punkt fortgefahren. Dieses Vorgehen führt dazu, dass der Tester oft zwischen der Beschreibung der Testfälle und der zu testenden Applikation wechseln muss und dadurch leicht den Überblick verliert und an Effizienz verliert.

Um diese Aktivität zu erleichtern, bieten aktuelle Werkzeuge unterschiedliche Ansätze: Die Testschritte können zum Beispiel in einer Sidebar oder als Overlay dargestellt werden. Damit entfällt der Wechsel zwischen mehreren Werkzeugen, und die zu testende Applikation kann stets einen großen Teil des Bildschirmplatzes einnehmen. Eine weitere Erleichterung für die Testdurchführung stellt die bereits erwähnte Integration mit Fehlermanagementwerkzeugen dar. Die Erfassung von Fehlern wird zusätzlich durch Annotationswerkzeuge erleichtert, indem Bildschirmausschnitte direkt bearbeitet und mit Kommentaren und Grafiken annotiert werden. Auch bieten manche Werkzeuge die Möglichkeit, Daten aus einem zentralen Repository (z. B. aus vorherigen Testdurchführungen) automatisiert in vorher definierte Felder zu übertragen. Gerade bei einer großen Anzahl an Testdaten kann diese Funktionalität eine drastische Aufwandsreduktion bedeuten.

- **Testdaten- und Testumgebungsmanagement**
  Wie auch in [ISTQ12b] beschrieben, stellt die Generierung und Verwaltung von Testdaten sowie das Management der Testumgebung eine Hauptaufgabe für das Testteam dar. Diese Herausforderung stellt sich auch in agilen Projekten [Swis13b]; aufgrund der kurzen Iterationen und der inkrementellen Vorgehensweise dieser Projekte können diese Aufgaben viel Aufwand und Kosten verursachen und sollten daher möglichst optimal durch ein Werkzeug automatisiert oder zumindest unterstützt werden.

Das Testdatenmanagement kann beispielsweise durch Generierung oder Verwaltung bzw. Archivierung unterstützt werden [Krus11]. Für triviale Testfälle mag dieser Aufwand nicht gerechtfertigt erscheinen, werden allerdings komplexe Geschäftsdomänen bzw. Geschäftsprozesse getestet, stellt die Bereitstellung von qualitativ hochwertigen Testdaten eine aufwendige Aktivität dar. Oft wird dieser Aspekt ausschließlich bei der Testautomatisierung berücksichtigt, aber auch für die manuelle Testdurchführung kann dadurch der Aufwand stark reduziert und die Reproduzierbarkeit der Testergebnisse erhöht werden.

Auch das Management der Testumgebung ist primär in umfangreichen agilen Projekten von Bedeutung. Wird es dabei allerdings nicht berücksichtigt, kann die Aussagekraft der Testergebnisse beeinträchtigt werden. Der Grund dafür ist, dass in der Praxis ein großer Unterschied zwischen der Test- und der Produktivumgebung besteht. Dieser manifestiert sich beispielsweise in unterschiedlich durchgeführten Updates, geringfügigen Konfigurationsunterschiede oder auch durch eine andere Hardware, welche potenziell zu Problemen führen könnte [Cogn12]. Um dies zu vermeiden, kann die Testdurchführung beispielsweise in einer virtualisierten Umgebung durchgeführt werden, welche vor jeder Iteration auf einen definierten Anfangszustand zurückgesetzt werden kann. Die Virtualisierung ermöglicht es auch, die Testdurchführung effizient auf unterschiedlichsten Plattformen durchzuführen, ohne physikalische Systeme anschaffen zu müssen.

8.6.1 Microsoft TFS Test Manager

Der Microsoft TFS Test Manager [Micr12] ist ein auf dem Team Foundation Server basierende Erweiterung zur Unterstützung von Testmanagement und Testdurchführung und stellt somit zweifelsohne hohe Anforderungen an die IT-Infrastruktur. Aus diesem Grund scheint der Microsoft Test Manager auf den ersten Blick keine optimale Wahl für den Einsatz in agilen Projekten darzustellen. Es gibt jedoch drei Gründe, weshalb sich die Autoren ganz bewusst dazu entschieden haben, das Werkzeug im folgenden Abschnitt zu beschreiben:

- Auch wenn der initiale Aufwand für die Einführung des TFS Test Managers hoch ist, bieten sich aufgrund der umfangreichen ALM-Funktionalitäten des Team Foundation Servers zahlreiche Synergieeffekte. Diese treten vor allem dann zutage, wenn nicht nur einzelne Projekte betrachtet werden, sondern der Werkzeugeinsatz projektübergreifend stattfindet. Dadurch können zahlreiche Elemente der Werkzeugkette für andere Aktivitäten wiederverwendet werden, ohne dass ein Aufwand für die Integration unterschiedlicher Systeme entsteht. So kann beispielsweise ein eventuell bereits vorhandener Team Foundation Server aus der Entwicklungsabteilung ohne zusätzlichen Aufwand auch als Server für den Test Manager genutzt werden. Auf diese Weise relativieren sich die zuvor erwähnten Kosten für die notwendige IT-Infrastruktur.

  Dessen ungeachtet dürfen die Lizenzkosten jedoch nicht ignoriert werden und stellen für viele Projekte wahrscheinlich das Hauptargument gegen die Anschaffung dieser Werkzeugkette dar.

- Wie diverse Studien nahelegen (z.B. [Swis12a] [Swis13b] [Swis12b] [Forr12]) haben Produkte von Microsoft in den letzten Jahren auch im agilen Umfeld Verbreitung gefunden und diverse Erfolge feiern können. Das liegt auch daran, dass von Microsoft viele Möglichkeiten geschaffen wurden, um diese Produkte in agile Vorgehensmodelle zu integrieren (z.B. agile Projekt-Templates für den Team Foundation Server).

- Speziell für die Aktivität der Testdurchführung bietet der Microsoft Test Manager einige besonders interessante und herausragende Funktionalitäten, die auch für agile Teams eine große Effizienzsteigerung bedeuten können. Dazu gehört beispielsweise die Integration mit dem Fehlermanagement des Team Foundation Servers, die einfache Verwaltung von Testsuiten oder die Möglichkeit, aus manuell durchgeführten Testfällen automatisierte Testskripts zu generieren.

- Tester und Entwickler können beim TFS – sofern einmal richtig eingerichtet – auf ein relativ flexibles Set an virtuellen Testumgebungen zugreifen und so ihre Tests für Fehlerdebugging leicht reproduzieren oder die Tests unter verschiedensten Umgebungskonfigurationen wiederholen.

In Bild 8.13 ist die grundlegende Planungsansicht des Test Managers dargestellt. Aus dieser Maske können Testfälle angelegt, deren Ablauf definiert und diese zu Testsuites zusammengefasst werden. Die Testfälle können sowohl untereinander als auch mit Anforderungen aus einem Team Foundation Server-Projekt verknüpft werden. In der Testfallbeschreibung selbst können nicht nur Schritte, Testdaten und erwartete Ergebnisse pro Schritt definiert werden, es ist auch möglich auf „Shared Steps" zu verweisen. Dadurch werden Redundanzen vermieten die den Wartungsaufwand für das Testdesign drastisch erhöhen würden. Für die Durchführung eines Shared Steps notwendige Daten (z.B. Benutzername und Password für den Shared Step „Start application and login"), können pro Referenz als

Parameter mitgegeben werden (siehe auch *[Kapitel Agile Testautomatisierung/Testautomatisierung im fachlich orientierten Test]*)

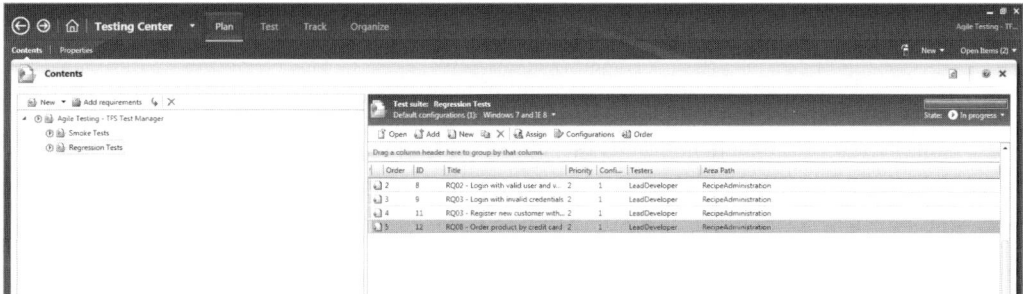

Bild 8.13 Planungsansicht des Microsoft TFS Test Managers

Wie bereits erwähnt, sind die zahlreichen Funktionalitäten zur Unterstützung der Testdurchführung ein Hauptgrund für die Erwähnung des Test Managers an dieser Stelle. Ganz allgemein wird die Durchführung von Testabläufen dadurch vereinfacht, dass die aktuellen Schritte direkt neben der zu testenden Applikation dargestellt werden. Es ist also nicht notwendig, zwischen mehreren Fenstern zu wechseln, um die Vorgaben für den nächsten Testschritt zu lesen. Wie das in der Praxis aussieht, zeigt Bild 8.14. Neben der Beschreibung der Schritte auf der linken Seite ist in dieser Abbildung auch ein Fehler aufgetreten, welcher vom Tester umgehend per Fehlerbericht an die Entwicklung gemeldet werden kann. In diesem Bericht werden dabei automatisch die durchgeführten Aktionen erwähnt, und bei Bedarf können Screenshots oder Videoaufzeichnungen der Testdurchführung angehängt werden. Durch diese zusätzlichen Informationen kann die Fehlerbehebung durch die Entwicklung effizienter durchgeführt werden.

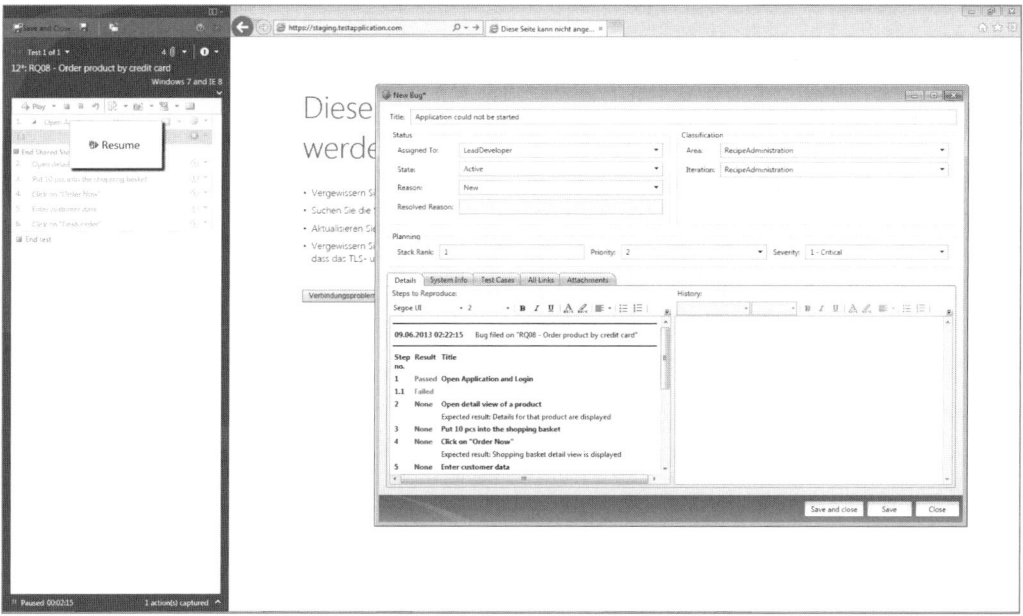

Bild 8.14 Erstellung eines Bugs während der Testdurchführung

Eine weitere Besonderheit des Microsoft Test Managers ist, dass dieser während der Durchführung eines Testfalles sämtliche Aktionen des Testers für jeden Schritt aufzeichnet. Dieses „Action Recording" wird zentral am Server gespeichert und kann bei Bedarf (z. B. bei erneuter Durchführung im Zuge von Regressionstests) einfach wieder abgespielt werden. Auf diese Weise können dem Tester repetitive und zeitaufwendige Arbeiten abgenommen werden. Aber nicht nur die manuelle Testdurchführung wird damit erleichtert. Da die Aktionen des Testers im Hintergrund gespeichert wurden, können sie auch von einem Testautomatisierer übernommen und in CodedUI-Testfälle überführt werden. Damit wird der Zeitbedarf für die Durchführung eines kompletten Regressionstests stark reduziert, und der Fokus der manuellen Tests kann auf andere Bereiche verlagert werden.

Abschließend sei in diesem Kapitel noch das Testumgebungsmanagement des Test Managers erwähnt (als Lab Management bezeichnet). Für jede Durchführung kann eine unterschiedliche Konfiguration hinterlegt werden, welche bestimmt, wie das Testsystem konfiguriert werden soll. Soll ein Test auf unterschiedlichen Plattformen durchgeführt werden, bedeutet das, dass der Tester diese Umgebung nicht manuell aufsetzen muss. Es ist ausreichend, die entsprechende Konfiguration auszuwählen und die Durchführung zu starten. Um diesen Komfort bieten zu können, setzt der Test Manager auf verteilte Test Controller, die für die tatsächliche Durchführung verantwortlich sind. In größeren Organisationen bietet sich auch die Integration mit dem System Center Virtual Machine Manager von Microsoft an, um bei Bedarf spezielle Testumgebungen virtualisiert zu erzeugen und nach Beendigung der Testaktivitäten wieder zu beenden.

9 Ausbildung und ihre Bedeutung

 „Mein ganzes Leben war ein unentwegter Lernprozess, bis heute."
Herbert von Karajan
österreichischer Dirigent (1908–1989)

Dieses Zitat von Herbert von Karajan ist heute aktueller denn je, wenn man die Trends in der Software-Entwicklung der letzten Jahre betrachtet, und vor allem, wenn man vor hat, up to date und mit dabei zu sein.

Eine positive Entwicklung ist auf den Universitäten und Fachhochschulen zu beobachten, wo im Rahmen des Software Engineerings verstärkt auch die Vorlesungen und Übungen zu den Themen Qualität und Software-Test angeboten werden. Das belegen auch die sehr innovativen Beiträge in den Scientific Tracks bei internationalen und nationalen Konferenzen (wie EuroSTAR, Agile Testing Days [DE], Software Quality Days [AT] oder ASQT [AT]). Einige dieser Forschungsarbeiten erreichen dann auch Praxisreife und helfen der Community, für die wachsenden Anforderungen doch ein bisschen besser gewappnet zu sein.

Zurück zum Stichwort Lernprozess: Wenn wir das „reale Projektgeschäft" betrachten, fallen Ihnen vielleicht sofort verschiedene Lernstrategien ein:

- die, die jede Erfahrungen erst schmerzlich selbst erleben müssen, um daraus lernen können,
- andere, die den „altbekannten, bewährten" Weg wählen – nach dem Motto: Das habe ich immer schon so gemacht,
- und solche, die „open minded" den Markt beobachten, Konferenzen besuchen, Best & Bad Practices kritisch erarbeiten, sich in der Community informieren, also kurz: von der Erfahrung anderer lernen.

Wie heißt es so schön: *„Kluge Leute lernen aus den Fehlern anderer, der Durchschnitt aus eigenen Fehlern, der Dumme noch nicht einmal das."*

Jeder hat hier sein eigenes Erfolgsrezept. Wir möchten hier kein Urteil abgeben, welcher Weg nun besser ist, das kommt – wie so oft – auf die jeweilige Situation an. Um das ein bisschen griffiger darzustellen, laden wir Sie zu einer Gedankenreise ein:

Nehmen Sie an, Sie sind Produktentwickler und planen, ein neues, innovatives Produkt auf den Markt zu bringen, um Ihre Mitbewerber endlich hinter sich zu lassen. Dabei sind Time-to-Market und Qualität in Ihrer Branche die wichtigsten Treiber.

Nun die Gewissensfrage: Wählen Sie bei der Herangehensweise die „Hardcore"-Variante, nennen wir sie mal die „Trial and Error"-Selbstlernvariante, oder nutzen Sie Profis, wo jeder Handgriff sitzt, die wissen, was geht und was nicht und die ihre Tools beherrschen?

Unternehmen, die wir begleiten, wählen meist die Profivariante, denn bei der aktuellen harten Konkurrenz am Markt kann es sich niemand mehr leisten, bei entscheidenden Projekten eine Zockermentalität anzuwenden. Und in der IT-Welt gibt es genügend Fallen:

 TIPP: Wenn Sie erkennen, dass sich die Märchen mancher „Hardcore-Agilisten-Berater" nicht bewahrheiten, also dass die „Bezaubernde Jeannie" oder der „Geist aus Aladins Wunderlampe" ausbleiben, die Ihnen die Qualität in Ihre Deliverables zaubern oder Ihre zuhauf angefallenen „Fast-fertig-Stories" mit einem Zauberspruch plötzlich in „Fertig-Stories" verwandeln, heißen wir sie willkommen in der Realität des professionellen Software Engineerings. Qualität war schon seit jeher ein Erfolgsfaktor und löst sich, nur weil sich nun eine andere Methode der Produktentwicklung etabliert hat, nicht plötzlich in Luft auf – ganz im Gegenteil.[1]

Ur-Agilisten wie Kent Beck [Beck03], aber auch Vertreter der neueren Generation betonen immer wieder, dass Testen und Qualität ein ganz wesentliches Lebenselixier agilen Arbeitens ist.

Wir können Sie hier nur ermuntern: Nehmen Sie die Sache selbst in die Hand und bilden Sie sich oder Mitarbeiter Ihres Teams zu Testern im agilen Umfeld aus, die genau eines im Fokus haben: Ihr Team zum Erfolg zu führen. Sie sollen sich also als eine Art „Quality Coach" begleitend darum kümmern, dass das Team seine Erfolge am Ende eines Sprints sicher für sich verbuchen kann, da die Qualität sichergestellt ist und alle möglichen „Verhinderer" wie Bugs, fehlende Nachweise oder nicht verifizierte Akzeptanzkriterien rechtzeitig entdeckt und beseitigt werden konnten.

Eines sei hier noch erwähnt: Um innovativ zu sein und auch zu bleiben, braucht es natürlich manchmal auch Mut, Neues auszuprobieren. Das sind neue Verfahren, Herangehensweisen usw., die alte Muster aufbrechen, Bestehendes ergänzen bzw. brachliegende Ansätze befruchten, um sich und das Unternehmen weiterzuentwickeln.

Achten Sie jedoch auf den richtigen Zeitpunkt: Es ist selten ratsam, neue Ansätze für strategische Projekte zum ersten Mal auszuprobieren, wenn daran das Überleben eines Unternehmens hängt.

---

[1] Uns begegnen immer noch Berater, die – abgeleitet von den agilen „Urschriften" – negieren, dass es professionelle Tester in Teams braucht, da sich das z. B. durch den Collective Ownership-Ansatz von selbst löst. Damit wird viel an Mehraufwand verursacht, der mit ein bisschen „gesundem Menschenverstand" leicht vermeidbar ist. Oder wie es R. E. Katzenberger in einem Kommentar [Rüss12] schreibt: „. . . seit agiles Arbeiten und insbesondere Scrum Mainstream geworden sind, wird jede Menge Schrott von Beratern den Unternehmen und von Unternehmen der geneigten Öffentlichkeit als ‚agil' verkauft . . .".

■ 9.1 ISTQB Certified Tester

Das im Jahre 2002 unter anderem durch das German-, Swiss- und Austrian Testing Board gegründete ISTQB hat eine beeindruckende Erfolgsgeschichte vorzuweisen. Die mittlerweile etablierten Levels (Foundation Level und die drei Module des Advanced Levels Test Manager, Test Analyst sowie Technical Test Analyst) werden in Kürze, also bereits nach knapp über zehn Jahren ihres Bestehens, die Schallmauer des 300 000. Zertifikats durchbrechen.

Die breite Bekanntheit des ISTQB-Schemas zeigt auch eine Umfrage, die 2011 im deutschsprachigen Raum bei über 1000 Teilnehmern aus dem IT-Umfeld durchgeführt wurde (Bild 9.1).

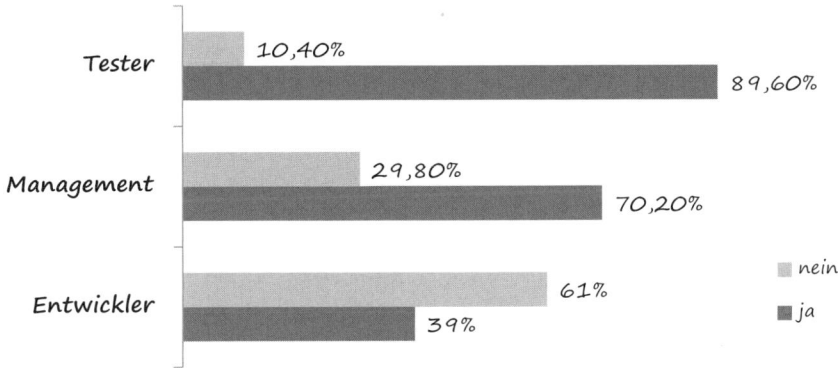

Bild 9.1 Bekanntheit des ISTQB-Schemas [Habe11]

Unbestritten, dass die Initiatoren dieses ISTQB-Programms wesentlich zur Professionalisierung des gesamten Berufsstandes der Software-Tester mit beigetragen haben.

Während in den bisher herausgegebenen Syllabus/Lehrplänen der Fokus nahezu ausnahmslos auf traditionellen Vorgehensweisen liegt, finden sich in den neuesten Ausgaben (ab 2012) bereits auch „vorsichtige Ansätze" zum Test im agilen Umfeld.

„Die ISTQB Certified Tester Syllabus sind für den Test im agilen Umfeld nutzlos geworden", sagte uns kürzlich ein Tester, der in einem agilen Projekt auch wirklich agil arbeitet. Hat er recht? Wie so oft im Leben kommt es darauf an; wir halten die Lehrpläne des ISTQB (Foundation und auch Advanced Level) für „Must-haves", die man als Agiler Tester „draufhaben muss", also quasi wie den Führerschein, wenn man ein Auto lenken will.

Die darin vermittelten Grundlagen bilden einen hervorragenden Grundstock für jeden Tester, egal ob im traditionellen oder auch im agilen Umfeld. Wichtig ist bei beiden, wie flexibel die Tester dieses Wissen in der jeweiligen Situation adaptieren und anwenden können. Vorbei sind die Zeiten, wo es hieß, nur ein Testkonzept das mindestens 30 Seiten hat, ist ein gutes Testkonzept; vorbei die Zeiten, wo ohne vorab zu definierender Testspezifikation gar nichts ging.

Nicht zu vergessen, dass es noch eine Vielzahl von Unternehmen gibt, die aus verschiedensten Gründen (wie z. B. monolithische Riesensysteme, eingebrannte Organisationsstrukturen, …) nach wie vor traditionell arbeiten. Teilweise sind aber auch hier aufgrund der „agilen Welle" Anpassungen in der Vorgehensweise wahrnehmbar – wenn auch in abgewandelter Form (z. B. agiert der zentrale Business Analyst als eine Art Product Owner).

Fürs bessere Verständnis ist ein kurzer Rückblick bzw. Status quo der aktuellen Situation hilfreich (Bild 9.2).

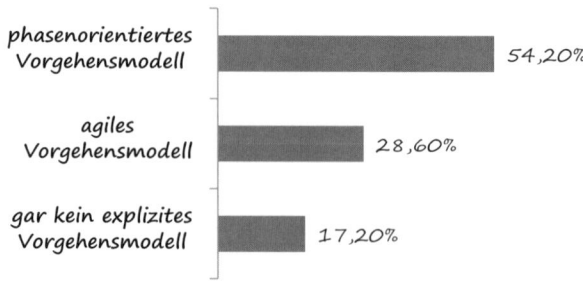

Bild 9.2 Trend der Vorgehensmodelle [Habe11]

Agiles Vorgehen in der Softwareentwicklung ist inzwischen so weit verbreitet, dass es fast zum Selbstverständnis geworden ist. Gerade Scrum erfreut sich vor allem in den Managementetagen größter Beliebtheit.

Als erfahrener und gut geschulter Tester bzw. Testmanager ist man im Kreise agil arbeitender Teams eher eine Unperson, da man die „alte Welt" von V-Modell und RUP repräsentiert. In XP-Teams (eXtreme Programming) ist der Tester an sich auch tatsächlich nicht gefragt – alle im Team sollen Testfähigkeiten entwickeln, nur aber welche sind das genau? Und in Scrum? Nun ja, Scrum muss zurzeit für alles herhalten. Es gibt sogar reine Testteams, die nach Scrum arbeiten. Auch die Umfrage zeigt die Beliebtheit von Scrum (Bild 9.3).

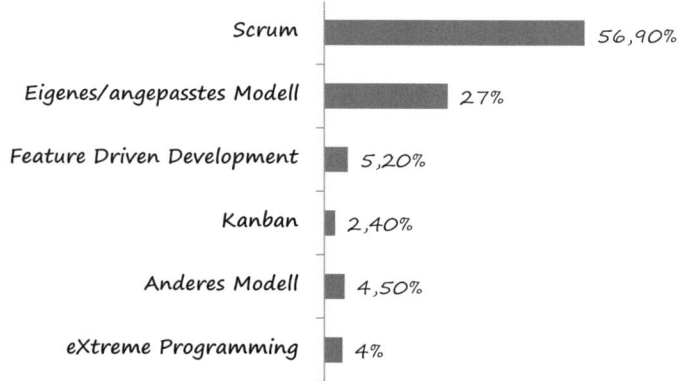

Bild 9.3 Trend der agilen Vorgehensmodelle [Habe11]

Folglich haben die althergebrachten Best Practices im Testen für agile Projekte doch nicht ausgedient. Die ISTQB-Zertifikate repräsentieren wie kein anderer Standard genau diese Best Practices. Aber eignen sie sich für agil arbeitende Teams wirklich? Was kann ein agil arbeitendes Teammitglied vom ISTQB-Standard überhaupt gebrauchen? Die Antwort ist knapp: Einiges ja, aber nicht alles!

Um sich agilen Methoden generell zu nähern, ist nach wie vor das Agile Manifest am beeindruckendsten und hilft auch agilen Teams, sich wieder auf das Wesentliche zu besinnen. Das Wertesystem des Agilen Manifests mit seinen vier Wertepaaren zeigt eine deutliche Skepsis gegenüber Prozessen/Werkzeugen, ausgedehnter Dokumentation und strikter Planverfolgung. Das allein zeigt schon, wie schwer man sich in agilen Projekten mit dem ISTQB-Standard tut.

Es lohnt sich aber, die Sache im Detail genauer zu untersuchen, bevor man vorschnell die Türe zu macht: Für einen Abgleich der Konzepte sind die zwölf Prinzipien des Agilen Manifests viel hilfreicher.

Um ein Gefühl zu bekommen, wie sich die agile zur ISTQB-Welt verhält, legen wir einmal diese Prinzipien den Lernzielen des ISTQB-Advanced-Zertifikats (und der dahinter stehenden Lerninhalte) gegenüber und vergleichen, wie kompatibel agiles Denken und der ISTQB-Standard zueinander sind.

Zur Erinnerung sind hier alle zwölf Prinzipien gesammelt vorangestellt:

1. Unser höchstes Anliegen ist es, den Kunden frühzeitig und durchgängig mit der Lieferung von wertvoller Software zufriedenzustellen.

2. Sich ändernde Anforderungen sind zu begrüßen, selbst spät im Entwicklungszyklus: Agile Prozesse machen sich Änderungen für den Wettbewerbsvorteil des Kunden zunutze.

3. Liefere funktionierende Software häufig, im Abstand von ein paar Wochen bis zu ein paar Monaten, wobei kürzere Zeitabstände zu bevorzugen sind.

4. Fachmitarbeiter und Entwickler müssen während des gesamten Projekts täglich zusammenarbeiten.

5. Richte Projekte passend für motivierte Individuen ein: Gib ihnen die Rahmenbedingungen und Unterstützung, die sie brauchen. Traue ihnen zu, dass sie ihre Aufgaben meistern.

6. Ein direktes Gespräch ist die effektivste und effizienteste Methode, um zwischen oder innerhalb Entwicklungsteams Informationen auszutauschen.

7. Funktionierende Software ist das wichtigste Maß für Fortschritt.

8. Agile Prozesse fördern nachhaltige Entwicklung. Sponsoren, Entwicklern und Anwendern sollte es möglich sein, dauerhaft ihr Arbeitstempo durchhalten zu können.

9. Stetiges Augenmerk für technische Güte und ein gutes Design fördert Agilität.

10. Schlichtheit – jene Kunst, die Menge an vermiedener Arbeit zu maximieren – ist unerlässlich.

11. Die besten Architekturen, Anforderungen und Designs kommen von sich selbst organisierenden Teams.

12. Das Team überlegt in regelmäßigen Abständen, wie es noch effektiver werden kann. Dementsprechend passt es dann sein Verhalten an.

Hier alle Lernziele des ISTQB-Standards Certified Tester Advanced Level [ISTQ12a] aufzuzählen, würde zu weit führen. Im Folgenden sind die Kapitel des Lehrplans stellvertretend für die hinter diesen Kapiteln stehenden Lernziele zu verstehen.

Zunächst wollen wir uns die zwölf agilen Prinzipien jeweils einzeln vornehmen und bewerten, inwieweit sie die Lernziele aus dem ISTQB-Lehrplan unterstützen oder sie in Frage stellen. Aus dem Abzählen der Lernziele pro agiles Prinzip ergibt sich in Bild 9.4 gezeigte (nicht ganz überraschende) Auswertung.

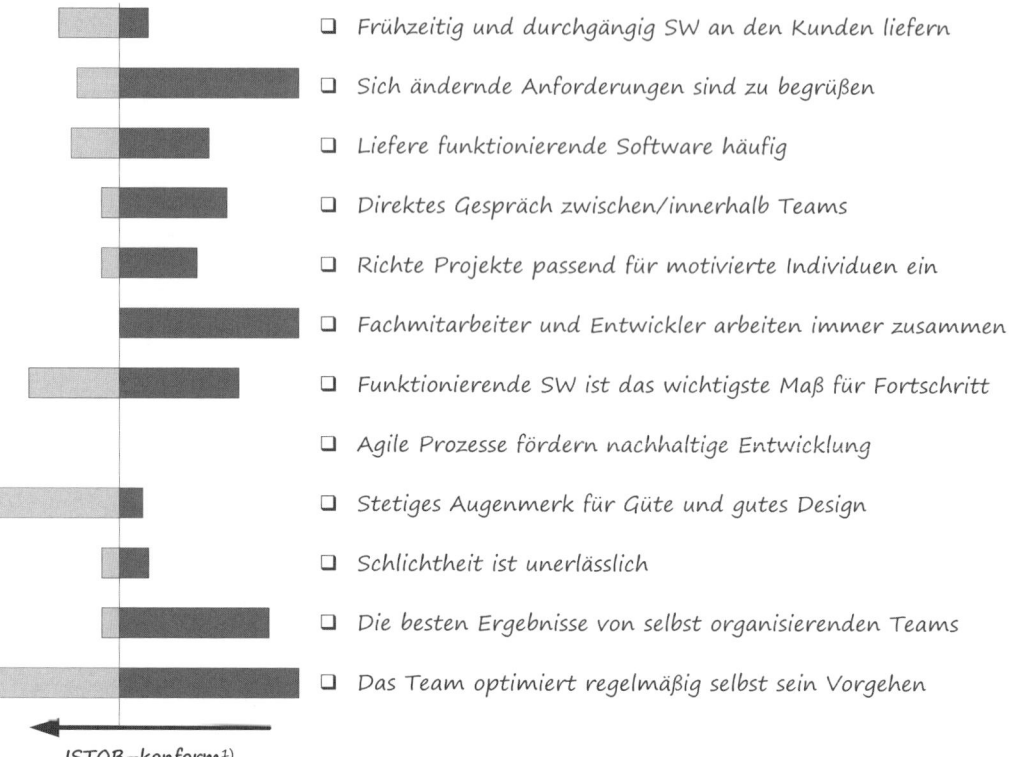

ISTQB–konform[1)]

[1)]gemessen an der Anzahl der Lernziele des CTAL2007, die mit dem jeweiligen agilen Prinzip konform (hell) bzw. nicht konform (dunkel) gehen

Bild 9.4 Übersicht agile Praktiken vs. ISTQB-Kapitel/-Lernziele [Klon13]

Wie man sieht, rütteln manche Prinzipien massiv an den Grundfesten des ISTQB-Standards: Häufige Änderungen, lieber reden als dokumentieren, keine scharf getrennten Rollen im Projekt und schließlich Teams, die ihre Prozesse laufend adaptieren (dürfen). Wie kann das denn funktionieren!? Aber diese Prinzipien funktionieren wirklich und sind inzwischen fast erfolgreicher als der ISTQB-Standard! Der Trick daran ist, dass sie alle zwölf eng zusammengehören.

Ein Prinzip ergänzt das andere. Wenn etwas dabei fehlt, bricht das agile Vorgehensmodell (welches es auch immer im Einzelnen sein mag) in sich zusammen. Es gibt also Erfolg (im Test) jenseits des ISTQB-Standards.

Doch ist der Standard damit für agile Projekte obsolet? Um diese Frage zu beantworten, ändern wir jetzt die Betrachtungsweise und bewerten jedes Lernziel des Advanced-Levels daraufhin, ob es mit den agilen Prinzipien vereinbar ist (und damit für agile Teams eine wertvolle Bereicherung ihrer Projektpraxis bildet). So kommt man zur Auswertung in Bild 9.5.

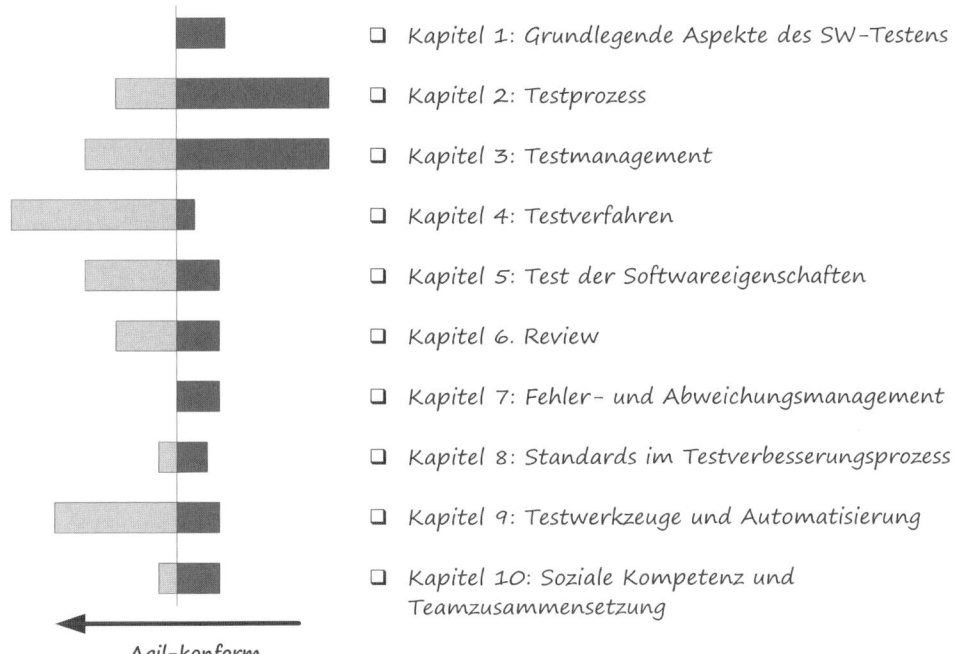

Kapitel 1: Grundlegende Aspekte des SW-Testens

Kapitel 2: Testprozess

Kapitel 3: Testmanagement

Kapitel 4: Testverfahren

Kapitel 5: Test der Softwareeigenschaften

Kapitel 6. Review

Kapitel 7: Fehler- und Abweichungsmanagement

Kapitel 8: Standards im Testverbesserungsprozess

Kapitel 9: Testwerkzeuge und Automatisierung

Kapitel 10: Soziale Kompetenz und Teamzusammensetzung

Agil-konform

1)gemessen an der Anzahl der Lernziele der jeweiligen Kapitel des CTAL2007, die mit den agilen Prinzipien konform (hell) bzw. nicht konform (dunkel) gehen

Bild 9.5 Übersicht ISTQB-Kapitel/-Lernziele vs. agile Praktiken [Klon13]

Hinter den Kapiteln stehen die jeweiligen Lernziele. Es ist deutlich zu erkennen, dass die Inhalte des ISTQB Certified Tester Advanced Level Test Analyst (vor allem Testverfahren, Reviews, Tools) agile Vorgehensweisen gut unterstützen und somit auch für agile Teams eine wichtige Bereicherung in der Testpraxis sein können. Im Prozess- und Management-denken des ISTQB-Standards wiederum sind wir zu sehr in alten (dennoch bewährten) Denkmustern verhaftet. Mit diesen wird ein agil arbeitender Mitarbeiter wenig anfangen können.

Dem trägt man im ISTQB bereits Rechnung und arbeitet mit Praktikern schon daran, den Standard um agile Denkprinzipien zu ergänzen (genauso wie V-Modell und RUP im Lern-stoff nebeneinander stehen). Denn Testen wird im agilen Umfeld ganz groß geschrieben. Den meisten agilen Teams fehlen nur die Ideen, wie sie diesen Anspruch umsetzen können. Hier kann diese Erweiterung des ISTQB-Standards eine wichtige Ergänzung sein.

Und Testen an sich ist nun einmal immer dasselbe – egal wie man vorgeht.

■ 9.2 Certified Agile Tester/CAT

In den ISTQB-Lehrplänen werden zwar alle aktuell gängigen, also auch das agile Vorgehensmodell, beschrieben, der Schwerpunkt liegt jedoch eindeutig auf dem traditionellen Vorgehen.

Das, was man unter Agile findet, reicht bei weitem nicht aus, um in agilen Projekten „zu überleben".

„Will man heute State of the Art sein, muss man selbstverständlich auf Agile umsteigen." Solche und ähnliche Aussagen hört man in den letzten Jahren immer öfter in der IT-Szene. Und wo ein Markt entsteht, gibt es natürlich viele, die hier Angebote dafür entwickeln – selbstverständlich auch Unmengen an Trainingsangeboten. Doch: Gab es auch ein professionelles, ausführliches, qualifiziertes Training für agile Tester? – Nein.

Diesen Umstand nahm das International Software Quality Institute (kurz iSQI) im Jahre 2009 zum Anlass, die Entwicklung einer professionellen Ausbildung zum Agile Tester in Auftrag zu geben. Um hier auch Nachhaltigkeit zu gewährleisten, sollte die Ausbildung mit einer umfangreichen Prüfung abschließen, wofür man dann auch bei Bestehen der Prüfung ein Zertifikat bekommt.

Anfang 2011 war es dann so weit: Der Certified Agile Tester (CAT) wurde geboren und im Rahmen von Roadshows in Deutschland und Österreich am Markt bekanntgemacht (Bild 9.6).

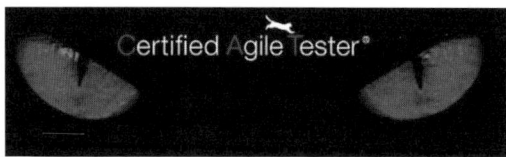

Bild 9.6
Certified Agile Tester Branding

9.2.1 Motivation

Die Website des iSQI [Inte13] zum Certified Agile Tester beschreibt es so:

> „Agile testing is different, so we made the ‚Certified Agile Tester' different. It centres on the most important element in agile projects: You." (Agiles Testen ist anders, daher haben wir den CAT auch anders gemacht. Der Schwerpunkt wird auf das wichtigste Element in agilen Projekten gelegt: Sie!)

Das trifft es ziemlich auf den Punkt. Während der viertägigen Ausbildung lernen die Teilnehmer alle Bereiche der agilen Welt kennen, wie sie sich darin als Tester bewegen und ihre Stärken, das Testen, optimal einsetzen können. Während die theoretischen Anteile vom Agile Manifesto über Frameworks, Prozesse und Methoden bis hin zu essentiellen Praktiken wie Continuous Integration, Versionsmanagement u.a. gerade mal so ausführlich behandelt werden, wie es für das Gesamtverständnis erforderlich ist, liegen die Schwerpunkte auf „Individuals and Interactions". Konkret heißt das: Viele praktische, sehr ausführlich und gut aufbereitete, gemeinsame Übungen im Team sowie intensiver Erfahrungsaustausch zwischen den Teilnehmern.

Den Trainern steht also ein stark auf die Teilnehmer fokussiertes, sehr lebendiges Trainingskonzept zur Verfügung, wo jedoch auch ausreichend Platz bleibt, die persönlichen Praxiserfahrungen der Trainer mit einfließen zu lassen.

Gute Trainingsanbieter setzen für die Trainings sogar zwei zertifizierte Trainer ein (einen mit Entwicklungs- und einen mit Tester-Background), um das Zusammenspiel in agilen Projekten und vor allem die unterschiedlichen Sichtweisen für die Teilnehmer noch intensiver erlebbar zu machen.

> *„Interessantes Trainingserlebnis mit vielen Facetten und Aha-Erlebnissen!"*
> Feedback eines Teilnehmers nach erfolgreichem Trainingsbesuch

9.2.2 Training-Insights

Den Trainingsentwicklern war es besonders wichtig, eine umfassende Grundausbildung auf die Beine zu stellen, damit „Certified Agile Tester" alle benötigten Skills und Fähigkeiten erwerben können, um in agilen Projekten effizient agieren und auch das Maximum an Mehrwert in das Team bringen zu können.

Das Training umfasst die in Bild 9.7 aufgelisteten Themen:

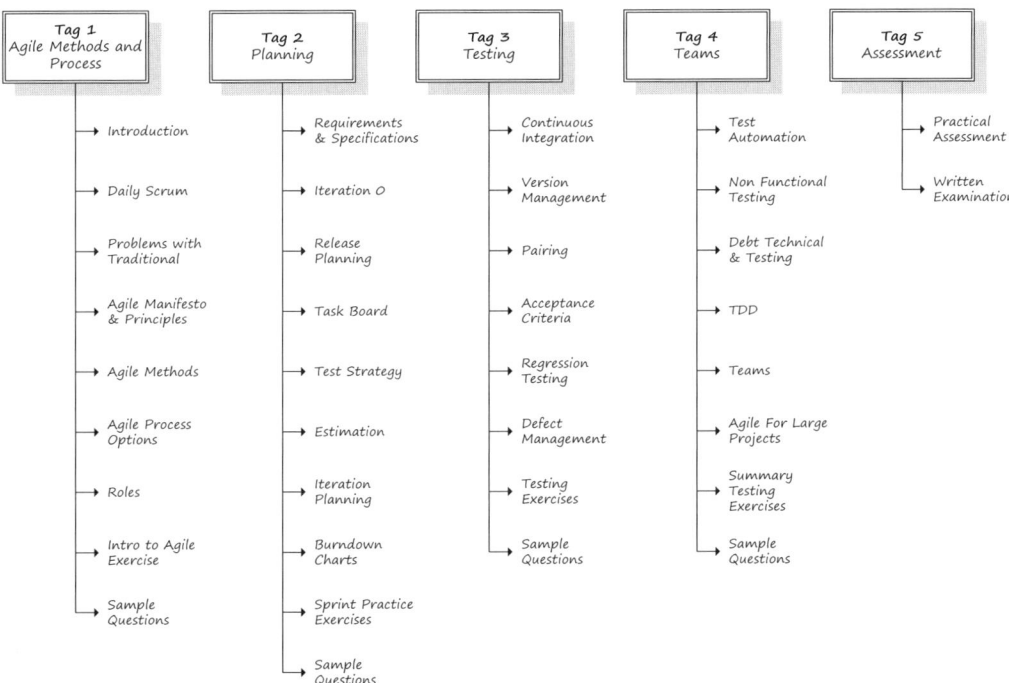

Bild 9.7 Certified Agile Tester Lernziele im Detail [Inte13]

Certified Agile Tester – Tag 1

Am ersten Tag stehen Geschichte und Terminologie auf dem Programm: Hier werden Agiles Manifest, Prinzipien und Methoden und die unterschiedlichen Rollen vermittelt. Ziel ist es, den Bogen von der traditionellen Vorgehensweise zum agilen Ansatz zu spannen.

Als Tagesabschluss gilt es, die Grundprinzipien des agilen Vorgehens auf spielerische Art zu integrieren.

Certified Agile Tester – Tag 2

Am zweiten Tag geht es nach einem kurzen Stand Up Meeting an essentielle Themen wie Planung, Anforderungen, Schätzung und Strategie.

Geführt vom Trainer erarbeiten die Teilnehmerteams mit hohem interaktivem Anteil, welche Aufgaben und Aktivitäten in diesen Projektphasen wichtig sind, und vor allem, wo sich Tester bereits wie einbringen können und welche Aufgaben sie hier schon übernehmen.

Der Nachmittag steht ganz im Zeichen der Praxis: Für die Teams steht jeweils ein Webshop zum Test bereit, wo die Möglichkeit besteht, einzelne Sprints nachzustellen. So können die Teams wirklich realitätsnah agiles Testen praktizieren.

Certified Agile Tester – Tag 3

Der dritte Tag legt den Schwerpunkt auf die entwicklungsnahen Praktiken. Was verbirgt sich hinter Continuous Integration, Versionsmanagement und welchen Nutzen können Tester daraus ziehen? Weiterhin wird noch auf die XP-Praktik Pairing und die Wichtigkeit der Akzeptanzkriterien sowie den Stellenwert des Regressionstests eingegangen. Schließlich gilt es wieder, am Praxisbeispiel einige Sprints abzuarbeiten und so wertvolle Erfahrungen im Umgang mit Story Board, Tasks und Session Sheets zu sammeln.

Certified Agile Tester – Tag 4

Testgetriebene Entwicklung, Testautomatisierung und nicht-funktionales Testen sowie ein Ausblick darauf, was bei Teams unterschiedlicher Größe beachtet werden muss, runden den Theorieblock des Trainings ab, bevor im letzten Praxisdurchgang die Erfahrungen der letzten Tage nochmals optimiert werden können.

Certified Agile Tester – Tag 5: Tag der Wahrheit

Der fünfte Tag steht ganz im Zeichen der Prüfung. Wer hier Multiple-Choice-Fragen erwartet, wie es im ISTQB (FL & AL) üblich ist, wird enttäuscht sein, denn anders als im traditionellen Umfeld gibt es in agilen Projekten und dem Test oft unterschiedliche Ansätze. Weiterhin leben agile Projekte von der Unterschiedlichkeit der Menschen und deren Ansätze, und diese lassen sich nur in epischer Form, also schriftlich darstellen.

Die Prüfung besteht konkret aus drei Teilen:

- einem Soft Skill Assessment, der das Teamwork und die Zusammenarbeit und das Agieren im Team betrachtet,
- dem praktischen Prüfungsteil, wo die Teilnehmer ihre konkrete Herangehensweise von der Planung über die Durchführung bis hin zum Feedback anhand eines konkreten Beispiels nachweisen müssen,

• dem theoretischen Teil, wo das Wissen über Tests im agilen Umfeld in Form von offenen sowie szenariobasierten Fragen abgefragt wird.

Dabei gilt die in Bild 9.8 gezeigte Aufteilung:

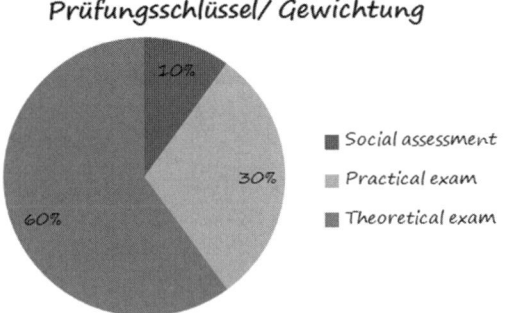

Bild 9.8 Gewichtung der Prüfungsauswertung beim Certified Agile Tester [Inte13]

Die Ergebnisse werden von Experten nach einem festgelegten, standardisierten Schema individuell ausgewertet. Hat man mindestens 65% der Gesamtpunkte und gleichzeitig jeweils mindestens 50% der Punkte in den jeweiligen Einzelexamen (practical und theoretical) erreicht, ist man offiziell „Certified Agile Tester".

 Laut Website des Certified Agile Testers [INTE13] gab es mit Stand Januar 2013 bereits weltweit über 1000 Certified Agile Tester – ein Trend, der sich sehr erfolgreich fortsetzt.

■ 9.3 Individuelle Trainings (Customized Trainings)

Neben den mittlerweile bereits seit Jahren angebotenen, etablierten Zertifizierungstrainings wie Certified Scrum Master oder Certified Product Owner haben nun auch andere Organisationen und Unternehmen ebenfalls ihre Angebote auf Agile adaptiert.

So gibt es nun auch den Agile Certified Practitioner (PMI-ACP®) [Proj13], Trainings zu Agile Requirement Engineering, Agile Business Analysts, Agile Developer und andere.

Auch im Testumfeld findet sich nahezu für jede Praktik ein eigenes Training: sei es TDD, ATDD, exploratives Testen, flexible Architekturen, agiles Management oder z.B. Trainings auch speziell für Tester, die aus dem traditionellen Umfeld kommen und nun die Chance haben, in agile Teams zu wechseln; dafür gibt es z.B. spezielle Einsteigertrainings.

Denn speziell bei erstmaliger Mitwirkung in einem agilen Projekt ergeben sich oft große Unsicherheiten bezüglich der Rollen und Aufgaben, ja sogar der Daseinsberechtigung eines Testers. In solchen maximal einen Tag dauernden Workshops lernen die Teilnehmer die agile Vorgehensweise sowie die Unterschiede zum traditionellen Testansatz zu verstehen und oft auch spielerisch zu erleben.

Diese Art von Kurzschulungen sind vor allem für jene Mitarbeiter im Unternehmen interessant, denen nach der Umstellung auf „Agile" wenig bis nicht bekannt ist, welchen Nutzen Tester in ein Agile-Team bringen können. So sammeln Teilnehmer in diesen Trainings neben dem fachlichen Rüstzeug auch eine Reihe von Argumenten, warum es gerade im agilen Umfeld wichtig ist, professionelle Tester ins Team mit aufzunehmen.

9.3.1 Empfohlenes Vorgehen bei Einführung der Agilität

Aus vielen Beratungen und praktischen Projekteinsätzen haben wir die Erfahrungen zum erfolgreichen Umstieg in Form von individuell gestaltbaren Trainings zusammengestellt:

9.3.1.1 Bestandaufnahme der Ist-Situation

Diese Phase umfasst eine kritische Analyse aller – und hier meinen wir wirklich: alle – Prozesse und Herangehensweisen, die Einfluss auf die Projektabwicklung haben.
Welche das sind? Da wäre z. B. der gesamte Software Lifecycle,

- von der Einbringung der Geschäftsidee
- über die Erfassung der Anforderungen,
- der Analyse und des Designs des Lösungsansatzes,
- des Aufbaus der Projektrahmenbedingungen, Datenbankstrukturen
- bis hin zur Einbindung des Tests samt Releaseplanung.
- Insbesondere dürfen auch die gesamten Managementprozesse nicht außer Acht gelassen werden, die direkt, also bei der Projektabwicklung, oder indirekt, wie z. B. durch die Unternehmensorganisation/-hierarchie, wöchentlich einen Fortschrittsbericht samt Budgetentwicklung aller Projekte vorschreiben könnten.

9.3.1.2 Abhängigkeitsanalyse

Definition all dessen, was im Rahmen eines Projekts an Administrativem zu liefern ist, bzw. was welchen Abhängigkeiten unterliegt.

9.3.1.3 Definieren des „neuen" Ziels

Aus der Abhängigkeitsanalyse wird das „Wunschumfeld" abgeleitet. Es entstehen Skizzen, aber auch konkrete Ansätze, wie künftig gearbeitet werden soll.

Weiterhin arbeitet das Team bereits an einer ersten Version der Strategie: Wie soll dabei vorgegangen werden, das Ziel zu erreichen?

9.3.2 Organisatorisches

Engagieren von Profis, die schon erfolgreiche und vor allem praktische Erfahrung mit ihrer gewählten Methode gemacht haben. Hüten Sie sich in so einem Fall von den Theoretikern oder den „Evangelisten".

Vor allem muss das Management neben seiner Entscheidung, Projekte agil abzuwickeln, auch im Unternehmen den Rahmen für die organisatorischen Voraussetzungen schaffen. Hier ist vor allem das „Freischaufeln" des Teams zu nennen, um dieses von den bisherigen Kontrollmechanismen und Führungsstrukturen seitens des Unternehmensmanagements zu befreien. Das bedarf mitunter auch enormen Mut, hier „loszulassen" und für dieses Projekt voll auf das Team zu vertrauen.

9.3.3 Pilotphase

Als Einstieg gilt es, ein Projekt, das gut mit den sonst üblichen Projekten im Unternehmen verglichen werden kann, als Pilotprojekt zu identifizieren.

- **Projekt identifizieren, welches als Pilotprojekt fungieren kann**
  Dieses sollte klein genug sein, um den Überblick behalten zu können, aber wiederum groß genug sein, damit am Ende des Projektes die Ergebnisse und Erkenntnisse gut auf weitere Projekte im Unternehmen angewandt werden können. Ideal ist, wenn das Team hier die Möglichkeit hat, auch verschiedene Varianten zu erproben. Also welcher Ansatz für das Team am besten passt, ohne dass ständig Projekterfolg und Budget gerechtfertigt werden muss.

- **Nominieren und Definieren des Teams**
  Sie erinnern sich an das Agile Manifest: „Individuals and Interactions"? Achten Sie also bei der Zusammenstellung Ihres Teams darauf, dass Sie solche Mitarbeiter nominieren, die mit der agilen Idee bzw. Herangehensweise auch offen umgehen können, die offen sind, Neues auszuprobieren und vor allem auch dem Teamwork etwas abgewinnen können. Einer der häufigsten Gründe, warum die agile Vorgehensweise scheitert, ist vor allem fehlendes Personal mit den benötigten Fähigkeiten. Die durch den Umstieg auf Agile erforderlichen Änderungen in der Unternehmenskultur sowie die fehlende, volle Unterstützung des Managements durch Festhalten an alten Machtstrukturen [Rüss12] sind weitere kritische Faktoren, wovon das erfolgreiche Gelingen abhängt.

- **Aufsetzen, Teamaufbau, Schulen des Teams und Sammeln von praktischer Erfahrung in der neuen Vorgehensweise**
  Ist das Team aufgesetzt, ist dieses in den neuen Vorgehensweisen zu schulen. Das Wichtigste aber ist das Lernen aus der eigenen praktischen Erfahrung. Das bedeutet, das neue Vorgehen in ein, zwei Durchgängen zu leben. Dabei ist besonders darauf zu achten, dass alle im Team sich laufend gegenseitig Feedback geben und dass Ergebnisse und Erfahrungen bewertet bzw. optimiert werden (inspect and adapt), was man auch unter dem Begriff Kaizen kennt. Im Anschluss an diese „Aufwärmphase" gilt es, dieses Vorgehen im normalen Projektumfeld zu leben, zu leben und nochmals zu leben und nach jedem Zyklus/Sprint einerseits die Ergebnisse bzw. die gesetzten Zielvorgaben (Definition of Done) kritisch zu betrachten und andererseits die Effizienz im Team zu hinterfragen: Was lief

gut, was weniger, was gar nicht … Hier ist der Moderator (in Scrum-Projekten ist das der Scrum Master) gefordert, dass dieses Feedback-Meeting, das auch Retrospektive genannt wird, auf sachlicher Ebene bleibt. Ziel ist hier, dass das Team aus den Erfahrungen lernt und sich laufend verbessert. Persönliche Befindlichkeiten einzelner Teammitglieder sind zwar auch zu behandeln, jedoch, wie bereits erwähnt, auf sachlicher Basis [Derb06].

9.3.4 Ausrollen in Unternehmen

- **Umsetzen des Gelernten, Feldversuch für weitere Projekte, Definieren des Regelwerks bzw. Rahmens**
  Ist das Pilotprojekt erfolgreich absolviert und hat das Unternehmen die Lernerfahrungen gefestigt, können diese auch auf weitere Projektteams übertragen werden. Dabei hat sich bewährt, Rahmenbedingungen zu definieren. Diese können das gemeinsame Verständnis für Qualität, die Verwendung von Tools, der Programmiersprache oder, wenn das Unternehmen gewissen Regulatorien unterliegen, auch den Umfang bestimmter Dokumentation steigern. Einen großen Vorteil bringt diese Festlegung grober Rahmenbedingungen: die Flexibilität, dass bei Bedarf auch Personen teamübergreifend eingesetzt werden können.

- **Laufendes Optimieren der Vorgehensweise**
  Dieses Optimieren bezieht sich sowohl auf jedes Projekt und jedes Team als auch auf das Unternehmen selbst, das hier die definierten Rahmenbedingungen laufend optimiert.

10 Retrospektive

Mit Erscheinen dieses Buches ist „agil" im Sinne eines neuen Vorgehens in der Software-Entwicklung bereits mehr als eine Dekade alt und dennoch immer noch neu und aktuell. Die zeigt einmal mehr, wie lange es braucht, bis sich neue Ansätze und Ideen – selbst in der schnelllebigen IT-Welt – weit verbreitet durchsetzen. Die Gründe dafür sind vielfältig.

- **Von der Idee zum Erfolg**

  Am Anfang standen Formulierungen von Werten und Prinzipien. Schlagworte und teils provokante Formulierungen einer Gruppe engagierter, aber vielleicht auch ob der Mühseligkeit der Software-Projekte frustrierter Experten. Die damals erstellten Thesen mussten aber erst einmal erklärt und verstanden werden. Gut möglich, dass selbst die Unterzeichner des Agilen Manifests mit unterschiedlichen Interpretationen aus dem Workshop in Utah nach Hause gefahren sind. Daher ist es auch nicht verwunderlich, dass auch heute noch so viele unterschiedliche Auslegungen von „Agil" existieren – in Büchern, auf Konferenzen, in gelebten Projekten. Aber das ist vielleicht auch nicht so von Bedeutung. Viel wichtiger ist, dass mit der richtigen Anwendung von agilen Prinzipien die Projekte tatsächlich erfolgreicher abgewickelt werden. Dieser Nachweis musste erst erbracht und auch der Öffentlichkeit dargestellt, also vermarktet werden. Das ist nicht so einfach, denn wer gibt schon gerne zu, dass er bisher schlecht gearbeitet hat, selbst wenn es mit agil nun besser funktioniert? Die meisten Unternehmen, die mit Agil starten, haben ebenfalls eine Lernkurve, oft von einigen Projekten. So waren es bis vor kurzem meist nur Berater, die mit dem Thema Agil auf Tour gegangen sind und versucht haben, die neue Vorgehensweise und wohl auch sich selbst zu verkaufen. Seit wenigen Jahren sind es aber vermehrt Projektverantwortliche von durchaus großen und namhaften Unternehmen, die davon berichten, wie sie die Idee „Agil" in ihren Unternehmen zum Erfolg geführt haben. Agile Software-Entwicklung und somit auch der agile Test sind der Kinderstube entwachsen und haben jene Marktreife erlangt, die für die weltweite Verbreitung erforderlich ist. Und das brauchte seine Zeit.

- **Erlangung von Sicherheit**

  Eine wesentliche Motivation für die traditionellen Vorgehensweisen war die Erwartungshaltung durch ein strukturiertes, wiederholbares, in weiten Teilen auch standardisiertes Vorgehen, um auch Sicherheit hinsichtlich der zu erwartenden Ergebnisse, Termine und Kosten zu erlangen. Und nach vielen Jahren der empirischen Projektanalysen kann man diese Parameter sogar in gewissen und vor allem bekannten Bandbreiten auch bestimmen bzw. planen oder in Risikobetrachtungen einfließen lassen. Das Wissen über realistische diesbezügliche Erwartungshaltungen ist über viele Jahre hinweg entstanden. Planung und Schätzung hat sehr viel mit Erfahrung und Vertrauen in die handelnden Personen zu tun. Methoden und Techniken sind hier nur Handwerkszeug. Diese vor allem für das Management wichtigen Aspekte werden in der agilen Welt vordergründig völlig in Frage gestellt bzw. durch gänzlich andere Zugänge abgehandelt. Dies schafft verständlicher Weise Unsicherheit – und diese nicht nur im Management. Die Sicherheit und auch die Wiederholbarkeit für eine verlässliche Projektabwicklung müssen zuerst durch die Ausführenden in den Projekten erlangt und in weiterer Folge dem Management vermittelt werden. Aber so wie ein Slalomläufer auf Basis einer perfekten Technik die Sicherheit auch erst durch intensives, hundertfaches Training erlangt, werden agile Teams und deren Mitarbeiter erst nach einigen Projekten jene Sicherheit entwickeln, die in das gesamte Unternehmen – über alle Managementebenen hinweg – ausstrahlt. Und auch das geschieht nicht von heute auf morgen.

- **Geographische Verbreitung**
  Ein interessanter Aspekt bei der weltweiten Verbreitung von Innovationen im methodischen Bereich der Software-Entwicklung ist die Geographie. Anders als bei technischen Neuerungen, deren Verbreitung oft viel rascher vonstatten geht, verbreiten sich die methodischen, optimierenden, qualitätssteigernden Ansätze meist sehr langsam von Kontinent zu Kontinent. Fast scheint es, als ob diese statt über das Internet per Dampfschiff ihre Verbreitung suchen. So verhält es sich auch mit dem Thema Agil: Bereits im Februar 1986 veröffentlichen die japanischen Professoren Hirotaka Takeuchi und Ikujiro Nonaka ihren Artikel „The New Product Development Game" im Harvard Business Review [Take86]. Darin zeigen sie anhand von Fallstudien aus Fertigungsbereichen die Vorteile holistischer Entwicklungsansätze auf und ziehen dabei die Analogie zu Rugby (Rugby Approach) und verwenden in diesem Zusammenhang auch den Begriff „Scrum". Als die sechs Charakteristika des Managements eines neuen Produktentwicklungsprozesses sehen die Autoren dabei: Build-in instability, Self-organizing project teams, Overlapping development phases, Multilearning, Subtle control und Organizational transfer of learning. 1990, vier Jahre später, findet sich eine der ersten Definitionen von Scrum im Software-Entwicklungsumfeld im Buch „Wicked Problems, Righteous Solutions: A Catalog of Modern Engineering Paradigms" von Peter DeGrace und Leslie Hulet Stahl [DeGr90]. Die Reise zum amerikanischen Kontinent war geschafft. Dort zirkulierten die Ideen auch eher mit historischen Dampflokomotiven statt mit Düsenjets weitere zehn Jahre über den Kontinent, bis im Juli 2000 Martin Fowler seinen Artikel „The New Methodology" veröffentlichte [Fowl00] und schließlich im Februar 2001 17 Softwareexperten in Utah das „Agile Manifesto" unterschrieben [Beck01]. Nochmals zehn Jahre später befindet sich „Agil" nun auf seinem Siegeszug durch Europa.

- **Es betrifft das ganze Unternehmen**
  Warum das Thema Agil aber auch nur langsam wirksam werden kann, ist aus dem Umstand abzuleiten, dass es sich nicht um die Einführung einer neuen Programmiersprache für die Entwickler oder die Unterstützung der Tester durch ein neues Werkzeug oder die Schulung alternativer Analyseverfahren für die Analytiker handelt, sondern um die Implementierung von neuartigen Ansätzen, die die gesamte Organisation und fast alle vertretenen Rollen im Unternehmen betreffen. Verstehen und Verständnis für Agil sind erst zu entwickeln, Vorbehalte müssen adressiert und die Anwendung der neuen Methoden über die Projektlandschaft ausgeweitet werden. Dies kann innerhalb eines großen Unternehmens viel Zeit in Anspruch nehmen.

Was wir aus den obigen Aspekten ableiten können, ist eine gewisse Geduld in der Umsetzung der agilen Ideen; auch Rom wurde nicht an einem Tag erbaut. Aber wir Tester können viel zur Entwicklung und vor allem zur Weiterentwicklung der agilen Ansätze beitragen. Denn auch der Tester ist natürlich ein Betroffener. Er sollte sich aber nicht damit zufrieden geben, mit den Dingen leben zu lernen, die nun über ihn hereinbrechen, sondern er muss vom Ausführenden zum Mitgestalter der Vorgehensweisen werden. Dies ist gerade deshalb so wichtig, da die meisten agilen Theorien und Praktiken sehr aus dem Blickwinkel der Software-Entwickler, der Programmierer entstanden sind. Diese gute Basis muss um die Aspekte des Tests und der Qualitätssicherung angereichert werden. Auch sind die Tester und Qualitätsverantwortlichen ein gutes Bindeglied aus dem Projekt heraus hinein in eine in den agilen Transformationsprozess gesamthaft involvierte Organisation. In diesem Sinne transportiert der Tester auch das Gefühl der Sicherheit hin zum Kunden, aber auch hin zum Management. Für diese Stakeholder ist und bleibt der Tester nach wie vor jene Instanz im Projekt, die darauf achtet, dass die gelieferte Software nicht nur „läuft", sondern auch im Sinne der Anwender richtig und stabil funktioniert. Damit ist nicht gemeint, dass sich der Anwender, z. B. in Form des Product Owners, aus der Verantwortung im Projekt stehlen will. Aber mittlerweile ist das Bewusstsein verbreitet vorhanden, dass ein Test, auf den man sich verlassen kann, am besten von dafür ausgebildeten Experten geleistet wird. Auf diesem Umstand sollte auch das Selbstvertrauen jedes Testers fußen, dass er einen wesentlichen, wenn nicht gar *den* ausschlaggebenden Anteil daran hat, ob ein Projekt bzw. ein Software-Produkt von der Idee bis zum Einsatz in der täglichen Arbeit des Anwenders ein Erfolg wird oder nicht. Und wir Autoren freuen uns darauf, in Zukunft auf nationalen und internationalen Konferenzen noch mehr über Erfolgsstorys aus Ihrer Sicht als Tester zu erfahren.

Literaturverzeichnis

[Adzi11]   Adzic, G., *Specification by Example,* Manning, London, 2011

[Agil11]   Agile Testing Days, *http://www.agiletestingdays.com*, 2011

[Ambl09]   Ambler, S. W., *The Agile Scaling Model (ASM), ftp://ftp.software.ibm.com/common/ssi/sa/ wh/n/raw14204usen/RAW14204USEN.PDF*, 2009

[Ambl12]   Ambler, S. W., Lines, M., *Disciplined Agile Delivery: A Practitioner's Guide to Agile Software Delivery in the Enterprise*, IBM Press, Upper Saddle River, NJ, 2012

[Ande10]   Anderson, D. J., *KANBAN – Successful Evolutionary Change for Your Technology Business,* Blue Hole Press, 2010

[Apac13]   Apache Software Foundation, *Introduction to the Build Lifecycle, http://maven.apache.org/ guides/introduction/introduction-to-the-lifecycle.html*, 2013

[Atla13a]   Atlassian, *Atlassian JIRA – Issue & Project Tracking Software, http://www.atlassian.com/ software/jira/overview*, 2013

[Atla13b]   Atlassian, *Atlassian JIRA – Pricing, http://www.atlassian.com/software/jira/pricing*, 2013

[Atla13c]   Atlassian, *Greenhopper – Agile Project Management Software, http://www.atlassian.com/ software/greenhopper/overview*, 2013

[Aust]   Austrian Testing Board, *Liste der Unternehmen mit ISTQB Certified Tester, http://www.aus triantestingboard.at/node/55*

[Auto12]   AutoIt Consulting Ltd, *AutoIT Automation and Scripting Language, http://www.autoitscript. com*, 2012

[Bach00]   Bach, J., *Session-based Test Management*, STQE Magazine, Vol. 2. Nr. 6, S. 32, Nov. 2000

[Bach99]   Bach, J., *James Bach on Risk-Based Testing*, Software Testing & Quality Engineering, Band 1, Nr. 6, S. 22, Nov. 1999

[Beck03]   Beck, K., *Test Driven Development*, Addision-Wesely, Reading, MA, 2003

[Beck00]   Beck, K., *Extreme Programming – Das Manifest,* Addison-Wesely, München, 2000

[Beck01]   Beck, K., Beedle, M., van Bennekum, A., Cockburn, A., Fowler, M., Grenning, J., High-smith, J., Hunt, A., Jeffries, R., Kern, J., Marick, B., Martin, R. C., Mellor, S., Schwaber, K., Sutherland, J., Thomas, D., *Manifesto for Agile Software Development, http://agilemani festo.org/*, 2001

[Bend83]   Bender, H., Fuhrmann, R., Kittel, H. U., Menze, B., Müller, J. E., Nadolny, D., Sneed, H., *Software Engineering in der Praxis: Das Bertelsmann-Modell*, CW-Publikationen, 1983

[Bert10]   Bertram, D., Voida, A., Greenberg, S., Walker, R., *Communication, collaboration, and bugs: the social nature of issue tracking in small, collocated teams*, Proceedings of the 2010 ACM conference on Computer supported cooperative work (CSCW '10), S. 291 – 300, 2010

[Budd78]   Budd, T., Majoros, M., *Experiences in the Budapest Software Test Factory*, Proc. of IEEE Workshop on Software Testing, S. 112, Dez. 1978

[Cogn12]   Cognizant, *The Business Case for Test Environment Management Services*, 2012

[Cohn09]   Cohn, M., *The Forgotten Layer of the Test Automation Pyramid, http://www.mountaingoat software.com/blog/the-forgotten-layer-of-the-test-automation-pyramid*, 2009

[Cook08]   Cook, D., *Lost Garden: Improving Bug Triage with User Pain, http://www.lostgarden. com/2008/05/improving-bug-triage-with-user-pain.html*, 2008

[Cris09]   Crispin, L., Gregory, J., *Agile Testing – A practical Guide for Testers and agile Teams*, Addison-Wesley-Longman, Amsterdam, 2009

[Cros80]   Crosby, P. B., *Quality Is Free: The Art of Making Quality Certain*, 1980

[Crui13]   Cruisecontrol, *Cruisecontrol, http://cruisecontrol.sourceforge.net/overview.html*, 2013

[D So13]   D Software Inc., *Test Management inside JIRA 5, http://www.getzephyr.com/zephyr/zephyr_ for_jira/overview.php*, 2013

[DeGr90]   DeGrace, P., Stahl, L. H., *Wicked Problems, Righteous Solutions: A Catolog of Modern Engineering Paradigms*, Prentice Hall, 1990

[DeMa09]   DeMarco, T., Software Engineering: *An Idea Whose Time Has Come and Gone?*, IEEE Software, Juli/August 2009

[DeMa99]   DeMarco, T., Lister, T., *Wien wartet auf Dich!*, Hanser, München, 1999

[Demi82]   Deming, W. E., *Out of the Crisis*, MIT Press, 1982

[Derb06]   Derby, E., Larsen, D., *Agile Retrospectives*, The Pragmatic Programmers, Raleigh, North Carolina, USA, 2006

[DIN 98]   DIN 66270:1998-01, *Informationstechnik – Bewerten von Softwaredokumenten – Qualitätsmerkmale*, 1998

[Duva07]   Duvall, P., Glover, A., Matyas, S., *Continuous Integration – Improving Software Quality and reducing Risk*, Addison-Wesley, 2007

[Ecks11]   Eckstein, J., *Agile Softwareentwicklung in großen Projekten*, dpunkt.verlag GmbH, Heidelberg, 2011

[Eppi11]   Epping, T., *Kanban für die Softwareentwicklung*, Springer, Berlin, Heidelberg, 2011

[Evan84]   Evans, M. W., *Productive Software Test Management*, Wiley, 1984

[Fitn13]   Fitnesse, *The fully integrated standalone wiki and acceptance testing framework, http:// www.fitnesse.org/*, 2013

[Forr12]   Forrester Research, Inc., *The Forrester Wave™: Application Life-Cycle Management*, Q4 2012, Forrester Research, Inc., 2012

[Fowl00]   Fowler, M., *The New Methodology, http://martinfowler.com/*, 2000

[Fowl12]   Fowler, M., Beck, K., Brant, J., Opdyke, W., Roberts, D., *Refactoring: Improving the Design of Existing Code*, Addison-Wesley, 2012

[Gärt12]   Gärtner, M., *ATDD by Example: A Practical Guide to Acceptance Test-Driven Development*, Addison-Wesley, 2012

[Glog13]   Gloger, B., *Scrum: Produkte zuverlässig und schnell entwickeln*, Hanser, München 2013

[Glog11]   Gloger, B., Häusling, A., *Erfolgreich mit Scrum – Einflussfaktor Personalmanagement – Finden und Binden von Mitarbeitern in agilen Unternehmen*, Hanser, München, 2011

[Golz08]   Golze, A., *Zielgenau Testen: Die Testphase an den Geschäftsvorgaben ausrichten*, Objektspektrum, Februar 2008

[Grah95]   Graham, I., *Migrating to Object Technology*, Addison-Wesley, Lebanon, Indiana, USA, 1995

[Habe11]   Haberl, P., Spillner, A., Vosseberg, K., Winter, M., *Softwaretest in der Praxis – Umfrage 2011*, dpunkt.verlag, Heidelberg, 2011

[Hell13]   Hellerer, H., *Soft Skills für Softwaretester und Testmanager*, dpunkt.verlag, Heidelberg, 2013

[Hend08]   Hendrickson, E., *Driving Development with Tests*, *http://testobsessed.com/wp-content/up loads/2011/04/atddexample.pdf*, 2008

[Herr13]   Herrmann, A., Knauss, E., Weißbach, R., R*equirements Engineering und Projektmanagement*, Springer, Berlin Heidelberg, 2013

[Hetz88]   Hetzel, B., *The complete Guide to Software Testing*, ED Information Sciences, Wellesley, MA., 1988

[High04]   Highsmith, J., *Agile Project Management*, Addison-Wesley, Boston, 2004

[Hoff13]   Hoffmann, D. W., *Software-Qualität*, Springer, Berlin, Heidelberg, 2013

[Höhn08]   Höhn, R., Höppner, S., *Das V-Modell XT. Anwendungen, Werkzeuge, Standards.*, Springer, Berlin, 2008

[Humm11]   Hummel, O., *Aufwandsschätzung in der Software- und Systementwicklung kompakt*, Spektrum Akademischer Verlag, Heidelberg, 2011

[IEEE90]   IEEE Std 610.12-1990, *IEEE Standard Glossary of Software Engineering*, The Institute of Electrical and Electronics Engineers, Inc., 1990

[IEEE08]   IEEE Std 829 2008, *IEEE Standard for Software and System Test Documentation*, The Institute of Electrical and Electronics Engineers, Inc., New York, NY 10017-2394, USA, 2008

[Inte13]   International Software Quality Institute GmbH, *Certified Agile Tester*, http://www.agile-tester.org, 2013

[ISO 05a]   ISO 9000, *Qualitätsmanagementsysteme – Grundlagen und Begriffe*, International Standards Organization, Genf, 2005

[ISO 05b]   ISO/IEC 25000, *Software Engineering – Software Product Quality Requirements and Evaluation (SQuaRE)*, 2005

[ISTQ11]   ISTQB – International Software Testing Qualifications Board, *Certified Tester Foundation Level Syllabus*, 2011

[ISTQ12]   ISTQB – International Software Testing Qualifications Board, *Standard glossary of terms used in Software Testing*, 2012

[ISTQ12a]   ISTQB – International Software Testing Qualifications Board, *Certified Tester Advanced Level Syllabus*, ISTQB, 2012

[ISTQ12b]   ISTQB – International Software Testing Qualifications Board, *Certified Tester Advanced Level Syllabus – Test Manager*, 2012

[Jaco92]   Jacobson, I., *Object-Oriented Software Engineering: A Use Case Driven Approach*, Addison-Wesley, Lebanon, Indiana, U.S.A., 1992

[Janz05]   Janzen, D., Kaufmann, R., *Implications of Test-Driven Development A Pilot Study*, 2005

[Kane02]   Kaner, C., Bach, J., Pettichord, B., *Lessons Learned in Software Testing*, Wiley, New York, 2002

[Kawa13]   Kawaguchi, K., Bayer, A., Croy, R. T., *Jenkins*, *https://wiki.jenkins-ci.org/display/JENKINS/ Meet+Jenkins*, 2013

[Klon13]   Klonk, M., *Austrian Testing Board / Expertentreffen*, *http://www.austriantestingboard.at/ expertentreff_Zwei_ungleiche_Geschwister_Agil_und_ISTQB*, 2013

[Koeh08]   Koehler, J., Hauser, R., Kapoor, S., Wu, F., Kumaran, S., Hauser, R., *A Model-Driven Transformation Method*, EDOC '03: Proceedings of the 7th International Conference of Enterprise Distributed Object Computing, IEEE Computer Society, Washington, DC, USA, 2008

[Krus11]   Kruse, E., *Testdatenmanagement – Aufgaben im Testprozess*, Oberusel, 2011

[Lind03]   Lindsay, J., *Adventures in Session-Based Testing*, 2003

[Linz13]   Linz, T., *Stubs, Mocks und Dummies, Testen in Scrum-Projekten*, S. 76 – 78, dpunkt.verlag, Heidelberg, 2013

[Main12]   Mainusch, J., *Agiles Management – ein Widerspruch in sich?*, Objektspektrum, Sept. 2012

[Mari03]   Marick, B., *Exploration throug examples (Blog)*, *http://www.exampler.com/old-blog/2003/08/21/*, 2003

[Mart02]   Martin, B., *Agile Software Development – Principles, Patterns and Practices*, Prentice-Hall, Englewood Cliffs, N.J., 2002

[Mayr05]   Mayr, H., *Projekt Engineering: Ingenieurmäßige Softwareentwicklung in Projektgruppen*, Hanser, München, 2005

[Menz00]   Menzies, T., Cukic, B., *When to test less*, IEEE Software, S. 107, Sept. 2000

[Meye97]   Meyer, B., *Object-Oriented Software Construction* (2nd Edition), Prentice Hall, 1997

[Micr12]   Microsoft, *Team Foundation Server 2012*, *http://www.microsoft.com/visualstudio/deu/products/visual-studio-team-foundation-server-2012*, 2012

[Nick08]   Nicklisch, G., Borchers, J., Krick, R., Rucks, R., *IT-Near- und -Offshoring in der Paxis*, dpunkt.verlag, Heidelberg, 2008

[Nort07]   North, D., *What's in a Story?*, Dan North & Associates, *http://dannorth.net/whats-in-a-story/*, 2007

[Oest07]   Oestereich, B., Weiss, C., *APM – Agiles Projektmanagement*, dpunkt.verlag, Heidelberg, 2007

[Pich07]   Pichler, R., *Scrum – Agiles Projektmanagement erfolgreich einsetzen*, dpunkt.verlag, Heidelberg, 2007

[Pich11]   Pichler, R., Roock, S., Havenstein, A., *Agile Entwicklungspraktiken mit Scrum*, dpunkt Verlag, Heidelberg, 2011

[Pola13]   Polarion Software, Inc., *Polarion ALM* 2013, *http://www.polarion.com/products/alm/index.php*, 2013

[Popp06]   Poppendieck, M., Poppendieck, T., *Implementing Lean Software Development*, Addison-Wesely, Reading, MA, 2006

[Proj13]   Project management Institute (PMI), *PMI Agile Certified Practitioner*, *http://www.pmi.org/Certification/New-PMI-Agile-Certification.aspx*, 2013

[Rall]   Rally Software Development Corp., *Rally Software*, *http://www.rallydev.com/*

[Raus06]   Rausch, A., Broy, M., *Das V-Modell XT: Grundlagen, Erfahrungen und Werkzeuge*, dpunkt Verlag, Heidelbeg, 2006

[Roth99]   Rothermel, G., Untch, R.H., Chu, C., Harrold, M.J., *Test Case Priorization: An Empirical Study, Proceedings of the International Conference on Software Maintenance, 1999 (ICSM '99)*, S. 179 –188, 1999

[Rumb91]   Rumbaugh, J., Blaha, M., Premerlani, W., Eddy, F., Lorensen, W., *Object-Oriented Modeling and Design*, Prentice Hall, 1991

[Rüss12]   Rüssel, F., *Studien: Erfolg agiler Methoden (agile success rate)*, *http://www.agilerescue.de/agile-success-rate/*, 2012

[Scha10]   Schatten, A., Demolsky, M., Winkler, D., Biffl, S., Gostischa-Franta, E., Östreicher, T., *Best Practice Software-Engineering*, Spektrum Akademischer Verlag Heidelberg, 2010

[Schw07]   Schwaber, K., *Agiles Projektmanagement mit Scrum*, Microsoft Press, 2007

[Seid12]   Seidl, R., Baumgartner, M., Bucsics, T., *Basiswissen Testautomatisierung*, dpunkt.verlag, Heidelberg, 2012

[Sele13]   Selenium, *SeleniumHQ Browser Automation*, *http://www.seleniumhq.org/*, 2013

[SLIM13]   SLIM, The SLIM Test System, *http://fitnesse.org/FitNesse.UserGuide.SliM*, 2013

[Snee83]   Sneed, H. M., *Software-Qualitätssicherung*, Rudolf Müller, Köln, 1983

[Snee76]   Sneed, H. M., *Planung, Organisation und Steuerung der Software-Herstellung und -Wartung, Jahrbuch der EDV,* Forkel, Stuttgart, 1976

[Snee12]   Sneed, H., Baumgartner, M., Seidl, R., *Der Systemtest*, 3. Auflage, Hanser, München, 2012

[Soft12]   Software Quality Systems AG (SQS), *Early Error Detection by Test Case Specification*, 2012

[Stan13]   Standish Group, *CHAOS Report, http://blog.standishgroup.com*, 2013

[Ster10]   Sterling, C., *Managing Software Debt: Building for Inevitable Change*, Addison-Wesley Professional, 2010

[Suth12]   Sutherland, J., *The Scum Papers: Nut, Bolts, and Origins of an Agile Framework*, Cambridge, 2012

[Swis13a]   SwissQ Consulting AG, *Agile 2013 – Trends & Benchmarks Report Schweiz*, Zürich, 2013

[Swis12a]   SwissQ Consulting AG, *SwissQ Requirements Trends & Benchmarks Schweiz 2012*, Zürich, 2012

[Swis13b]   SwissQ Consulting AG, *Testing 2013*, Zürich, 2013

[Swis12b]   SwissQ Consulting AG, *Testing Trends & Benchmarks Schweiz 2012,* Zürich, 2012

[Take86]   Takeuchi, H., Nonaka, I., *The New Product Development Game*, Harvard Business Review, January-February 1986

[Test09]   Test Excellence, Test Policy Document, *http://www.testingexcellence.com/test-policy-document/*, 2009

[The 13]   The Bug Genie, *The Bug Genie – Friendly issue tracking, http://www.thebuggenie.com/*, 2013

[TRIC13]   TRICENTIS Technology & Consulting GmbH, *TOSCA Methodik – Optimierung des automatisierten Softwaretests, http://www.tricentis.com/de/tosca/linear_q*, 2013

[Vers13]   VersionOne Inc., *7th Annual State of Agile Development Survey,* 2013

[Wall04]   Wallmüller, E., *Risikomanagement für IT- und Software-Projekte*, Hanser, München, 2004

[WEHA2010] West, D., Hammond, J. S., *The Forrester Wave™: Agile Development Management Tools* Nr.: 5. Mai 2010.

[West13]   Westphal, R., Lieser, S., *Clean Code Developer, http://www.clean-code-developer.de*, 2013

[Whal07]   Whalen, D., *Article info : Software Triage, http://www.stickyminds.com/sitewide.asp?Function=edetail&ObjectType=ART&ObjectId=13311&tth=DYN&tt=siteemail&iDyn=2*, 2007

[Whit03]   Whittaker, J. A., *How to Break Software: A Practical Guide to Testing*, Addison-Wesley, New Saddle River, NJ, 2003

[Whit09]   Whittaker, J. A., *Exploratory Software Testing*, Pearson Education, 2009

[Wiki13a]   Wikimedia Foundation Inc, *Wikipedia – Teambildung, http://de.wikipedia.org/wiki/Teambildung*, 2013

[Wiki13b]   Wikimedia Foundation Inc, *Wikipedia – Triage, http://de.wikipedia.org/wiki/Triage*, 2013

[Wint09]   Winter, M., *NoRiskNoFun, NoRiskNoTest,* Vortrag, Köln, 2009

Alle genannten Webseiten wurden zuletzt am 8. Juli 2013 abgerufen.

Index